The Practice of Social Research

사회조사 방법론

오정호

法文社

머리말

사회과학 연구는 크게 이론적 연구와 경험적 연구로 구분된다. 이 책은 경험적 연구를 이해하거나 수행하는 데 있어서 필수적 토대가 되는 개념과 원리를 다루고 있다. 대체로 국내외의 사회과학대학에서 사회조사방법론과 기초적인 통계분석은 각각 필수과목으로 지정되고 있다. 이 책은 사회과학뿐만 아니라 경영학과 인문과학 분야의 학부생들을 위한 강의에 도움을 주고자 작성되었다. 그리고 사회조사방법론에 대한 지식이 충분하지 못한 대학원생, 사회조사분석사 자격증을 준비하는 수험생 등에게 도움을 줄 것으로 기대하고 있다. 사회조사분석사 시험은 필기 세 과목(조사방법과 설계, 조사관리와 자료처리, 통계분석과 활용)과 실기(설문작성, 단순통계처리 및 분석)로 구성된다. 이 책은 필기 분야의 앞의 두 과목과 실기 분야의 설문작성 부분을 포함하고, 저자의 『SPSS 통계분석의 원리와 활용』은 필기 분야의 마지막 과목과 실기 분야를 모두 포함하고 있다.

이 책의 주요 내용을 소개하면 다음과 같다.

1장은 과학적 조사의 목적과 논리체계를 다루고, 사회과학 연구의 철학적 토대와 주요 패러다임을 설명하고 있다.

2장은 과학적 조사의 절차를 다루고 있다. 연구주제의 선정, 문헌의 검토, 가설의 설정, 연구설계의 확립, 자료의 수집과 처리, 자료의 분석, 논문의 작성 등 일련의 절차를 설명하고 있다. 이는 자료에 기반하고 있는 경험적 연구에서 사용되는 일반적 단계이다.

3장은 과학적 조사의 유형을 여러 기준에서 조망하고 있다. 연구의 목적, 자료의 시점, 연구의 용도, 자료수집의 특성 등에 따라 조사의 유형이 다르게 분류된다는 것을 설명하고 있다.

4장은 이론의 구성요소를 다루고 있다. 일상적으로 사용되는 용어인 개념, 정의, 변수, 가설, 이론, 분석 단위 등에 관하여 경험적 연구의 시각에서 체계적으로 설명하고 있다.

5장은 측정의 다양한 유형을 다루고 있다. 측정 방법에 따라 서로 다른 측정 종류를 비교하고, 측정 수준에 따라 서로 다른 측정 유형을 비교하고 있다.

6장은 척도의 종류를 다루고 있다. 우선 지표, 지수, 척도의 의미를 살펴보고 있다. 그리고 둘 이상의 대상을 비교하여 측정하는 비교척도의 여러 유형을 설명하고 비비교척도의 여러 유형에 관하여 설명하고 있다. 더 나아가 응답자 반응의 변동에 기반한 척도의 유형을 다루고 있다.

7장은 측정의 신뢰성과 타당성을 다루고 있다. 측정의 신뢰성과 타당성을 각각 세 가지 차원에서 설명하고, 신뢰성과 타당성을 높이는 방안을 제시하고 있다. 경험적 연구의 결과들 독자들에게 설득하려면 자료 측정의 신뢰성과 타당성이 높다는 증거를 제시해야 하는데, 7장의 내용은 이에 대한 필수적인 내용을 담고 있다.

8장은 총조사 오차의 개념을 다루고 있다. 연구대상의 선정, 설문지의 작성, 설문 조사의 시행, 조사결과의 분석에 이르는 여러 단계에서 오차는 발생한다. 이러한 오차는 측정이 적절하게 이루어졌는가의 측면과 연구대상의 선정이 적절하게 이루어졌는가의 측면에서 살펴볼 수 있다. 총조사 오차가 다양한 오차들이 어떻게 분류되고 연결되는지, 그리고 각 오차 간의 관계는 어떠한지에 대해 비중을 두어 설명하고 있다. 8장의 내용은 사회조사방법론 분야의 기존 교재에서 잘 다루지 않고 있는 부분이다.

9장은 설문 설계를 다루고 있다. 독자가 설문지를 작성하기 전에 필수적으로 알아야 할 내용으로 질문의 종류, 설문지를 구성하는 요소, 설문지의 작성 과정 등에 관해 설명하고 있다.

10장은 양적인 자료수집 방법을 다루고 있다. 구체적으로 대인면접, 전화조사, 우편조사, 온라인조사, 집단조사 등에 관해 설명하고, 조사 목적이나 조사 상황에 따라 어떠한 수집방법이 적합한지 제시하고 있다.

11장은 질적인 자료수집 방법을 다루고 있다. 구체적으로 심층 면접, 초점집단 면접, 투사법, 델파이 조사, 관찰 방법 등에 관해 설명하고 양적인 자료수집 방법과 비교하고 있다.

12장은 연구 결과의 타당성을 다루고 있다. 이는 측정의 타당성과는 다른 개념이다. 인과관계를 분석하는 연구에서 연구 결과의 내적 타당도와 외적 타당도가 높아야 하는 것은 필수 요건이다. 내적 타당도는 연구에서 원인이라고 설정한 변수가 진정한 원인인가에 대한 답을 주고, 외적 타당도는 연구 결과가 다른 상황에도 적용되는가에 대한 답을 준다.

13장은 연구대상을 선정하는 단계인 표본설계에 있어서 필수적인 개념과 원리를 다룬다. 그리고 표본을 추출하는 절차를 설명하고 있다. 이 부분은 통계적 기호와 수식이 있고 공식의 도출 과정이 있어서 통계학 지식이 없는 학생들은 많은 시간을 할애해야 할 것이다. 상황에 따라 도출 과정을 생략하고 공식의 의미에 집중하는 것도 효율적인 방식이 될 수 있다.

14장은 표본을 추출하는 방법의 한 종류인 확률 표집에 관해 다룬다. 확률 표집이란 연구대상이 속하는 모집단에서 연구대상이 표본으로 뽑힐 확률을 연구자가 사전에 알 수 있는 방법이다. 확률 표집에 속하는 네 가지 주요 표집 방법에 대해 예시를 제시하면서 설명하고 있다.

15장은 비확률 표집에 관해 다룬다. 비확률 표집은 연구대상이 표본으로 뽑힐 확률을 연구자가 사전에 알 수 없는 방법을 말한다. 비확률 표집에 속하는 네 가지 표집 방법에 대해 역시 예시를 제시하면서 설명하고 있다.

16장은 실험설계에 대해 다룬다. 실험설계는 인과관계를 분석하는 데 있어서 매우 효과적 방법이다. 실험설계는 심리학이나 자연과학 분야에서 자주 사용되는 방법이지만 사회과학 분야에서도 활용도가 높아지고 있다. 실험설계의 다양한 유형을 살펴보고, 각 유형의 적용 사례와 장단점을 설명하고 있다.

17장은 내용분석을 다룬다. 사회과학에서 내용분석의 활용 가치와 빈도는 점증하는 것으로 보인다. 여기서는 내용분석 연구설계의 유형, 내용분석의 절차, 내용분석의 신뢰도 등을 다루고 있다.

2026년 1월
저 자

차 례

제15장 비확률 표집 279

제16장 실험설계 289

제1장

과학적 조사

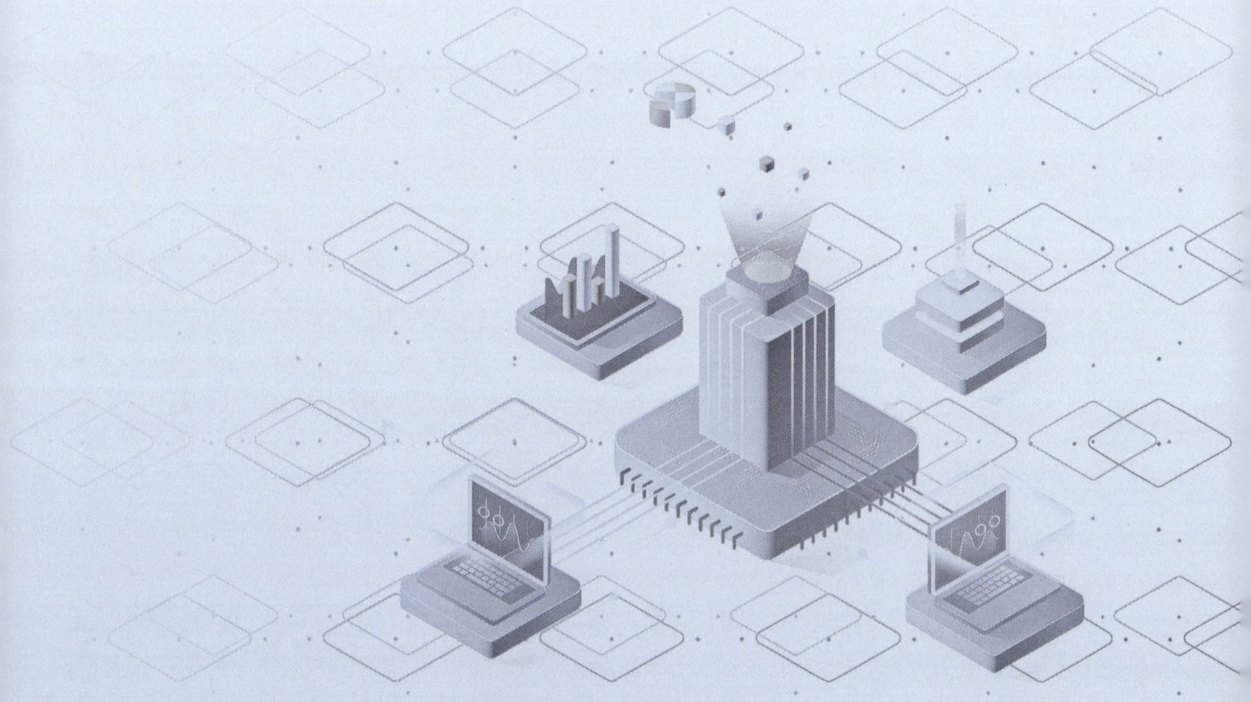

제1절 과학적 조사의 개요

1. 과학의 정의

과학이란 증거에 기반한 체계적 방법론을 따르면서 자연 및 사회 현상에 대한 지식과 이해를 추구하고 적용하는 것이다. 현상을 연구하기 위해 체계적이고 증거 기반의 방법론을 사용하여 지식을 추구하는 측면에서 사회과학(social science)과 자연과학(natural science)은 공통적인 특징을 갖는다. 그러나 연구대상, 연구방법, 결과의 일반화 가능성, 가치중립성 등에서 차이가 있다. 연구대상의 차이를 보면, 자연과학은 자연현상을 연구하는 반면 사회과학은 인간, 사회, 문화, 경제 등 사회 현상을 연구한다. 연구방법의 차이를 보면, 자연과학은 실험실 실험과 같은 통제된 환경에서 이루어지는 연구가 많으나 사회과학은 설문 조사, 면접, 참여관찰 등 인간 행동과 사회 현상을 다루기 때문에, 실험의 통제가 어렵고 정성적 방법(qualitative methods)도 자주 사용한다. 결과의 일반화와 예측 가능성의 차이를 보면, 자연과학은 보편적 법칙이나 원리를 도출하여 높은 예측 가능성을 지니지만 사회과학은 인간의 다양성과 사회적 맥락에 따라 결과가 달라질 수 있어 일반화와 예측에 상대적으로 한계가 많다. 가치중립성의 차이를 보면, 자연과학은 가치중립적 연구를 하는 데 어려움이 없으나 사회과학은 연구자의 가치관, 연구자를 둘러싼 사회적 맥락 등이 연구에 영향을 미칠 수 있다.[195, 234]

2. 지식 형성의 방법

(1) 비과학적 지식 형성 방법

비과학적 지식 형성의 방법에는 전통, 권위, 직관 등에 의존하는 방법이 있다. 전통에 의한 방법은 사회적으로 축적된 관습이나 선례, 즉 이전 세대부터 진실로 여겨진 지식을 받아들이고 전승하는 방식이다. 이 방법은 새로운 지식을 얻기 위한 시간과 비용을 절약할 수 있지만, 기존 지식만을 수용해 지식 발전을 제한하고, 대립하는 견해가 있을 때 명확한 해답을 제시하지 못하는 한계가 있다. 권위에 의한 방법은 사회적 지위나 영향력이 큰 인물이나 기관의 견해를 받아들여 지식을 형성하는 방식이다. 이는 설득력을 높일 수 있지만, 권위자 간 의견이 불일치할 때 타당성을 판단하기 어렵다는 한계가 있다. 직관에 의한 방법은 합리적 추론이나 체계적 검증 없이, 개인의 느낌이나 어림짐작에 의존해 신속하게 지식을 얻는 방식이다. 하지만 이 방법은 편견, 선택적 관찰, 지나친 일반화, 자기중심적 해석 등 오류에 취약하다.[67, 85]

(2) 과학적 지식 형성 방법

과학적 지식 형성 방법은 논리적이고 경험적인 특성을 갖는다. 즉, 논리적 탐구를 통해 유추된 지식이 실제 경험과 관찰을 통해 검증될 때 비로소 과학적 지식으로 인정받으며, 주관적 신념이나 권위에 의존하지 않고, 반복이 가능하고 검증 가능한 증거에 근거해 지식을 형성한다. 이러한 원리를 연구 과정에서 구현하는 것이 연구방법론(research methodology)으로, 이는 연구문제 설정, 자료수집, 분석, 해석, 결론 도출 등 일련의 논리적, 경험적 절차를 체계적으로 실행하는 과정을 포함한다.[67, 134]

제2절 과학적 조사의 특성

1. 논리성

과학적 조사의 특성 중 하나인 논리성(logicality)은 연구 과정에서 체계적이고 일관된 추론을 통해 결론에 도달하도록 하는 기본적인 기준이다. 논리성을 확보하기 위해서는 먼저 각 학문 분야에서 통용되는 규칙을 준수해야 한다. 예를 들어, 수학적 문제를 해결할 때 정해진 수식과 기호를 사용해야 한다. 또한, 연역과 귀납의 추론 방식을 적극적으로 활용해야 한다. 연역(deduction)은 일반적 원리나 이론에서 출발해 개별 현상에 대한 결론을 도출하는 방식이며, 귀납(induction)은 여러 개별적 관찰에서 일반화된 결론을 이끄는 방식이다. 이 두 가지 방식은 보완적으로 작용하여 과학적 논리 전개의 기반을 이룬다. 더 나아가, 모든 주장과 관찰에 대하여 오류 가능성을 염두에 두고 비판적인 태도를 갖추는 것이 논리성을 높이는 데 중요한 역할을 한다. 즉, 과학적 조사의 논리성은 체계적인 규칙 준수, 연역과 귀납 추론의 활용, 그리고 비판적 태도의 유지로 확보된다.[67, 195]

2. 인과성

과학적 조사에서 인과성(causality)은 모든 현상이 우연히 발생하는 것이 아니라 어떤 원인에 의해 발생한다고 전제하는 것이다. 이러한 인과관계는 논리적으로 설명될 수 있어야 하며, 하나의 현상이 단일 요인이 아니라 여러 요인에 의해 발생하는 것을 인정한다. 사회과학에서는 특정 원인에 의해 결과가 발생할 확률을 수치로 표현하는 확률적 결정론(probabilistic determinism) 접근이 널리 적용되는데, 이는 결과가 여러 원인에 의해 영향을 받고 그 발생 가능성을 통계적으로 파악할 수 있음을 의미한다.[67,85]

3. 일반성

과학적 조사는 경험을 통해 얻은 구체적 사실을 바탕으로 여러 현상에 함께 적용할 수 있는 보편적 원리인 일반성(generality)을 추구한다.[67] 이러한 일반성을 확보하기 위해서는 관측이 이루어진 시간, 공간, 조사대상의 특성 등이 적용될 수 있는 범위를 명확하게 규정해야 하며, 이를 토대로 결과의 일반화(generalization)가 가능해진다. 즉, 일반성은 연구를 통해 보편적 원리를 도출하려는 특성을 의미하고, 일반화는 그 원리를 실제 다양한 대상에 적용하는 행위이다.

4. 간결성

간결성(parsimony)은 현상을 설명할 때 가능한 한 최소한의 가정과 설명 변수를 사용하는 것을 의미한다. 일반적으로 간결성이 높아지면 설명에 사용되는 변수가 줄어들어 조사 결과의 설명력이 감소할 수 있으며, 반대로 설명력을 높이기 위해 더 많은 변수를 포함하면 간결성은 저하될 수 있다.[67] 따라서 과학적 조사는 간결성과 설명력 사이에서 균형을 유지해야 한다. 간결성은 여러 대안적 이론이 동일 수준의 설명력을 가진다면 가장 단순하게 설명하는 이론을 선택한다는 기준으로 정의되기도 한다.[136]

5. 구체성

과학적 조사에서 구체성(specificity)은 하나의 개념을 다른 연구자도 일관되게 이해하고 측정할 수 있도록 명확한 조작적 정의(operational definition)를 내리고 구체적으로 표현하는 것을 의미한다. 동일한 개념이라도 연구자마다 다른 조작적 정의가 가능하므로, 각 연구자는 자신의 연구에서 사용하는 개념을 명확하고 구체적으로 정의하는 것이 필요하다.[67]

6. 경험적 검증 가능성

경험적 검증 가능성(testability)은 이론이나 가설이 현실 세계에서 경험을 통해 검증될 수 있음을 뜻한다. 어떤 가설과 상반된 가설이 관측을 통해 잘못되었음을 보여줌으로써 해당 가설의 타당성은 더 견고해질 수 있다. 경험적 검증 가능성은 이론이나 가설이 반증될 수 있는 반증가능성(falsifiability)을 포함하는 개념이다. 반증가능성은 과학적 지식이 새로운 증거에 의해 수정되거나 폐기될 수 있음을 의미한다.[67]

7. 상호주관성

과학적 조사는 가치판단의 배제를 지향하지만, 사회 현상의 조사에서는 연구주제의 선정이나 접근 방법 등에서 연구자의 가치판단이 개입될 수 있다. 따라서 사회 현상의 과학적 조사는 객관적으로 인정받아야 하며, 이를 위해 상호주관성(intersubjectivity)이 요구된다. 상호주관성이란 서로 다른 연구자가 각기 다른 가치관이나 동기를 가지고 연구하더라도 동일한 조사방법과 절차를 따르면 일치된 결론에 도달할 수 있어야 한다는 개념이다.[67] 특히 실증주의 사회과학에서 상호주관성은 감각을 통해 알 수 있는 경험적 세계에 대해 여러 사람이 동의할 수 있음을 의미하며, 이는 관찰 가능한 사실에 대한 주관적 합의를 뜻한다.[195]

8. 수정 가능성

수정 가능성(revisability)은 기존에 과학적으로 받아들여진 이론이나 가설도 시간이 지나면서 새로운 증거나 이론에 의해 오류로 판명되면 수정되거나 대체될 수 있음을 의미한다. 따라서 과학적 조사는 현존하는 이론이나 가설이 상황의 변화나 새로운 발견에 따라 수정되거나 대체될 수 있다는 태도를 지녀야 한다.[67]

제3절 과학적 조사의 목적

실증주의 사회과학의 관점에서 과학적 조사의 목적은 기술(description), 설명(explanation), 예측(prediction) 등 하나 이상의 목표를 추구하는 데 있다. 실증주의 사회과학의 관점을 넘어서면 통제(control), 평가(evaluation), 탐색(exploration) 등이 과학적 조사의 주요 목적에 포함될 수 있다.[58]

1. 기 술

기술은 특정 현상을 관찰하고 묘사하여 그 특성을 파악하는 것이다. 예를 들어, 특정 국가나 시기에서 소득 및 자산 불평등의 분포와 정도를 조사하는 것이 기술적 연구에 해당한다.

2. 설 명

설명은 특정 현상이 발생하게 된 인과관계를 규명하는 것이다. 기술적 연구가 무엇이 언제 어디서 어떻게 일어났는지 조사한다면, 설명적 연구는 왜 그런 현상이 일어났는지 조사한다. 예를 들어, 소득 및 자산 불평등 현상이 발생한 원인과 배경을 밝히는 것은 설명적 연구에 해당한다.

3. 예 측

예측은 어떤 현상에 관한 기존 이론을 바탕으로 미래에 유사한 현상이 발생할 때 어떤 결과가 나타날지 예상하는 것이다. 예를 들어, 기존의 경제 이론에 근거하여 정부의 조세 정책 변화가 앞으로 소득 및 자산 불평등에 어떤 영향을 미칠지 예측하는 것을 들 수 있다.

4. 통 제

통제는 원인이나 선행조건을 조작하여 현상을 의도하거나 바람직한 방향으로 이끄는 것을 의미한다. 설명적 연구가 주어진 상태에서 인과관계를 규명하는 데 그치지만, 통제적 연구는 원인이나 조건을 의도적으로 변화시켜 원하는 결과를 유도하는 데 목적이 있다.[58] 예를 들어, 정부가 마약범죄 억제를 위해 다양한 정책수단의 효과를 비교하는 연구가 통제적 연구에 해당한다.

5. 평 가

평가는 특정 정책이나 프로그램이 그 목적을 달성했는지, 또는 그 가치가 어느 정도인지 측정하고 판단하는 것이다. 평가의 대상은 정책, 프로그램, 사업, 활동, 개인, 조직 등 다양하다.[58] 예를 들어, 정부의 소득 재분배 정책이 실제로 소득 및 자산 불평등을 얼마나 완화했는지, 그 비용과 편익이 어떻게 나타나는지 분석하는 연구는 평가적 연구에 해당한다.

6. 탐 색

탐색은 감춰진 사실이나 새로운 정보를 밝혀내는 데 목적이 있다. 연구주제가 새롭거나 기존 연구가 부족한 경우, 탐색적 연구가 활발히 이루어진다. 탐색은 연구문제의 발견, 변수의 규명, 가설의 도출 등에서 중요한 역할을 한다. 탐색적 조사는 기술적 조사나 설명적 조사와 중복될 수 있다. 예를 들어, 최근 부상한 디지털 자산이 소득 및 자산 불평등에 어떤 영향을 미치는지에 대한 초기 연구는 탐색적 연구에 해당한다.

제4절 과학적 조사의 논리체계

[그림 1-1]은 이론화 과정과 경험적 연구 과정, 그리고 귀납과 연역의 과정을 포함하고 있다. 이러한 과정들은 순환적 단계들로 연결된다. 예를 들면, 이 단계들은 관찰에서 경험적 일반화로, 다시 가설로 그리고 또 다른 관찰을 통한 검증의 순서로 일어날 수 있다.[252]

[그림 1-1] 귀납법과 연역법의 순환[67, 252]

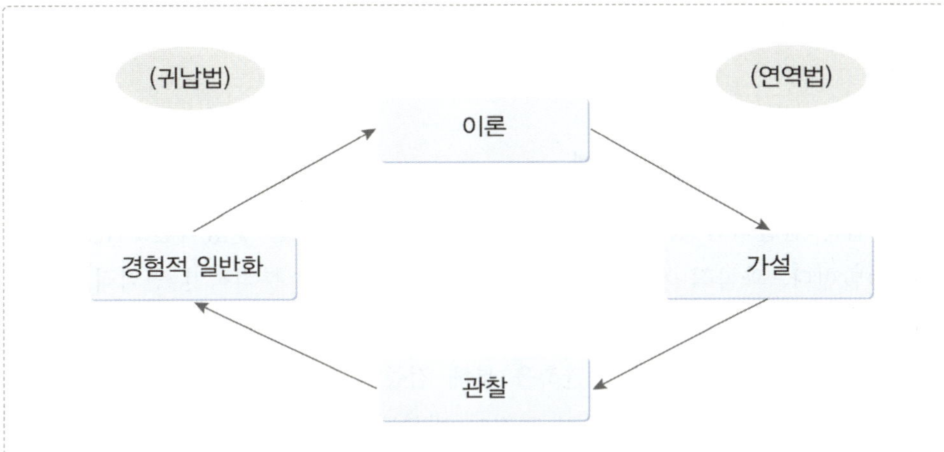

1. 귀납법

귀납법(inductive method)은 구체적 사실이나 사례의 관찰을 통해 일반적 원리를 도출하는 방법이다. 이 방법은 현실 세계에서 여러 개별 사례를 관찰하고, 그 사례들의 공통성이나 규칙성을 발견하여 경험적 일반화를 이루며, 이를 바탕으로 이론을 구축한다. 즉, 귀납법은 관측 → 경험적 일반화 → 이론의 과정을 거친다. 귀납법의 예를 들자면, 여러 상품의 가격과 수요량을 관찰하고, 가격이 오르면 수요량이 감소한다는 경험적 일반화를 얻고, 이를 바탕으로 '수요의 법칙'이라는 이론을 정립하는 것을 들 수 있다. 귀납법은 개별적 사실에서 일반적 원리와 이론에 도달하기 때문에, 새로운 증거가 나타나면 그 원리나 이론은 수정될 수 있다.[252]

2. 연역법

연역법(deductive method)은 일반적 원리나 이론에서 출발하여 구체적 사실이나 사례를 도출하는 방법이다. 이 방법은 기존의 이론을 바탕으로 가설을 설정한 후에, 실제 자료에 기반하여 가설의 채택 여부를 결정한다. 즉, 연역법은 이론 → 가설 → 관측(검증)의 과정을 거친다.[252] 연역법의 예를 들자면, 수요의 법칙(이론)에 근거하여, 새로운 상품에서도 가격과 수요량이 음의 관계를 보일 것이라는 가설을 세운 뒤, 실제로 해당 상품의 가격과 수요량을 관찰하여 가설이 맞는지 검증하는 것을 들 수 있다. 연역법은 논리적 타당성에 기반하여 기존 이론을 검증하는 데 중점을 두므로, 일반성을 갖는 새로운 지식을 생산하는 데 한계를 지닌다.[49]

3. 귀납법과 연역법의 관계

귀납법은 현실적인 경험의 세계에서 출발하고, 연역법은 추상적인 이론의 세계에서 출발한다. 과학적 지식은 경험적인 귀납적 방법과 분석적인 연역적 방법을 통해 형성된다. 과학적 조사에서는 연역법과 귀납법이 보완적으로 사용된다. 이론에서 가설을 도출하고, 가설은 관측을 통해 검증하고, 관측 결과로부터 일반화를 이루거나 이론을 수정하는 순환적 과정이 반복된다. 귀납법은 탐색적 연구에 주로 활용되고, 연역법은 가설을 검증하는 설명적 연구에 주로 활용된다.[252]

제5절 사회과학 연구의 철학적 토대: 존재론과 인식론

존재론(ontology)과 인식론(epistemology)은 사회과학 연구의 철학적 토대로서 연구자가 사회 현상을 바라보는 근본적인 시각을 반영한다. 따라서 동일한 현상을 연구해도 철학적 토대에 따라 연구방법, 자료의 분석과 해석 등이 다르게 된다.

존재론은 존재를 뜻하는 그리스어 'ontos'를 어원으로 하며 존재의 '본질'에 초점을 둔다.[64] 존재론은 사회적 현실의 본질과 구성에 관한 연구자의 관점을 의미한다. 존재론에는 사회적 현상이 객관적으로 실재한다고 보는 실재론(realism)과 사회적 현상이 인간의 인식과 해석에 따라 구성된다고 보는 유명론(nominalism)의 두 가지 입장이 있다. 실재론자는 사회적 실재가 인간의 인식이나 언어, 해석과 무관하게 객관적으로 존재하는 외부 세계의 '실재'로 간주하고, 이를 객관적으로 탐구할 수 있다고 전제한다. 반면, 유명론자는 인간이 실재를 직접 경험할 수 없으며, 인간이 인식하는 현실은 주관적 해석이나 믿음의 렌즈를 통해 구성된다고 보고, 개념이나 범주가 인간의 분류와 해석의 산물임을 강조한다.[195] 실재론은 사회적 현상의 객관적 탐구를 가능하게 하지만, 사회적 의미와 해석의 다양성을 간과할 위험이 있다. 반면 유명론은 사회적 의미의 구성과 해석의 중요성을 강조하지만, 객관적 분석의 가능성을 경시할 수 있다.

인식론은 지식을 뜻하는 그리스어 'episteme'를 어원으로 하며 지식 추구에 관한 인식에 초점을 둔다.[64] 즉, 인식론은 지식이 어떻게 형성되고 정당화되는지에 대한 관점이다. 객관적이고 보편적인 지식이 가능한지, 아니면 주관적 해석에 따라 지식이 달라질 수 있는지에 따라 연구방법과 자료 해석 방식이 달라진다. 실재론자는 경험적 세계가 인간의 내적 인식과 분리되어 객관적으로 존재하며, 실재에 대한 아이디어를 참과 거짓으로 구별할 수 있다고 본다. 반면 유명론자는 경험적 세계가 인간의 내적 인식과 분리될 수 없으며, 주관적 해석이 지식 창출에 개입하여 객관적 법칙의 도출이 불가능하고, 지식은 특정 맥락과 집단의 해석으로 한정된다고 본다.[195]

존재론과 인식론에 대한 이해는 연구의 논리적 토대를 마련하고, 연구방법 선택의 근거를 제공하며, 연구의 장단점을 인식하여 설득력을 높이는 데 도움이 된다. 철학적 토대에 기반한 연구 과정은 다음과 같은 순서로 이루어진다. 먼저, 존재론적 관점에서 현실 세계의 본질을 고려한다. 다음으로, 인식론적 관점에서 현실을 어떻게 파악할 수 있는지 검토한다. 그 후, 이러한 입장에 따라 적합한 방법론(methodology)을 결정한다. 마지막으로, 연구 질문이 이끄는 방향으로 연구방법을 선택해야 한다.[64,141]

제6절 과학의 발전과 패러다임

1. 패러다임

패러다임(paradigm)은 특정 시기 과학공동체의 세계관, 신념, 이론, 연구방법 등을 포괄하는 지배적 이론적 틀 또는 개념 체계를 의미한다. 과학의 발전은 기존 패러다임이 위기를 맞고 새로운 패러다임으로 전환되는 과정을 통해 이루어진다. 패러다임은 연구자들이 세상을 어떻게 바라볼 것인가에 대한 기본적 가정, 연구 절차, 이론 체계, 그리고 보편적으로 참이라 여겨지는 공리나 진술을 포함한다.[172,255]

패러다임은 세 가지 수준에서 논의될 수 있다. 철학적 수준에서는 세계에 대한 기본적 믿음을 반영하며, 사회적 수준에서는 연구자들이 연구를 수행하는 방식에 대한 지침을 제공하고, 기술적 수준에서는 연구 수행에 필요한 구체적 방법과 기법을 제시한다.[110]

자연과학에서 패러다임의 변화는 기존 패러다임의 완전한 소멸과 새로운 패러다임의 탄생을 의미하며, 예를 들어 천동설에서 지동설로의 전환, 뉴턴의 만유인력 법칙, 아인슈타인의 상대성 원리 등이 있다. 반면, 사회과학에서는 새로운 패러다임이 등장해도 기존 패러다임이 완전히 사라지지 않으며, 사회의 안정을 강조하는 기능론과 사회의 변화를 강조하는 갈등론처럼 다양한 패러다임이 공존하며 각기 다른 통찰력을 제공한다. 결론적으로, 패러다임은 과학공동체가 공유하는 이론적, 방법론적 체계로서 연구의 방향과 방법을 결정하는 전제적 사고체계이며, 사회과학에서는 다양한 패러다임이 공존하며 서로 보완적인 관점을 제공한다.[58,86]

2. 사회과학의 주요 패러다임

사회과학의 주요 패러다임으로는 실증주의, 해석주의, 그리고 비판적 패러다임이 있다. 이 중 실증주의와 해석주의는 여러 측면에서 뚜렷한 차이를 보인다. 그 핵심 측면은 존재론적 가정, 인식론적 가정, 사회과학 연구의 궁극적 목적, 인간의 본성에 대한 가정, 방법론적 특성, 지식의 활용, 사회과학에서 가치의 역할 등을 들 수 있다. 실증주의는 양적(quantitative) 패러다임, 해석주의는 질적(qualitative) 패러다임으로도 불린다.[110]

(1) 실증주의 사회과학

실증주의 사회과학(positivist social science)은 자연과학의 전제와 접근 방식을 사회연구에 적용한다. 이 패러다임은 과학적 방법론과 객관적 사실에 근거하여 연구 결과를 일반화하고, 이를 바탕으로 사회 현상을 법칙에 근거하여 설명하고 예측하려 한다. 이론에 근거한 가설은 관측을 통해 검증할 수 있으며, 실증적 검증을 통해 사회 현상의 규칙성과 법칙을 발견할 수 있다고 본다.

실증주의 사회과학의 주요 특징은 다음과 같다.[110,195,255] 첫째, 사회적 실재는 연구자와 독립적으로 객관적으로 존재하며, 경험적 관찰이 가능하고 유형을 가지며 일정한 질서와 법칙을 따른다고 가정한다. 둘째, 연구자와 연구대상은 독립적이라고 가정한다. 셋째, 연구의 궁극적 목적은 확률적 인과법칙을 발견하고, 자료를 통해 검증하며, 그 법칙에 따라 사건을 예측하고 통제하는 것이다. 넷째, 인간은 외부적 영향을 받으며, 이기적이고 합리적이라고 가정한다. 다섯째, 방법론적으로는 정의, 명제, 공리(axiom), 정리(theorem) 등으로 이루어진 공식적 체계에 근거한다. 명제는 참 또는 거짓을 판별할 수 있는 주장, 공리는 증명 없이 참으로 받아들이는 명제, 정리는 공리를 바탕으로 증명되는 법칙을 의미한다. 따라서 실증주의 연구는 법칙정립적(nomothetic)이고 맥락에서 자유롭고, 주로 연역적 추론을 사용한다. 여섯째, 지식은 목표 달성이나 환경 통제를 위한 도구로 여겨지고, 지식의 가치는 실제적 목적을 달성하는 데 있다. 일곱째, 연구 과정에서 연구자의 가치관이 개입되지 않아야 하며, 경험적 증거에 근거한 객관적 태도를 유지해야 한다고 본다.

(2) 해석주의 사회과학

해석주의 또는 해석적 사회과학(interpretive social science)은 인간이 사회적 맥락에서 만들어내는 의미와 해석의 과정을 통해 사회 현상과 인간의 행위를 이해하고자 한다. 사회적 현상은 특정한 문화적, 역사적 맥락 속에서 해석되며, 연구대상자의 관점에서 주관적 경험을 이해하는 데 초점을 둔다. 해석주의는 구성주의(constructionism)로도 불린다.[64]

해석주의 사회과학의 주요 특징은 다음과 같다.[110,117,255] 첫째, 사회적 실재는 주관적 경험, 문화적 믿음, 사회적 상호작용을 통해 구성된다고 가정하며, 사회적 실재는 고정된 것이 아니라 주관적이고 유동적이라고 본다. 둘째, 연구자와 연구대상은 상호작용한다고 가정한다. 셋째, 연구의 궁극적인 목적은 사람들이 실제 환경에서 어떻게 의미를 구성하는지 깊게 이해하는 데 있다. 이에 따라 사회적 행위는 의미체계를 공유하는 사회적 맥락에 따라 각기 다른 의미가 부여된다. 넷째, 인간은 자유의지를 가지고 사회적 상호작용을 통해 의미체계를 구성하며, 이러한 의미체계를 통해 사회와 삶을 이해한다고 본다. 다섯째, 해석적 사회과학은 사회 현상의 일반 법칙을 설명하는 것이 아니라, 개별적인 사람이나 사례, 집단 등 구체적인 특성에 주목하여 상징적 표현, 심층적 기술, 구체적 세부 사항 등을 통해 설명한다. 또한, 집단의 의미체계가 어떻게 발생하고 유지되는지 해석하는 데 중점을 둔다. 따라서 해석적 사회과학은 개성기술적(idiographic)이고, 맥락에 기반을 두고 주로 귀납적 추론을 사용한다. 여섯째, 지식에 대해서는 실용적 지향을 따르며, 지식의 가치는 사람들이 일상에서 어떻게 행동하는지를 이해하는 능력에 있다고 본다. 일곱째, 해석적 사회과학은 상대주의적 관점을 취한다. 이는 지식의 기준이 개인의 경험과 문화에 따라 달라질 수 있음을 인정하고, 다양한 관점을 수용하는 태도이다. 따라서 해석적 사회과학은 연구대상의 정치적, 사회적 관점을 그들이 처한 맥락 속에서 이해하고 공감하려 한다. 이러한 접근은 해석적 사회과학이 연구 과정에서 가치의 개입을 인정한다는 점을 보여준다.

〈표 1-1〉 실증주의와 해석주의 패러다임의 차이

구분	실증주의 사회과학	해석주의 사회과학
존재론적 가정	사회적 실재는 객관적으로 존재하여 경험적으로 관찰할 수 있음	사회적 실재는 주관적 경험과 사회적 상호작용으로 생성되고 유동적임
인식론적 가정	연구자는 연구대상과 독립적임	연구자는 연구대상과 상호작용함
연구의 목적	법칙의 발견, 사건의 예측과 통제	의미 있는 사회적 행위의 이해
인간에 대한 가정	이기적이고 합리적이면서 수동적 개인	상호작용을 통해 의미체계를 구성하는 능동적 존재
방법론적 특성	법칙정립적이고 주로 연역적 추론을 이용	개성기술적이고 주로 귀납적 추론을 이용
지식의 활용	도구적 지향	실용적 지향
가치의 역할	가치중립성을 추구	상대주의를 추구

(3) 사회과학의 제3의 패러다임: 비판적 사회과학

비판적 사회과학(critical social science)은 사회적 불평등과 억압을 해소하기 위해 사회 현상과 사회 내 권력 구조와 지배 관계를 비판적으로 분석하고자 한다. 그리고 사회 현상에 대한 이해나 설명을 넘어서 이론과 실천(praxis)을 결합하여 사회 구조를 개선하고자 한다.

비판적 사회과학의 주요 특징은 다음과 같다.[34,50,195] 첫째, 비판적 사회과학의 존재론적 가정은 사회적 실재가 인간의 인식이나 경험과 무관하게 독립적으로 존재하며, 사회 구조, 제도, 권력 관계 등은 단순한 개인의 해석으로 환원될 수 없는 실체라고 본다. 사회 현상은 표면에 드러난 것뿐만 아니라, 그 이면에 작동하는 구조적 요인과 힘이 있다고 가정한다. 비판적 사회과학은 실증주의처럼 실재의 독립성을 인정하면서도, 해석주의처럼 주관적 경험과 사회적 상호작용, 문화적 믿음이 실재를 구성할 수 있음을 인정한다. 그리고 사회적 실재는 관찰 가능한 경험적(empirical) 수준, 관찰되는 현상들을 발생시키는 구조, 메커니즘, 권력 관계 등을 나타내는 사실적(real) 수준, 관찰되는 현상들이 현실적으로 어떻게 작동하고 개인의 삶에 어떤 영향을 미치는지를 의미하는 실제적(actual) 수준 등 다양한 층위로 구성된다고 본다.

둘째, 비판적 사회과학의 인식론적 가정은 지식이 사회적, 역사적 맥락에 따라 구성된다는 인식론적 상대주의를 수용한다. 즉, 사람들은 사회적 실재를 완벽하게 인식할 수 없으며, 모든 지식은 잠정적이고 불완전하다고 본다.

셋째, 연구의 궁극적인 목적은 주로 사회통제, 권력관계, 불평등의 근원을 밝혀서 사회적 관계를 비판하고 사회의 변화를 촉진하려는 것이다. 그리고 허위적인 신화를 폭로하고 숨겨진 진실을 드러내고 소외된 사람들의 삶을 개선하고자 한다. 따라서 비판적 사회과학은 인간해방을 위한 실천을 강조한다. 여기서 실천이란 사회를 변혁시키는 의식적 활동이고 자아 성찰적 과정이 된다.

넷째, 인간은 사회 구조의 영향을 받으면서 동시에 사회 구조를 만드는 창조적 존재라고 가정한다. 즉, 사람들은 사회를 만들고 사회는 사람들을 만드는 순환적 과정에서 사회적 관계를 맺는 존재로 가정한다.

다섯째, 비판적 사회과학은 설명적 비판(explanatory critique)을 하기 위해 가추법(abduction)을 사용한다. 설명적 비판이란 사회에 대한 사람들의 잘못된 믿음과 실제 사회를 설명하고 이 둘이 일치하는 않는 모순을 드러내는 것이다. 가추법은 기존 지식으로 설명되지 않는 새로운 현상을 만났을 때, 그 현상을 설명할 수 있는 다양한 가설을 상상하고 적용해보는 추론 방식이다. 연구자는 여러 가능한 대안적인 가설에 자료를 대입하고 이론을 적용하여 새로운 의미를 생각하고, 아이디어와 자료를 재평가하면서 설득력이 약한 대안들은 제거해 나가는 것이다. 예를 들어, 어떤 사회 현상이 기존 이론으로 설명되지 않을 때 연구자는 다양한 새로운 가설을 세워 실제 자료와 비교해보고, 가장 타당한 설명을 찾는 과정을 반복하면서 새로운 의미와 설명을 도출하게 된다.

여섯째, 비판적 사회과학은 실증주의의 객관적 실재와 해석주의의 주관적 실재가 하나의 동적인 과정에서 상호작용한다고 본다. 이러한 통합적 관점에서 지식은 행동을 이끌고, 사회적 변화를 촉진하는 가치를 가진다고 본다. 즉, 비판적 사회과학은 반영적－변증법적 지향(reflexive－dialectic orientation)을 추구한다. 변증법적 지향은 상반된 관점을 통합해 사회 현상의 복잡성과 모순을 이해하게 하며, 반영적 지향은 비판적 사고와 자기 성찰을 통해 지식을 내면화하고 사회 환경을 변화시키는 데 도움을 준다.

일곱째, 모든 사회연구는 사회정치적 가치가 내재된 활동으로 보기 때문에, 실증주의의 가치중립성을 거부한다. 그리고 사회과학 지식은 사람들을 통제하거나 삶의 질을 높이는 데 사용될 수 있어서 권력이라고 보고, 사람들을 통제하거나 지배하기 위해 권력자나 후원자를 만족시키는 관료 기술적 지식의 생산을 비판한다. 비판적 사회과학은 해석적 사회과학의 상대주의도 비판하면서 일부 입장은 옳거나 틀릴 수 있다고 본다.

제2장

과학적 조사의 절차

제1절 연구주제의 선정
제2절 관련 문헌의 검토
제3절 가설 또는 연구문제의 선정
제4절 연구설계의 확립
제5절 자료의 수집
제6절 자료의 처리
제7절 자료의 분석과 해석
제8절 논문 또는 보고서의 작성

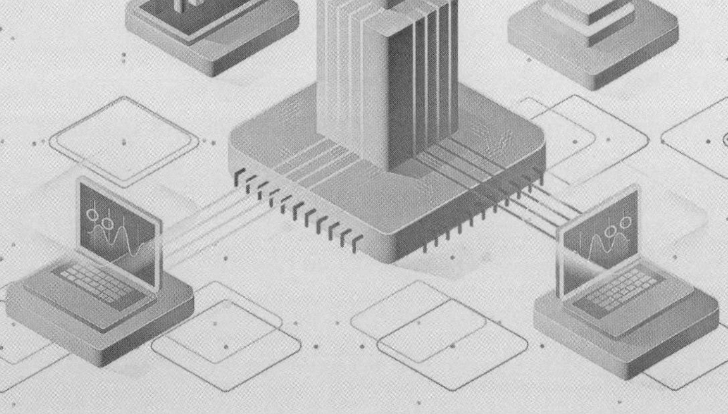

제1절 연구주제의 선정

1. 연구주제의 선정에서 고려할 사항

연구주제의 선정은 연구의 성공을 좌우한다. 적절한 연구주제의 선정을 위해서 연구자가 고려할 사항은 다음과 같다.[235,255] 첫째, 연구주제는 연구자의 관심과 열정이 있는 분야에서 선택되어야 한다. 이는 연구 과정에서 동기부여와 지속적인 노력을 가능하게 한다. 또한, 연구자에게 관련성이 높거나 의미가 있는 주제를 선정하면 연구에 대한 흥미와 추진력이 높아진다. 따라서, 자신의 학문적 여정과 장기적 목표에 부합하는 주제를 선택하는 것이 바람직하다.

둘째, 연구주제는 구체적이고 한정된 범위 내에서 설정해야 한다. 특히 논문에서는 일반 서적이나 교재와 달리, 심층적 탐구와 새로운 발견을 위해 연구 범위를 좁혀야 한다. 범위가 넓은 주제는 연구 내용의 깊이가 부족하고, 참신한 시각이나 새로운 내용을 추가하기 어렵다. 예를 들어, '미디어의 폭력 내용이 어린이에게 미치는 영향'과 같은 주제는 광범위해 심층적인 분석이 어렵다. 반면, '디즈니 애니메이션에 나타난 폭력 묘사가 어린이에게 미치는 영향'처럼 주제를 한정하면 연구의 깊이와 집중도를 높일 수 있다.

셋째, 자료수집이 비용과 시간 면에서 과도한 부담이 있는지 그리고 해당 주제에 적합한 경험적 분석방법을 활용할 수 있는지 검토해야 한다. 유사한 주제를 다룬 선행연구를 통해 어떤 자료와 분석방법이 활용되었는지 파악하면, 시행착오를 줄이고 효율적으로 연구를 진행할 수 있다.

넷째, 연구주제는 학문적, 정책적, 또는 실용적 가치를 지녀야 한다. 이를 위해 연구의 용도를 명확히 해야 한다. 순수연구의 경우, 기존 연구에서 다루지 않았거나 불명확한 부분을 보완하고, 새로운 관점이나 방법론을 제시함으로써 학문적 가치를 지녀야 한다. 응용연구의 경우, 정책적으로 의미 있는 문제를 다루어 사회에 긍정적인 영향을 미치거나, 실용적으로 당면한 과제의 해결에 도움을 줄 수 있어야 한다.

다섯째, 조사대상에 대한 윤리적 측면을 고려해야 한다. 연구가 조사대상에게 물리적 또는 심리적 해를 끼칠 수 있는지 검토하고, 연구 설계 단계부터 폐해를 예방하는 방안을 마련해야 한다.

2. 개념적 틀

개념적 틀(conceptual framework)이란, 연구에서 다루는 주요 개념(변수)과 이들 간의 관계를 시각적으로 또는 서술적으로 구조화한 체계를 뜻한다.[158] 개념적 틀을 활용하면 연구에서 다루려는 주요 변수와 이들 간의 관계를 명확히 정의하고 구조화할 수 있어, 연구주제를 명확하게 하고 구체적인 연구문제로 발전시킬 수 있다. 또한, 연구문제의 설정이나 가설의 도출, 자료수집, 분석에 이르기까지 조사 과정 전반에서 논리적 일관성을 유지할 수 있으며, 변수 간의 관계를 체계적으로 정리함으로써 연구주제가 선행연구와 어떤 연관성을 가지는지 쉽게 파악할 수 있다.

예를 들어, 연구주제는 기업의 다각화, 기업 규모, 수익성 간의 관계라고 하자. 이 경우에 주요 개념인 다각화, 수익성, 기업 규모에 대해 정의를 내리고, 개념 간 관계를 설정해야 한다. 다각화 전략이 수익성에 직접적인 영향을 미치고, 기업 규모는 다각화 전략과 수익성 간의 관계를 조절(강화 또는 약화)하는 역할을 한다고 설정할 수 있다. 대기업에서는 다각화 전략이 수익성에 긍정적 영향을 미칠 수 있지만, 중소기업에서는 효과가 다를 수 있기 때문이다. 이를 도식을 통한 개념적 틀로 나타내면 [그림 2-1]과 같다.

[그림 2-1] 도식을 통한 개념적 틀

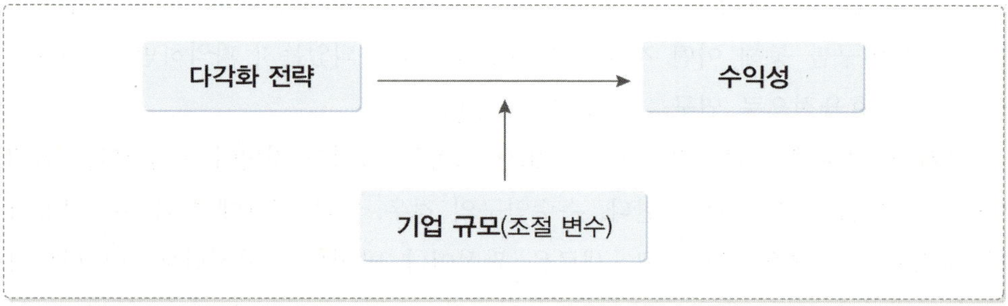

개념적 틀은 [그림 2-1]과 같이 도식을 통해 나타낼 수도 있고, 〈표 2-1〉과 같이 표를 통해 서술적으로 표현할 수도 있다. 이러한 개념적 틀을 보면 연구주제는 기업의 다각화 전략이 수익성에 미치는 효과와 함께 기업 규모가 두 변수 간의 관계를 조절하는지 분석하는 것임을 알 수 있다. 개념적 틀을 설정하면 연구자가 개념 간의 관계를 명확히 구조화하여 실증적 연구 설계에 효과적으로 활용할 수 있다.

〈표 2-1〉 표를 통한 개념적 틀

변수	역할	설명
다각화	독립변수	기업이 새로운 사업 영역으로 확장하는 전략
수익성	종속변수	영업이익률 등 재무적 성과 지표
기업 규모	조절변수	소기업, 대기업 등 규모에 따라 관계의 강도가 달라질 수 있음

3. 개념적 연결

개념적 틀이 연구의 전체 맥락과 구조를 제공하는 것이라면, 개념적 연결(conceptual link)은 개념적 틀 안에서 개별 개념들이 어떻게 관련되는지를 설명한다. 연구주제는 기존 연구를 검토하면서 구체화할 수 있다. 기존 연구에서 조사한 모집단을 변경하거나, 변수를 수정하거나 추가하여 연구의 범위를 확장할 수 있다. 이때 모집단과 변수 모두를 변화시킬 경우, 변화된 요소들이 논리적으로 연관되어 개념적 연결이 유지되는지 확인해야 한다.[47]

예를 들어, 기존 연구는 '지상파방송사의 다각화 전략은 영업이익에 긍정적 영향을 미친다'는 가설을 제시했다고 하자. 새로운 연구가 '통신기업의 다각화 전략은 순이익 증가에 긍정적 영향을 미친다'는 가설을 제시한다면, 영업이익과 순이익 모두 수익성의 개념에 포함되므로 개념적 연결이 성립된다. 반면, 새로운 연구가 '통신기업의 다각화 전략이 재정적 건전성에 긍정적 영향을 미친다'는 가설을 제시한다면, 이는 기존 연구의 가설이나 이론적 근거와 관련이 없으므로 개념적 연결이 성립되지 않는다.

제2절 관련 문헌의 검토

연구주제를 선정한 후에는 관련된 기존 문헌을 검토한다. 기존 문헌은 크게 이론적 연구와 경험적 연구로 분류할 수 있다. 관련 문헌 검토의 목적은 해당 분야의 연구 현황을 파악하고, 문제 해결을 위한 접근 방법을 탐색하는 것이다.

1. 문헌 검토의 역할

관련 문헌의 검토는 연구자에게 다음과 같은 도움을 준다.[89,195] 첫째, 기존 연구의 주요 내용과 발전 과정을 파악할 수 있다. 이를 통해 연구주제와 관련된 연구의 추세와 동향을 파악할 수 있다. 둘째, 기존 연구에서 관련된 이론들을 비교하고 분석함으로써, 연구의 이론적 기반을 빠르게 마련할 수 있다. 셋째, 기존 연구에서 사용된 방법론의 장단점과 자료 출처를 확인할 수 있어, 경험적 연구를 설계할 때 시행착오를 줄일 수 있다. 넷째, 문헌 검토 과정에서 새로운 개념이나 변수, 아이디어를 발견할 수 있어 연구의 폭을 넓힐 수 있다. 다섯째, 연구의 방향과 범위를 명확히 설정하고, 연구문제나 가설을 구체화하고 심화하는 데 도움을 준다. 여섯째, 연구 결과를 더 넓은 지식 체계와 연결하여 해석할 수 있는 기반을 제공한다.

2. 문헌 검토 단계의 주요 질문

문헌을 검토할 때에는 연구주제와 관련된 주요 개념과 이론이 무엇인지, 기존 연구에서 어떤 연구방법이 사용되었는지, 그리고 해당 분야에서 밝혀진 연구 결과가 무엇인지 살펴보아야 한다. 또한, 기존 연구 결과 간에 불일치가 존재하는지, 아직 해결되지 않은 연구문제가 무엇인지, 해당 분야에서 의미 있는 논쟁이 있었는지, 그리고 기존 연구의 장점과 한계는 무엇인지 등을 중심으로 검토하는 것이 필요하다.[89,195]

3. 기존 문헌의 종류

연구주제를 탐색하는 데 활용할 수 있는 문헌은 학술지, 전문잡지, 정기간행물, 연구보고서, 주요 기관의 자료 등으로 구분할 수 있다. 학문 분야에 따라 문헌의 출처는 매우 다양하다. 커뮤니케이션 또는 미디어 분야의 주요 학술지로는 「Journal of Communication」, 「Journal of Broadcasting & Electronic Media」, 「Journal of Media Economics」, 「한국언론정보학보」, 「한국언론학보」, 「한국방송학보」, 「미디어 경제와 문화」, 「문화산업연구」 등을 들 수 있다. 학술지는 학문적 연구 성과를 발표하는 정기간행물로, 해당 분야의 최신 연구 동향과 주요 연구 결과를 확인할 수 있다. 전문잡지는 실무적 정보와 업계 동향, 시사적 이슈 등을 다루는 간행물로, 대표적으로 「신문과 방송」 등이 있다. 정기간행물은 산업 현황, 정책 동향, 통계 자료 등을 주기적으로 제공하는 간행물로, 대표적으로 「방송산업 실태조사 보고서」, 「방송사업자 재산상황 공표집」, 「신문산업실태조사」 등이 있다. 연구보고서와 자료를 제공하는 주요 기관으로는 방송통신위원회, 한국콘텐츠진흥원, 한국언론진흥재단, 한국방송광고공사, 정보통신정책연구원 등을 들 수 있다.

4. 1차 문헌과 2차 문헌

연구를 수행할 때 참고하는 기존 문헌은 1차 문헌(primary sources)과 2차 문헌(secondary sources)으로 구분할 수 있다. 1차 문헌이란 원래의 연구 결과를 접할 수 있는 문헌으로, 논문, 보고서, 실험 결과, 설문지 원본, 공식 기록 등이 이에 해당한다. 2차 문헌은 1차 문헌의 내용이나 연구 결과를 다른 연구자가 정리하고 해석하여 제시한 내용을 담고 있다. 예를 들어, 기존 연구를 요약하거나 해설한 서적, 리뷰 논문, 그리고 특정 논문에서 다른 연구의 내용을 인용하면서 "재인용"이라고 명시한 경우가 이에 해당한다. 예를 들어, "홍길동(1960; 김갑돌, 2025에서 재인용)의 연구에서 …"라는 문장에서 홍길동(1960)은 1차 문헌, 김갑돌(2025)은 2차 문헌이 된다.

2차 문헌은 1차 문헌의 내용을 전달하는 과정에서 부정확하게 해석하거나 중요한 내용을 생략할 수 있다. 따라서 2차 문헌에만 의존할 경우, 원자료의 오류나 왜곡된 해석을 반복할 위험이 있고, 연구자의 독창적 시각에서 원문을 해석할 기회를 잃을 수도 있다. 따라서 가능하면 1차 문헌을 직접 확인하는 것이 바람직하다.[218]

5. 기존 문헌의 평가와 정리

기존 문헌을 평가하고 정리하는 과정은 크게 두 단계로 이루어진다. 첫 단계는 문헌 선별 과정이다. 이 단계에서는 문헌의 제목을 검토하여 연구주제와 관련성이 낮은 문헌은 일차적으로 배제한다. 이후 초록(abstract)을 확인하면서 해당 문헌이 연구주제와 밀접하게 연관되고 연구목적에 적합한지 판단한다. 다음 단계는 문헌별로 정리하는 단계이다. 이 단계에서 선정된 문헌은 저자, 연도, 제목 등의 출처 정보, 주요 연구문제나 가설 등을 중심으로 정리한다. 이어서 변수의 측정 방식, 자료의 출처, 표집 방법, 사용된 통계기법 등의 특성을 기술하고, 주요 연구 결과를 정리한다. 그리고 연구자가 결과를 어떻게 해석하고 논의했는지 살펴본다. 마지막으로 논문의 한계, 연구의 의의 등을 정리한다.[47,195]

제3절 가설 또는 연구문제의 선정

1. 가설의 설정

가설(hypothesis)은 개념이나 변수 간 관계를 예측하는 진술문을 뜻한다. 가설은 연구주제와 관련된 기존 지식과 이론을 바탕으로, 그 진위가 아직 확인되지 않은 잠정적 주장에 대해 검증이 가능한 형태로 제시된다. 따라서 누구나 명확히 참 또는 거짓임을 알 수 있는 진술문은 가설로 적절하지 않다.

가설은 보통 두 변수 간의 관계를 나타내는 문장으로 표현된다. 예를 들어, 두 변수 A와 B에 대해 "A와 B는 양(+)의 상관관계를 갖는다" 또는 "A가 증가할수록 B는 감소한다" 등과 같은 형태가 대표적이다. 예를 들면, "학력과 인공지능 활용의 정도는 양의 상관관계를 가질 것이다" 또는 "학력이 높을수록 인공지능 활용의 정도는 높을 것이다"와 같은 문장을 들 수 있다.

가설은 문헌 검토를 바탕으로 설정되며, 주로 변수 간의 인과관계를 밝히는 설명적 연구에서 사용되고, 통계적 분석을 통해 검증되며, 분석 결과에 따라 채택되거나 기각될 수 있다. 일반적으로 가설은 일단 설정된 후에는 연구 과정에서 수정하지 않는 것이 원칙이다.

2. 연구문제의 설정

연구문제(research question)는 의문문 형태로 제시되며, 구체적인 연구주제를 탐구하거나 분석하기 위한 질문이다. 예를 들어, "인공지능 기술에 의해 대체될 직업과 유망한 직업은 무엇인가?"와 같이 표현된다. 연구문제는 기존 문헌을 검토한 뒤, 아직 해결되지 않은 질문이나 기존 연구에서 충분히 다루어지지 않은 주제를 파악하여 형성되며, 주로 탐색적 연구에 활용된다. 연구문제는 분석의 지침

역할을 하지만 직접 검증되지 않을 수도 있고 연구 과정에서 필요에 따라 수정될 수도 있다.

연구문제를 선정할 때 고려 사항은 다음과 같다. 첫째, 학문적 기여 가능성을 고려해야 한다. 이를 위해 연구문제가 축적된 지식 체계에 비추어 독창적인지, 이론적으로 의미가 있는지, 경험적 검증이 가능한지 등을 확인해야 한다. 둘째, 현실문제 해결 가능성을 고려해야 한다. 정부, 공공기관, 기타 조직 등에서 특정 연구를 요청하는 경우, 해당 연구의 실용적 가치는 높다고 볼 수 있다. 셋째, 연구수행 가능성을 고려해야 한다. 연구자가 연구문제를 해결할 수 있는 역량이 있는지 고려해야 한다. 연구주제의 범위, 자료 확보의 가능성, 분석방법의 적절성 등을 검토하여 연구자의 역량을 벗어나는지 확인해야 한다.[67]

기존 연구 간에 연구 결과가 일치하지 않는 경우, 이는 새로운 연구문제를 선정하는 기회를 제공할 수 있다. 상반된 결과의 원인을 모집단, 표본, 측정, 통계분석 등의 차이에서 찾아보고, 이를 바탕으로 연구문제를 구체화하는 것이 필요하다.[47]

제 4 절 연구설계의 확립

연구설계를 확립하기 위해서는 연구의 종류에 대한 이해가 선행되어야 한다. 연구의 종류는 크게 연구의 목적, 자료의 측정 시점, 연구의 용도, 자료수집의 특성 등에 따라 분류할 수 있다. 이에 대한 상세한 설명은 3장에서 다루고 여기서는 간략하게 언급하기로 한다.

연구목적에 따라 탐색적 연구(exploratory research), 기술적 연구(descriptive research), 설명적 연구(explanatory research)로 구분할 수 있다. 탐색적 연구는 새로운 아이디어를 탐구하는 목적을 가지고, 기술적 연구는 현상을 기술하는 목적을 가지며, 설명적 연구는 인과관계를 설명하는 목적을 가진다. 탐색적 연구에서 연구설계는 비구조화되어 있으나, 기술적 연구와 설명적 연구에서 연구 설계는 구조화되어 있다. 특정 주제를 다루는 연구의 발전 과정을 보면, 대체로 탐색적 연구를 진행한 후에 기술적 연구가 진행되고, 최종적으로 설명적 연구가 진행된다.

자료의 측정 시점에 따라 횡단적 연구(cross-sectional research)와 종단적 연구(longitudinal study)로 구분할 수 있다. 횡단적 연구는 한 시점에서 여러 조사대상을 측정한 자료를 분석하고, 종단적 연구는 여러 시점에 걸쳐 조사대상을 측정한 자료를 분석한다.

연구 용도에 따라 순수연구(pure research)와 응용연구(applied research)로 구분할 수 있다. 순수연구는 이론 개발과 검증에 중점을 두고, 학문적 발전을 추구하며, 논문이나 학술회의 등을 통해 연구 결과가 공유된다. 응용연구는 사회 문제의 해결이나 정책 결정을 위한 정보 제공에 중점을 두고, 기존 지식의 활용과 실질적 문제의 해결을 추구하며, 정책 제안이나 실무 지침 등을 통해 연구 결과가 제시되고 정책 입안자, 실무자, 기업 등이 활용한다.

자료수집의 특성에 따라 크게 질적 연구, 양적 연구, 혼합 연구(mixed methods research)로 구분할 수 있다. 질적 연구의 자료수집은 유연하고 융통성이 있으며 비구조화되어 있다. 양적 연구의 자료수집은 구조화되어 있으며 객관적으로 측정이 가능한 변수에 초점을 맞춘다. 질적 연구는 해석주의 패러다임에 부합하고, 양적 연구는 실증주의 패러다임에 부합한다. 혼합 연구는 양적 연구와 질적 연구를 혼합한 연구 설계에 해당한다.

제5절 자료의 수집

조사대상의 선정은 모집단 전체를 모두 조사하는 전수조사와 모집단 중 일부만을 추출하는 표본조사로 나눌 수 있다. 연구자는 시간과 비용, 그리고 필요한 정보의 정확성 등을 고려하여 전수조사와 표본조사 중 하나를 선택하게 된다. 전수조사와 표본조사의 차이점, 그리고 조사대상을 추출하는 구체적인 방법 등은 13장과 14장에서 자세히 다룰 것이다. 조사대상이 확정된 후에는 자료를 수집하게 된다.

1. 자료의 종류

(1) 1차 자료

1차 자료(primary data)란 연구자가 연구목적을 달성하기 위해 사전에 설계된 방법을 통해 직접 수집한 원자료를 말한다. 이는 연구자의 의도에 맞게 처음으로 수집된 자료로, 설문 조사, 실험, 면접, 관찰 등의 자료수집 방법을 통해 얻는다. 예를 들어, 연구자가 어떤 가설을 검증하기 위해 설문 조사를 통해 자료를 수집했다면 이는 1차 자료가 된다.

1차 자료는 연구자가 원하는 정보를 직접 설계하여 수집하므로 연구목적에 부합하는 맞춤형 자료를 확보할 수 있다. 또한, 1차 자료는 필요한 시점에 직접 수집할 수 있어 최신성을 유지할 수 있다. 그러나 1차 자료를 수집하는 과정에서 설문 설계, 표본추출, 자료수집 등 여러 단계에서 많은 시간과 비용이 소요되고 전문성이 요구된다.

(2) 2차 자료

2차 자료(secondary data)란 본인이 아닌 다른 연구자나 기관이 이미 수집한 자료를 말한다. 예를 들어, 어떤 연구자가 자신의 연구에서 정부 기관의 통계 자료를 사용한다면 그 자료는 해당 연구자에게 2차 자료가 된다. 이러한 2차 자료는 연구자의 연구목적에 맞게 수정해서 사용할 수 있으나 한계가 있다.

2차 자료의 출처는 연구 분야와 목적에 따라 다양하게 활용된다. 예를 들어, 커뮤니케이션이나 미디어 산업 분야의 연구에서는 방송통신위원회, 영화진흥위원회, 한국언론진흥재단, 문화체육관광부 등의 조사 자료와 통계가 유용하게 활용될 수 있다. 국가별 비교 분석을 위해서는 세계무역기구, 세계은행, 경제협력개발기구(OECD), 국제전기통신연합(ITU) 등 국제기구에서 제공하는 자료와 통계가 활용될 수 있다. 또한, 국내 기업을 분석하는 연구에는 금융감독원 전자공시시스템에 공개된 기업의 재무제표와 사업보고서 등에서 나오는 자료가 2차 자료로 활용될 수 있다.

2차 자료는 연구에 활용하기 전에 주요 평가 기준을 바탕으로 검토해야 한다. 첫째, 2차 자료가 본인의 연구에서 목표로 하는 모집단을 잘 대표하는지 확인해야 한다. 이를 위해 표집 방법, 표본의 크기, 응답률, 측정 시점 등을 파악해야 한다. 일반적으로 확률표집을 사용하고 표본이 크며 응답률이 높은 자료가 모집단을 잘 대표한다. 또한, 2차 자료의 발표 시점과 측정 시점을 구분해야 한다. 본인의 연구에서 설정한 기간과 관련된 것은 측정 시점이라는 것에 유의해야 한다. 둘째, 2차 자료가 본인의 연구목적과 부합하는지 평가해야 한다. 2차 자료에서 사용된 조작적 정의나 측정 단위 등이 본인의 연구목적에 맞게 재구성될 수 있는지 확인하는 과정이 필요하다. 셋째, 2차 자료의 정확성을 검토해야 한다. 유사한 주제를 다룬 다른 2차 자료와 비교하여 자료의 정확성을 판단할 수 있다. 아울러, 2차 자료의 출처가 전문성과 신뢰성이 높은 기관일수록 해당 자료의 정확성도 높을 가능성이 크므로, 자료의 출처도 확인해야 한다.[48, 67]

2차 자료는 여러 측면에서 장점을 지닌다.[218] 첫째, 1차 자료보다 자료수집에 드는 시간과 비용을 절약할 수 있다. 둘째, 2차 자료는 다른 기관에 의해 이미 수집된 자료이므로 조사대상의 반작용이 없고 윤리적 문제도 고려할 필요가 없다. 셋째, 정부, 공공기관, 국제기구 등에서 제공하는 2차 자료는 대규모 표본과 엄격한 표집 방법, 높은 응답률을 바탕으로 수집된 경우가 많아 자료의 품질이 높다. 넷째, 2차 자료는 변수의 수가 많고 수년에 걸쳐 축적된 시계열 자료를 확보할 수 있어서 장기적 변화 분석, 국가 간 비교연구 등에 효과적으로 활용할 수 있다. 다섯째, 2차 자료의 활용 과정에서 연구문제에 대한 새로운 관점이나 연구설계에 유용한 지침을 얻을 수 있다.

2차 자료는 다음과 같은 단점도 존재한다. 첫째, 2차 자료는 대부분 다른 기관이나 연구자의 조사 목적에 따라 수집된 것이기 때문에, 자료의 수집 목적, 측정 단위, 조작적 정의 등이 본인의 연구와 일치하지 않는 경우가 많다. 그런 자료를 그대로 사용하거나 대리변수로 사용할 경우 측정의 타당성이 낮아질 수 있다.[218] 둘째, 2차 자료는 측정 시점과 발표 시점 사이에 상당한 시차가 존재하는 경우가 많다. 따라서 최신 동향이나 시의성이 중요한 연구에서는 이는 문제가 될 수 있다. 셋째, 연구자가 원하는 특정 주제, 모집단, 변수에 대한 2차 자료가 존재하지 않을 수 있다.

2. 자료의 수집방법

자료는 양적 자료와 질적 자료로 구분할 수도 있다. 양적 자료는 주로 점수,

수치 등과 같은 정량적 자료를 의미한다. 질적 자료는 서술, 이미지 등과 같은 정성적 자료를 의미한다.

2차 자료는 대체로 양적 자료에 속한다. 그러나 1차 자료는 양적 자료일 수도 있고 질적 자료일 수도 있다. 따라서 1차 자료를 수집하는 방법은 크게 양적 자료의 수집방법과 질적 자료의 수집방법으로 구분할 수 있다.

양적 자료의 수집을 위해 다양한 표준화된 방법을 활용할 수 있다. 이에 대한 상세한 내용은 10장에 다루기로 한다. 질적 자료의 수집을 위해 여러 유형의 비구조화된 방법을 활용할 수 있다. 질적 자료의 수집방법은 11장에서 다루기로 한다.

제 6 절 자료의 처리

자료 처리는 수집된 자료를 분석 가능한 형태로 변환하고, 오류를 최소화하기 위한 일련의 과정을 의미한다. 자료 처리의 주요 단계는 코딩(coding), 자료의 정제(data cleaning), 통계량을 이용한 자료의 조정(data adjustment)으로 구분할 수 있다.

1. 코 딩

코딩 또는 부호화는 원자료를 분석할 수 있도록 수치나 기호로 변환하는 과정이다. 대체로 양적 연구에서는 사전에 결정된 기준에 따라 응답을 일관되게 부호화한다. 대체로 질적 연구에서는 자료수집 이후 자료에서 의미 있는 패턴이나 주제를 식별하여 개념화하는 작업을 한다. 예를 들어, 개방 코딩(open coding), 축 코딩(axial coding), 선택적 코딩(selective coding) 등 다양한 접근법이 있다. 개방 코딩은 질적 연구, 특히 근거이론(grounded theory)에서 수집된 자료를 세밀하게 분해하여 의미 있는 단위(개념)로 구분하고, 각 단위에 이름(코드)을 부여하는 과정이다. 축 코딩은 개방 코딩에서 도출된 개념과 범주들 사이의 관계를 체계적으로 연결하고 중심축(axis)을 중심으로 범주들을 재구성하는 단계로, 코딩의 초점이 개별 코드에서 범주 간 관계로 확장된다. 선택적 코딩은 축 코딩에서 정리된 범주 중에서 연구주제와 관련이 깊은 핵심 범주(core category)를 선정하고, 이를

중심으로 다른 범주들을 통합하여 이론을 구성하는 단계이다.[112, 138]

2. 자료의 정제

(1) 오류 수정

오류 수정(error correction)은 자료 입력 과정에서 발생한 실수(오타, 비논리적 값, 잘못된 단위 등)를 바로잡는 단계이다. 오류 수정에서 사용되는 주요 방법으로는 논리적 일관성의 점검이 있다. 예를 들어, 나이가 15세인데 직업이 '회사원'으로 입력된 경우, 논리적 오류로 간주하여 수정한다. 그리고 변수별로 허용 가능한 범위를 벗어난 값을 찾아 수정하는 범위 점검이 있다. 예를 들어, 5점 척도에서 6이 입력된 경우를 들 수 있다. 또한, 같은 응답자가 여러 번 입력된 경우에는 중복을 제거한다.

(2) 결측값 처리

결측값(missing value)은 설문 응답, 실험 결과 등에서 값이 누락된 상태를 의미한다. 결측값을 처리하는 주요 방법은 제거 방법과 대체 방법이 있다. 제거 방법은 다시 응답자 제거(casewise deletion)와 결측치 제거(pairwise deletion)로 구분된다. 응답자 제거란 여러 설문 문항 중에서 일부 문항에 잘못되거나 누락된 값이 하나라도 있는 응답자는 모두 분석에서 제거하는 방법이다. 결측치 제거란 일부 문항에 대한 응답에서 잘못되거나 누락된 값이 있는 경우, 해당 문항에 대해서만 결측치로 처리하고 분석에서 활용할 수 있는 문항은 모두 이용하는 방법이다. 결측치 제거와 응답자 제거가 분석 결과에 어떤 차이를 초래하는지 보기 위해 〈표 2-2〉와 같은 자료에서 상관계수를 도출한다고 가정하자.

〈표 2-2〉 응답자 제거와 결측치 제거: 상관계수의 계산

	변수 *A*(문항 *A*)	변수 *B*(문항 *B*)	변수 *C*(문항 *C*)
응답자 1	3		
응답자 2	4	5	
응답자 3	5	4	6
응답자 4	6	3	8

〈표 2-2〉에서 설문 문항은 3개가 있고 각 문항은 개별 변수로 취급된다. 변수 *A*와 변수 *B* 간의 상관계수 분석에서 사용되는 자료는 결측치 제거인가 또는 응답자 제거인가에 따라 다르게 된다. 응답자 제거를 하는 경우, 두 응답자(응답자 3과 4)의 자료를 이용하여 *A*와 *B* 사이의 상관계수를 계산한다. 반면에 결측치 제거의 경우 세 응답자(응답자 2, 3, 4)의 자료를 이용하여 *A*와 *B* 사이의 상관계수를 계산한다. 실제로 상관계수는 표본 크기가 수십 개 이상일 때 사용하는 것이 일반적이라는 것을 유의해야 한다. 각 변수의 평균값을 계산할 때도 응답자 제거 또는 결측치 제거에 따라 표본 크기는 달라질 수 있다. 일반적으로 표본이 크면 응답자 제거를 고려해 볼 수 있고, 표본이 작으면 결측치 제거를 고려해 볼 수 있다.

대체 방법은 결측값을 해당 변수의 평균이나 중앙값으로 대체하는 방법, 결측값이 있는 변수를 다른 변수로 예측하여 대체하는 회귀 대체 등이 있다. 이에 대한 상세한 설명은 나중에 다루기로 한다.

(3) 이상값 처리

이상값(outlier)은 자료 분포에서 극단적으로 벗어난 값으로, 입력의 오류이거나 실제로 일어난 극단적 현상을 반영할 수 있다. 이상값을 탐지하는 방법은 여러 가지가 있다. 자료를 그래프로 나타내어 시각적으로 이상값을 확인할 수도 있고, 표준편차를 활용하여 평균에서 표준편차의 3배 이상 벗어난 값을 이상값으로 정의할 수도 있다. 이상값을 정의하는 방법도 연구자에 따라 다양하다.

이상값을 처리하는 방법도 여러 가지가 있다. 원자료를 확인하여 이상값이 입력 오류에 의한 것이라면 올바른 값으로 수정한다. 이상값이 통계분석에 방해가 되는 경우 해당 값을 삭제하기도 한다. 그러나 이상값이 실제로 일어난 중요한 현상을 반영한다면 이상값을 제외한 분석과 포함한 분석을 각각 별도로 하여 두 결과를 비교하여 제시하기도 한다. 이상값은 반드시 오류라고 단정할 수 없으므로, 자료의 전체적 맥락을 고려하여 신중하게 처리해야 한다.

3. 통계량을 이용한 자료의 조정

(1) 자료 변환

자료의 변환(transformation)은 자료의 분포가 분석에 부적합할 때 로그 변환, 제곱근 변환 등을 적용하는 과정이다. 로그 변환은 자료의 분포가 비대칭적이거나 이상값이 있을 때, 자료의 범위를 압축하고 정규분포에 가깝게 만들어서 통계분석을 원활하게 할 수 있도록 하는 기법이다. 예를 들어, 개인의 소득 자료는 0부터 극단적인 큰 값까지 분포하는데, 이러한 자료에 로그 변환을 적용하여 인과분석(예: 회귀분석)을 하면 분석 결과에 대한 극단적인 고소득자의 과도한 영향력을 줄일 수 있다. 로그 변환의 종류에는 밑이 10인 상용로그($\log_{10}$)를 사용하는 방법과 밑이 자연 상수 e(약 2.71828)인 자연로그($\log_e$, ln)를 쓰는 방법이 있다. 사회과학 분야에서 회귀분석을 사용할 때 자연로그를 자주 사용한다. 로그 함수는 0 또는 음수 값에는 정의되지 않으므로, 자료에 0 또는 음수 값이 포함되어 있다면, 1을 더하거나 다른 방법을 사용하여 양수 값으로 변환해야 한다. 그리고 로그 변환된 변수를 해석할 때, 원래 변수의 의미를 고려하여 해석해야 한다.

(2) 표준화

표준화(standardization)는 서로 다른 단위나 범위를 가진 자료를 동일 기준에서 비교할 수 있도록 변환하는 것이다. 표준화의 대표적인 방법은 자료의 평균을 0, 표준편차를 1로 맞추는 변환이다. 이는 자료의 각 값에서 평균을 빼고 표준편차로 나누어 Z-점수로 변환하는 것이다. 예를 들어, 변수 X는 다음과 같이 Z-점수로 표준화할 수 있다.

$$Z_i = (X_i - \overline{X})/s_X \tag{2.1}$$

여기서 $\overline{X}$는 X_i의 평균, s_X는 X_i의 표준편차이다. 식 (2.1)과 같이 변환하면 표준화된 변수 Z는 평균이 0이고 표준편차가 1인 변수가 된다.

(3) 가중치 부여

가중치 부여(weighting)는 표본이 모집단을 잘 대표하지 못할 경우, 각 사례나 소집단에 가중치를 부여하여 표본의 대표성을 높이려는 방법이다. 예를 들어, 인구조사에서 남녀 비율이 실제 인구와 다르게 표본이 추출된 경우, 남성과 여성에게 각각 다른 가중치를 부여해 실제 인구비와 일치시킬 수 있다. 그리고 설문 조사에서 응답률이 낮은 집단에 더 높은 가중치를 부여해 전체 응답자의 대표성을 확보하기도 한다. 가중치 설정이 적절하면 표본의 대표성을 높이고, 통계적 추정의 정확도를 높인다. 그러나 가중치 설정이 부적절하면 결과를 왜곡할 수 있으므로, 모집단 정보와 표본추출의 원리를 이해하고 적용해야 한다.

(4) 결측값 대체

통계적 방법을 이용하여 결측값 대체(missing value imputation)를 하는 주요 방법은 결측값을 해당 변수의 평균이나 중앙값으로 대체하는 방법이 있다. 그리고 회귀분석을 통한 결측값 대체 방법도 있다. 회귀분석을 통한 결측값 대체는, 결측값과 관련된 다른 정보를 이용해 결측값을 예측하는 방법이다. 예를 들어, 어떤 학생의 수학 점수가 누락되었으나 국어 점수와 영어 점수는 있다고 가정하자. 국어와 영어 점수는 수학 점수와 관련이 있을 수 있다. 이 경우에 수학 점수가 있는 다른 학생들의 자료를 이용하여, 국어 점수와 영어 점수로 수학 점수를 예측하는 공식(회귀식)을 만든다. 바로 이것이 회귀분석이다. 그리고 수학 점수가 빠진 학생의 국어와 영어 점수를 그 공식에 넣어 예측값을 계산한다. 이 예측값으로 결측된 수학 점수를 대체하면 된다.

제 7 절 자료의 분석과 해석

자료의 처리가 끝나면 통계분석이 이루어진다. 특정한 통계분석이 타당한 분석이 되기 위해 해당 통계분석의 전제조건을 파악해야 한다. 예를 들면 주어진 자료의 측정 수준에 따라 사용할 수 있는 통계분석 방법이 달라진다. 즉, 연구자가 통계분석을 적절하게 수행하려면 자료의 속성에 부합하는 통계기법을 선택해야 한다. 이에 대한 예시는 〈표 2-3〉과 〈표 2-4〉에 제시되고 있다. 자료의 속성에 대한 설명은 5장에서 상세하게 다룰 것이다.

〈표 2-3〉 자료 특성에 따른 통계적 분석방법의 선택: 예시 1

- **질문**: 조사방법론 수강생들을 여학생과 남학생의 두 집단으로 구분한 후 '**두 집단 간의 성적 차이**'가 통계적으로 유의하게 나타나는지 검정하려면 어떤 분석방법을 사용하는가?

- **분석방법**: 두 개의 독립된 표본(여학생 표본과 남학생 표본) 간 성적 평균값의 차이를 분석하는 방법인 **t-검정**을 사용한다.
- **t-검정을 사용하기 위한 전제조건**: 성적은 등간 척도 또는 비율 척도의 자료여야 한다.

〈표 2-4〉 자료 특성에 따른 통계적 분석방법의 선택: 예시 2

- **질문**: 수강생들의 '**중간고사 점수와 기말고사 점수의 차이**'가 통계적으로 유의하게 나타나는지 검정하려면 어떤 분석방법을 사용하는가?

- **분석방법**: 동일 연구대상에 대해 반복측정한(두 번 측정한) 점수를 사용하므로 **쌍체(대응) t-검정**을 사용한다.
- **쌍체(대응) t-검정을 사용하기 위한 전제조건**: 점수는 등간 척도 또는 비율 척도의 자료여야 한다.

연구자가 자료의 속성에 부합할 뿐만 아니라 연구목적에 최적화된 통계분석 방법을 선택하고 활용하기 위해서는 다양한 통계분석 방법에 대한 이해가 선행되어야 한다. 통계분석 방법에 대한 설명은 사회조사 방법론의 후반부에 다루는 것이 일반적이다. 여기서는 어떠한 통계분석 방법이 어떤 경우에 사용될 수 있는지 알아보기 위해 〈표 2-5〉와 〈표 2-6〉에서 예시를 제시하고 있다. 통계분석 방법에 대한 학습이 이루어진 후에 이러한 예시를 다시 보면 충분한 이해를 하게 될 것이다.

〈표 2-5〉 분석의 목적에 따른 통계적 분석방법의 선택: 인과관계의 분석

- **질문**: 수강생들의 '성적'에 '공부 시간'과 '과목에 대한 흥미'는 **어떠한 영향을 미치는지** 알고 싶다면 어떤 분석방법을 사용하는가?

- **분석방법**: 인과관계를 분석하는 방법에 속하는 **회귀분석**을 사용할 수 있다.
- **회귀분석을 사용하기 위한 전제조건**: 종속변수(성적)와 독립변수들(공부 시간, 과목에 대한 흥미)은 등간 척도 또는 비율 척도의 자료여야 한다.

〈표 2-6〉 분석의 목적에 따른 통계적 분석방법의 선택: 유형 분류를 위한 분석

- **질문**: 수강생들의 전공, 나이, 성별에 따라 몇 개의 **유형으로 분류**하려면 어떤 분석방법을 사용하는가?

- **분석방법**: 연구대상(수강생)을 변수들의 측정값을 이용하여 분류하는 **군집 분석**을 사용할 수 있다.
- **군집 분석을 사용하기 위한 전제조건**: 군집 분석은 여러 유형으로 구분되는데, 변수들(전공, 나이, 성별)의 척도 수준에 따라 사용할 수 있는 군집 분석의 유형이 다르다.

통계분석 후에는 결과에 대한 연구자의 해석이 추가되어야 한다. 동일한 통계분석 결과도 연구자의 통계분석 방법에 대한 이해의 정도에 따라 해석이 달라질 수 있다.

제8절 논문 또는 보고서의 작성

경험적 연구를 기준으로 할 때, 논문 또는 보고서의 작성은 일정한 순서를 따른다. 학위 논문의 경우, 논문 초록, 목차, 서론, 문헌 검토, 연구문제 또는 가설의 제시, 연구방법, 연구 결과, 결론, 참고문헌, 부록의 순서로 구성된다.

논문 초록은 논문 작성의 마지막 단계에서 작성하는 것이 일반적이며, 초록에는 논문의 목적, 사용된 연구방법(표집 방법, 표본 규모, 통계분석 방법 등), 주요 분석 결과, 결과의 함의, 연구의 한계와 가치 등이 포함될 수 있다.

목차는 논문의 전체 구조를 명확하게 제시하여 각 장과 절이 어떻게 구성되어 있는지, 논문이 어떻게 전개되는지 쉽게 파악할 수 있도록 한다.

서론에서는 연구주제의 개요와 연구문제가 형성된 배경 및 맥락을 설명한다. 또한, 연구의 목적과 중요성을 밝히고, 본 연구가 기존 연구와 어떻게 연결되거나 확장될 수 있는지 서술한다. 필요에 따라 연구의 범위와 논문의 전체 구성에 대한 설명도 포함될 수 있다.

문헌 검토에서는 연구주제와 관련된 선행연구를 요약하고 분석한다. 주제별로 기존 연구들을 정리해 유형을 분류하거나 다양한 관점을 비교할 수 있으며, 연대별로 연구의 발전 과정을 기술할 수도 있다. 또한, 기존 연구의 강점과 약점을 비

판적으로 평가하고, 해결되지 않은 연구문제나 상반된 연구 결과를 밝히는 것도 중요하다. 충실한 문헌 검토는 연구의 신뢰성을 높이고 연구의 기여도를 명확하게 드러낼 수 있다.

연구문제 또는 가설의 제시는 연구의 목적에 따라 결정된다. 탐색적 연구에서는 연구문제를, 확증적 연구에서는 가설을 제시하는 것이 일반적이다. 하나의 논문에서 여러 연구문제나 가설이 제시될 수 있으며, 각 연구문제나 가설을 제시하기 전에 그 근거를 설명하는 것이 바람직하다.

연구방법에서는 전체적인 연구 설계를 간략하게 밝히고, 자료수집 방법, 자료의 출처, 변수의 측정방법, 사용된 통계기법 등을 구체적으로 설명한다.

연구 결과에서는 각 연구문제나 가설에 대한 분석 결과를 명확하게 제시해야 한다. 가설을 설정한 경우에는 각 가설의 채택 또는 기각 여부를 분명히 밝혀야 한다.

결론에서는 연구 결과를 간략하게 요약하고, 그 결과를 기존 이론이나 연구와 통합하여 해석한다. 예상치 못한 결과나 특이한 결과에 대한 해석도 결론에 포함할 수 있다. 또한, 연구 결과의 학문적, 정책적, 실용적 함의와 시사점을 설명하고, 결론의 후반부에는 연구의 한계를 언급하고, 연구의 독창성이나 가치, 향후 연구의 방향이나 과제에 대한 설명을 추가할 수 있다.

참고문헌에서는 논문에서 인용한 모든 문헌, 기사, 자료 등의 출처를 명확하게 밝혀야 하며, 각 학문 분야마다 정해진 논문 작성규정에 따라 본문 인용 방식과 참고문헌 작성 방식을 준수해야 한다. 사회과학 분야에서는 APA(American Psychological Association), ASR(American Sociological Review) 등 대표적인 규정이 자주 사용된다. 본서의 [부록 1]에는 APA의 논문 작성규정을 요약한 내용이 있으니 참고하기 바란다.

논문에서 부록은 반드시 포함되는 것은 아니지만, 필요에 따라 추가될 수 있다. 부록에는 본문에 포함하기에는 지나치게 많거나 상세한 자료, 예를 들어 원자료나 설문 조사에 사용된 질문 문항 등이 포함될 수 있다.

제3장

과학적 조사의 종류

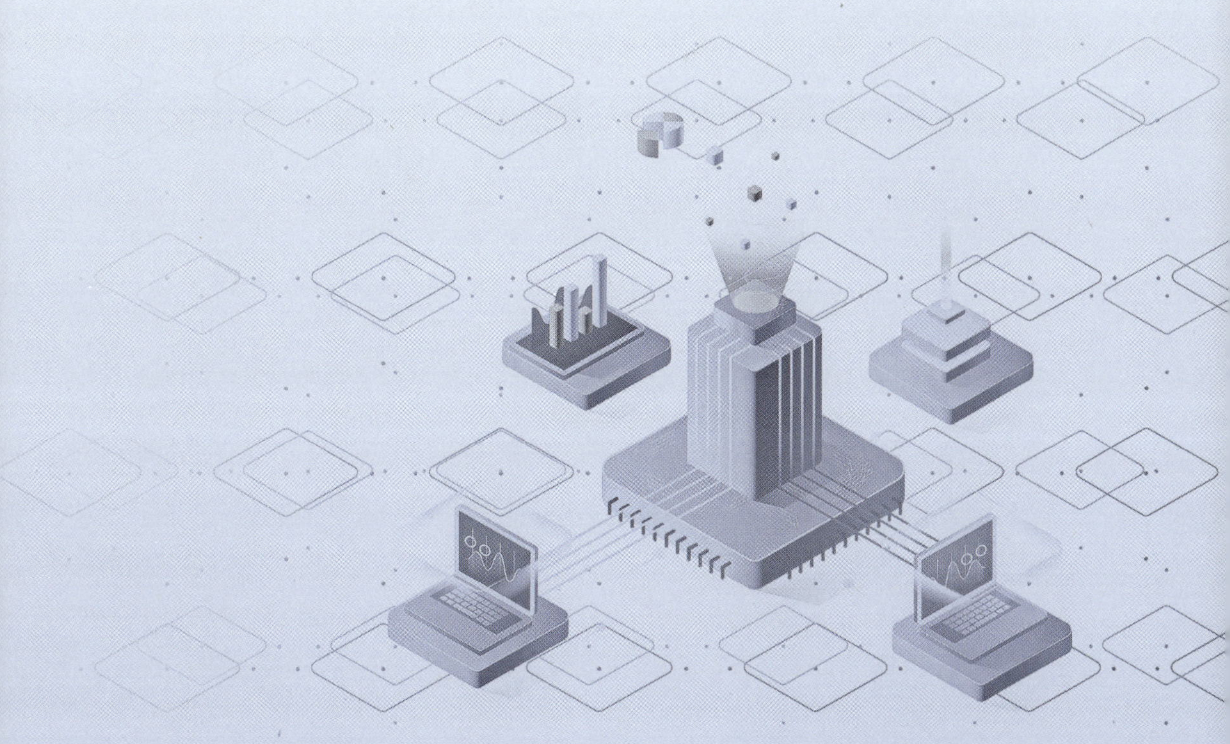

제 1 절 연구목적에 따른 연구의 분류

1. 탐색적 연구

탐색적 연구(exploratory research)는 선행연구가 부족하거나 없는 새로운 연구 주제에 대한 통찰력을 얻고, 아이디어를 탐구하는 데 목적이 있다. 이 과정에서 연구자는 현상에 대한 이해, 지식과 정보의 수집, 연구문제의 구체화, 중요한 개념이나 변수의 확인, 변수 간 관계의 파악, 가설 도출 등을 시도한다. 탐색적 연구는 연구 설계가 유연하며, 진행 중에 수정될 수 있다. 주로 심층 면접, 초점집단 면접, 관찰 방법 등 질적 자료수집 방법을 활용한다. 예를 들어, 새로운 미디어의 이용 행태를 이해하기 위한 초기 조사, 시장 도입기에 있는 기업들의 전략 탐색 등이 있다. 이러한 연구는 중요한 개념이나 변수를 규명하고, 후속 연구와 가설 생성을 위한 토대를 제공하며, 일반적으로 연구의 초기 단계에서 수행된다.

2. 기술적 연구

기술적 연구(descriptive research)는 특정 현상, 사건, 집단 등의 특성을 체계적으로 기술하고 이해하는 데 중점을 둔다. 이 연구는 구조화된 설계를 갖추고 있으며, 설문 조사와 같은 양적 방법을 통해 현상이나 사건의 빈도, 비율, 평균 등에 대한 통계를 정리한다. 예를 들어, 소비자 만족도 조사, 특정 인구집단의 특성 조사 등이 있다. 기술적 연구를 통해 특정 현상의 특성이나 경향을 파악할 수 있으며, 일반적으로 해당 주제의 연구 발전 과정의 중간 단계에서 수행된다. 탐색적 연구의 결과를 기반으로 기술적 연구가 이루어지고, 기술적 연구의 결과는 설명적 연구에 필요한 토대를 제공한다.

3. 설명적 연구

설명적 연구(explanatory research)는 특정 현상이나 사건의 인과관계를 규명하거나, 이를 바탕으로 미래의 결과를 예측하는 데 목적이 있다. 구조화된 연구 설계를 바탕으로, 기존 이론에 근거한 가설을 설정하고, 가설의 채택 또는 기각을 통해 연구 결과를 분석한다. 예를 들어, 주방의 요리 매연과 폐암 발병 간의 인과

관계 연구, 폭력적 미디어 노출과 폭력적 행위 간의 인과관계 연구 등이 있다. 설명적 연구는 현상의 인과관계를 명확히 이해하고, 유사한 현상의 발생을 예측하며, 복잡한 사회 문제의 해결 방안을 제시할 수 있다. 주로 연구 발전 과정의 후반 단계에서 수행되며, 탐색적 및 기술적 연구의 결과를 토대로 진행된다.

결론적으로, 탐색적 연구는 새로운 아이디어와 변수 발굴에, 기술적 연구는 현상의 특성 파악에, 설명적 연구는 인과관계 설명과 예측에 적합하다. 각 연구 유형은 목적과 연구의 단계에 따라 적절히 선택되어야 한다. 이들 연구는 서로 보완적인 역할을 하며, 연구주제의 심층적 이해와 발전을 위해 체계적으로 활용된다.

제2절 자료의 측정 시점에 따른 연구의 분류

1. 횡단적 연구

횡단적 연구(cross-sectional research)는 특정 시점에서 여러 대상에게 한 번의 조사를 통해 자료를 수집하고 분석하는 방법이다. 예를 들어, 2026년 1월 현재 한국 성인의 언론 매체 신뢰도 수준을 파악하기 위한 조사를 들 수 있다. 이 방법은 신속하게 대규모 자료를 확보할 수 있어 경제적이며, 짧은 기간 내에 연구를 수행할 수 있다. 또한, 단일 조사로 다양한 변수를 동시에 분석할 수 있어 특정 시점의 현황이나 여러 변수 간 상관관계를 파악하는 데 유리하다. 그러나 횡단적 연구는 시간적 선후 관계를 추적할 수 없으므로 인과관계를 추정하는 데 한계가 있다. 즉, 동일 시점의 자료만으로는 어떤 요인이 특정 결과에 영향을 미쳤는지 판단할 수 없다. 그리고 횡단적 연구는 장기적 변화나 발달 과정을 연구하기에도 부적합하다.

2. 종단적 연구

종단적 연구(longitudinal study)는 조사대상이나 모집단을 여러 시점에 걸쳐 반복적으로 측정하여 시간의 흐름에 따른 변화를 분석하는 연구방법이다. 예를 들어, 유아기부터 성인기까지 개인의 발달 과정을 20년에 걸쳐 추적하는 연구가 이에 해당한다. 이러한 연구는 장기적인 추세와 효과를 파악할 수 있다. 특히 일부 유형의 종단적 연구에서는 시간에 따른 개인별 변화를 세밀하게 추적함으로써 인과관계의 추론에 강점을 가진다. 그러나 종단적 연구는 장기간에 걸쳐 자료를 수집해야 하므로 많은 예산과 시간이 필요하며, 조사대상의 탈락으로 인한 자료 결측의 위험이 존재한다. 종단적 연구에는 추세 연구, 코호트 연구, 패널 연구 등 다양한 유형이 포함된다.[255] 이러한 유형들은 각각의 목적과 연구 설계에 따라 시간적 변화를 체계적으로 분석하는 데 활용된다.

(1) 추세 연구

추세 연구(trend study)는 모집단은 같지만 서로 다른 시점에 서로 다른 조사대상을 표본으로 추출하여 추세를 파악한다. 따라서 각 시점에서 동일 표본을 사용할 필요는 없다. 추세 연구에서는 연도별, 분기별, 월별 등 시간의 경과에 따라 순서대로 측정된 시계열 자료를 사용한다. 예를 들어, 미국의 국가보건의료면접조사(National Health Interview Survey)는 매년 동일 질문을 사용하여 미국 가구의 건강 관련 정보를 수집하고 분석하여 건강 상태, 건강 행동, 의료 이용 등의 변화를 추적한다. 이 조사는 매년 다른 표본을 대상으로 조사를 진행하지만, 동일 질문을 사용하므로 추세 분석에 활용된다.

추세 연구는 시간 흐름에 따른 패턴(장기적 변동, 계절적 영향, 주기적 변화, 무작위 변동 등)을 분석함으로써 과거의 행동을 이해하고 미래 동향을 예측하는 데 유용하다. 또한, 반복 조사를 통해 동일한 변수의 변화를 추적할 수 있어 정책의 평가나 사회 현상의 변화 추이의 파악에 효과적이다. 그러나 추세 연구는 일관된 측정 도구를 사용해야 한다. 서로 다른 질문이나 지표로 수집된 자료는 비교할 수 없기 때문이다.[255] 시점에 따라 표본이 달라지면 동일한 개인을 추적할 수 없으므로, 집단 차원의 추세만 파악할 수 있다. 따라서 추세 연구는 개인 단위의 변화 추적이 어렵다. 또한, 추세 연구를 통해 변화의 방향이나 속도는 알 수 있지만, 그 원인을 규명하기는 어렵다. 예를 들어, 미디어 신뢰도의 추세 연구에서 하향 추세가 나타난다면 그 이유를 정확히 밝히기 어렵다.

(2) 코호트 연구

① 코호트의 개념

코호트(cohort)란 동일한 시기에 출생, 교육, 결혼, 이혼, 또는 중요한 역사적 사건을 함께 경험한 사람들의 집단을 의미한다.[139] 같은 해에 태어나 비슷한 환경에서 성장한 사람들은 출생 코호트로 볼 수 있으며, 특정한 대학입학 연도나 사회적 사건을 중심으로 형성된 집단도 코호트의 일종이다. 대표적인 예로 정치세대가 있다. 1960년대에 태어나 1980년대에 대학을 다녔고, 1990년대에 30대가 된 세대는 당시에 언론에서 386세대라는 정치세대로 불렸다. 이외에도 외환위기 당시 취업을 준비한 세대, 코로나19 위기 시기에 대학에 입학한 학생들처럼 특정한 사회적 사건을 공유하는 집단들을 코호트의 예로 들 수 있다.

② 코호트 연구의 정의와 특성

코호트 연구(cohort study)는 하나 이상의 코호트를 대상으로 두 개 이상의 시점에서 정해진 시간 간격으로 자료를 수집하여, 시간에 따라 코호트의 변화 양상을 분석하는 방법이다. 이러한 연구에서는 동일 코호트의 특성을 시간 경과에 따라 추적할 수 있지만, 조사 시점마다 서로 다른 표본을 조사하는 것이 일반적이다. 코호트 연구는 동질성 집단 연구라고도 한다. 386세대를 2000년 이후 5년마다 각각 200명씩 표본을 추출하여 정치성향을 조사한다면, 이는 코호트 연구에 해당한다.

③ 코호트 연구의 효과 구분과 분석

코호트 연구는 특정 집단을 시간에 따라 추적하며 변화를 관찰하는 방법으로, 코호트 효과(cohort effect), 연령 효과(age effect), 시기 효과(period effect)를 구분하고 분석하는 데 활용된다. 코호트 효과는 특정 코호트에 속한 것이 종속변수에 미치는 고유한 영향을 의미한다. 예를 들어, 1990년대 경제 위기를 경험한 세대의 소비 행동이 이후 세대와 다른 경우, 이는 코호트 효과로 설명된다. 연령 효과는 개인의 생물학적, 심리적, 사회적 나이 변화에 따른 영향을 가리킨다. 예컨대, 청년기에는 모험적 투자를 선호하다가 중년기에 안정적 자산 관리를 추구하는 경향은 연령 효과에 해당한다. 시기 효과는 특정 시대나 기간에 모든 세대에 공통으로 작용하는 외부 요인의 영향을 말한다. 예를 들어, 2008년 금융위기 당시 세계적으로 경제 활동이 위축된 현상은 시기 효과로 볼 수 있다. 코호트 연구는 이러한 세 가지 효과를 분리하여 분석함으로써, 종속변수의 변화가 어떤 요인에 기인하는지 명확히 규명한다. 예를 들어, 특정 가치관의 변화 원인이 나이가 들어서인지(연령 효과), 단순히 시간이 흘러서인지(시기 효과), 아니면 특정 코호트의 독특한 경험(코호트 효과) 때문인지를 구분할 수 있다. 이는 코호트 연구가 시기 효과와 연령 효과를 통제하고 코호트 고유의 영향력을 식별하기 때문이다.[255]

〈표 3－1〉은 1992년부터 2000년까지 여러 출생 코호트를 대상으로 한 시사잡지 구독률 변화를 보여준다. 연령 간격(세로축)과 조사 연도의 측정 간격(가로축)이 일치하여, 동일 코호트의 시간적 변화를 직접 추적할 수 있도록 설계되었다. 만약 이 간격이 다르다면, 각 코호트의 변화 과정 추적이 명확하지 않게 된다.[139]

〈표 3-1〉 시사잡지 구독률[139]

		연도		
		1992	1996	2000
연령	18~21	15	12	10
	22~25	34	32	28
	26~29	48	44	35

〈표 3－1〉을 바탕으로 연구자는 다음 세 가지 분석 방향을 설정할 수 있다. 첫째, 세로축을 통해 연령대 비교를 할 수 있다. 한 시점에서 다양한 연령대의 구독률을 살펴보면, 나이가 많을수록 구독률이 높은 경향이 나타난다(예: 18~21세 15%→26~29세 48%, 1992년 기준). 이는 서로 다른 연령대 간의 차이를 보여주며, 횡단적 연구의 기존 결과와 유사하다. 둘째, 가로축을 통해 시기별 변화를 비교할 수 있다. 동일 연령대의 구독률 변화가 각 조사 연도별로 어떻게 달라지는지 확인할 수 있다. 1992년부터 2000년까지 전 연령대에서 구독률이 점차 감소하는 경향이 두드러진다(예: 22~25세의 경우 1992년 34%→2000년 28%). 셋째, 대각선을 통해 코호트별로 추적을 할 수 있다. 표의 대각선을 따라가면 동일 코호트의 구독률이 시간이 지남에 따라 어떻게 달라지는지 알 수 있다. 동일 코호트(예: 1992년의 18~21세는 2000년에는 26~29세)의 구독률은 나이가 들면서 점진적으로 상승한다. 대체로, 출생 코호트는 나이가 들수록 해당 코호트 내 구독률이 증가하는 양상이 포착된다.[255]

코호트 연구를 통해 〈표 3－1〉에서 구독률(종속변수)이 변화하는 원인은 세 가지 효과로 구분될 수 있다. 즉, 개인이 나이가 들어감에 따라 나타나는 변화인 연령 효과, 조사 시점의 사회문화적 맥락이나 환경 변화와 관련된 시기 효과, 동일한 역사적 사건이나 사회적 환경을 공유한 집단에 속함으로써 발생하는 고유한 영향인 코호트 효과로 구분된다.[255]

코호트 연구는 이러한 세 가지 효과를 통계적 방법으로 분리하여 분석할 수 있는 토대를 제공한다. 이는 횡단적 연구나 추세 연구에 비해 세 가지 효과를 체계적으로 구분하기에 유리한 설계이다. 그러나 단순히 표를 이용한 기초적인 분석만으로는 세 효과가 중첩되어 나타나므로 정확한 구분이 어렵다. 예를 들어, 세로축에는 연령 효과와 코호트 효과가, 가로축에는 시기 효과와 코호트 효과가, 대각선에는 연령 효과와 시기 효과가 각각 중첩되어 있다.[255] 이 때문에 효과를 정확히 분리해내려면 세 효과를 동시에 고려하는 데 특화된 통계기법인 APC (age-period-cohort) 분석 등 고급 통계분석을 사용해야 한다.

(3) 패널 연구

① 개 요

패널 연구(panel study)는 동일 표본(개인, 가구 등)을 여러 시점에 걸쳐 반복적으로 조사하여 시간에 따른 변화를 추적하는 방법이다. 예를 들어, 특정 집단을 선정해 20년 동안 매년 같은 내용의 설문지를 배포해 소득, 소비 습관, 가치관 등의 변화를 분석할 수 있다. 패널 연구는 추세 연구와 달리 개별 조사대상의 장기적 변화를 추적할 수 있다는 점이 핵심적 특징이다.

② 패널 연구의 장단점

추세 연구와는 달리 패널 연구는 개인별 변화를 분석할 수 있다. 동일 표본을 추적하므로 개인의 태도, 의견, 행동 등의 변화를 분석할 수 있다. 예를 들어, 청년기의 소비 패턴이 중년기에 어떻게 변하는지 구체적으로 파악할 수 있다. 그리고 패널 연구는 반복 측정 자료를 활용해 원인과 결과의 시간적 순서를 확인할 수 있어, 단순한 상관관계 분석을 넘어 인과적 추론이 가능하다. 특히 개인별 특성을 통제할 수 있으므로, 특정 요인이 결과에 미친 영향을 보다 명확하게 추정할 수 있어서 인과관계 분석에 유리하다.

이러한 장점에도 불구하고 패널 연구는 연구 결과의 편향을 초래할 수 있는 효과들이 나타날 수 있다. 우선, 패널 연구에서는 조사대상자의 탈락으로 인한 편향이 나타날 수 있다. 연구 기간 중 일부 대상이 참여를 중단하면 표본이 원래 모집단을 대표하지 못하게 되어 연구 결과가 편향될 수 있다. 예를 들어, 저소득층 대상 연구에서 경제적 어려움으로 참여자가 탈락하면, 연구 결과는 부정확해질 수 있다. 그리고 성숙 효과(maturation effect)가 나타날 수 있다. 이는 시간이 지남에 따라 조사대상 자체가 자연스럽게 변화하는 현상이다. 예를 들어, 청소년을 대상으로 한 정신 건강 연구에서 시간이 지나면 성인으로 성장하여 스트레스 대처 능력이 향상될 수 있다. 이러한 성숙 효과는 연구 결과의 해석을 왜곡시킬 수 있다. 또한, 패널 연구에서는 시험 효과(test effect)도 나타날 수 있다. 반복된 조사로 인해 응답자가 설문 내용에 익숙해지거나 이전 답변을 기억하여 실제 상황과 다르게 보고할 수 있다.

3. 자료의 측정 시점에 따른 연구 유형 간 비교

횡단적 연구는 한 시점의 신속한 분석에 효과적이지만, 인과관계 규명이나 시간적 추이 분석은 불가능하다. 추세 연구는 시간 흐름에 따른 경향을 분석함으로써 과거의 행동을 이해하고 미래 동향을 예측할 수 있으나, 개인 단위의 변화 추적이 불가능하다. 코호트 연구는 연령 효과, 시기 효과, 코호트 효과를 분석할 수 있는 토대를 제공하지만, 표를 이용한 기초적인 분석 외에 추가적인 통계분석 기법을 활용해야 한다. 패널 연구는 동일 표본을 추적해 개인별 변화와 인과분석이 가능하지만, 탈락 편향, 성숙 효과, 시험 효과 등으로 인해 연구 결과가 왜곡될 수 있다. 이러한 종합적 평가는 〈표 3－2〉에 축약되어 있다.

〈표 3-2〉 자료의 측정 시점에 따른 조사 유형의 장단점

유형	장점	단점
횡단적 연구	한 시점의 신속한 분석 가능	인과관계나 시간적 추이의 분석 불가
추세 연구	시간 추세 분석으로 과거 이해 및 미래 예측 가능	개인 단위의 변화 추적이 불가능하고 인과관계 규명이 어려움
코호트 연구	연령 효과, 시기 효과, 코호트 효과를 분리할 수 있음	표의 분석만으로는 부족하고 추가적인 통계분석이 필요함
패널 연구	개인별 변화와 인과관계 분석 가능	탈락 편향, 성숙 효과, 시험 효과 등으로 인한 연구 결과의 왜곡 가능

제3절 연구 용도에 따른 연구의 분류

1. 순수연구

사회과학 분야에서 순수연구(basic research)는 사회 현상의 근본적 이해와 이론적 기반 구축을 주요 목적으로 한다. 학문적 지식 확장과 이론의 개발과 검증에 중점을 두며, 실용적 응용보다는 탐구 자체의 가치를 추구한다. 순수연구는 사회 현상에 대한 이론이나 개념과 관련하여 심층적인 연구를 한다. 예를 들어, 인간 행동의 보편적 원리, 사회적 구조의 본질 등을 연구한다. 순수연구는 학술 논문, 학회 발표 등을 통해 연구 성과를 공유하고 후속 연구의 토대를 마련한다. 연구 결과는 장기적으로 지식 기반을 확장하고 응용연구의 기반이 된다.

2. 응용연구

사회과학 분야에서 응용연구(applied research)는 구체적 사회 문제의 해결이나 정책적, 실무적 결정을 위한 정보 제공을 주요 목적으로 한다. 그리고 기존 지식을 현실 문제에 적용해 실용적 해결책을 도출하는 데 중점을 둔다. 응용연구는 특정 국가, 사회, 조직, 집단 등에서 발생하는 현실적 문제에 집중하며, 시간과 비용 등의 제약을 고려해 실행 가능한 해결책을 모색한다. 예를 들어, 지역경제 활성화 방안, 공중보건 정책 평가 등을 연구한다. 응용연구는 정부나 기업의 정책 수립, 프로그램의 개발, 실무 지침의 제작 등에서 직접 활용된다. 예를 들어, 평가연구(evaluative research)는 정책의 실효성 분석이나 프로그램 개선 활동에 즉각적으로 적용됨으로써 실질적인 문제 해결에 도움을 준다.

3. 순수연구와 응용연구의 관계

순수연구와 응용연구는 상호보완적인 관계에 있다. 순수연구의 결과는 응용연구의 기반을 제공한다. 예를 들어, 인지 발달에 관한 순수연구는 어린이의 인지 발달 단계를 이해하는 기본 원리를 제공하고, 이러한 연구 결과는 교육프로그램의 설계를 위한 응용연구에 활용될 수 있다. 역으로 응용연구 과정에서 발생한 한계나 새로운 질문이 순수연구의 주제로 확장된다. 예를 들어, 기존에 개발되었던 미디어 이용의 측정 기법을 사용한 응용연구가 새로운 인공지능 환경에 부합하는 측정 기법에 대한 재설계 필요성을 제기하고, 이러한 주제를 다루는 순수연구가 등장할 수 있다.

〈표 3-3〉 순수연구와 응용연구의 비교

구분	순수연구	응용연구
연구목적	현상의 이해	문제의 해결
연구대상	개념과 이론	구체적 현실 문제
연구 결과의 활용	학문적 확장	정책적, 실무적 적용

제4절 자료수집의 특성에 따른 연구의 분류

1. 질적 연구

질적 연구의 목적은 사회 현상이나 인간 경험의 심층적 이해와 주관적 의미를 탐구하는 것이고, 새로운 개념이나 이론의 개발 등에 중점을 둔다. 질적 연구는 정성적 연구로도 불린다.

질적 연구의 자료수집은 유연하고 비구조화된 방식으로 진행된다. 면접, 관찰, 텍스트 분석 등을 통해 텍스트나 이미지 형태의 자료를 수집하며, 수치화하지 않는 경우가 많다.

질적 연구는 연구 결과의 일반화보다 특정 현상의 심층적 이해와 해석을 중시하므로 소규모 표본을 주로 사용한다.

질적 연구는 해석적 패러다임에 기반하여 연구자의 주관적 관점과 참여적 접근을 중시한다. 질적 연구는 통계적 분석 대신에 주제분석(thematic analysis), 서사분석(narrative analysis) 등을 통해 자료를 해석한다. 주제분석은 자료에서 반복되는 경향과 주제를 식별하여 해석하는 방법이고, 서사분석은 개인이나 집단의 이야기를 분석하여 사회적 맥락 속에서 그 의미를 이해하는 방법이다.

질적 연구에서 연구 결과는 대체로 서술적 형태로 표현되며, 맥락 의존적이고 주관적 해석이 포함된다. 따라서 연구 결과는 일반화보다 상황별 적용 가능성을 강조한다.

2. 양적 연구

양적 연구의 목적은 사회 현상이나 인간 행동 등에 대한 특성을 기술하거나 인과관계를 분석하는 것이고, 변수 간 관계, 가설의 검증, 연구 결과의 일반화 등에 중점을 둔다. 양적 연구는 정량적 연구로 불린다.

양적 연구의 자료수집은 설문 조사, 실험 등 구조화된 방식으로 진행된다. 구조화된 자료수집이란 모든 조사 대상에게 동일 절차를 적용해 수치화된 자료를 수집하는 것이다.

양적 연구는 연구 결과의 일반화를 중시하므로 모집단에 대한 대표성이 있는 대규모 표본을 주로 사용한다.

양적 연구는 실증주의 패러다임에 기반하여 가치중립성과 객관성을 중시하므로 주로 통계적 분석을 활용해 변수 간 관계를 계량화한다.

양적 연구에서 연구 결과는 대체로 그래프, 표, 수치의 형태로 표현되어 객관적이다. 따라서 연구 결과는 일반화가 가능하고 외부 검증이 쉽다.

1장에서 설명한 바와 같이, 해석적 패러다임에 기초한 질적 연구와 실증주의 패러다임에 기반한 양적 연구는 연구의 목적, 자료수집 방법, 표본의 특성, 분석 절차, 연구 결과의 표현 방식 등 여러 측면에서 뚜렷한 차이를 나타낸다. 이러한 차이는 〈표 3-4〉에 재정리되어 있으며, 각 연구 유형의 장단점과 적용 범위를 비교하는 데 도움을 준다.

〈표 3-4〉 질적 연구와 양적 연구의 비교

구분	질적 연구	양적 연구
목적	심층적 이해, 주관적 의미의 탐색	특성에 대한 기술 또는 인과관계의 분석
자료수집	비구조화된 방식	구조화된 방식
표본	소규모	대규모
분석방법	비통계적 분석(주제분석, 서사분석 등)	통계적 분석
연구 결과	서술적 형태로 표현	그래프, 표, 수치의 형태로 표현

3. 혼합 연구

혼합 연구(mixed methods research)는 양적 연구와 질적 연구의 방법을 하나의 연구 안에서 결합하여 복잡한 현상을 다각도에서 탐구하는 방법론으로, 두 접근 방법의 상호보완적 관계에 기반한다. 질적 연구는 현상의 맥락적 의미와 세부적 과정을 심층적으로 탐색함으로써 양적 연구의 변수 설정과 가설 수립에 이론적 근거를 제공하며, 양적 연구는 질적 연구에서 도출된 개념적 틀을 경험적 자료로 검증하고 일반화 가능성을 확인한다. 이러한 통합적 접근은 단일 방법론으로는 해결하기 어려운 연구문제에 효과적으로 대응하며, 질적 통찰력과 양적 객관성을 결합해 연구대상에 대한 보다 풍부하고 종합적인 이해를 추구한다. 즉, 질적 분석을 통해 현상을 해석적 관점에서 조명하고 양적 분석을 통해 이를 실증적으로 뒷받침함으로써 연구의 타당성과 신뢰성을 동시에 높이는 연구 유형이다.

혼합 연구의 유형은 연구자의 자료수집에서 중심을 차지하는 방법과 양적·질적 방법의 적용 순서에 따라 분류되기도 한다. 구체적으로, 자료수집 중심의 위치에 따라 양적 연구 중심, 질적 연구 중심, 동일 비중으로 구분하고, 방법 적용 순서에 따라 양적 연구 선행, 질적 연구 선행, 동시적 적용으로 나누어 총 9가지 유형이 제시된 바 있다.[191] 한편, 혼합 연구설계의 6가지 주요 유형이 제안되기도 했다.[118] 그중 대표적인 4가지는 다음과 같다.

첫째, 수렴적 병렬 설계(convergent parallel design)는 양적 자료와 질적 자료를 독립적으로 동시에 수집하고 분석한 후, 결과를 비교하거나 통합하여 해석한다. 이는 두 방법의 약점을 상호보완함으로써 연구문제를 심층적으로 탐구하는 것을 특징으로 한다.

둘째, 탐색적 순차 설계(exploratory sequential design)는 먼저 질적 자료를 수집하고 분석하여 새로운 변수나 가설을 도출한 다음, 이를 검증하기 위해 양적 자료를 추가로 수집하고 분석한다. 이는 질적 연구의 통찰력을 양적 데이터로 일반화하는 접근법이다.

셋째, 설명적 순차 설계(explanatory sequential design)는 양적 자료를 먼저 수집하고 분석한 후, 그 결과를 보다 심층적으로 설명하기 위해 질적 자료를 추가로 수집하고 분석한다. 이는 맥락적 의미를 파악하기 어려운 양적 연구의 한계점을 질적 연구로 보완하는 방식이다.

넷째, 내재적 설계(embedded design)는 양적 연구 또는 질적 연구를 주된 연구방법으로 하면서, 일부 단계에 보조적으로 다른 방법을 삽입하는 방식이다. 예를 들어, 양적 연구 과정에서 특정 현상을 설명하기 위해 질적 자료를 추가하여 맥락적 이해를 도출할 수 있다.

제4장

이론의 구성 요소

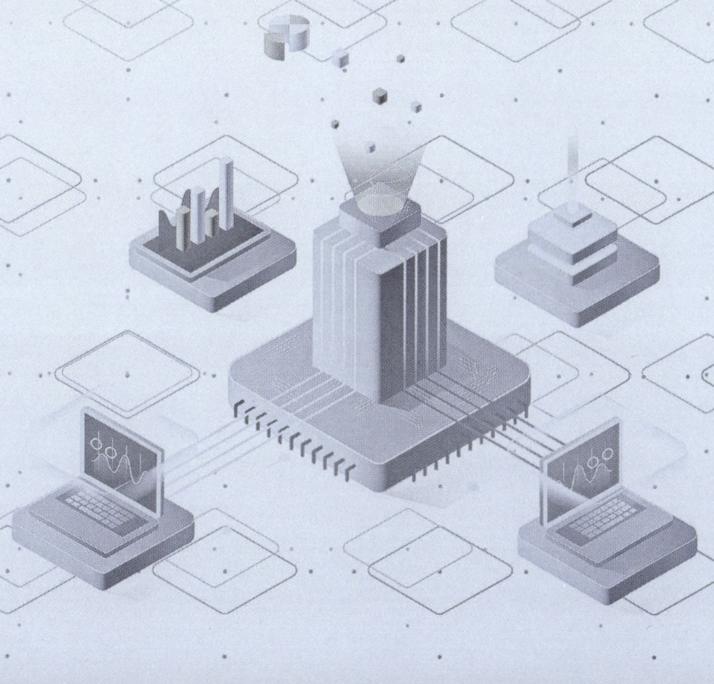

제1절 개 념

개념(concept)이란 공통적 속성을 가진 사물, 사건, 현상 또는 아이디어를 묶는 추상적 범주를 의미한다.[219] 이는 복잡한 정보를 단순화하여 체계화하고, 인간 사고와 의사소통의 토대를 형성한다. 개념을 통해 개인은 지식을 조직하고 경험을 효율적으로 활용할 수 있으며, 동일한 개념을 공유함으로써 의견 교환을 할 수 있다. 개념은 명제를 구성하는 기본 단위가 되기도 한다. 즉, 명제가 논리적으로 성립하려면 반드시 특정 개념의 정의와 속성이 규정되어야 하며, 이를 바탕으로 명제가 구축된다. 이러한 과정은 학문적 탐구나 논증에서 근거를 형성하는 핵심 메커니즘이므로, 개념의 정확한 설정은 연구의 타당성과 설득력을 결정짓는 필수 조건이 된다.

제2절 구성개념

구성개념(construct)이란 여러 하위개념이 결합하여 이루어진 추상적 개념을 의미한다. 이는 연구자가 특정 목적을 위해 관련 개념들을 선별하고 체계적으로 조직화하여 새로운 의미를 부여한 것이다. 예를 들어, 사회경제적 지위(socioeconomic status)는 소득, 직업, 교육 수준과 같은 하위개념들로 이루어진 구성개념이다.

구성개념은 동일한 용어로 표현되어도 연구자의 관점이나 연구의 목적에 따라 그 정의와 해석이 달라질 수 있다. 예를 들어, 뉴스 신뢰도(news credibility)는 초기 연구에서는 전문성과 진실성이라는 하위 요소로 정의되었으나,[156] 최근에는 가치성, 공공성, 공정성 등 보다 다차원적인 요소를 포함하는 복합적 개념으로 재정의되고 있다. 이처럼 구성개념은 연구 맥락에 따라 재구성되며, 이는 이론적 접근 방식의 진화를 반영한다.

제3절 정 의

정의(definition)는 개념을 명확히 하기 위한 도구로, 일반적으로 사전적 정의(dictionary definition), 개념적 정의(conceptual definition), 조작적 정의(operational definition)라는 세 가지 유형으로 구분된다.

1. 사전적 정의

사전적 정의는 일상 언어에서 널리 통용되는 개념의 표준적 의미를 간결하게 기술한 것이다. 사전적 정의는 학문적 맥락보다는 실생활에서의 보편적 이해를 목표로 한다. 예를 들어 '충성도'는 한국어대사전에서 "어떤 것에 몸과 마음을 다하는 정도"로 정의된다. 이러한 정의는 간결하나 학문적 탐구에는 한계가 있다.

2. 개념적 정의

개념적 정의는 특정 개념의 본질적 특성을 이론적 틀 안에서 설명하여 개념의 의미를 이해하기 쉽게 만든 것이다. 개념적 정의는 쉽게 변하지 않으나, 연구자의 관점이나 연구목적에 따라 다소 달라질 수 있다. 예를 들어, '충성도'는 "전환 행동을 일으킬 수 있는 상황의 영향력이나 마케팅 노력에도 불구하고 선호하는 상품이나 서비스를 재구매 또는 재이용하고자 하는 몰입"[197], 또는 "과거 경험과 미래 기대를 바탕으로 기존 공급자를 계속 이용하려는 의도"[161] 등으로 다양하게 정의된다. 사회과학에서 사용되는 개념은 일상적 의미와 다를 수 있고, 연구자는 여러 의미를 지닌 개념에서 특정 의미에 연구 초점을 맞출 수 있다.

3. 조작적 정의

조작적 정의는 추상적 개념을 측정 가능한 지표로 변환하기 위한 구체적인 절차나 방법을 명시한 것이다. 개념적 정의는 이론적 차원에서 개념의 본질을 규정하는 것이고, 조작적 정의는 이를 관찰 가능한 형태로 연결하여 측정의 토대를 마련하는 것이다. 조작적 정의가 개념적 정의와 일치할수록 측정의 타당도는 높아진다. 경험적 연구에서는 개념 → 개념적 정의 → 조작적 정의 → 변수 측정의 단계를 거쳐 구체적으로 변화하는 과정을 겪는다.

그러나 동일한 개념이라도 연구자의 관점이나 목적에 따라 서로 다른 조작적 정의가 적용될 수 있으며, 이는 연구 결과의 차이로 이어질 수 있다. 예를 들어, '경쟁'이라는 개념은 "동일 시장 내 기업 수"로 정의되기도 하지만, "산업 내 매출액 상위 3개 기업의 시장점유율 합계"로도 정의될 수 있다. 이처럼 조작적 정의의 선택은 연구의 방향성과 해석에 영향을 미치므로 신중한 접근이 필요하다.

추상적인 구성개념의 조작적 정의는 특히 복잡하다. 이 경우 선행 문헌을 검토하여 개념의 역사적 변화 과정을 파악한 후, 이를 바탕으로 측정 도구를 개발해야 한다. 예를 들어, '인터넷 포털에 대한 충성도'는 기존의 여러 연구를 토대로 설문 조사의 5개 문항(이 포털의 서비스를 앞으로도 계속 이용할 것이다, 이 포털을 제외하면 만족할 포털이 거의 없다, 타인에게 이 포털에 대해 긍정적으로 얘기할 것이다, 친지와 친구에게 이 포털을 권유할 것이다, 이 포털 이용에 시간적 투자를 할 의향이 있다)을 모두 7점 척도로 측정한 뒤, 이 점수들을 요인 점수로 전환한 값으로 정의되었다.[42] 이를 통해 추상적 개념인 '인터넷 포털에 대한 충성도'는 수치화된 자료로 변환되어 검증 가능하며, 연구의 객관성을 확보할 수 있게 된다. 다만 조작적 정의는 연구자의 관점에 의존하므로, 측정에서 편향 가능성을 항상 염두에 두어야 한다.

제4절 변 수

1. 변수의 개요

변수(variable)는 연구대상의 측정 가능한 속성을 나타낸다. 변수는 같은 개념을 공유하면서 측정대상의 속성에 값을 부여할 수 있고, 둘 이상의 값을 갖는다. 예를 들어, '성별'이라는 변수는 여성 또는 남성이라는 두 가지 범주적 값을 가지며, '나이'라는 변수는 연구자의 조작적 정의에 따라 연령 구간(예: 20~29세, 30~39세 등)으로 구분되거나 연속형 수치로 측정되는 등 다양한 형태로 값이 부여될 수 있다. 변수는 학술적 맥락에 따라 '변인'이라고도 불리며, 연구설계와 분석의 핵심 요소로 활용된다.

2. 인과관계에서 변수의 기능에 따른 변수의 분류

(1) 독립변수

독립변수(independent variable)는 인과관계에서 원인에 해당하는 변수로, 다른 변수(종속변수)에 영향을 미치는 역할을 한다. 실험 연구에서 독립변수는 연구자가 의도적으로 조작하거나 변화를 주어 그 효과를 관찰하기 위해 설정한 변수이며, 이를 통해 인과관계를 추론할 수 있다. 예를 들어, 신약 투여 여부나 교육프로그램 적용 여부는 실험 연구에서 독립변수로 설정된다.

독립변수는 연구 맥락에 따라 설명변수(explanatory variable), 예측변수(predictor variable), 처치변수(treatment variable), 분류변수(classification variable) 등으로 다양하게 불린다. 설명변수는 종속변수의 변화를 설명하는 역할을 강조하며, 예측변수는 종속변수의 값을 예측하는 역할을 강조한다. 처치변수는 실험군이 받는 특정 처치를 의미하며, 분류변수(classification variable)는 실험군과 통제군 등 집단을 구분하는 역할을 강조한다. 이러한 명칭의 선택은 연구의 목적, 분석방법, 학문 분야에 따라 달라질 수 있다. 독립변수의 특징은 연구설계에 따라 달라진다. 실험연구에서는 연구자가 독립변수를 조작하여 다른 값을 부여할 수 있지만, 설문 조사나 관찰 연구에서는 이미 정해진 특성(예: 성별, 연령 등)을 독립변수로 활용하기도 한다.

(2) 종속변수

종속변수(dependent variable)는 인과관계에서 결과에 해당하는 변수로, 독립변수의 영향으로 인해 값이 변화하는 변수로 정의된다. 함수 형태인 $Y=f(X)$에서 Y는 종속변수로, X는 독립변수에 해당한다. 실험연구에서 종속변수는 독립변수의 조작에 따라 종속적으로 반응하며, 이는 인과관계를 분석하는 핵심 요소가 된다. 예를 들어 신약 투여 후 나타나는 신체 반응이나 교육프로그램 적용 후의 학업 성취도는 종속변수로 설정되어 독립변수의 효과를 측정하는 데 사용될 수 있다.

종속변수도 연구 맥락에 따라 반응변수(response variable), 결과변수(outcome variable), 피설명변수(explained variable), 피예측변수(predicted variable) 등으로 다양하게 불린다. 반응변수는 독립변수의 변화에 따른 반응을 강조하며, 특히 실험연구에서 자주 사용된다. 결과변수는 연구의 최종 결과나 성과를 의미하며, 임상 연구나 사회과학연구에서 자주 사용된다. 한편, 피설명변수는 독립변수에 의해 설명되는 변수라는 의미를 강조하며, 피예측변수는 독립변수에 의해 예측 대상이 되는 변수라는 의미를 강조한다.

종속변수의 수는 통계분석방법의 선택에 영향을 미친다. 단일변량분석(univariate analysis)은 종속변수가 1개인 경우에 적용되며, 분산분석(analysis of variance: ANOVA)이나 회귀분석(regression analysis)을 들 수 있다. 반면, 다변량분석(multivariate analysis)은 종속변수가 2개 이상이거나 여러 변수 간의 관계를 동시에 분석할 때 사용된다. 종속변수가 2개 이상일 때 사용하는 통계분석방법에는 다변량 분산분석(multivariate ANOVA), 구조방정식 모형 분석 등이 있으며, 독립변수와 종속변수의 구분 없이 다수의 변수 간 관계를 분석하는 통계분석방법에는 요인분석, 군집분석 등이 있다.

(3) 매개변수

매개변수(mediating variable; mediator)는 독립변수의 결과로 나타나면서 동시에 종속변수의 원인이 되는 중개 역할을 하는 변수이다. 즉, 독립변수와 종속변수 사이에 위치하여 두 변수 간의 간접적 관계를 형성하는 제3의 변수로, 독립변수의 효과가 매개변수를 통해 종속변수에 전달되도록 한다. 예를 들어, 노인의 사회활동(독립변수)이 증가할수록 자아존중감(매개변수)이 향상되고, 이것이 다시 우울증 점수(종속변수)를 낮추는 연구모형에서 자아존중감은 매개변수로 작용한다. 매개변수는 개입변수(intervening variable)로도 불린다. 매개변수는 종속변수에 일정한 영향을 주면서 독립변수에 의해 설명되지 못하는 부분도 설명해줄 수 있어서 연구모형의 설명력을 높이는 역할을 한다.

[그림 4-1] 매개변수

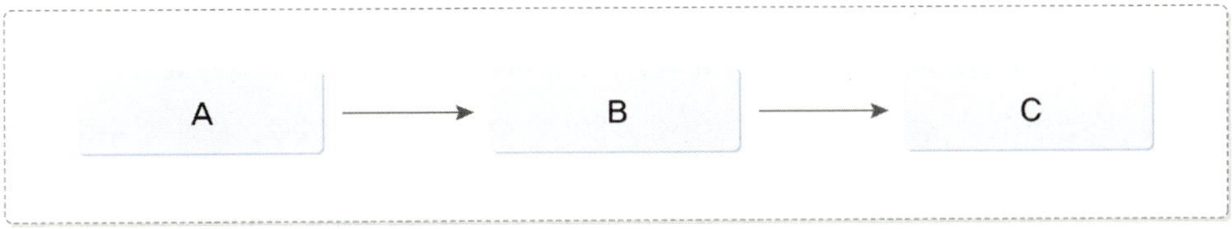

[그림 4-1]에 나타난 바와 같이 $A \rightarrow B \rightarrow C$의 인과관계에서 A는 독립변수, B는 매개변수, C는 종속변수가 된다. 이러한 연구모형은 독립변수와 종속변수 간의 관계가 매개변수를 통해 어떻게 매개되는지 보여주며, 매개효과 검증을 통해 인과관계의 간접성을 입증할 수 있다.

(4) 조절변수

조절변수(moderating variable; moderator)는 독립변수와 종속변수 간의 관계에 영향을 미치는 변수로, 독립변수의 효과가 종속변수에 미치는 방식을 변화시키는 역할을 한다. 구체적으로, 조절변수는 독립변수와 종속변수 사이의 인과적 관계를 강화하거나 약화시키고, 관계의 방향 자체를 바꿀 수도 있다. [그림 4-2]에서 변수 C는 독립변수 A와 종속변수 B 사이의 인과적 관계에 영향을 미치는 조절변수의 역할을 한다. 예를 들어, 변수 A와 변수 B의 관계는 변수 C의 값이 증가할수록 강한 긍정적 관계에서 약한 긍정적 관계로 변하거나 긍정적 관계에서 부정적 관계로 변할 수 있다.

[그림 4-2] 조절변수

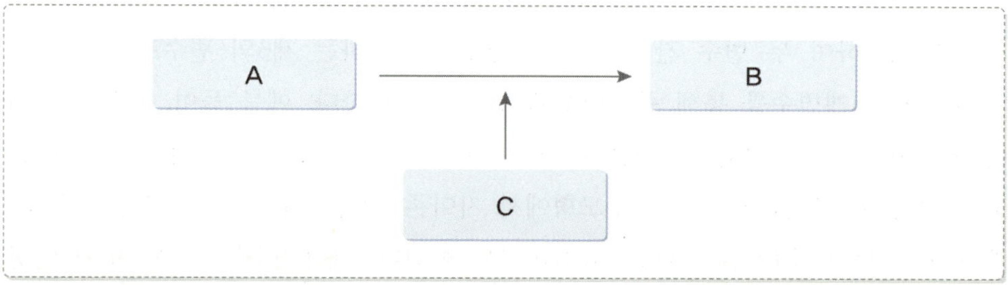

일반적으로 조절변수의 효과는 조절효과(moderating effect) 또는 상호작용효과(interaction effect)로 불린다. A와 B의 사이의 관계에 영향을 미치는 C의 조절효과는, B에 영향을 미치는 A와 C의 상호작용효과와 같다. 그러나 변수의 분석수준에 따라 조절효과와 상호작용효과를 구분하기도 한다. 상호작용효과는 독립변수와 조절변수가 동일한 분석수준(예: 개인적 수준, 집단적 수준, 사회적 수준 등)에서 상호작용할 때 발생한다. 예를 들어, 스트레스(독립변수)와 대처 능력(조절변수)이 개인적 수준에서 상호작용하여 건강 문제(종속변수)에 영향을 미친다면, 이는 상호작용효과로 해석된다. 두 변수 모두 개인의 특성이므로, 그들의 조합이 종속변수에 미치는 영향을 분석한다. 조절효과는 조절변수가 독립변수와 다른 분석 수준에서 작용할 때 나타난다. 예를 들어, 스트레스(독립변수)가 건강 문제(종속변수)에 미치는 영향이 사회적 제도(조절변수이고, 분석수준이 사회적 수준임)에 따라 달라진다면, 이는 조절효과로 설명된다. 이 경우에 사회적 제도는 개인의 특성이 아닌 사회적 또는 환경적 요인이므로, 독립변수의 효과가 조절변수 값에 따라 변하는 현상을 포착한다.

(5) 허위변수

허위변수(spurious variable)는 두 변수 간에 실제로 인과관계가 없음에도, 인과관계가 있는 것처럼 잘못 해석하게 만드는 변수를 말한다. 이러한 허위변수는 두 변수에 동시에 영향을 미쳐 허위적 관계(spurious relationship)를 형성하며, 이로 인해 인과관계 추론에 오류가 발생한다. 즉, 허위변수를 고려하지 않고 분석하면 두 변수 사이에 실제로 존재하지 않는 인과관계가 있다고 오판하게 된다.

예를 들어, 어떤 지역에서 과거 화재사건들을 조사한 결과, '화재 시 출동된 소방차 수'와 '화재 피해액' 사이에 높은 양의 상관관계가 발견되었다고 가정해 보자. 이를 바탕으로 소방차의 수가 많을수록 화재 피해액이 증가한다고 단순히 결론짓는 것은 잘못된 해석이다. 실제로는 '화재 규모'라는 허위변수가 '소방차 수'와 '피해액' 모두에 동시에 영향을 미친 것이다. 즉, 큰 화재일수록 소방차 출동이 늘고 피해액도 커진 것이다. [그림 4－3]에서 '화재규모'는 허위변수이고 '화재시 출동된 소방차 수'와 '화재 피해액'의 양(＋)의 관계는 허위적 관계이다.[149]

[그림 4-3] 허위변수와 허위관계

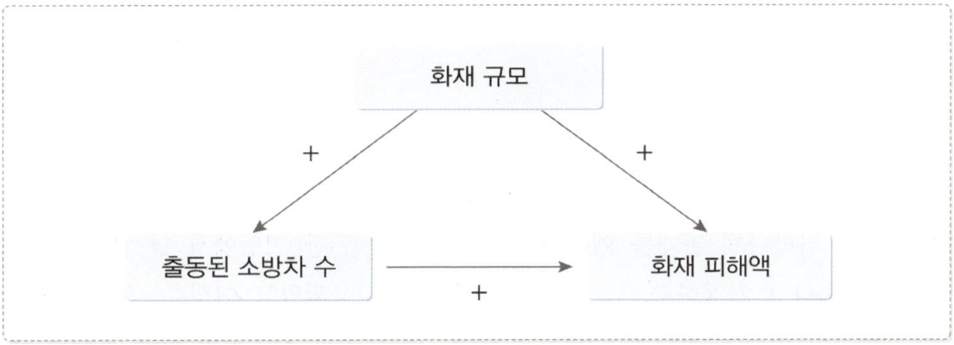

(6) 억제변수

억제변수(suppressor variable)는 두 변수가 실제로 관계가 있음에도, 관계가 없는 것처럼 보이게 만드는 변수이다. 억제변수가 통제되면 숨겨졌던 관계가 드러난다. 억제변수는 억압변수로 불리기도 한다. 연구모형에서 고려하지 않았던 어떤 변수가 한 변수와는 양(+)의 관계, 다른 한 변수와는 음(−)의 관계를 갖는 경우 두 변수 간 억제관계(suppressor relationship)가 나타날 수 있다.

예를 들어, 교육 수준과 소득 수준 사이에 실제로 양의 관계가 존재하더라도, 나이가 억제변수로 작용할 수 있다. [그림 4−4]에 나타난 바와 같이, 나이가 많은 사람일수록 교육 수준은 낮아지고 소득 수준은 높아지는 상황에서 나이를 고려하지 않으면 교육과 소득 간의 관계가 없는 것처럼 관찰될 수 있다. 이처럼 억제변수는 통계적 분석에서 인과관계를 왜곡시켜 잘못된 결론을 유도할 수 있으므로 주의가 필요하다.

[그림 4-4] 억제변수와 억제관계

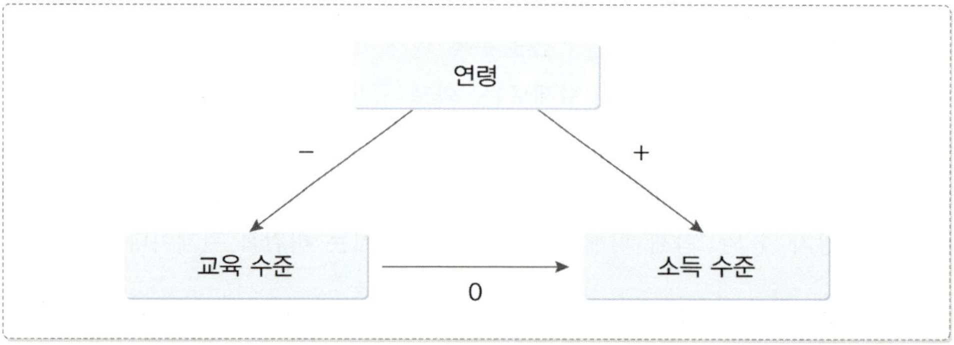

(7) 왜곡변수

왜곡변수(distorter variable)는 두 변수의 실제 관계를 정반대로 보이게 하는 제3의 변수이다. 실제 관계가 양(+)이면 음(−)으로, 혹은 실제 관계가 음(−)이면 양(+)으로 나타나게 관계를 왜곡시킨다. 예를 들어, 한 기업에서 남성의 초임이 여성보다 높다고 가정하자. 남성은 주로 과거에 고용되었고 여성은 주로 최근에 고용되었으며 임금이 최근에 급격히 상승했다면 남성보다 여성의 평균 초임이 더 높게 관측될 수 있다. 이때 고용시점이 왜곡변수로 작용해 실제 관계(남성 초임 >

여성 초임)가 반대로 나타난 것이다. 또 다른 예로, 표면적으로는 기혼자의 자살률이 미혼자보다 높게 보일 수 있지만, 같은 연령층만 비교한다면(나이 변수를 통제하면) 미혼자들의 자살률이 더 높아진다. 이는 나이가 왜곡변수로 작용해 두 집단의 나이 분포 차이가 관계를 뒤집어 놓았기 때문이다.[9]

일반적으로 허위변수, 억제변수, 왜곡변수 등을 식별하려면 해당 변수를 통제한 후 회귀분석, 상관분석 등을 이용하여 변수 간 관계를 재평가해야 한다.[9] 이를 통해 표면적 관계 뒤에 숨은 진정한 인과구조를 파악할 수 있다.

(8) 외생변수와 내생변수

내생변수(endogenous variable)란 모형 내 다른 변수나 방정식에 의해 그 값이 결정되는 변수이고, 외생변수(exogenous variable)란 모형 내 방정식으로 설명되지 않고 외부에서 주어지는 변수이다. 내생변수와 외생변수는 경제 모형과 구조방정식 모형에서 자주 사용되는 개념이다. 변수를 내생변수 또는 외생변수로 구분하는 것은 연구모형(예: 방정식의 집합)에 따라 달라질 수 있다. 즉, 내생변수나 외생변수로 구분하는 기준은 연구모형이다.

예를 들어, 옥수수 생산량에 영향을 주는 변수는 내생변수와 외생변수로 구분될 수 있다. 어떤 연구자가 옥수수 생산 함수를 $Q = f(F, L, R)$로 설정하고 연구모형을 〈표 4-1〉에 나타난 바와 같이 3개의 방정식으로 설정했다고 하자. 여기서 Q는 옥수수 생산량, F는 비료 투입량, L은 노동 투입량, R은 강수량이다.

〈표 4-1〉 연구모형의 예시

$$Q = a_0 + a_1 F + a_2 L + a_3 R$$
$$F = b_0 + b_1 Q + b_2 L + b_3 R$$
$$L = c_0 + c_1 Q + c_2 F + c_3 R$$

연구모형이 3개 방정식을 포함하는 경우, Q, F, L은 모두 각자의 방정식에서 모형 내부에서 결정되므로 내생변수이다. 강수량(R)은 외부 환경에서 주어지는 외생변수가 된다. 연구모형에 2개 방정식(Q 식과 F 식)만 포함한다면, Q와 F는 여전히 내생변수이고, L은 어떤 식에서도 설명되지 않아 외생변수가 되고, 강수량도 외생변수이다. 같은 맥락에서 Q와 L, 혹은 F와 L이 방정식으로 포함되는 경우도 같은 원리로 해석한다. 연구모형에 1개 방정식(Q 식)만 있을 때, Q만 내생변수가 되고, F, L, R은 외생변수가 된다. 이처럼 어떤 방정식이 모형에 포함되는지에 따라 각 변수의 내생변수와 외생변수의 구분이 달라진다.

(9) 외재변수와 혼란변수

외재변수(extraneous variable)는 연구자가 통제하지 않았으나 종속변수에 영향을 줄 수 있는 모든 변수이다. 외재변수는 통제되지 않아서 그 영향을 알 수 없는 변수로서 결과 해석에 오류를 초래할 수 있다. 혼란변수(confounding variable)는 외재변수 중에서도 독립변수와 종속변수 모두에 영향을 주는 변수이다. 즉, 모든 혼란변수는 외재변수이지만, 모든 외재변수가 혼란변수는 아니다.[229] 따라서 외재변수는 혼란변수보다 포괄적인 의미를 갖는다. 허위변수, 억제변수, 왜곡변수 등은 광의로는 외재변수의 일종이다.

(10) 선행변수

선행변수(antecedent variable)는 인과관계에서 독립변수보다 먼저 발생하는 변수를 의미한다. 선행변수는 독립변수나 종속변수에 영향을 미칠 수 있다. 선행변수를 통제해도 독립변수와 종속변수 간의 직접적 관계는 사라지지 않는 경우가 많지만, 선행변수의 영향에 의해 두 변수 간의 관계가 달라질 수도 있다. 예를 들어, 오늘의 운동량(독립변수)과 맥박수(종속변수)의 관계를 조사할 때, 기존의 흡연량은 두 변수보다 앞서 존재하며 둘 다에 영향을 미칠 수 있는 선행변수로 작용할 수 있다. 즉, 기존 흡연량(선행변수)은 운동량과 맥박수의 관계에 영향을 미칠 수 있다. 만약 연구에서 흡연량이라는 선행변수를 통제하지 않고 단순히 운동량과 맥박수의 관계만 분석한다면, 흡연자의 특이한 맥박 반응이 운동량 때문에 나타난 것으로 오해할 수 있다. 따라서, 흡연량을 고려(통제)하여 운동과 맥박수의 관계를 해석해야만 인과관계를 더 정확하게 이해할 수 있다. 즉, 선행변수는 인과모형에서 '근원적 원인' 역할을 하는 변수로, 독립변수와 종속변수 간 관계를 명확하게 해석하기 위해서 연구설계 단계에서 고려되어야 한다.[229]

(11) 통제변수

통제변수(control variable)는 독립변수와 종속변수 간 관계에 영향을 미칠 수 있으나 연구자의 주요 관심 대상이 아닌 변수로, 연구 설계에서 의도적으로 통제되어 독립변수의 순수 효과를 분석하는 데 활용된다. 이는 연구목적과 직접적 연관이 없더라도 결과 해석에 왜곡을 초래할 수 있는 외부 요인을 배제함으로써 인과관계 추정의 정확성을 높이기 위한 것이다.

통제변수를 관리하는 방법은 여러 가지가 있으나 대표적으로 두 가지가 자주 활용된다. 첫째, 실험설계에서 참가자의 특성을 균등하게 분배하는 것이다. 예를 들어, 카페인 섭취량이 기억력에 미치는 영향을 연구할 때, 참가자의 나이나 수면 시간을 실험집단과 통제집단 간에 유사하게 설정함으로써 이러한 변수들이 결과에 미치는 영향을 차단한다. 둘째, 분석 단계에서 통계적 통제를 하는 방법이 있다. 예를 들어, 회귀분석에서 통제변수를 포함한 후에 통제변수의 효과를 분리하는 방식이다. 가령 학생의 수면 시간과 학업 성취도의 관계를 분석한다면, 스마트폰 사용 시간이나 부모의 교육 수준을 통제변수로 추가하여 이들이 종속변수에 미치는 영향을 분리해 낼 수 있다. 이를 통해 수면 시간이 학업 성취도에 미치는 보다 순수한 영향력을 확인할 수 있다. 이와 같은 통제변수의 관리는 혼란 변수의 개입을 줄여서 독립변수와 종속변수 간의 명확한 인과관계를 규명하는 데 중요한 역할을 한다.

(12) 잠재변수와 측정변수

잠재변수(latent variable)는 직접 관찰하거나 측정할 수 없는 추상적 개념을 나타내는 변수를 의미한다. 예를 들어, 지능, 만족감, 삶의 질, 스트레스 등은 잠재변수로 간주할 수 있으며, 여러 관찰 가능한 변수들의 패턴을 통해 간접적으로 추정한다. 잠재변수는 숨겨진 추상적 속성을 가지며, 통계적 분석(예: 요인분석, 구조방정식 모형 등)을 통해 관찰 가능한 변수로부터 추론해 낸다. 잠재변수는 구성개념을 나타내는 변수로 구조방정식 모형에서 자주 사용되며, 요인분석에서는 요인(factor)으로 불리기도 한다.

측정변수(measured variable)는 직접 관찰하거나 측정할 수 있는 변수를 말한다. 예를 들어, 키, 몸무게, 시험 점수, 교육연수 등은 측정변수에 해당하며, 구체적으로 값을 산출할 수 있는 변수이다. 측정변수는 자료로 직접 사용이 가능하며, 통계분석에서 잠재변수를 추론하는 기초 자료로 활용된다. 일반적으로 하나의 잠재변수를 측정하기 위해 여러 측정변수가 사용된다. 예를 들어, 스트레스(잠재변수)는 직접 측정할 수 없으나, 두통의 빈도, 불면 빈도, 무기력감의 일상적 경험 빈도 등 여러 측정변수의 결과를 통해 간접적으로 추정한다. 측정변수는 관측변수 또는 관찰변수(observed variable)로 불리기도 한다.

3. 자료의 속성에 따른 변수의 분류

(1) 질적 변수

질적 변수(qualitative variable)는 사물이나 현상을 명칭, 범주, 서열 등으로 구분하여 표현하는 변수로, 주로 집단이나 유형을 구분하는 데 활용된다. 예를 들어, 성별(남, 여), 혈액형(A, B, O, AB), 거주 지역(서울, 부산, 대전 등), 직업 종류, 교육 수준(초등, 중등, 고등, 대학) 등은 질적 변수에 해당한다.

질적 변수는 명목형(nominal) 변수와 서열형(ordinal) 변수로 구분할 수 있다. 명목형 변수는 순서 없이 단순 구분만 가능하며, 예를 들면 성별(남, 여), 혈액형(A, B, O, AB), 국적 등이 있다. 서열형 변수는 순서는 존재하나 간격이 일정하지 않으며, 예를 들면 교육 수준(초등, 중등, 고등, 대학), 만족도 등급 등이 있다. 명목형 변수는 범주형 변수(categorical variable)로도 불리며, 수치로 표현할 때 그 값의 크기는 분류의 의미만 지닌다. 반면 서열형 변수는 수치로 표현할 때 분류와 순서의 의미를 동시에 지닌다.

(2) 양적 변수

양적 변수(quantitative variable)는 측정대상의 속성을 수치로 측정할 수 있는 변수로, 연산(덧셈, 뺄셈, 평균 계산 등)이 가능하다. 양적 변수는 이산변수(discrete variable)와 연속변수(continuous variable)로 구분된다. 이산변수는 정수의 값으로 표현되며, 예를 들면 가구당 자녀 수나 구독 서비스의 개수가 있다. 이 중 더미변수(dummy variable)는 범주형 변수를 0 또는 1로 변환한 것이다. 예를 들어, 성별을 남자는 0, 여자는 1로 표시하는 경우를 들 수 있다. 연속변수는 실수 범위에서 무한히 세분된 값을 가지며, 키, 체중, 온도 등이 이에 해당한다. 양적 변수는 계량적 변수(metric variable)로도 불리며, 수치 간 크기 비교와 연산을 할 수 있어 통계분석에서 널리 활용된다.

질적 변수에서 양적 변수로의 변환은 거의 불가능하다. 그러나 양적 변수에서 질적 변수로 변환하는 것은 자료가 가진 정보의 손실을 감수한다면 쉽게 이루어진다. 예를 들어, 나이(양적 변수)를 4가지 범주의 연령대(질적 변수)로 변환하면 세부 정보가 생략될 수 있다. 질적 변수나 양적 변수와 같은 변수 유형은 자료의 분석과 해석 방식에 직접적인 영향을 미치므로, 연구목적에 맞는 변수 유형의 선택이 중요하다.

제5절 가 설

1. 가설의 방향성

가설은 방향성의 유무에 따라 두 가지 형태로 나눌 수 있다. 방향성이 없는 가설은 특정 결과의 방향을 명시하지 않기 때문에, 예측의 구체성이 부족하다. 예를 들어, "미디어 기업 간 경쟁은 콘텐츠의 다양성에 영향을 미칠 것이다"라는 가설은 경쟁이 다양성을 증가시키는지, 감소시키는지에 대한 명확한 방향이 제시되어 있지 않다. 이처럼 어떤 결과가 나타나도 가설이 성립될 수 있으므로, 가설의 논리적인 근거가 약하다는 한계가 있다. 반면, 방향성이 명시된 가설은 변화의 방향을 분명히 제시하면서 보다 구체적이고 검증 가능한 예측을 제공한다. 예를 들어, "미디어 기업 간 경쟁은 콘텐츠의 다양성을 증가시킬 것이다"라는 가설은 경쟁이 다양성을 높인다는 인과적 방향을 분명히 설정하고 있다. 이러한 가설은 구체적인 자료 분석을 통해 그 타당성을 입증하거나 반박할 수 있다. 따라서 가설을 설정할 때는 방향성을 명확히 제시하는 것이 바람직하다.

2. 가설의 종류

가설은 귀무가설(歸無假說; null hypothesis)과 대립가설(alternative hypothesis)로 구분된다. 귀무가설은 '변수 간 관계가 없다' 또는 '집단 간 차이가 없다'와 같이 관계나 차이의 부재를 가정하는 형태로 진술된다. 귀무가설은 관측된 관계나 차이가 있다면 그것은 단지 우연에 의한 것이라는 전제에 기반하며, '영가설'로 불리기도 한다.

반면 대립가설은 귀무가설과 상반된 입장에서 "변수 간 관계가 있다" 또는 "집단 간 차이가 있다"는 형식으로 진술된다. 연구자는 이론적 또는 논리적 근거를 바탕으로 대립가설을 설정하지만, 이는 아직 경험적 검증을 거치지 않은 잠정적 명제이다. 대립가설은 보통 연구자가 채택되기를 기대하는 방향의 내용을 담고 있어 연구가설(research hypothesis)로도 불린다.

3. 가설의 요건

좋은 가설이 갖추어야 할 요건은 다음과 같다.[67] 첫째, 가설은 경험적 검증이 가능해야 한다. 이를 위해서는 적절한 자료를 수집하고 변수들을 계량화한 뒤, 통계적 분석을 통해 가설을 기각하거나 채택할 수 있어야 한다. 둘째, 가설은 간결하고 명료해야 하며, 복잡하거나 애매한 표현은 피해야 한다. 셋째, 일반화 가능성이 커야 한다. 즉, 가설의 검증 결과가 특정 사례에만 적용되는 것이 아니라, 더 넓은 모집단에 확대 적용될 수 있어야 한다. 넷째, 가설은 이론과 밀접한 관련성을 가져야 한다. 이론적 근거 없이 제시된 가설은 타당성을 확보하기 어렵다. 마지막으로, 가설은 가치중립적이어야 하며, 연구자의 주관이나 가치판단이 개입된 진술은 바람직하지 않다. 이러한 요건들을 충족할 때, 가설은 과학적 연구에 적합한 형태로 평가될 수 있다.

제6절 이 론

1. 개 요

이론(theory)은 특정 현상이나 사건을 체계적으로 설명하고 예측하기 위해 구축된 논리적 지식 체계이다. 이론은 개념, 명제(proposition), 가설이라는 세 가지 핵심 요소로 구성된다.[168] 예를 들어, '스트레스'나 '업무 만족도'는 관찰하고자 하는 현상의 특성을 단순화한 추상적 개념이고, 명제는 이러한 개념 간의 관계를 명시적으로 서술한 문장이다. 명제는 이론의 뼈대를 이루며, 인과관계나 상관관계를 규정한다. “스트레스가 증가할수록 업무 만족도는 감소한다”는 명제는 스트레스(독립변수)와 업무 만족도(종속변수) 사이의 부(−)적 관계를 표현한다. 가설은 이론적 틀 내에서 검증 가능한 형태로 제시되는 잠정적 결론이다. 명제와 달리 가설은 아직 입증되지 않은 추측이지만, 이론의 타당성을 검증하는 데 활용된다. 이론은 개념, 명제, 가설을 유기적으로 결합해 과거의 현상을 해석하고 미래의 패턴을 예측하는 도구로 작용한다.

2. 이론의 역할

이론의 주요 역할은 다음과 같다.[86,117,195] 첫째, 설명과 이해를 들 수 있다. 이론은 관찰된 현상에 대한 설명을 제공하고 복잡한 체계나 과정을 이해하는 데 도움을 준다. 둘째, 예측을 들 수 있다. 연구자들은 이론을 바탕으로 미래의 사건이나 결과에 대해 예측할 수 있다. 셋째, 지식의 조직화를 들 수 있다. 이론은 의사소통을 위해 중요한 개념을 명확히 하고, 기존 지식을 정리하고 통합하는 토대를 제공한다. 넷째, 연구의 방향과 지침의 제공을 들 수 있다. 구체적으로 이론은 연구주제의 선정, 연구문제 또는 가설의 설정, 새로운 정보의 해석 등에 도움을 준다.

3. 이론의 평가 기준

어떤 이론이 좋은 이론으로 평가받기 위해서는 다음과 같은 기준들을 충족해야 한다. 첫째, 반증가능성(falsifiability)을 들 수 있다. 반증가능성이란 이론이나 가설이 경험적 관찰이나 실험을 통해 반박될 가능성을 말한다. 예를 들면 ‘백조는 하얗다’는 주장은 단 하나의 검은 백조를 관찰하는 것으로 반박될 수 있다. 반증가능성은 과학적 이론과 비과학적 이론을 구분하는 중요한 기준이다. 반증가능성은 유사한 개념인 검증가능성(verifiability)과 차이가 있다. 검증가능성은 이론을 확인하려고 긍정적 증거의 수집을 통해 이론을 지지하고자 하지만, 모든 가능한 경우를 검증하는 것은 불가능에 가깝다. 반면에 반증가능성은 단 하나의 반대 사례를 통해서도 이론을 반박할 수 있는 것이다. 이론을 반박하려는 시도를 극복하면서 이론의 설득력은 높아진다.[207]

둘째, 논리적 일관성(logical consistency)을 들 수 있다. 이론은 전제(가정)들로부터 모순 없이 결론이 도출되어야 하며, 이론을 구성하는 개념과 명제들이 명확하게 표현되고 서로 관련되어야 한다. 또한, 이론의 의미도 명확하게 표현되어야

한다.[83]

셋째, 간결성(parsimony)을 들 수 있다. 좋은 이론은 가능한 한 간단하고, 불필요한 개념이나 설명 없이 최소한의 개념과 명제만으로 복잡한 현상을 설명할 수 있어야 한다. 너무 복잡하거나 설명 요소가 많으면 오히려 예측과 적용이 어려워질 수 있다.[168]

넷째, 일반화 가능성(generalizability)을 들 수 있다. 이는 이론의 적용 범위가 다양함을 의미한다. 이론은 특정한 맥락, 문화, 사회, 집단 등에 국한되지 않고 보다 다양한 맥락, 문화, 사회, 집단 등으로 적용될 수 있어야 한다는 의미이다. 그리고 시대가 변해도 이론의 적용이 가능할수록 더 좋은 이론으로 평가받는다.[109]

다섯째, 유용성(utility)을 들 수 있다. 이론의 유용성은 이론이 실제 세계를 얼마나 잘 설명할 수 있고 미래에 일어날 현상을 정확하게 예측할 수 정도를 의미한다. 이론이 전제로 삼는 조건들이 현실적일수록 실제와 부합하는 설명력과 예측력이 높아진다.[117]

제7절 연구의 분석 단위

1. 분석 단위와 관찰 단위

분석 단위(unit of analysis)란 연구에서 실제로 분석하고자 하는 사람, 사물, 현상 등을 의미한다. 사회과학에서 대표적인 분석 단위로는 개인, 가족이나 기업과 같은 집단, 책이나 신문기사와 같은 사회적 가공물, 도시나 국가와 같은 지리적 단위, 외교 관계나 시위와 같은 사회적 상호작용 등을 들 수 있다. 연구목적에 따라 적절한 분석 단위를 선정하는 것이 중요하다. 예를 들어, 여러 학급에 소속된 학생들의 성적을 비교한다면 분석 단위는 개인(학생)이며, 여러 학급의 평균 성적을 비교한다면 분석 단위는 집단(학급)이 된다. 만약 학생 개개인의 자료를 바탕으로 학생(개인)과 학급(집단) 두 수준을 동시에 모두 분석하고자 한다면 다수준 분석(multi-level analysis)을 활용할 수 있다.

관찰 단위(unit of observation)는 자료수집을 위한 직접적 조사대상을 의미한다. 분석 단위가 연구에서 설명하고자 하는 대상이라면, 관찰 단위는 실제로 관찰되거나 측정되는 실체이다. 분석 단위와 관찰 단위는 일치할 때가 많지만, 불일치할 수도 있다. 예를 들어, 학생별 성적 자료를 집계하여 학급(집단)의 특성을 분석하는 경우, 관찰 단위는 학생(개인)이지만 분석 단위는 학급(집단)이 된다. 이처럼 관찰단위에서 수집된 자료가 분석 단위로 집계되고 전환되어 분석될 수 있으므로, 연구를 설계할 때 분석 단위와 관찰 단위의 구분이 중요하다.

2. 분석 단위와 관련된 잠재적 오류

(1) 생태학적 오류

생태학적 오류(ecological fallacy)란 집단 수준에서 얻은 통계적 결과를 해당 집단에 속한 개인들에게 직접 적용함으로써 발생하는 오류이다. 즉, 분석 단위가 집단일 때 추정된 통계적 결과를 개인에 적용하여 발생하는 오류이다. 생태학적 오류는 자료의 통계적 해석에서 발생하는 논리적 오류에 속한다.[216,135]

예를 들어, 집단 수준의 상관관계를 개인 수준의 상관관계로 해석하는 오류를 들 수 있다. 미국의 50개 주를 분석 단위로 설정한 연구에 따르면, 외국 태생 사람의 비중과 고소득자의 비중 간 상관계수는 0.52로 나왔다. 이러한 결과를 근거로 하여 전반적으로 외국 태생 미국인이 미국에서 태어난 미국인에 비해 고소득자라고 추정한다면 생태학적 오류를 범하는 것이다. 실제로 외국 태생 미국인은 28%가 고소득자이고 미국에서 태어난 미국인의 35%가 고소득자인 것으로 나타났고 개인을 분석 단위로 한 상관관계는 −0.05로 나타났다.[135] 다른 예를 들자면, 집단 수준에서의 평균이 개인 수준에서의 확률 또는 가능성으로 해석되는 경우를 들 수 있다. 어떤 학교의 여학생 100명 중에서 80%가 40점이고 20%가 100점이어서 여학생 평균은 52점으로 나왔다고 하자. 그 학교의 남학생 100명 중에서 50%가 45점이고 나머지 50%가 55점이어서 남학생 평균은 50점이라고 하자. 따라서 여학생집단은 남학생집단과 비교할 때 평균 성적이 높다. 이러한 집단적 수준에서의 통계적 결과를 근거로 하여 그 학교에서 무작위로 추출한 한 여학생의 성적이 남학생의 성적보다 높을 가능성이 크다고 추정하면 생태학적 오류를 범하는 것이다. 무작위로 추출된 여학생은 남학생보다 성적이 높을 확률은 20%에 불과하기 때문이다.

(2) 개인주의적 오류

개인주의적 오류(individualistic fallacy)란 개인 수준에서 얻은 통계적 결과를 집단 수준에 적용함으로써 발생하는 오류이다. 즉, 분석 단위가 개인일 때 추정된 통계적 결과를 집단에 적용하여 발생하는 오류이다. 생태학적 오류와 마찬가지로 개인주의적 오류도 자료의 통계적 해석에서 발생하는 논리적 오류에 해당한다. 예를 들어 어떤 연구자가 개인을 분석 단위로 한 연구에서 소득이 높을수록 보수적 정당에 투표하는 경향이 높다는 것을 밝혀냈다고 가정하자. 이러한 연구 결과에 근거하여 평균소득이 높은 지역일수록 보수정당에 대한 투표율이 높다고 추정한다면 이는 개인주의적 오류를 범하는 것이다.[202]

(3) 환원주의적 오류

분석 단위와 관련된 잠재적 오류의 일종으로 환원주의(reductionism)를 들 수 있다. 환원주의적 오류란 복잡한 현상을 제한된 단일 요인이나 수준에서만 설명하려는 협소한 해석 태도를 말한다. 이는 변수의 유형과 분석 단위를 지나치게 한정하거나, 다층적이고 복합적인 맥락을 간과할 때 발생한다.[85] 예를 들어, 범죄 발생의 원인 규명에 있어서 사회적 특성과 같은 맥락을 무시하고 개인적 수준의 특성으로만 설명하는 것은 환원주의적 오류에 해당한다.

〈표 4-2〉 분석 단위와 관련된 오류의 유형

유형	발생 경로	핵심 문제
생태학적 오류	집단 → 개인	집단 결과를 개인에 적용
개인주의적 오류	개인 → 집단	개인 결과를 집단에 적용
환원주의적 오류	다층적 현상을 단일 수준에서 설명	복합요인 무시, 단순화

제5장

측정의 종류

제1절 측정의 개요

측정(measurement)이란 특정한 규칙 또는 절차에 따라 관찰 가능한 대상을 수량화하는 과정으로, 구체적으로는 사람, 조직, 사물, 사건 또는 사회적 현상 등 다양한 측정대상이 지닌 경험적 속성에 수치나 기호를 체계적으로 할당하는 것을 의미한다.[196] 측정은 개념이나 변수를 현실 세계 속에서 관측 가능한 자료와 연결하는 매개 과정으로 정의되기도 한다.[168] 즉, 측정은 이론적 구성 요소를 경험적으로 검증 가능한 형태로 전환하는 역할을 하며, 이론의 경험적 검증을 가능하게 만든다. 측정은 개념 또는 변수에 대한 조작적 정의에 기반한다. 조작적 정의는 특정 개념을 측정할 수 있도록 구체적인 절차와 방법을 통해 정의하는 것이다.

제2절 측정방법에 따른 측정의 종류

1. 본질 측정

본질 측정(fundamental measurement)은 다른 선행 측정에 의존하지 않고, 직접 측정하거나 확인할 수 있는 기본적인 속성을 측정하는 방식이다. 예를 들어, 길이, 시간, 질량, 수(數) 등은 직접 측정이 가능한 본질 측정에 해당한다. 본질 측정은 물리학과 같은 자연과학 분야에서 기준이 되는 기초적인 측정이다. 본질 측정은 추가적인 계산이나 조합 없이 독립적으로 정의되며, 이후에 추론 측정의 기반이 된다.[248, 257]

2. 추론 측정

추론 측정(derived measurement)이란 본질 측정을 이용한 수학적 공식이나 관계를 통해 얻는 이차적인 측정이다. 추론 측정은 직접 계측할 수 없고, 다른 측정값을 통해 계산된다. 예를 들어, 면적은 길이를 너비로 곱한 값으로 정의되고, 속도는 거리를 시간으로 나눈 값으로 정의되며, 밀도는 질량을 부피로 나눈 값으로 정의된다. 추론 측정은 본질 측정의 결과를 바탕으로 새로운 개념을 정의할 수 있다. 추론 측정은 자연현상이나 물리적 특성을 보다 다양하게 설명하고 분석할 수 있어서 과학 및 공학 분야에서 폭넓게 사용된다.[248, 257]

3. 임의 측정

임의 측정(measurement by fiat)이란 측정하고자 하는 속성과 그것을 나타내는 관찰 가능한 지표 사이의 관계를 논리적, 이론적으로 정립하지 않고, 연구자나 학계의 임의적 약속에 근거하여 정의되는 측정방식이다. 예를 들어, 지능지수(IQ), 만족도 점수, 기업 신용등급 등은 임의 측정에 해당한다. 임의 측정은 주로 사회과학, 심리학 등에서 추상적이고 직접 계측이 어려운 개념을 수치화하기 위해 사용된다. 그러나 임의 측정은 이론적 타당성이나 논리적 근거가 부족하고, 실제 개념과 지표 간의 연관성이 임의로 정해진다는 한계를 가진다.[248, 257]

4. 측정방법에 따른 측정 종류의 비교

본질 측정과 추론 측정은 객관적인 기준을 적용한다. 그러나 임의 측정은 상대적으로 주관적인 기준을 적용하고 상황이나 연구자에 따라 측정이 달라질 수 있다. 본질 측정과 추론 측정은 주로 자연과학이나 공학 분야에서 자주 사용된다. 그러나 임의 측정은 사회과학, 인문학, 경영학 등에서 객관적인 표준이 없는 경우에 사용된다. 임의 측정을 사용하는 경우 해당 측정 도구는 측정의 타당성과 신뢰성이 높아야 한다. 사회조사방법론에서 측정의 타당성과 신뢰성 검토는 큰 비중을 차지하는 중요한 절차가 된다. 이에 대한 자세한 설명은 7장에서 다룰 것이다. 측정방법에 따른 측정의 구분과 차이점을 이해하는 것은 다양한 학문 분야에서 사용되는 측정방법의 특성과 한계를 파악하는 데 있어서 중요하다.

〈표 5-1〉 측정방법에 따른 측정 유형 간의 비교

구분	정의	예시	의미
본질 측정	직접 측정 가능한 기본적 속성의 측정	길이, 시간	과학의 기초 척도이며, 추론 측정의 근간이 됨
추론 측정	본질 측정에서 유도되는 이차적인 측정	속도, 밀도	자연현상이나 물리적 성질을 설명하는 이차적 척도
임의 측정	이론적 근거 없이 임의로 결정한 측정	지능지수, 만족도	주로 사회과학에서 쓰이며, 객관성과 타당성의 한계가 있음

제3절 측정 수준에 따른 측정의 유형

측정 수준에 따른 측정은 네 가지로 구분된다.[240] 자료의 측정 수준에 따라 이용할 수 있는 통계량과 통계기법이 달라지므로, 이러한 구분은 연구자가 적절한 통계분석을 하기 위해서 알아야 할 분류 체계이다.

1. 명목 측정

명목 측정(nominal measurement)은 어떤 대상을 분류하거나 식별할 목적으로 속성에 숫자나 이름을 부여하는 가장 기본적이고 낮은 수준의 측정이다. 이때 부여된 숫자나 이름에는 서열이나 크기의 개념이 없으며, 구분의 목적만을 가진다.

명목 측정은 등가성(等價性; equivalence)의 속성을 가진다. 등가성이란 동일한 기호나 숫자가 부여된 측정 대상은 동일 범주에 속하고 모두 동등한 것으로 간주하는 것을 말한다. 등가성은 값 사이의 비교가 '같다'와 '다르다'로 한정되는 특징을 지닌다. 예를 들어, 남자에게 숫자 1을 부여하고 여자에게 숫자 2를 부여하는 경우, 1과 2의 숫자는 구별의 목적만 가지며, 크기나 순서 등의 의미가 없다.

명목 측정의 예를 들자면, 분류의 목적을 가진 성별(남자와 여자로 분류), 혈액형(A형, B형, AB형, O형으로 분류), 출생 지역(서울, 경기 등으로 분류), 직업(교사, 간호사, 회사원 등으로 분류), 종교, 식물의 이름, 주민등록번호, 도서분류번호 등을 들 수 있다.

〈표 5-2〉 명목 측정을 사용한 응답 항목의 예시

질문: 국회의원 선거에서 귀하는 어떤 정당의 후보를 지지합니까?
응답 항목: (1) A 당 (2) B 당 (3) C 당 (4) D 당 (5) 기타

〈표 5-2〉와 같이 응답 항목을 제시하면, 명목 측정 수준의 자료를 얻게 된다. 여기서 각 응답은 범주로 취급된다. 이러한 자료는 같은 범주로 분류된 응답은 서로 동등하고 다른 범주 간에는 구분되는 등가성을 가진다.

명목 측정 수준의 자료에서는 수학적 연산, 통계량, 통계분석 방법이 다른 측정 수준과 비교해 매우 제한적이다. 명목 측정의 자료는 '같다(=)'와 '같지 않다

(≠)'라는 동일성(등가성)만 검사할 수 있다. 즉, 같은 범주에 속하는지 아닌지만 검사할 수 있다. 덧셈, 뺄셈, 곱셈, 나눗셈 등은 사용할 수 없으며, 수치 간의 순서 관계나 크기 비교도 불가능하다.

명목 측정의 자료를 사용할 수 있는 통계량은 빈도(frequency), 백분율(percent), 최빈값(mode) 등으로 제한된다. 여기서 빈도를 통해 각 범주에 몇 번 나타났는지 셀 수 있으며, 백분율(%)을 통해 전체 중 각 범주가 차지하는 비율을 구할 수 있다. 또한, 최빈값을 통해 가장 많이 선택된 범주를 대푯값으로 사용할 수 있다.

명목 측정의 자료를 사용할 수 있는 통계분석은 빈도분석, 교차분석 등의 비모수 분석 방법으로 제한된다. 빈도분석을 통해 자료(단일 변수)는 각각의 범주에 따라 어떻게 분포되었는지 파악할 수 있다. 교차분석을 통해 두 개 이상의 명목형 자료(두 개 이상의 변수) 간의 독립성 또는 연관성을 검증할 수 있다.

명목 측정을 통해 측정대상을 분류하는 경우 측정 범주를 만들 때 기본 원칙은 상호배타성과 포괄성이다. 상호배타성이란 측정대상이 하나의 범주에만 속하도록 범주를 만드는 것이다. 포괄성이란 모든 측정대상이 어느 한 범주에 속하도록 범주를 만드는 것이다. 연구자가 설문지에서 명목 측정의 응답 항목들을 만든다면 상호배타성과 포괄성의 원칙을 지켜야 한다. 여기에서 상호배타성의 원칙은 한 응답자가 동시에 두 응답 항목에 답할 수 없는 것이다. 포괄성의 원칙은 가능한 응답 항목들이 모두 망라되는 것이다. 이러한 두 가지 원칙은 범주나 유형을 분류할 때 필수적인 조건이 된다. 예를 들어 설문 조사에서 월 소득을 묻는 응답 항목을 '200만 원 이하', '200~500만 원', '500~1,000만 원'의 세 항목으로 구분하였다면, 소득이 200만 원인 사람은 두 항목에 응답할 수 있으므로 상호배타성의 원칙을 위배한다. 또한, 월 소득이 천만 원을 초과하는 응답자는 응답할 항목이 없으므로 포괄성의 원칙을 위배한다. 만약에 응답 항목을 '200만 원 미만', '200만 원부터 500만 원 미만', '500만 원 이상'으로 구분하면, 두 원칙을 모두 충족한다.

2. 서열 측정

서열 측정(ordinal measurement)은 측정 대상을 단순히 분류하는 것을 넘어서, 대상의 속성에 따라 일정한 순위나 등급을 부여하는 방법이다. 이를 통해 어떤 대상이 다른 대상보다 높거나 낮다, 또는 앞서거나 뒤처진다는 판단은 가능하지만, 그들 간의 차이의 크기는 파악할 수 없다. 서열 측정은 주로 정확하게 수량화하기 어려운 변수, 예를 들어 응답자의 태도, 의견, 감정 등을 평가할 때 사용된다. 이 측정은 '순위 측정' 또는 '순서 측정'으로도 불린다.

서열 측정은 등가성 외에 서열성도 지닌다. 서열성이란 측정대상의 속성에 대해 상대적인 위치나 등급을 부여하는 것으로, 범주 간의 순서는 있으나 간격의 크기는 불명확하다. 예를 들어, 학업성적을 A, B, C, D, F로 구분하거나 만족도를 '매우 만족', '만족', '보통', '불만족'으로 표현하는 경우와 같이, 값의 순서에는 의미가 있지만, 그 차이의 정도는 비교할 수 없다.

예를 들어 학업성적 등급(A, B, C, D, F로 분류), 사회경제적 지위(하, 중하, 중, 중상, 상으로 분류), 군인 계급(이등병, 일등병, 상병, 병장 등으로 분류), TV 프로그램의 시청률 순위 등은 서열 측정에 해당한다.

〈표 5-3〉 서열 측정을 사용한 응답 항목의 예시

질문:	귀하의 월 소득은 얼마입니까?
응답 항목:	(1) 100만 원 미만 (2) 100만~200만 원 미만 (3) 200만~300만 원 미만 (4) 300만 원 이상

서열 측정의 자료를 사용할 수 있는 수학적 연산은 동일성(=)뿐만 아니라 순위 비교(>, <)가 있다. 순위 비교는 측정대상 간의 서열이나 우열을 판단하는 것이다. 그러나 순위 비교를 통해 측정대상 간의 정확한 차이는 알 수 없다. 예를 들어, 시험에서 1등, 2등, 3등을 통해 측정대상 간의 서열을 알 수 있지만, 점수 차이는 알 수 없다.

서열 측정의 자료를 사용할 수 있는 통계량은 그리고 명목 측정에서 사용할 수 있는 통계량(빈도, 백분율, 최빈값)뿐만 아니라 백분위수(percentile), 사분위수(quartiles), 중앙값(median) 등의 통계량을 사용할 수 있다. 백분위수는 자료를 오름차순으로 정렬했을 때, 아래에서부터 n% 위치에 있는 값을 의미한다. 즉, 100개의 같은 크기 구간으로 나누는 기준값이 백분위수이다. 예를 들어, 90번째 백분위수(90th percentile)는 전체 자료 중 90%가 그 값 이하라는 것을 뜻한다. 50번째 백분위수는 중앙값과 같다. 사분위수는 자료를 오름차순으로 정렬했을 때, 4개의 같은 크기 구간으로 나누는 기준값이다. 이는 각각 25%, 50%, 75% 위치의 값을 가리킨다. 제1사분위수($Q1$)는 25번째 백분위수, 제2사분위수($Q2$)는 50번째 백분위수(중앙값), 제3사분위수($Q3$)는 75번째 백분위수와 같다. 백분위수나 사분위수는 자료의 분포에서 중심 위치나 자료가 흩어진 정도를 파악할 때 활용된다.

서열 측정의 자료를 사용할 수 있는 통계분석은 빈도분석이나 교차분석 외에, 순위 상관분석 등이 있다. 또한, 평균 대신 순위 정보만을 사용하여 집단 간 차이를 검정하는 비모수 검정 등이 있다. 순위 상관분석(스피어만의 순위 상관계수, 켄달의 순위 상관계수 등)을 통해 두 개 이상의 서열형 자료(두 개 이상의 변수) 간의 독립성 또는 연관성을 검증할 수 있다. 순위 정보만을 사용하여 집단 간 차이를 검정하는 비모수 검정에는 윌콕슨 부호순위검정(짝지어진 두 집단 간의 비교), 맨-휘트니 U 검정(독립된 두 집단 간의 비교), 크루스칼-왈리스 검정(3개 이상 독립 집단 간의 비교) 등이 있다.

3. 등간 측정

등간 측정(interval measurement)은 측정대상을 분류하고 순위를 부여할 뿐만 아니라 순위 간 차이에 동일한 간격을 부여한다. 따라서 등간 측정을 사용하면 측정대상 간의 거리(차이 정도)를 척도로 표현할 수 있다.

등간 측정은 등가성, 서열성, 등간성의 속성을 가진다. 등간성이란 순위를 나타내는 측정값의 차이가 동등하다는 것이다. 예를 들어, 측정값이 1, 2, 3, 4, 5일 때, 1과 2의 차이는 3과 4의 차이 또는 4와 5의 차이와 같다. 이러한 속성으로 인해 측정값의 차이에 의미를 부여할 수 있다. 그러나 등간 측정에서는 측정하려는 속성이 전혀 없는 상태인 절대영점(absolute zero point)이 존재하지 않는다. 따라서 등간 측정을 사용할 때 두 측정값의 비율을 계산할 수 없고, '4점은 2점의 두 배' 등의 비율 특성을 갖는 진술을 할 수 없다. 예를 들어, 만족도 점수가 6점인 사람이 3점인 사람보다 두 배 만족한다고 말하는 것은 타당하지 않다. 다만, 등간 측정에서 임의 영점(arbitrary zero)은 존재할 수 있다. 임의 영점은 절대적인 기준이 아닌 상대적인 기준이기 때문에 연구자의 판단에 따라 자의적으로 부여된다. 등간 측정은 구간 측정으로도 불린다.

예를 들어 섭씨나 화씨와 같은 상대 온도, 소비자 만족도, 지능지수 등은 등간 측정에 해당한다. 등간 측정은 임의 영점을 사용하는데, 이는 절대영점과 뚜렷하게 구분되는 개념이다. 섭씨의 0은 물이 어는 온도를 임의로 0으로 약속한 것으로, 실제로 온도가 전혀 없는 상태를 의미하지는 않는다. 화씨의 0 역시 마찬가지이다. 섭씨나 화씨에서 0은 온도라는 속성이 전혀 없는 상태가 아니라 비교와 변화를 위해 임의로 정한 기준점이다. 따라서 0도의 온도에서도 열에너지는 여전히 존재한다.

〈표 5-4〉 등간 측정을 사용한 응답 항목의 예시

질문: 귀하의 월 소득은 얼마입니까?
응답 항목: (1) 100만 원 미만 (2) 100만~200만 원 미만 (3) 200만~300만 원 미만 (4) 300만~400만 원 미만

〈표 5-4〉에 나타난 바와 같이 응답 항목을 일정한 간격의 구간으로 만들면, 응답 값이 구간 단위로 정리되어 등간 측정의 자료를 얻게 된다. 그러나 이러한 방식의 등간 측정은 모집단을 이루는 응답자의 소득 범위가 400만 원 미만이라는 것을 전제해야 사용할 수 있다. 그렇지 않으면 응답 항목이 모든 가능한 응답을 포괄하지 못하여 응답의 결측치 또는 왜곡된 응답이 발생할 수 있다.

등간 측정의 자료를 사용할 수 있는 수학적 연산은 서열 측정의 자료에서 사용할 수 있는 연산 외에도 측정값 간에 덧셈과 뺄셈을 할 수 있다. 그러나 곱하기와 나누기는 불가능하다.

등간 측정의 자료를 사용할 수 있는 통계량은 서열 측정에서 사용할 수 있는 통계량 외에도 산술평균, 표준편차 등으로 대폭 확장된다. 산술평균은 자료의 중심 위치를 나타내고, 표준편차는 자료가 중심에서 얼마나 퍼져 있는지를 나타낸다. 표준편차가 작으면 자료의 값들이 평균 근처에 모여 있고, 크면 값들이 흩어져 있음을 의미한다.

등간 측정의 자료를 사용할 수 있는 통계분석에는 피어슨 상관계수(Pearson's correlation coefficient)를 이용한 상관분석, t-검정(t-test), 분산분석, 요인분석, 회귀분석 등이 추가된다. 서열 측정과 달리 등간 측정의 자료를 확보하면 선택할 수 있는 통계기법의 종류가 대폭 확대된다. 피어슨 상관계수는 두 변수 간 직선(선형) 관계의 강도와 방향을 분석하는 데 사용한다. t-검정은 두 집단의 평균 차이를 비교하는 데 사용하고, 분산분석은 두 개 이상의 집단 간의 평균 차이를 비교하는 데 사용한다. 요인분석은 여러 변수(질문 문항)에 숨어 있는 '공통 요인'을 찾아내는 분석방법이다. 예를 들어, 설문 조사에서 '만족', '추천 의향', '호감도'

의 세 문항 점수가 모두 높게 나온다면, 이들은 '전반적 만족감'이라는 하나의 추상적 요인에서 비롯된 것임을 요인분석을 통해 알 수 있다. 회귀분석은 하나의 변수(종속변수)가 다른 변수들에 의해 어떻게 영향을 받는지 알아보는 방법이다. 예를 들어, 회귀분석을 통해 '공부 시간'과 '과목에 대한 흥미'라는 두 변수가 시험 점수에 어떤 영향을 미치는지 알 수 있다.

4. 비율 측정

비율 측정(ratio measurement)은 측정대상을 분류하고 서열을 부여하고 서열 간의 일정한 간격을 제시할 뿐만 아니라, 추가로 절대 0점을 가진 것이다. 절대 0점은 해당 속성의 '없음'을 의미하므로, 측정값 간 비율 계산이 가능하고, '몇 배' 또는 '절반'과 같은 비율 표현을 사용할 수 있다.

비율 측정은 등가성, 서열성, 등간성, 그리고 절대영점의 존재라는 속성을 갖는다. 절대영점이란 측정하고자 하는 속성이 전혀 없는 상태를 의미한다. 예를 들어, 길이 0cm는 길이가 전혀 없음을, 무게 0kg은 무게가 없음을, 소득 0원은 소득이 전혀 없음을 의미한다. 비율 측정은 절대영점이 있어서 측정하려는 속성의 상대적 크기를 비교할 수 있고 절대적 크기까지 측정할 수 있다. 따라서 두 측정값 사이의 비율을 정확하게 계산할 수 있다. 예를 들어 10kg은 5kg의 두 배라고 말할 수 있다. 비율 측정에서 0의 의미는 연구자에 의해 자의적으로 해석될 수 없다. 명목 측정, 서열 측정, 그리고 등간 측정에서 0은 단순히 구분하는 점이거나 임의로 설정된 것이지만, 비율 측정에서 0은 측정 대상에서 측정하려는 속성이 완전히 존재하지 않는 상태를 의미한다.

신장, 체중, 소득, 가격 등은 비율 측정에 해당한다. 신장은 0cm일 때 '신장이 전혀 없음'을, 체중은 0kg일 때 '무게가 없음'을, 소득은 0원일 때 '소득이 전혀 없음'을, 가격은 0원일 때 '가격이 없음'을 의미하므로, 이들은 모두 각각의 절대영점이 존재하는 비율 척도에 해당한다.

〈표 5-5〉 비율 측정을 사용한 응답 항목의 예시

질문: 귀하의 월 소득은 얼마입니까?
응답: (   ) 원

〈표 5－4〉와 같이 등간 측정의 자료를 얻게 되면, 절대영점이 존재하지 않아 비율을 사용한 해석을 할 수 없는 반면, 〈표 5－5〉와 같이 소득을 자유롭게 수치로 응답할 수 있는 개방형 질문은 0원이 '소득 없음'을 의미하는 절대영점을 갖는다. 따라서 응답 자료는 비율 측정 수준의 자료로 간주할 수 있으며, 소득 간의 정확한 차이뿐만 아니라 비율을 사용한 해석이나 비교도 가능하다.

네 가지 측정 수준 중에서 비율 측정은 가장 높은 수준에서 측정이 이루어지고 있으며 가장 많은 정보를 포함하고 있다. 비율 측정의 자료를 사용할 수 있는 수학적 연산에는 더하기와 빼기 외에 곱하기와 나누기가 추가된다. 따라서 비율적 해석이 가능하다. 이는 절대영점의 존재에서 비롯된 것이다.

비율 측정의 자료를 사용할 수 있는 통계량에는 등간 측정의 자료를 사용할 수 있는 통계량 외에도 기하 평균(geometric mean), 조화 평균(harmonic mean) 등이 추가된다. 기하 평균은 평균 성장률 등을 구할 때 사용되며, 조화 평균은 평균 속도 등을 구할 때 사용된다. 기하 평균과 조화 평균의 계산에는 곱셈, 나눗셈과 같은 비율적 관계가 사용되므로, 비율 척도의 자료만 사용할 수 있다.

비율 측정의 자료를 사용할 수 있는 통계분석에는 등간 측정의 자료를 사용할 수 있는 통계분석 외에도 변동계수(coefficient of variation: CV) 분석, 비율검정(proportion test) 등이 추가된다. 변동계수는 자료의 산포도를 평균과 비교하여 상대적으로 나타내는 값으로, 표준편차를 평균으로 나누어 구한다. 변동계수는 측정 단위나 규모가 다른 두 집단의 산포도를 비교할 때 주로 사용되며, 비율 측정의 자료에만 적용할 수 있다. 등간 측정의 자료를 변동계수에서 사용하게 되면 변동계수에서 분모(평균)가 0이 될 수 있고, 상대적 비율의 산출이 불가능하기 때문이다. 비율검정은 모집단의 비율이 특정 값과 같은지 또는 두 모집단의 비율이 같은지 등을 통계적으로 검정하는 방법이다. 비율검정은 두 개의 범주를 가진 명목 측정의 자료 또는 비율 측정의 자료만 사용할 수 있다.

사용할 수 있는 통계량과 통계분석의 측면에서 등간 측정과 비율 측정 간의 격차는 크지 않다. 비율 측정보다 낮은 수준의 측정에 특화된 통계량과 통계분석을 사용하려면 비율 측정은 낮은 수준의 측정으로 변환해야 한다. 예를 들면 비율 척도의 두 변수를 서열 척도로 변환하면 순위 상관분석을 사용할 수 있다. 이러한 변환 가능성을 고려한다면 비율 측정의 경우 모든 통계량과 모든 통계분석을 사용할 수 있다.

5. 측정 수준에 따른 측정 종류의 비교

〈표 5-6〉에 나타난 바와 같이 명목 측정, 서열 측정, 등간 측정, 비율 측정의 순서로 이동할수록, 자료에서 제공되는 정보의 양이 많으므로 측정 수준이 높고, 더 다양한 연산과 통계량을 사용할 수 있고, 더 정밀한 통계분석방법을 적용할 수 있다. 명목 또는 서열 측정에 기반한 척도를 비계량 척도(non-metric scale), 등간 또는 비율 측정에 기반한 척도를 계량 척도(metric scale)로 부르기도 한다.[47] 자료를 요약하거나 분석할 때 측정 수준에 적합한 통계량과 통계분석을 선택해야 한다. 높은 수준의 측정은 자료가 가진 정보의 손실을 감수한다면 낮은 수준의 측정으로 변환시켜서 사용할 수 있다. 그러나 낮은 수준의 측정은 자료에 대한 추가적 정보가 없다면 높은 수준의 측정으로 변환시킬 수 없다.

〈표 5-6〉 측정 수준에 따른 측정 종류의 비교

구분	명목 측정	서열 측정	등간 측정	비율 측정
속성	등가성	등가성, 서열성	등가성, 서열성, 등간성	등가성, 서열성, 등간성, 절대영점
예시	혈액형, 학생번호	성적등급, 군인계급	상대온도, 지능지수	신장, 체중, 소득
수학적 연산	동일성 비교	대소 비교	더하기, 빼기	곱하기, 나누기
이용 가능한 통계량	빈도, 백분율, 최빈값	백분위수, 사분위수, 중앙값	산술 평균, 표준편차	기하 평균, 조화 평균
이용 가능한 통계분석	빈도분석, 교차분석	순위 상관분석, 맨-휘트니 U 검정	상관분석, t-검정, 분산분석, 요인분석, 회귀분석	변동계수, 비율검정

측정 수준은 분석방법의 선택과 분석 결과의 해석에 있어서 중요한 의미를 지닌다. 개별 통계분석방법은 특정 가정들을 충족시켜야 사용할 수 있다. 그런 가정 중의 하나가 자료의 측정 수준이다. 예를 들어, 두 변수 간 상관관계 분석을 하는 경우 두 변수가 서열 측정이면 순위 상관계수를 사용해야 하고 두 변수가 등간 측정이면 피어슨 상관계수를 사용해야 한다. 또한, 측정 수준에 대한 지식은 자료 요약이나 분석 결과를 해석하는 데 있어서 중요하다. 예를 들어, 명목 측정은 속성을 분류한다는 점, 서열 측정을 통해 측정대상 간의 정확한 차이는 알 수 없는

점, 등간 측정에서 0점은 측정하려는 속성의 부재가 아니라는 점 등의 정보는 분석 결과를 해석할 때 중요한 의미를 지닌다.

제6장

척도의 종류

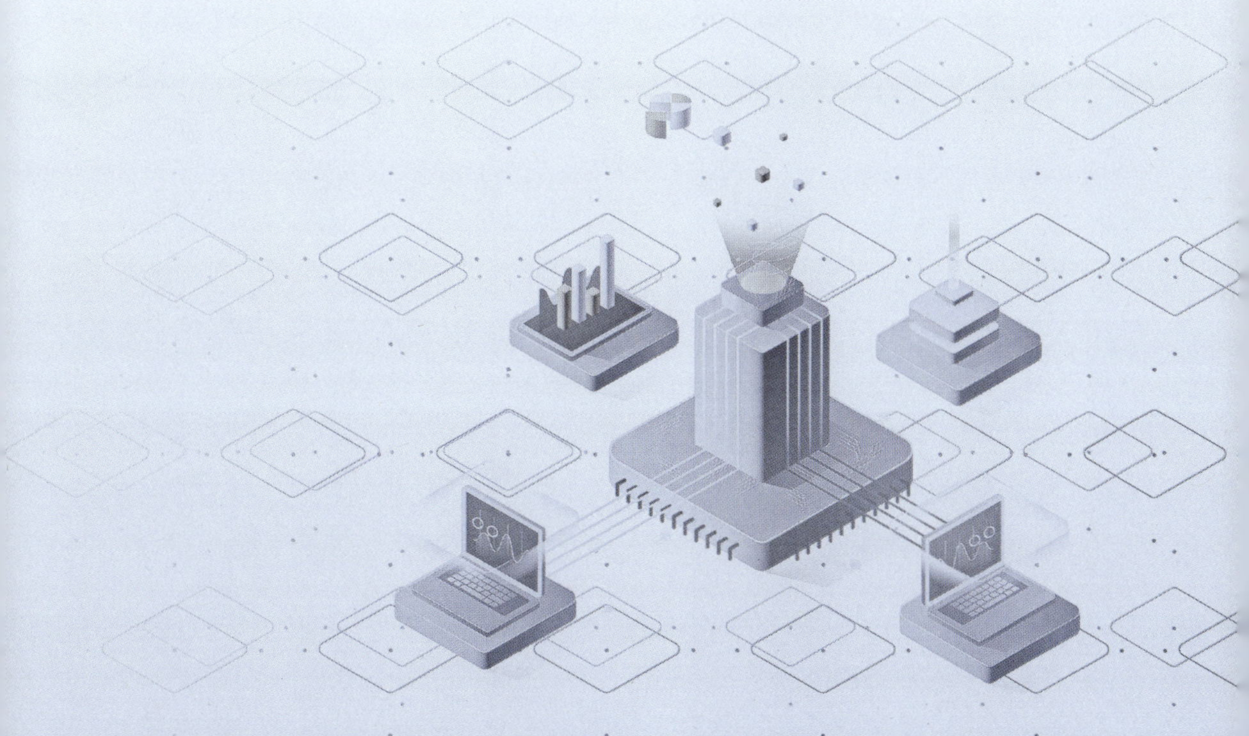

제1절 지표, 지수, 척도의 의미

1. 지 표

사회 현상에 대한 측정의 정보는 지표(indicator), 지수(index), 척도(scale)를 통해 전달할 수 있다. 지표는 어떤 개념을 나타내는 측정 가능한 단일 변수로, 단일 문항을 통해 그 값을 알 수 있다. 예를 들어 성별, 나이, 소득 수준, 교육 수준 등은 단일 문항으로 파악할 수 있는 지표에 해당한다.

2. 지수와 척도

지수와 척도는 둘 이상의 문항이나 지표로 구성된 합성측정(composite measures)으로, 하나의 개념이 갖는 다양한 의미를 포괄적으로 측정하기 위해 사용된다. 합성측정은 여러 문항을 하나의 점수로 환산해 자료의 복잡성을 줄이고, 단일 문항에서 발생할 수 있는 왜곡된 측정을 완화하여 측정의 신뢰도를 높인다. 특히 복잡하거나 추상적인 개념은 단일 문항보다 여러 문항을 활용할 때 더 정확하게 측정할 수 있으며, 이로 인해 실제 연구에서는 여러 문항으로 구성된 지수나 척도를 널리 사용한다.[13,86]

일부 연구자들은 지수와 척도를 두 가지 측면에서 구분한다. 첫째, 지수와 척도는 점수 부여 방식에서 차이가 있다. 지수는 개별 지표에 할당된 점수를 단순히 합산해 값을 계산하고, 척도는 각 지표가 나타내는 강도(intensity) 차이를 반영해 서로 다른 가중치를 부여한다. 이에 따라 척도는 지수보다 더 많은 정보를 제공할 수 있다. 다만, 지수를 구성하는 문항들에 서로 다른 가중치를 줄 필요가 없는 경우에는 동일한 가중치를 할당하는 것이 적절하다. 예를 들어, 비슷한 수준의 정치적 행동(예: 공직자에게 편지 쓰기, 정치적 탄원서에 서명하기, 정치적 목적의 기부금 지출하기, 타인의 투표 선택을 바꾸도록 설득하기)에 각 1점씩 부여하여 지수를 구성할 수 있다. 반면에 서로 다른 수준의 정치적 행동(예: 투표하기, 선거 운동 목적의 기부하기, 선거 운동 참여하기, 공직 출마하기)에 각각 1점, 2점, 3점, 4점씩 부여하여 척도를 구성할 수 있다.[13,86] 둘째, 지수와 척도는 지표와 개념 간 인과관계에서 구분된다. 지수는 형성적 지표들(formative indicators)로 구성된다. 즉, 각 지표가 합쳐져 개념을 형성하며, 지표는 지수의 원인이 된다. 이런 경우 각 지표는 전체 개념의 서로 다른 측면을 나타내고, 지표(항목) 간 높은 상관관계는 필요하지 않다. 예를 들어, 소비자물가지수(consumer price index: CPI)처럼 여러 상품 가격이 합쳐져 지수가 만들어진다. 반면, 척도는 반영적 지표들(reflective indicators)로 구성된다. 즉, 개념이 각 지표에 동시에 영향을 미치고, 지표는 척도의 결과가 된다. 이런 경우 각 지표는 같은 개념의 다양한 표현이고, 지표(항목) 간 높은 상관관계가 요구된다. 예를 들어, 우울 척도는 "지난 일주일 동안 슬프거나 우울하게 느낀 적이 있는가?", "삶의 즐거움을 느끼지 못했는가?", "집중하는 데 어려움이 있었는가?" 등의 반영적 지표들로 구성되어 있고, 이들은 모두 우울이라는 개념의 다양한 표현이다.

실제 문헌에서는 합성측정에 기반한다는 공통점 때문에 지수와 척도를 구분하지 않고 혼용하는 경우가 많다. 개별 지표가 나타내는 강도에 따라 둘을 구분할 수 있으나, 이러한 판단에는 주관성이 개입될 여지도 있다. 여기서는 편의상 지수와 척도를 구분하지 않고 척도라는 용어로 통일하여 사용한다.

제2절 비교척도

척도는 크게 비교척도(comparative scale)와 비비교척도(non-comparative scale)로 나눌 수 있다. 비교척도는 둘 이상의 대상을 직접 비교하여 측정하는 방식이다. 그러나 비교척도를 통해 얻은 측정값은 두 값 간의 차이를 나타낼 수 없다. 따라서 비교척도를 통해 도출한 연구 결과는 일반화하는 데 한계가 있다.[47]

1. 쌍대비교 척도

쌍대비교 척도(paired comparison scale)는 응답자에게 선호도, 중요도, 상대적 가치 등 특정 기준에 따라 두 개의 대상 중 하나를 선택하도록 한다. 이 척도는 대상들을 직접 비교하여 응답자가 느끼는 선호도나 중요도를 도출할 수 있으며, 상대적인 평가를 통해 순위를 결정한다. 즉, 각 대상의 절대적인 점수가 아닌 비교 대상 간의 상대적 차이를 측정하고, 모든 쌍의 비교 결과를 바탕으로 대상들의 순위가 정해진다. 따라서 쌍대비교 척도는 서열 척도에 해당한다.

〈표 6-1〉 쌍대비교 척도의 예시

다음은 4개의 스마트폰 브랜드를 사용하여 6개의 쌍을 만든 것이다. 각 쌍에서 맨 왼쪽에 있는 브랜드를 더 선호하면 1로 표기하고, 그렇지 않으면 0으로 표기하십시오.

	A	B	C	D	합계 점수	순위
A	–	0	1	0	1	2위
B	1	–	1	1	3	4위
C	0	0	–	0	0	1위
D	1	0	1	–	2	3위

〈표 6-1〉에서 각 행과 열은 비교 대상인 스마트폰 브랜드를 나타내며, 대각선은 같은 브랜드끼리의 비교로 '–'로 표시되어 있다. 응답자는 각 쌍에서 선호하는 브랜드 칸에 1 또는 0을 표기한다. '합계 점수' 열은 각 브랜드가 선호된 총 횟수를 나타낸다. 총 비교 횟수는 $n(n-1)/2$ 공식에 따라 $4(4-1)/2=6$이다. '합계 점수'를 모두 합한 값은 총 비교 횟수와 같아야 한다. 이 표를 통해 연구자는 각 브랜드의 상대적 선호도를 쉽게 파악할 수 있으며, 브랜드 간 순위를 매길 수 있다.

쌍대비교 척도를 사용할 때는 측정 결과의 일관성이 유지되어야 하며, 이를 위해 측정 결과가 추이성(transitivity)을 만족해야 한다. 추이성이란 A가 B보다 크거나 우위에 있고, B가 C보다 크거나 우위에 있다면, A는 C보다 크거나 우위에 있어야 하는 성질을 뜻한다.

쌍대비교 척도는 단순하고 직관적인 응답 방식을 사용하여 응답자의 판단 부담이 적으며, 응답자가 인식하는 미세한 차이까지 파악할 수 있는 장점이 있다. 그러나 비교 대상의 수가 많아질수록 비교해야 하는 쌍의 수가 급격하게 증가하여 응답자의 피로도가 높아진다. 그리고 응답자가 일관된 판단을 내리지 못하면 추이성이 충족되지 않아 결과 해석에 오류가 생길 수 있다. 또한, 비교 대상에 대해 동일한 선호도를 느낄 때는 강제로 선택해야 하므로 강요된 응답이 나오는 한계가 있다.[48]

2. 순위서열 척도

순위서열 척도(rank-order scale)는 응답자에게 중요도, 우선순위, 상대적 가치 등과 같은 특정 기준에 의해 동시에 3개 이상의 비교 대상에 대한 순위를 정하도록 하는 방식이다. 순위서열 척도는 서열순위 척도로 불리기도 한다.

〈표 6-2〉 순위서열 척도의 예시

다음과 같이 제시된 생성형 AI 검색 서비스의 여러 기능에 대한 중요도에 대해 여러분이 느끼는 순위를 적어주십시오. 가장 중요하다고 느끼는 기능은 1로, 중요도가 가장 낮다고 느끼는 기능은 5로 표기하십시오. 두 기능에 같은 순위를 부여하는 것은 피하십시오.

생성형 AI 검색 서비스	순위
개인화된 결과 제공	
다양한 소스의 정보 통합	
관련성 높은 콘텐츠 생성	
자연어 처리 능력	
최신 정보 업데이트	

〈표 6-2〉에 나타난 바와 같이 순위서열 척도는 응답자에게 명확한 지침을 제공하는 것이 중요하다. 예를 들어, 가장 중요한 기능이라고 생각하는 것에 순위 1로 표기하고 가장 중요도가 낮은 기능에 대해 순위 5라고 표기하도록 명확히 안내해야 하며, 동일 순위를 표시하지 않도록 주의시키는 것이 필요하다.

쌍대비교 척도와 비교할 때 순위서열 척도의 장점은 다음과 같다. 첫째, 여러 비교 대상을 동시에 고려하므로 상대적으로 현실을 잘 반영한 결과가 도출된다. 둘째, 척도 구성에 필요한 시간이 절약된다. 셋째, 항상 추이성이 충족되어 결과 해석의 오류를 피할 수 있다. 반면에 순위서열 척도는 비교 대상이 많을수록 응답자가 순위를 정하는 데 필요한 시간과 노력이 급격하게 커지는 단점이 있다. 또한, 응답자는 중간에 해당하는 비교 대상들의 순위를 정하는 데 어려움을 느낄 수 있으며, 동등한 순위를 허용하지 않아서 강요된 응답이 나올 수 있다.[48]

3. 고정총합 척도

고정총합 척도(constant sum scale)는 모든 응답자에게 동일한 총점을 주고 평가하고자 하는 여러 속성에 할당하도록 하는 방식이다. 응답자는 고정된 총합 점수(예: 100점 또는 100%)를 속성 간 상대적 중요도나 선호도에 따라 분배한다. 한 속성에 높은 점수를 할당하면 다른 속성의 점수는 자연스럽게 낮아져야 하므로, 응답자는 각 속성의 상대적 중요도를 신중하게 고려하게 된다. 순위서열 척도가 순위 분배를 요구하는 반면, 고정총합 척도는 점수 분배를 요구한다.

〈표 6-3〉 고정총합 척도의 예시

다음과 같이 제시된 생성형 AI 검색 서비스의 여러 기능에 대해 여러분이 더 중요하다고 생각하는 기능에 더 높은 점수를 부여하십시오. 총합이 100점이 되도록 하십시오.

생성형 AI 검색 서비스의 기능	점수
개인화된 결과 제공	점
다양한 소스의 정보 통합	점
관련성 높은 콘텐츠 생성	점
자연어 처리 능력	점
최신 정보 업데이트	점
총합	100점

고정총합 척도는 응답자에게 고정된 총합 점수를 비교하려는 속성들에 분배시키므로 각 속성의 상대적 중요도나 선호도를 파악할 수 있는 장점이 있다. 그러나 고정총합 척도는 어떤 속성에 대해 응답자 간의 차이가 커도 전체 평균값은 비슷하게 나타날 수 있는 단점이 있다. 이러한 문제점을 완화하기 위해 응답자들을 여러 군집으로 분류한 후에 군집별로 평균을 구할 수도 있다. 그리고 응답자가 실수로 총합 점수를 미달시키거나 초과시킬 수 있다. 이러한 문제점에 대해서는 미달하거나 초과한 총합 점수를 만점으로 재조정할 수 있다. 또한, 평가하려는 속성들이 많으면 점수를 분배하는 과정이 복잡하고 시간이 많이 소요되어 응답자에게 부담을 줄 수 있다.[48]

4. Q-분류 척도

Q-분류 척도(Q-sort scale)는 사물이나 현상에 대해 사람들이 가진 태도, 가치관 등의 유사성을 기준으로 사람들을 유형으로 분류하는 데 사용된다. Q-분류 척도를 만들기 위해서는 연구주제와 관련된 문헌 검토나 전문가 면접을 통해 예비 진술문들을 수집한 뒤, 관련성이 높은 대표적인 진술문들을 선별한다. 각 진술문은 일반적으로 9점 또는 11점 척도를 활용해 동의 수준을 평가하며, 설문지 또는 개별 카드 형태로 응답자에게 제시된다. 보통 60~90개의 문항이 사용된다.

문항 분류 방식에는 강제적 분류와 비강제적 분류가 있다. 강제적 분류는 미리 정해진 분포에 맞게 각 점수에 해당하는 진술문의 개수를 배분하도록 요구하며, 주로 정규분포 형태를 따른다. 반면 비강제적 분류는 특정 분포를 전제하지 않는다. 응답자가 모든 진술문에 대한 동의 정도를 평가한 후에는 응답 결과를 바탕으로 응답자들의 유형을 분류하는 데 초점을 둔다. 주로 요인분석이나 군집분석 같은 방법을 통해 개인 간 유사성에 근거하여 유형화한다.[67] 예를 들어, 장애인에 대한 인식 관련 진술문 32개를 기반으로 한 Q-분류 척도 연구에서는 응답자들이 세 가지 유형으로 분류된 바 있으며, 사용된 진술문은 〈표 6-4〉에 제시되어 있다.[51]

〈표 6-4〉 Q-분류 척도: 장애인에 대한 인식 관련 진술문[51]

1. 장애는 콤플렉스가 된다.
2. 장애인에게 있어서 일상의 편안함은 포기해야 한다.
3. 장애인의 삶은 힘들다.
4. 장애로 열등감을 갖게 된다.
5. 우리사회에서는 장애인으로서 희망을 갖기 어렵다.
6. 장애는 스스로 극복해야한다.
7. 장애인으로서 충분히 성공할 수 있다.
8. 장애는 누구에게나 일어날 수 있다.
9. 장애인에게는 가족의 역할이 중요하다.
10. 장애인을 배우자로 선택할 수 있다.
11. 장애인시설을 생각하면, 혐오시설이 떠올려진다.
12. 장애인은 도움이 필요하다.
13. 장애인은 함께하기 불편하다.
14. 장애에 대한 올바른 인식이 필요하다.
15. 장애인은 예민하다.

16. 장애인을 보면 거리감을 느끼게 된다.
17. 장애인에게 경제적 지원이 필요하다.
18. 장애인에게 의료서비스 지원이 필요하다.
19. 장애인에게 사회참여기회가 필요하다.
20. 장애인에게 심리적 지원이 필요하다.
21. 장애인지원을 위한 전문기구가 마련되어야 한다.
22. 장애인의 가족지원 프로그램이 필요하다.
23. 장애인 스스로의 적극성이 필요하다.
24. 장애는 노력하면 극복할 수 있다.
25. 장애인에게 심리적인 지지가 필요하다.
26. 장애인과 함께할 수 있는 여건이 마련되어야 한다.
27. 장애/장애인에 대한 제대로 된 인식교육이 필요하다.
28. 장애인을 위한 교육환경이 마련되어야 한다.
29. 장애인과 비장애인의 통합교육환경이 마련되어야 한다.
30. 장애정도(유형)을 고려한 시스템이 마련되어야 한다.
31. 사회복지분야에서 우선적으로 정책방안이 마련되어야 한다.
32. 장애인복지예산이 충분히 확보되어야 한다.

〈표 6-4〉의 진술문을 사용한 연구에서는 〈표 6-5〉와 같은 강제적 분류를 통해 정규분포에 따라 점수별로 할당된 카드의 수를 정했다. 이후 Q요인분석을 실시하여 응답자 유형을 분류한 결과, 유형Ⅰ(올바른 인식 강조형)은 성별, 연령 및 직업 등의 개인적 특성에서 고른 분포를 나타냈으며, 유형Ⅱ(장애인 삶 이해형)는 남성 응답자의 비율이 높았다. 유형Ⅲ(제도적 지원 강조형)은 회사원의 비율이 높게 나타났다.

〈표 6-5〉 Q-분류와 점수구성: 강제적 분류

구분	전혀 그렇지 않다				중간 수준			매우 그렇다	
입력점수	1	2	3	4	5	6	7	8	9
카드 수	3	3	4	4	6	4	4	3	3

일반적으로 요인분석은 응답자를 케이스로 설정한 후 유사한 변수들을 하나의 요인으로 묶어서 몇 개의 요인을 추출하는 방법이다. 반면에 Q-분류 척도를 활용하는 Q요인분석은 문항을 케이스로 설정한 후 유사한 응답자들을 하나의 집단으로 묶어서 여러 유형을 도출하는 방법이다.[48]

Q-분류 척도를 사용하면 응답자가 자신의 관점에서 각 진술문에 부여하는 중요도와 서열을 결정하게 되므로 연구자의 선험적 판단이 연구 결과에 개입될 가능성을 억제한다.[239] 그러나 Q-분류 척도는 진술문 분류에 있어서 서열을 정하고 특정한 분포를 따르도록 응답자의 선택을 강제하여 응답 결과의 왜곡을 초래하는 위험도 존재한다.[99]

제3절 비비교척도

1. 연속 평가척도

연속 평가척도(continuous rating scale)는 응답자가 특정 자극이나 대상을 평가할 때, 일정한 점수의 범위 내에서 자유롭게 한 점을 표시하는 방식이다. 예를 들어, 1920년대에 도입된 그래픽 평가 척도(graphic rating scale)는 연속적인 선 위에 점이나 체크 표시를 하여 의견이나 감정을 표시하는 방식이다. 이후 1960년대에 시각적 아날로그 척도(visual analog scale)라는 용어가 등장하면서 두 용어는 혼용되고 있다.[106] 원래 시각적 아날로그 척도는 직선을 따라 수치를 설명하는 용어를 넣지 않았으나, 이후 변형이 이루어져 수치를 설명하는 용어가 추가되기도 한다. 연속 평가척도는 주로 주관적 평가를 반영하고 영의 의미가 자의적이므로 등간척도에 해당한다. 연속 평가척도에서 수평선은 수직선으로 변형될 수도 있다. 〈표 6-6〉에는 연속 평가척도의 다양한 형태가 제시되어 있는데, 그중 형태 4는 수치와 그에 대한 설명이 함께 표현되어 있다.

병원에서 의사가 환자에게 통증의 정도를 묻는 경우는 수치 평가척도(numerical rating scale)에 해당한다. 수치 평가척도는 응답 방식에 따라 이산 평가척도와 연속 평가척도로 나뉜다. 만약 응답자가 0점(통증 없음)에서 10점(최악 통증)까지 11개의 제한된 정수 중 하나를 선택하면 이산 평가척도가 되고, 점수 범위 내에서 자유롭게 한 점을 선택할 수 있으면 연속 평가척도가 된다.[106]

〈표 6-6〉 연속 평가척도의 예시

A 기업을 전자상거래 소매 서비스 업체로서 어떻게 평가하십니까?

형태 1	가장 나쁘다－－－－－－－－－－－－－－x－－－－－－－－－－－가장 좋다
형태 2	가장 나쁘다－－－－－－－－－－－－－－x－－－－－－－－－－－가장 좋다 0 10 20 30 40 50 60 70 80 90 100
형태 3	매우 나쁘다 중간이다 매우 좋다 가장 나쁘다－－－－－－－－－－－－－－x－－－－－－－－－－－가장 좋다 0 20 40 60 80 100
형태 4	매우 나쁘다 중간이다 매우 좋다 가장 나쁘다－－－－－－－－－－－－－－x－－－－－－－－－－－가장 좋다 0 10 20 30 40 50 60 70 80 90 100

연속 평가척도의 장점은 응답자가 자유롭게 점수를 선택하므로 자신의 의견을 보다 정확하게 표현할 수 있고, 연구자는 정밀한 자료를 수집할 수 있다는 점이다. 또한, 수치 평가척도를 이산 평가척도로 활용하면 주로 서열척도로 취급되어 사용할 수 있는 통계량과 통계분석에 제한이 있으나, 연속 평가척도로 활용하면 등간척도로 취급되어 통계량과 통계분석에 제약이 거의 없다.[106]

반면 단점으로는, 응답자가 자신의 평가를 세밀하게 구분할 능력이 부족할 경우 연속 평가척도는 부담을 줄 수 있다. 그리고 종이 설문지에서 시각적 아날로그 척도를 사용하면 응답 표시를 점수로 변환하는 데 시간이 많이 소요된다. 단, 온라인조사에서는 응답 표시를 자동으로 수치로 변환할 수 있어 그런 문제를 완화할 수 있다.[106, 212]

2. 항목 평가척도

(1) 리커트 척도

항목 평가척도(itemized rating scale)에 속하는 리커트 척도(Likert scale)는 응답자가 제시된 진술문에 대해 자신이 얼마나 동의하는지 또는 해당하는지를 주어진 숫자 범위 내에서 선택하는 척도이다. 이 척도는 점수 간격이 동등하다는 전제하에, 주로 제품, 서비스, 현상 등에 대한 인식이나 태도를 측정하는 데 사용된다.[182]

원래 리커트 척도는 여러 문항을 하나의 척도로 사용하기 위해 만든 다문항 척도이다. 각 문항은 측정하려는 개념의 속성에 대해 동일한 기여를 하고 문항별 응답 점수의 총합을 통해 해당 개념을 측정할 수 있다고 전제한다. 리커트 척도는 한 응답자의 여러 문항에 대한 점수를 합하여 총점을 계산하기 때문에 총화평정척도(summated rating scale) 또는 합산 평가척도라고도 한다. 때로는 총점 대신에 평균을 계산하기도 한다. 리커트 척도를 구성하는 문항에는 일반적으로 3점, 4점, 5점, 7점 등의 응답 범주가 나열되어 있다.[218] 단일 개념을 구성하고 있는 각 문항 점수를 모두 합하여 응답자의 총점을 산출할 때, 리커트 척도가 5점 척도(1부터 5까지의 점수)의 10개 문항으로 구성되었다면 총점은 10점에서 50점까지의 범위를 가진다.

리커트 척도를 만들 때 지켜야 할 사항은 두 가지가 있다. 첫째, 여러 문항은 동일 차원의 개념을 측정하기 위해 구성되어야 한다. 여러 문항 중에서 일부가 다른 차원의 개념을 측정한다면 측정값을 합산할 수 없다. 둘째, 모든 문항에 대해 응답자에게 동일한 방향(긍정적 혹은 부정적)으로 인식이나 태도를 질문하여 점수 방향의 일관성을 유지해야 한다.[67]

리커트 척도에서 응답자는 질문 문항을 읽고 응답 범주를 선택한다. 예를 들어, 〈표 6-7〉을 보면 "전혀 그렇지 않다"부터 "매우 그렇다"까지 단계별로 1부터 5까지의 점수를 부여하고 있다.

〈표 6-7〉 리커트 척도의 예시[73]

귀하께서는 우리나라 언론에 대해 어떻게 생각하고 계십니까? 각 문항에 대해 동의하는 정도를 5점 척도로 평가해주십시오.

[언론에 대한 인식]	전혀 그렇지 않다	별로 그렇지 않다	보통이다	약간 그렇다	매우 그렇다
1. 우리나라 언론은 공정하다	1	2	3	4	5
2. 우리나라 언론은 전문적이다	1	2	3	4	5
3. 우리나라 언론은 정확하다	1	2	3	4	5
4. 우리나라는 언론활동이 자유롭다	1	2	3	4	5
5. 우리나라 언론은 영향력이 있다	1	2	3	4	5

다양한 형태의 리커트 척도가 존재한다. 예를 들어 모든 척도점(anchor)에 숫자만 제시한 것, 일부 척도점에 의미를 표현한 것, 모든 척도점에 의미를 표현한 것 등을 들 수 있다. 모든 척도점에 숫자만 제시한 형태는 응답자에게 점수 간격이 동등하다고 인식시킬 수 있으나 각 척도점의 의미에 대해 혼동을 초래할 수 있다. 모든 척도점에 의미를 표현한 형태는 응답자들의 극단적인 응답 경향을 줄여 측정 오차를 감소시키지만, 언어적 표현이 숫자의 의미와 불일치할 수도 있다.[71,192]

리커트 척도에서 개념적으로 동등한 간격의 표현을 사용한 경우는 그렇지 않은 표현을 사용한 경우보다 측정의 신뢰도와 타당도가 높다. 리커트 척도에서 척도점의 표현 간에 등간성을 유지하기 위해서는 〈표 6-8〉에 나타난 표현이 권장된다. 예를 들어, 동의 정도를 표현하는 5점 척도에서 1점은 "매우 동의하지 않음"보다는 "전혀 동의하지 않음"이라는 표현이 응답자가 인식하는 등간성 측면에서 적절하다.[71,104]

〈표 6-8〉 리커트 척도의 척도점에 적합한 표현[71]

	4점 척도	5점 척도	7점 척도
동의 표현	전혀 동의하지 않음(1점) 조금 동의하지 않음(2점) 비교적 동의함(3점) 전적으로 동의함(4점)	전혀 동의하지 않음(1점) 별로 동의하지 않음(2점) 중간(3점) 대체로 동의함(4점) 전적으로 동의함(5점)	전혀 동의하지 않음(1점) 꽤 동의하지 않음(2점) 조금 동의하지 않음(3점) 중간(4점) 비교적 동의함(5점) 꽤 동의함(6점) 전적으로 동의함(7점)
빈도 표현	전혀 하지 않음(1점) 약간 안 함(2점) 종종 함(3점) 항상 함(4점)	전혀 하지 않음(1점) 별로 안 함(2점) 중간(3점) 비교적 자주 함(4점) 항상 함(5점)	전혀 하지 않음(1점) 거의 안 함(2점) 약간 안 함(3점) 중간(4점) 종종 함(5점) 많이 함(6점) 항상 함(7점)

리커트 척도의 장점으로는, 첫째로 주관적인 생각이나 정서, 태도 등을 수치로 나타낼 수 있다는 점이다.[119] 둘째, 개발에 필요한 시간과 비용이 적게 들며 척도를 변형하기도 쉽다.[31] 셋째, 여러 문항에 동일한 척도점을 반복해서 사용할 수 있어 응답 방식이 간단하다.[31] 넷째, 척도의 점수를 늘리면 측정의 정밀성을 쉽게

높일 수 있다. 반면, 리커트 척도의 단점은 다음과 같다. 첫째, 점수 간격이 동등하다는 가정과 달리, 척도에서 사용하는 표현(예: 약간, 매우 등)에 따라 응답자가 점수 간격을 다르게 인식할 수 있다. 이로 인해 측정 오차가 발생할 수 있다. 이런 맥락에서 리커트 척도는 엄격한 의미에서 등간 척도가 아니라 서열 척도로 간주해야 한다는 주장도 제기되고 있다.[159] 둘째, 리커트 척도에서 중간점이 응답자의 인지적 노력을 줄이고 민감한 문항에 대한 응답을 회피하는 수단으로 사용될 때, 응답 편향을 초래할 수 있다.[175,63] 셋째, 응답자의 생각이나 의견, 태도 등에 대해 심층적 이해를 제공하는 데 한계가 있다.

(2) 서스톤 척도

서스톤 척도(Thurstone scale)는 본래 종교적 태도를 측정하기 위해 서스톤이 개발한 척도로, 이후 다양한 분야에 적용되었다.[246] 이 척도는 서열척도를 넘어 등간척도와 유사하다는 점에서 '유사 등간척도(equal-appearing interval scale)'로도 불린다. 서스톤 척도에서는 단일 차원을 공유한 여러 문항에 가중치를 부여하여 나열하고, 응답자는 각 문항에 대해 찬성 또는 반대를 표시한다. 응답자가 찬성한 문항들의 가중치에 대해 평균을 산출하여, 이를 해당 응답자의 척도 값으로 사용한다.

서스톤 척도의 작성 과정은 다음과 같다.[26] 첫째, 측정할 개념과 관련된 다양한 진술문을 폭넓게 수집하거나 작성한다. 이때 진술문은 명확하고, 하나의 의미만 나타내며, 객관적 사실이 아니라 응답자의 의견을 물을 수 있어야 한다. 둘째, 수집된 예비 진술문들은 일정 자격을 갖춘 평가자들에게 제시되어, 1점에서 11점까지의 척도상 어디에 위치하는지 평정을 받는다. 평가자들은 객관적 입장에서 판단해야 하며, 평가 결과의 편향을 줄이기 위해 다수의 훈련된 평가자가 필요하다. 셋째, 평정 결과를 바탕으로 각 문항(진술문)별 점수의 범위, 중앙값, 평균, 표준편차를 산출한다. 평가자들 간의 의견 일치도가 낮아 표준편차가 큰 문항은 제외하고, 평가의 차이가 적은 문항만 남긴다. 넷째, 선정된 문항에는 평가자 점수의 평균이나 중앙값을 근거로 가중치를 부여한다. 마지막으로, 각 문항이 가중치 기준에 따라 유사한 간격으로 배열되도록 문항을 선정하여 서스톤 척도를 완성한다. 완성된 척도는 일반적으로 11점 척도이지만, 필요에 따라 9점, 7점 등으로 변형할 수 있다. 완성본 검사에 있는 최종 문항들은 무작위로 배열되며, 가중치는 응답자에게 제시되지 않는다.

일본에 대한 태도를 측정하기 위해 서스톤 척도를 개발한 연구가 존재한다. 이 연구에서는 부정적, 중립적, 긍정적 의견이 모두 포함되도록 예비 진술문 83개를 수집하거나 작성하였다. 예비 진술문의 적절성을 검토한 후 최종적으로 66개의 진술문이 선정되었다. 선정된 진술문은 일본에 대한 호의성의 정도에 따라 11점 척도로 평가하도록 하였으며, 각 진술문의 평균값을 그 문항의 가중치로 부여하였다. 이후 최종 문항을 선정할 때는 가중치가 높은 것부터 낮은 것까지 배열한 후, 가중치가 동등한 간격이 되도록 하고 표준편차가 크지 않은 문항을 선택하였다. 이 과정을 통해 최종적으로 18개의 문항이 선정되었다.[26]

〈표 6-9〉 서스톤 척도의 예시: 일본에 대한 태도[26]

1. 일본인은 적대시해야 할 민족이다. (2.6)
2. 반성하는 문화가 없는 민족이다. (2.9)
3. 과거의 잘못을 인정하지 못하고 속이 좁은 민족이다. (3.1)
4. 자신의 책임이나 잘못을 회피하려는 경향이 있는 민족이다. (3.7)
5. 일본과 우리나라는 어느 정도 거리를 두어야 한다. (4.0)
6. 일본인은 가부장적 태도를 가진 민족이다. (4.6)
7. 자신의 감정을 타인에게 잘 드러내지 않는 민족이다. (5.3)
8. 일본인은 성(性)적으로 개방된 민족이다. (6.1)
9. 국가적으로 적대감은 있지만 서로 손잡고 협조해야 하는 민족이다. (6.7)
10. 문화에 대한 자부심이 강한 민족이다. (7.3)
11. 특유의 장인정신으로 독보적인 다양한 기술을 보유한 민족이다. (7.7)
12. 정교하고 정밀하게 만드는 기술이 뛰어난 민족이다. (7.9)
13. 공공장소에서 질서와 예의를 잘 지키는 민족이다. (8.0)
14. 남에 대한 배려심이 많은 민족이다 (8.1)
15. 섬세함을 바탕으로 높은 기술력을 가진 민족이다. (8.2)
16. 친절하고 성실한 국민성을 갖고 있다. (8.2)
17. 우리가 배울 것이 많은 민족이다. (8.6)
18. 일본은 애국심이 투철하여 본받을만한 민족이다. (8.7)

〈표 6-9〉에서 각 문항 옆의 괄호에 표시된 숫자는 해당 문항에 부여된 가중치이다. 이 가중치는 문항 간 거리가 거의 같도록 설정되어 있다. 이러한 가중치는 일반적으로 응답자에게 공개되지 않는다. 만약 어느 응답자가 3번, 4번, 5번 문항에 "예"라고 답했다면, 그 사람의 점수는 해당 문항들의 가중치를 평균한 값인 $(3.1+3.7+4.0)/3=3.6$이 된다.

서스톤 척도는 측정하려는 개념과 관련된 많은 문항을 여러 평가자가 엄격하게 선정하기 때문에 내용 타당성이 높고, 등간 측정에 기반하여 평균이나 표준편차 등을 사용할 수 있고 정밀한 통계분석이 가능하다. 하지만 척도를 개발하려면 다수의 문항과 평가자가 필요해 리커트 척도나 거트만 척도보다 시간과 비용이 많이 들고, 문항의 가중치를 산정할 때 평가자의 경험이나 지식에 따라 주관과 편견이 개입될 수 있다. 또한, 응답 방식에서 많은 문항을 동시에 평가하도록 요구하기 때문에 응답자에게 부담이 크고 응답 시간도 길어진다는 단점이 있다.

(3) 보가더스 척도

사회적 거리 또는 사회적 거리감은 인간관계에서 느껴지는 친밀감과 이해의 정도를 의미한다. 보가더스 사회적 거리 척도(Bogardus social distance scale)는 인종, 민족, 사회계급 등 다양한 사회집단에 대한 심리적 거리를 측정하기 위해 고안된 도구로, 집단 간 친밀감이 낮을수록 사회적 거리가 멀다는 뜻을 내포한다.[92,93] 이 척도는 사회과학 분야에서 집단 간 거리감이나 소수 집단에 대한 편견, 태도 등을 평가하기 위해 널리 사용되고 있다.[253] 질문 문항은 시대와 연구목적에 따라 다양하게 변형되었다. 이 척도는 서열척도에 속한다.

보가더스 척도의 대표적 예시로는, 〈표 6－10〉에 나타난 바와 같이 각 집단을 대상으로 자녀의 배우자, 친구, 직장 동료, 이웃, 국민, 방문객, 입국 금지 등의 항목을 제시하고, 응답자가 해당 집단과 맺을 수 있는 가장 가까운 관계 수준을 선택하도록 하는 방식이 있다. 점수는 1점에서 7점까지 부여되며, 예를 들어 미국인 집단에 대해 30명이 1점, 30명이 2점, 40명이 3점을 택했다면, 미국인에 대한 사회적 거리 점수는 $[(1\times30)+(2\times30)+(3\times40)]/100=2.1$로 산출된다.

보가더스 척도는 미국과 같이 다인종, 다민족 사회의 경험을 바탕으로 각 항목 간에 결혼, 친구, 직장 동료, 이웃, 국민, 방문객 순으로 사회적 거리에 위계가 있다고 가정한다. 하지만 국내의 경험적 분석에 따르면, 한국 사회에서는 '국민'이 '이웃'보다 먼 사회적 거리를 갖는 미국의 보가더스 척도와 달리 '국민'이 '친구'보다 더 가까운 사회적 거리로 나타나, 항목 간 위계성이 그대로 적용되지 않는다.[52]

〈표 6-10〉 보가더스 척도의 예시: 외국인에 대한 사회적 거리

아래의 1~7까지 읽고 각 민족에 대해 어디까지 허용할 수 있는지 하나만 √표시를 해 주기 바랍니다.	중국인	일본인	미국인	프랑스인	네팔인
1. 자녀의 배우자가 되어도 좋다.					
2. 친구로 관계를 맺어도 좋다.					
3. 같은 직장에서 일해도 좋다.					
4. 같은 동네의 이웃으로 살아도 좋다.					
5. 우리나라 시민으로 받아들여도 좋다.					
6. 우리나라를 방문해도 좋다.					
7. 우리나라에서 추방하고 싶다.					

보가더스 척도를 적용한 연구로는 북한 이탈 주민을 대상으로 기존 항목을 보완해 사용한 사례가 있다. 이 연구는 남한 주민, 직장 동료, 이웃, 친구, 동업자, 연인, 본인 혹은 자녀의 배우자 등 7개 항목을 대상으로, 북한 이탈 주민을 얼마나 수용할 수 있는지 5점 척도로 측정하였다. 청소년을 대상으로 한 조사에서는 76%가 북한 이탈 주민을 남한 주민으로 받아들이겠다고 하였으나, 배우자로서 수용하겠다는 비율은 약 38%에 그쳤다.[21]

보가더스 척도와 거트만 척도는 단일 차원성(unidimensionality)과 누적적 계층구조(cumulative hierarchy)라는 공통점을 지닌다. 즉, 척도에 포함된 항목들이 하나의 개념만을 측정하고, 항목들이 누적적이므로 상위 항목에 동의하면 하위 항목도 동의하는 것으로 간주한다. 예를 들어, 보가더스 척도에서 자녀의 배우자로 수용한다면, 친구나 직장 동료 등 그 이하의 사회적 관계 역시 수용한다는 가정이 적용된다. 그러나 차이점으로 보가더스 척도는 특정 사회집단에 대한 수용성과 인종, 민족, 문화 간 관계 연구에 주로 활용되고, 거트만 척도는 일반적인 태도나 의견의 강도 측정을 목적으로 한다.

보가더스 척도는 다양한 사회적 관계와 이러한 관계의 변화 과정을 분석할 수 있는 수단을 제공한다. 예를 들어, 미국에서는 소수인종에 대한 차별과 편견의 정도를 보가더스 척도를 활용해 주기적으로 측정하여 인종 문제에 대한 장기적인 자료로 활용해 왔다.[21,201] 한국 역시 다문화 사회의 특성이 강화됨에 따라, 보가더스 척도를 통해 축적된 시계열 자료는 다양한 사회집단 간 심리적 거리를 줄이고

국민 통합 정책의 근거 자료로 활용될 수 있다. 한편, 보가더스 척도는 사회적 관계나 사회적 거리를 단일 차원에서 측정한다는 특징이 있으나, 사회적 관계는 여러 차원에서 접근해야 그 복잡성이나 다양한 감정의 깊이를 충분히 포착할 수 있다. 이처럼 개념의 단일차원성을 전제로 하는 보가더스 척도는 사회적 관계의 복잡성을 충분히 반영하지 못하는 한계가 있다.

(4) 거트만 척도

거트만 척도(Guttman scale)는 거트만에 의해 개발된 서열 척도이다.[150] 거트만 척도에서 각 문항은 "예" 또는 "아니오"와 같은 두 가지 응답 값으로 구성된다. 이 척도의 문항들은 단일 차원의 개념을 나타내며, 위계적 서열에 따라 누적되면서 배열된다. 즉, 응답자가 특정 문항에 동의하면 그 이하 서열에 있는 문항들에도 동의하는 것으로 간주한다. 예를 들어, 10개 문항으로 구성된 거트만 척도에서 8점을 받은 응답자는 1번부터 8번 문항까지는 동의하고, 9번과 10번 문항에는 동의하지 않는 것으로 해석된다. 거트만 척도는 위계적이며 구조화된 개념을 측정하는 데 적합하다.

요약하면, 거트만 척도는 보가더스 척도와 마찬가지로 단일 차원성과 누적적 계층 구조를 기반으로 한다. 단일 차원성은 측정하려는 개념이 여러 차원이 아니라 하나의 차원으로 이루어져 있다는 뜻이며, 누적적 계층 구조는 상위 문항에 동의하면 그 하위 문항에도 자동으로 동의한다는 의미이다. 이러한 누적적 계층 구조를 활용하여 문항들을 난이도나 강도 순서로 배열하면 응답자의 위치를 정확히 파악할 수 있다.

거트만 척도의 예로 어떤 연구자가 어린이의 수학 능력을 측정하기 위해 5개의 문항(숫자 세기, 더하기 문제 풀기, 빼기 문제 풀기, 곱하기 문제 풀기, 나누기 문제 풀기)을 통해 지식을 조사하는 경우를 들 수 있다.[81] 이때 5개 문항 중 하나도 모르는 응답자는 조사대상에서 제외한다. 문항이 오른쪽으로 갈수록 더 높은 수학 능력을 나타내는 것으로 가정한다. 예를 들어, 어떤 응답자가 더하기 문제를 풀 수 있다면 숫자 세기는 할 수 있으나 나머지 문제는 모를 수 있다. 마찬가지로 곱하기 문제를 풀 수 있으면 숫자 세기, 더하기, 빼기 문제는 할 수 있지만 나누기 문제를 할 수 있는지는 알 수 없다. 만약 응답자가 나누기 문제를 풀 수 있다면 곱하기 문제를 풀지 못할 것으로 기대하지 않는다. 이러한 단일차원성을 가진 이상적인 응답 형태는 〈표 6－11〉의 완전한 거트만 척도에서 나타나 있다. 이는 응답자가 특정 수준의 수학 능력에 도달하면 그 수준 이하의 문제는 풀 수 있으나 그 이상의 문제는 풀지 못하는 형태를 의미한다.

〈표 6-11〉 완전한 거트만 척도: 수학 능력의 측정[81]

응답자	문제 유형				
	숫자 세기	더하기	빼기	곱하기	나누기
A	1	0	0	0	0
B	1	1	0	0	0
C	1	1	1	0	0
D	1	1	1	1	0
E	1	1	1	1	1

주: 응답자가 해당 문제 유형을 할 수 있으면 1을 기입하고 그렇지 않으면 0을 기입한다.

현실적으로 완전한 거트만 척도의 응답 형태에 일치하는 자료를 얻기는 어렵다. 완전한 응답 형태에서 벗어난 것을 무작위 오차로 취급하고 행과 열을 한계 합계(marginal sum)에 따라 서열화하면 〈표 6－12〉와 같은 행렬이 나타날 수 있다.

〈표 6-12〉 불완전한 거트만 척도

응답자	문제 유형					합계
	숫자 세기	더하기	빼기	곱하기	나누기	
A	1	0	0	0	0	1
B	1	0*	1*	0	0	2
C	1	1	1	0	0	3
D	1	1	0*	1	0	3
E	1	1	1	1	1	5
합계	5	3	3	2	1	

주: 별표(*)가 붙은 값은 완전한 거트만 척도의 응답 형태에서 벗어난 오차로 간주한다.

거트만 척도의 질이나 적합성을 평가하기 위해서는 재생계수(coefficient of reproducibility)를 계산해야 한다. 재생계수는 거트만 척도에서 문항들의 단일차원성을 나타내며, 실제 응답 형태가 완전한 거트만 척도의 이상적 형태에 얼마나 근접하는지를 측정한다. 만약 척도의 재생계수가 1이라면, 그 척도는 완전한 거트만 척도의 응답 형태를 보여준다는 뜻이 된다.

$$재생계수(C_R) = 1 - \frac{실제\ 오차의\ 수}{가능한\ 오차의\ 수} \qquad (6.1)$$

재생계수의 공식 (6.1)에서 '가능한 오차의 수'는 '응답자수×문항수'이다. 〈표 6－11〉에서 가능한 오차는 25개(＝문항의 수×응답자의 수)이고 실제 오차는 3개이다. 이 경우에 재생계수는 0.88(＝1－3/25)이다. 일반적으로 재생계수가 0.9 이상이면 해당 거트만 척도가 적절하다고 평가한다. 다시 말해 오차 비율이 10% 이하일 때 척도의 단일차원성이 인정된다고 볼 수 있다. 그러나 오차가 많이 발생한 응답자나 문항을 제거해 재생계수를 인위적으로 높이면, 척도의 단일차원성이 과대평가될 수 있으므로 주의가 필요하다.

거트만 척도의 다른 예로, 공식적인 소득이나 자산 자료가 부족한 상황에서 에콰도르 어촌 지역민의 '가구의 자산'을 측정하기 위해 〈표 6－13〉과 같은 거트만 척도를 활용한 연구를 들 수 있다. 이 연구에서 사용된 거트만 척도는 7개의 질문 문항이 사용되고, 문항이 오른쪽으로 갈수록 자산 수준이 높아진다고 간주했으며, 재생계수는 0.925로 나타났다.[147]

〈표 6–13〉 거트만 척도의 예시: 가구의 자산 수준[147]

응답자	소유 항목							점수
	모기장	매트리스	가스 스토브	텔레비전	냉장고	스테레오	저금통장	
A	1	1	1	1	1	1	1	7
B	1	1	1	1	1	1	0	6
C	1	1	1	1	1	0	0	5
D	1	1	1	1	0	0	0	4
⋮								

거트만 척도는 단일 차원의 개념을 표현하는 문항들을 누적적 계층 구조로 배열하여 직관적으로 이해하기 쉽다. 따라서 많은 질문에 대한 응답 부담을 줄이고

응답 시간을 단축할 수 있다. 그러나 거트만 척도를 만들기 위해 누적적 계층 구조의 문항들을 개발하는 것은 복잡하고 시간이 많이 소요된다. 또한, 실제 자료가 거트만 척도에 완벽하게 맞는 경우가 많지 않을 수 있다는 단점이 있다.[8]

(5) 의미분별 척도

의미분별 척도(semantic differential scale)는 특정 개념이나 대상에 대한 개인의 감정이나 태도를 측정하는 데 사용된다. 이 척도는 서로 반대되는 형용사 쌍을 선택하여 양 끝에 배치하고, 응답자가 형용사 쌍 사이의 위치로 자신의 감정이나 태도를 나타내도록 한다. 예를 들어 바람직함－바람직하지 않음, 친절함－불친절함 등의 형용사 쌍을 사용한다. 의미분별 척도는 한 개념의 의미를 다차원적으로 측정하기 위한 척도로, 평가 대상이 되는 현상이나 사물에 내포된 개념을 파악하기 위해 의미적 공간에 그 대상을 위치시킬 수 있다는 가정하에 응답자들에게 평가하도록 만든다.[198] 이 척도는 어의 차이 척도라고도 불린다.

일반적으로 의미분별 척도는 5점 또는 7점 척도로 이루어진 문항들로 구성된다. 7점 척도의 경우 1점에서 7점으로 코딩되거나 －3점에서 ＋3점으로 코딩되며, 여기서 0점은 임의의 기준점일 뿐 절대영점이 아니다. 각 문항에서 긍정적인 형용사는 오른쪽에 있을 수도 있고 왼쪽에 있을 수도 있다. 연구자들이 사물, 인물, 개념에 대한 태도나 지각 등을 측정할 때 원래의 의미분별 척도에서 일부 문항만 사용하는 것은 본래 취지에서 벗어난다.[48]

의미분별 척도는 다차원적 개념을 측정하는 데 유용하고, 연구자가 구성개념의 하위차원을 잘 이해하는 경우에 적절하게 사용될 수 있다. 이 척도는 개념을 구성하는 요소들이 어의적 공간(semantic space)에서 군집을 이룰 수 있다는 가정하에 구성된다. 따라서 측정하려는 개념의 하위차원이 알려지지 않은 경우, 어의분별 척도는 다음과 같은 단계에 따라 구성한다. 첫째, 평가 대상이 되는 개념을 설정한다. 둘째, 개념을 다양한 의미로 측정하기 위해 개별 의미별로 양극화된 형용사들을 선정한다. 셋째, 평가자들의 결과를 요인분석 등의 방법으로 분석하여 유사한 의미를 지닌 단어들로 군집을 형성한다. 마지막으로 각 군집에 적절한 개념을 부여하여 측정 개념의 차원을 설정하고, 그 차원별로 문항을 선정한다.[48]

의미분별 척도의 예로, 인공지능(AI) 에이전트에 대한 인간의 태도를 다차원적으로 측정하기 위해 개발된 척도가 있다.[169] 이 척도는 응답자가 AI 에이전트에 대해 갖는 태도를 여섯 가지 요인(차원)으로 나누었으며, 해당 요인들은 지능(8개 형용사 쌍), 활동성(5개), 표현력(7개), 사용성(4개), 분위기(3개), 자연스러움(3개)으로 구성되어 있다. 〈표 6-14〉에는 이 여섯 요인 중 두 가지 요인에 관한 내용만 수록되어 있다.

〈표 6-14〉 의미분별 척도의 예시: 인공지능 에이전트에 대한 태도[169]

차원	나는 인공지능(AI) 에이전트가 다음과 같다고 생각합니다		
지능	잘 맞는	1………2………3………4………5………6………7	잘 맞지 않는
	유용한	1………2………3………4………5………6………7	쓸모없는
	작업에 적합한	1………2………3………4………5………6………7	작업에 부적합한
	지적인	1………2………3………4………5………6………7	무지한
	지능적인	1………2………3………4………5………6………7	비지능적인
	무해한	1………2………3………4………5………6………7	성가신
	바람직한	1………2………3………4………5………6………7	바람직하지 않은
	차분한	1………2………3………4………5………6………7	귀찮은
활동	동적인	1………2………3………4………5………6………7	정적인
	다양한	1………2………3………4………5………6………7	반복적인
	능동적인	1………2………3………4………5………6………7	수동적인
	꾸미는	1………2………3………4………5………6………7	꾸밈없는
	복잡한	1………2………3………4………5………6………7	간단한

의미분별 척도는 고객 만족도 조사, 제품 평가, 서비스 품질 평가, 브랜드나 광고 이미지 조사, 사회적 태도 연구 등 다양한 분야에서 활용될 수 있다. 이 척도는 응답자의 감정과 태도를 여러 차원에서 정량적으로 측정할 수 있어, 단일 차원 척도보다 더 정교한 통찰을 제공한다. 그러나 의미분별 척도에서 형용사의 해석은 개인의 경험이나 편견에 따라 영향을 받을 수 있으며, 문화적 배경이나 경험에 따라 주관적인 해석 결과가 달라질 수 있다는 한계가 있다.

(6) 스타펠 척도

스타펠 척도(Stapel scale)는 특정 개념이나 대상에 대한 응답자의 감정이나 태도를 측정하는 도구이다. 이 척도에서는 응답자가 −5부터 +5까지의 범위 내에서, 가운데 위치한 형용사에 대해 평가하도록 요구한다. 중립점에 해당하는 0점은 없으며, 응답자는 긍정적인 감정을 나타낼 때는 양수 값을, 부정적인 감정을 나타낼 때는 음수 값을 선택한다.[153] 이 척도는 제품이나 서비스의 속성에 대한 소비자의 인식, 만족도, 그리고 추상적인 개념에 대한 의견 등 다양한 분야에서 활용될 수 있다.

일반적으로 스타펠 척도는 중심에 평가 대상이 되는 형용사를 배치하고, 그 주변에 점수가 수직으로 배열된 형태로 제시된다. 예를 들어, 〈표 16-15〉는 스마트폰 브랜드 A에 대한 평가를 보여준다. 응답자는 제시된 각 평가 기준에 대해 −5에서 +5까지의 점수 중에서 선택하여 브랜드에 대한 태도를 나타낸다. 이같이, 스타펠 척도는 단일 형용사를 중심으로 하여 응답자가 긍정적 또는 부정적인 정도를 직관적으로 평가할 수 있도록 설계된 척도이다.

〈표 16-15〉 스타펠 척도의 예시: 스마트폰 브랜드에 대한 평가

다음의 기준에 비추어 스마트폰 브랜드 A가 어떠한지 평가하십시오. 각 기준과 관련한 수치에서 +5는 가장 긍정적인 견해이고 −5는 가장 부정적인 견해를 나타냅니다. 적절한 수치 옆에 체크 표시를 하십시오.

+5: __	+5: __	+5: __	+5: __
+4: __	+4: __	+4: __	+4: __
+3: __	+3: __	+3: __	+3: __
+2: __	+2: __	+2: __	+2: __
+1: __	+1: __	+1: __	+1: __
좋은 디자인	긴 배터리 수명	빠른 속도	높은 카메라 품질
−1: __	−1: __	−1: __	−1: __
−2: __	−2: __	−2: __	−2: __
−3: __	−3: __	−3: __	−3: __
−4: __	−4: __	−4: __	−4: __
−5: __	−5: __	−5: __	−5: __

스타펠 척도는 작성이 간편하며, 의미분별 척도와 달리 상반된 형용사 쌍 대신 단일 형용사를 평가 기준으로 제시하기 때문에 반대되는 형용사를 찾기 어려울 때 유용하다. 또한, 의미분별 척도보다 제품 속성 평가에 적합하며, 특히 전화 조사에서 쉽게 활용할 수 있다는 장점이 있다.[153] 그러나 중립점이 없어서 응답자의 의견이 강요할 수 있는 단점도 있다.

제4절 응답자 반응의 변동 원인에 따른 척도의 유형

척도의 유형은 자극(문항)에 대한 응답자 반응의 변동 원인을 어디에서 찾는가에 따라 세 가지로 구분할 수 있다. 응답자 중심 방법, 자극 중심 방법, 반응 중심 방법으로 구분할 수 있다. 즉, 자극에 대한 응답자 반응에 변량(variation)을 일으키는 원인을 사람 차이로 보는 관점은 응답자 중심(subject-centered) 방법, 자극 차이로 보는 관점은 자극 중심(stimulus-centered) 방법, 사람 차이와 자극 차이 모두에 있다고 보는 관점은 반응 중심(response-centered) 방법이다.[26, 148, 248]

응답자 중심 방법은 응답자를 대상으로 척도를 만드는 것에 중점을 둔다. 이 방법의 설계 방식은 여러 자극(문항)을 하나의 척도로 묶어서 사용하여 응답자의 태도나 성향을 점수화하는 것이다. 이 방법의 해석 방식은 응답자별로 총점을 산출해, 각 개인의 태도나 특성을 수치로 나타내고, 문항 간 차이보다는 응답자 간 점수 차이에 집중하여 평균 등을 비교한다. 요약하자면, 여러 사람에게 같은 질문을 하고, 각 사람의 점수를 비교하는 것이다. 예를 들어, 리커트 척도는 응답자의 반응에 따른 결과로 척도 값을 결정한다. 이 척도는 동일 개념을 나타내는 모든 문항에 대한 응답자의 총합 점수를 비교하는 것에 중점을 둔다.

자극 중심 방법은 문항을 대상으로 척도를 만드는 것에 중점을 둔다. 이 방법의 설계 방식은 여러 자극(문항) 자체에 점수를 부여하는 것이다. 즉, 문항에 초점을 둔다. 이 방법의 해석 방식은 응답자가 어느 수준의 자극까지 동의 또는 수용할 수 있는가의 기준에 따라 개별 문항 간의 심리적 차이, 각 문항의 수용 정도 등을 중심으로 해석한다. 요약하자면, 문항 자체에 점수를 부여해서, 사람들이 어떤 문항까지 수용할 수 있는지 보는 것이다. 예를 들어, 서스톤 척도를 만들 때 설계자가 문항의 특성(가중치)을 사전에 결정한 후에 응답자 점수를 산출한다. 자극 중심 방법에 따른 척도는 서스톤 척도, 보가더스 척도 등을 들 수 있다.

반응 중심 방법은 문항과 응답자 모두를 대상으로 척도를 만든다. 이 방법의 설계 방식은 문항의 특성과 응답자의 특성 모두가 점수에 영향을 주도록 만드는 것이다. 즉, 사람과 문항의 상호작용에 중점을 둔다. 모든 응답자가 어떤 자극에 똑같이 반응하지 않고, 응답자에 따라 자극에 대한 반응이 다르게 나타나는 것은 상호작용이다. 이러한 상호작용의 패턴을 세밀하게 분석하는 것이 반응 중심 방법의 해석 방식이다. 요약하자면, 같은 문항에 대해 각 응답자는 자기만의 방식으로 느끼고 답하므로, 사람과 문항의 조합별 반응 차이에 주목하는 것이다. 예를 들어, 거트만 척도에서 응답자가 동의한 문항의 수는 척도 점수가 된다. 즉, 각 문항의 특성과 응답자의 태도가 함께 고려되어 동시에 척도의 값이 정해진다. 반응 중심 방법에 따른 척도는 거트만 척도, 의미분별 척도, 스타펠 척도 등을 들 수 있다.

응답자 중심 방법인 리커트 척도에서는 "다문화에 대해 어떻게 생각하십니까?"에 관한 5가지 문항(이 문항들은 측정하려는 속성이 비슷함)에 대해 질문한 후에 여러 사람의 점수를 합산해 '각 사람의 태도 점수의 차이'에 초점을 둔다. 자극 중심 방법인 보가더스 척도에서는 "결혼할 수 있다", "이웃으로 삼을 수 있다" 등 다양한 문항을 제시할 수 있다. 이러한 다양한 문항의 순서를 정해두고, 응답자가 어느 수준까지 동의하는지 보며, 주로 문항(자극)의 속성과 순서에 중점을 둔다. 반응 중심 방법인 의미분별 척도에서는 '다문화'라는 개념에 대해 '좋다－나쁘다', '가깝다－멀다' 같은 양극단의 형용사에 대한 반응을 볼 수 있다. 이때 응답자별로 형용사 문항(자극)마다 다르게 점수가 나타날 수 있어, 사람과 자극 조합별로 세부적으로 반응 패턴을 본다. 응답자 A가 다문화는 가깝다고 반응하고 응답자 B가 다문화는 멀다고 반응한다면, 동일 자극에 대해 사람마다 점수의 분포가 다름에 주목한다.

세 가지 방법의 차이점을 요약하자면, 응답자 중심은 여러 문항을 가지고 사람의 차이를 보고, 자극 중심은 문항(자극)들의 차이를 보고, 반응 중심은 사람과 문항이 서로 어떻게 반응하는지 모두 본다. 이렇게 척도는 '사람 중심', '문항 중심', '둘 모두'에 따라 설계 방식과 해석 방식이 달라진다.[148] 척도의 유형에 따라 측정 도구의 설계 방식과 얻어진 점수의 해석 방식이 다르게 접근되어야 하므로, 연구 목적에 맞는 척도 선정 및 해석이 매우 중요하다.

제7장

측정의 신뢰성과 타당성

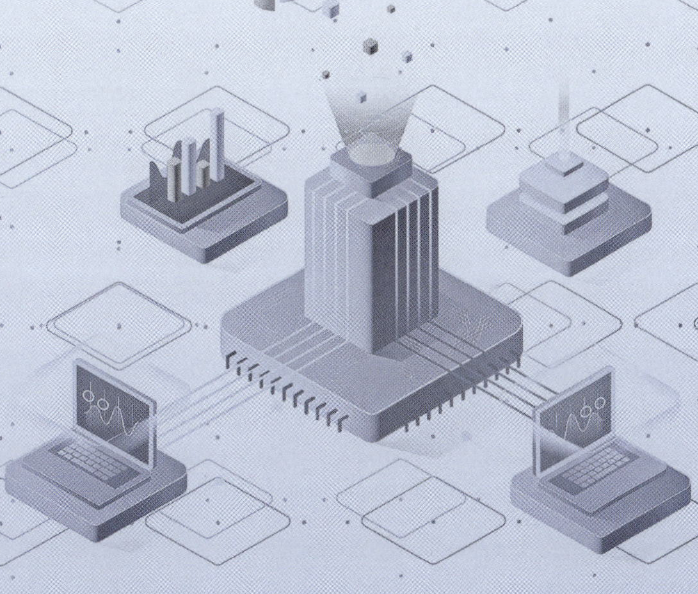

제1절 측정 오차의 개념

1. 측정과 측정 오차

측정(measurement)이란 측정대상의 속성을 표준화된 절차와 도구를 사용해 숫자나 기호로 변환하는 체계적인 과정이다. 예를 들어, 체온을 잴 때 온도계를 사용하고, 설문 조사를 통해 개인의 행복도를 1~10점으로 표현하는 것을 들 수 있다. 사회과학에서는 측정을 통해 사회 현상을 경험적으로 분석할 수 있다.

측정값은 참값(true value)과 항상 일치하는 것은 아니다. 측정대상이 갖는 참값과 측정 도구를 적용하여 얻은 측정값 간의 차이를 측정 오차(measurement error)라고 한다. 즉, 측정 오차는 참값에서 측정값을 뺀 차이가 된다. 측정 오차는 체계적 오차(systematic error; nonrandom error)와 무작위 오차(random error)로 구분된다. 체계적 오차는 측정 과정에서 일정한 방향으로 발생하는 편향(bias)으로, 측정 결과가 실제값보다 일관되게 높아지거나 낮아지는 경향을 보인다. 예를 들어, 사회적 요망성 편향(social desirability bias)은 응답자가 사회적으로 바람직해 보이기 위해 실제와 다르게 응답하는 경우에 나타나며, 이는 체계적 오차에 속한다. 반면 무작위 오차는 일정하지 않은 방향과 크기로 발생하면서 측정값의 일관성을 떨어뜨린다. 무작위 오차는 여러 차례 측정을 반복하면 그 효과가 서로 상쇄될 수 있으며, 비체계적 오차로도 불린다. 만약 측정대상이 변하지 않았음에도 불구하고 측정 결과가 매번 다르게 나타난다면, 이는 무작위 오차가 작용하고 있다는 의미이다.[218] 측정 오차는 8장에서 상세하게 다루기로 한다.

2. 측정의 신뢰도 및 타당도: 측정 오차와의 관련성

측정의 신뢰도(reliability)는 동일 조건에서 대상을 반복적으로 측정할 때 측정 결과가 일관되게 나타나는 정도를 의미한다. 측정의 신뢰도는 무작위 오차와 밀접하게 관련되어 있으며, 무작위 오차가 클수록 신뢰도는 낮아진다.

측정의 타당도(validity)는 측정값이 의도한 개념을 얼마나 정확히 반영하는지를 의미한다. 측정의 타당도는 체계적 오차와 밀접하게 관련되어 있으며, 체계적 오차가 클수록 타당도는 낮아진다.

측정의 신뢰도와 타당도는 존재 여부가 아니라 높거나 낮은 정도로 평가하는 개념이다. 예를 들어, 신뢰도가 있다는 표현보다는 신뢰도가 높다는 표현이 적절하고, 타당도가 없다는 표현보다는 타당도가 낮다는 표현이 적절하다. 바람직한 측정 도구의 핵심적 조건은 측정의 신뢰도와 타당도가 높은 것이다.

제2절 측정 신뢰도의 3가지 차원

신뢰도란 측정방식이 타당하고(체계적 오차가 없고) 참값과 무작위 오차 간의 상관관계가 없다고 가정할 경우, 측정값(=참값+무작위 오차)의 분산에서 참값의 분산이 차지하는 비율이다. 따라서 신뢰도의 값은 0과 1 사이에 있으며, 무작위 오차의 분산이 작을수록 신뢰도는 높아진다.[47,206] 측정의 신뢰도는 크게 안정성, 내적 일관성, 등가성으로 구분된다.

1. 안정성

안정성(stability)이란 측정 도구가 시간이 흘러도 일관된 측정 결과를 산출하는 정도를 의미한다. 즉, 동일 조건에서 동일 대상을 반복적으로 측정했을 때, 측정 결과가 일관된 정도를 나타낸다. 안정성 차원의 신뢰도에는 대표적으로 검사-재검사 신뢰도(test-retest reliability)와 동형검사 신뢰도(parallel-forms reliability)가 있다.

(1) 검사-재검사 신뢰도

검사-재검사 방법은 같은 조건에서 동일 대상에게 동일 측정 도구를 적용하여 두 시점에서 측정한 값 간의 상관계수를 통해 신뢰도를 평가하는 방법이다. 이 방법을 통해 얻은 상관계수는 검사-재검사 신뢰도가 된다. 이 상관계수가 0.7 이상일 때 검사-재검사 신뢰도가 높다고 평가한다.[179,218] 예를 들어, 같은 학생 50명에게 동일한 지능검사를 3주 간격으로 두 번 실시한 측정값 간의 상관계수가 0.9라면, 그 지능검사 측정 도구의 검사-재검사 신뢰도가 높다고 볼 수 있다.

검사-재검사 신뢰도를 평가할 때는 두 가지 사항을 고려해야 한다.[47,179] 첫째,

측정하고자 하는 개념이 시간에 따라 변하지 않아야 한다. 만약 시간이 흐르면서 개념의 참값 자체가 쉽게 변하면 검사-재검사 신뢰도는 실제보다 과소평가될 수 있다. 따라서 시간에 따라 쉽게 변하는 개념을 측정하는 척도에 대해서는 검사-재검사 신뢰도는 권장되지 않는다. 둘째, 측정과 재측정 사이의 시간 간격을 적절히 조정해야 한다. 동일한 측정 도구를 두 번 사용하면 첫 번째 측정이 두 번째 측정에 영향을 미쳐 측정 결과의 일관성이 높아질 수 있다. 이로 인해 측정 도구의 신뢰도는 실제보다 과대평가될 수 있다. 예를 들어, 첫 번째 측정의 응답을 기억한 응답자는 두 번째 측정에서 기억을 토대로 이전과 일관되게 응답할 수 있다. 이러한 효과를 반복측정으로 인한 검사효과라고 한다. 따라서 측정과 재측정 사이의 시간 간격이 짧을수록 검사-재검사 신뢰도가 과대평가될 가능성은 커진다. 반면에 시간 간격이 길수록 참값이 변하거나 응답자의 특성이나 상황이 변하여 검사-재검사 신뢰도가 과소평가될 수 있다. 일반적으로 2주에서 4주 정도 간격을 둔다.

검사-재검사 신뢰도는 측정이 간편하다. 그러나 두 번의 측정을 위한 시간 간격이 짧으면 검사 효과로 인해 신뢰도가 과대평가될 수 있고 그 간격이 길면 응답자의 특성이 변화할 수 있어서 신뢰도가 과소평가될 수 있는 한계점이 있다.

(2) 동형검사 신뢰도

동형검사 방법(parallel-forms method)은 내용이나 난이도 등에서 유사한 두 가지 측정 도구를 동일 대상에 대해 짧은 시간 간격을 두고 적용한 후, 두 측정값 간의 상관계수를 통해 신뢰도를 평가하는 방법이다. 동형검사 방법은 복수양식법으로도 불린다. 이 방법을 통해 얻은 상관계수가 동형검사 신뢰도가 된다. 두 가지 유사한 측정 도구를 만들 때, 응답 보기의 순서를 바꾸거나, 응답 보기의 단어를 같은 의미의 다른 단어로 바꾸거나, 설문 문항을 같은 의미의 다른 문장으로 바꾸는 방식 등을 사용할 수 있다.

예를 들어, 한 교수가 학생들의 사회조사방법론에 대한 지식을 평가하기 위해 내용과 난이도가 유사한 두 종류의 시험지(A와 B)를 작성하여 동일한 학생들에게 화요일에는 시험지 A로, 목요일에는 시험지 B로 시험을 치르게 한 뒤 두 시험 점수 간의 상관계수를 확인해 볼 수 있다. 이러한 상관계수가 높을수록 두 시험지의 동형검사 신뢰도는 높은 것이다.

동형검사 신뢰도는 검사-재검사 신뢰도에서 나타날 수 있는 반복측정으로 인한 검사 효과를 방지할 수 있는 장점이 있다. 하지만 동등한 수준의 내용을 지닌 두 가지 측정 도구를 만드는 일이 쉽지 않고 시간이 많이 소요될 수 있다. 또한, 두 측정 도구의 동등성을 객관적으로 평가하기 어렵다는 한계가 있다.[48]

2. 내적 일관성

내적 일관성(internal consistency)은 하나의 구성개념을 측정하려는 문항들이 서로 유사한 결과를 나타내어, 척도가 일관되게 측정되는 정도를 나타낸다. 즉, 특정 개념을 측정하기 위해 구성된 척도의 각 문항이 서로 유사한 값을 보일수록, 그 척도의 내적 일관성은 높은 것이다. 내적 일관성 차원의 신뢰도에는 대표적으로 반분 신뢰도(split-halves reliability)와 크론바흐 알파(Cronbach's α)가 있다.

(1) 반분 신뢰도

반분 신뢰도를 얻기 위한 절차는 다음과 같다. 먼저, 측정 도구의 전체 문항을 무작위로 두 집단으로 나눈다. 예를 들어, 전체 문항을 홀수와 짝수 번호로 나눌 수 있다. 다음으로 각 응답자가 두 집단 각각에서 획득한 점수를 계산한다. 예를 들어, 20개 문항이라면 홀수 문항 10개와 짝수 문항 10개의 합계 점수를 구하고, 두 합계 점수 간 상관계수를 계산하면 그것이 반분 신뢰도가 된다. 이 값이 1에 가까울수록, 두 개의 절반이 같은 구성개념을 일관되게 측정하여 반분 신뢰도가 높음을 의미한다. 예를 들어, 영어단어 능력을 측정하는 20개 문항의 시험지에서 홀수 번호 문항의 합계 점수와 짝수 번호 문항의 합계 점수 간에 높은 상관관계가 나타난다면 해당 측정 도구는 높은 내적 일관성을 보인 것이다.[48]

반분 신뢰도의 도출 과정에서 전체 문항의 절반만 사용했기 때문에 실제 신뢰도가 과소평가될 수 있다. 이를 보정하려면 스피어만-브라운 공식(Spearman-Brown formula)을 사용하여 전체 설문지의 신뢰도를 추정할 수 있다. 반분 신뢰도를 ρ_0이라고 할 때 전체 설문지의 신뢰도는 식 (7.1)의 스피어만-브라운 공식으로 구한다.[101,237]

$$\text{전체 설문지의 신뢰도}(R) = \frac{2\rho_0}{1+\rho_0} \tag{7.1}$$

예를 들어, 전체 설문지(20개 문항)의 신뢰도는 $\frac{2\times(\text{10개 문항의 신뢰도})}{1+(\text{10개 문항의 신뢰도})}$ 이다. 여기서 10개 문항의 신뢰도는 10개 홀수 문항의 점수합계와 10개 짝수 문항의 점수합계 간의 상관계수로 나타난다. 또 다른 예로, 다섯 명이 4개 문항(a, b, c, d)에 대해 응답한 결과가 〈표 7－1〉과 같다고 하자.

〈표 7–1〉 네 문항의 응답 결과

응답자	문항				X_1	X_2
	a	b	c	d	$a+c$	$b+d$
1	6	6	5	4	11	10
2	4	6	5	3	9	9
3	4	4	4	2	8	6
4	3	1	4	2	7	3
5	1	2	1	1	2	3

4개 문항을 반분하여 계산한 상관계수(X_1과 X_2의 상관계수)를 구하면 0.832이다. 이는 반분신뢰도의 값이 된다. 전체 설문지(4개 문항)에 대한 신뢰도는 스피어만－브라운 공식에 의해 $\frac{2\times 0.832}{1+0.832}=0.908$이 된다. 일반화된(generalized) 스피어만－브라운 공식은 식 (7.2)와 같다.

$$R=\frac{K\rho_0}{1+(K-1)\rho_0} \tag{7.2}$$

문항의 수가 최초 설문지의 문항 수보다 K배 많은 설문지의 신뢰도는 식 (7.2)를 통해 상향 조정된다. 예를 들어, 5개 문항으로 구성된 최초 설문지의 신뢰도가 0.5일 때, 이보다 문항 수가 3배인 15개 문항으로 구성된 설문지의 신뢰도는 식 (7.2)에 의해 다음과 같이 상향 조정된다.

$$R=\frac{3(0.5)}{1+(3-1)(0.5)}=0.75 \tag{7.3}$$

식 (7.2)를 활용하면 원하는 신뢰도를 확보하는데 필요한 문항 수를 결정할 수 있는 식 (7.4)를 유도할 수 있다.

$$K = \frac{R(1-\rho_0)}{\rho_0(1-R)} \tag{7.4}$$

식 (7.4)에서 R은 목표 신뢰도, ρ_0는 최초 설문지의 신뢰도, K는 목표 신뢰도를 얻기 위한 최초 설문지 문항 수의 배수이다. 예를 들어, 10개 문항으로 된 설문지의 신뢰도가 0.6일 때 0.8의 신뢰도를 얻기 위해서는 $K = \frac{R(1-\rho_0)}{\rho_0(1-R)} = \frac{0.8(1-0.6)}{0.6(1-0.8)} = 2.7$이므로 필요한 문항 수는 27개가 된다.

검사－재검사법이나 동형검사법과 달리 반분법은 두 번의 측정이 아니라 한 번의 측정으로 신뢰도를 구할 수 있다. 또한, 동형검사법과 달리 반분법은 두 개의 유사한 측정 도구를 만들 필요가 없다. 따라서 반분 신뢰도는 내적 일관성을 쉽고 빠르게 평가할 수 있는 장점이 있다.

반분법은 문항들을 나누는 방식에 따라 신뢰도 추정치가 달라지는 단점이 있다. 이를 불확정성(indeterminacy)의 문제라고 한다.[47] 예를 들면, 10개의 문항으로 구성된 척도에서 5개 문항씩 두 집단으로 나누는 경우 가능한 반분 방식은 $252(= {}_{10}C_5 = \frac{10\times9\times8\times7\times6}{5\times4\times3\times2\times1})$가지가 존재하고, 이에 따라 신뢰도 값도 달라질 수 있다.

(2) 크론바흐 알파

① 개 요

크론바흐 알파는 하나의 구성개념이나 척도를 구성하는 여러 문항 간의 내적 일관성에 기반한 신뢰도이며, 알파 계수(alpha coefficient)라고도 불린다. 하나의 구성개념이 k개의 문항으로 구성되고 Y는 k개 문항 점수의 합계($Y = X_1 + X_2 + \cdots + X_k$)라고 가정할 때, 크론바흐 알파는 식 (7.5)와 같이 정의된다.

$$\text{크론바흐 알파} = \frac{k}{k-1}\left(1 - \frac{\sum_{i=1}^{k}\sigma^2_{X_i}}{\sigma^2_Y}\right) \tag{7.5}$$

여기서 k는 문항의 수, $\sigma_{X_i}^2$는 문항 i의 점수의 분산($i=1, 2, \cdots, k$), σ_Y^2는 총점의 분산을 나타낸다. 크론바흐 알파는 0에서 1 사이의 값을 가지며 1에 가까울수록 신뢰도가 높음을 의미한다. 식 (7.5)에서 알 수 있듯이, $\sum_{i=1}^{k} \sigma_X^{2_i}$(각 문항 점수의 분산을 합한 것)이 커지면 크론바흐 알파가 낮아진다. 따라서 점수의 분산이 높은 문항을 제외하면 신뢰도는 높아진다. 만약 특정 문항을 삭제했을 때 크론바흐 알파 값이 증가한다면, 그 문항은 신뢰도를 낮추는 것이므로 내적 일관성을 높이기 위해 삭제할 수 있다.

② 크론바흐 알파의 예시

〈표 7−2〉에 제시된 다섯 개 문항의 응답 점수의 합을 통해 대학생의 인생 만족도(satisfaction with life scale: SWLS)를 측정한다고 가정하자.

〈표 7−2〉 인생 만족도 측정을 위한 설문지

인생 만족도 측정 설문
1. 내 인생은 거의 모든 측면에서 나의 이상과 가깝다. 전혀 그렇지 않다: 1 -- 2 -- 3 -- 4 -- 5 -- 6 -- 7 : 정말 그렇다
2. 현재 내 인생의 여건은 아주 좋다. 전혀 그렇지 않다: 1 -- 2 -- 3 -- 4 -- 5 -- 6 -- 7 : 정말 그렇다
3. 현재 나는 내 인생에 만족한다. 전혀 그렇지 않다: 1 -- 2 -- 3 -- 4 -- 5 -- 6 -- 7 : 정말 그렇다
4. 현재까지 나는 인생에서의 중요한 몇 가지를 성취하였다. 전혀 그렇지 않다: 1 -- 2 -- 3 -- 4 -- 5 -- 6 -- 7 : 정말 그렇다
5. 인생을 새로 시작하더라도 바꿀 것이 거의 없다. 전혀 그렇지 않다: 1 -- 2 -- 3 -- 4 -- 5 -- 6 -- 7 : 정말 그렇다

각 문항의 측정값을 X_1, X_2, X_3, X_4, X_5라고 할 때, 인생 만족도라는 구성개념은 이 다섯 문항 점수의 합계로 정의된다. 즉, $SWLS = X_1 + X_2 + X_3 + X_4 + X_5$이다. 인생 만족도의 신뢰도를 산출하기 위해 학생 20명으로부터 〈표 7−3〉과 같은 자료를 수집했다고 하자.

〈표 7-3〉 인생 만족도 측정 자료

X_1	X_2	X_3	X_4	X_5	$SWLS$
3	6	4	3	5	21
7	7	7	7	5	33
3	3	3	5	3	17
2	6	5	6	3	22
5	4	6	4	3	22
5	6	6	7	5	29
3	5	3	5	2	18
5	6	5	3	1	20
2	2	5	5	2	16
5	4	6	5	6	26
5	5	6	6	5	27
4	4	4	3	4	19
5	5	6	6	4	26
3	2	3	6	2	16
6	6	6	5	6	29
5	6	5	5	6	27
3	3	2	6	1	15
3	7	5	6	2	23
5	4	5	5	2	21
5	4	4	5	3	21

인생 만족도의 크론바흐 알파 계수를 구하기 위해서 〈표 7－3〉의 자료에 기반한 각 변수(문항)에 대한 기술통계량은 〈표 7－4〉에 나타난 바와 같다.

〈표 7-4〉 기술통계

변수	X_1	X_2	X_3	X_4	X_5	$Y(=SWLS)$
평균	4.20	4.75	4.80	5.15	3.50	22.40
표준편차	1.36	1.52	1.32	1.18	1.67	5.01

〈표 7－3〉의 자료에 근거한 크론바흐 알파의 값은 식 (7.6)에 나타나 있으며, 0.75로 높은 편에 속한다. 따라서 인생 만족도라는 구성개념을 측정하고자 하는 다섯 문항의 내적 일관성은 높다고 할 수 있다.

$$\frac{k}{k-1}(1-\frac{\sum_{i=1}^{k}\sigma_{X_i}^2}{\sigma_Y^2}) = \frac{5}{4}[1-\frac{(1.36)^2+(1.52)^2+(1.32)^2+(1.18)^2+(1.67)^2}{(5.01)^2}]$$
$$= 0.75 \tag{7.6}$$

③ **표준화된 크론바흐 알파**

크론바흐 알파는 문항의 원점수를 그대로 사용하며 분산을 기반으로 산출한다. 따라서 모든 문항이 유사한 분산을 가지고 측정단위가 같을 때 크론바흐 알파를 주로 사용한다. 반면에 표준화된 크론바흐 알파(standardized Cronbach's alpha)는 문항의 원점수를 z − 점수로 표준화한 후 상관계수를 기반으로 산출한다. 따라서 각 문항의 분산이 크게 차이가 나거나 측정 단위가 다를 때 주로 사용한다.[131] 모든 문항이 유사한 분산을 가지고 측정 단위가 같으면 크론바흐 알파와 표준화된 크론바흐 알파의 값은 유사하게 나타난다. 그러나 문항 간 분산이 크게 차이가 나거나 문항의 측정 단위가 다르면 두 값은 다르게 나타난다.

표준화된 크론바흐 알파는 식 (7.7)에 의해 계산된다. 여기서 k는 문항의 수, $\bar{r}$는 문항 간 상관계수의 평균값을 나타낸다.

$$\text{표준화된 크론바흐 알파} = \frac{k\bar{r}}{[1+(k-1)\bar{r}]} \tag{7.7}$$

식 (7.7)과 〈표 7−5〉에서 알 수 있듯이, 문항 간 상관계수의 평균이 높거나 문항 수가 많으면 크론바흐 알파는 증가한다. 따라서 문항 간 상관계수가 낮더라도 문항 수가 많아지면 크론바흐 알파는 높아질 수 있다. 일반적으로 크론바흐 알파를 통해 신뢰도를 평가할 때는 0.7 이상이면 충족된 것으로 본다.[244] 연구 맥락에 따라 더 엄격한 기준이 적용될 수 있다.

〈표 7-5〉 $\bar{r}$와 k에 따른 크론바흐 알파 계수[244]

문항 수(k)	문항 간 상관계수의 평균 ($\bar{r}$)						
	0.0	0.1	0.3	0.5	0.7	0.9	1.0
2	.000	.181	.461	.666	.823	.947	1.000
3	.000	.250	.562	.750	.875	.964	1.000
5	.000	.357	.681	.833	.921	.978	1.000
7	.000	.437	.750	.875	.942	.984	1.000
9	.000	.500	.794	.900	.954	.987	1.000
11	.000	.550	.825	.916	.962	.990	1.000

④ 크론바흐 알파 계수의 특수한 경우: $KR20$

이항 문항의 경우(문항의 응답 범주가 '1 또는 0'이나 '예 또는 아니오'와 같이 두 개인 경우), 신뢰도 분석을 위해 크론바흐 알파의 특수한 형태인 $KR20$(Kuder-Richardson formula number 20) 공식인 식 (7.8)을 사용할 수 있다.[171] 즉, $KR20$은 어떤 구성개념이나 척도가 이항변수들로 구성될 때 적용할 수 있다.

$$KR20 = \frac{k}{k-1}\left[1 - \frac{\sum_{i=1}^{k} p_i(1-p_i)}{\sigma_Y^2}\right] \tag{7.8}$$

여기서 k는 전체 문항의 개수, p_i는 i번째 문항에서 '1'로 측정된 조사대상의 비율, σ_Y^2는 총점의 분산을 나타낸다. $KR20$은 0에서 1 사이의 값을 가지고, 1에 가까울수록 신뢰도가 높음을 의미한다.

예를 들어, 세 개의 문항 점수를 합산하여 정신건강 상태를 측정한다고 가정하자. 문항 점수의 합이 클수록 정신건강 상태가 더 양호함을 의미한다. 각 문항에 대해 응답자는 '예' 또는 '아니오'로 답하며, '예'는 1점, '아니오'는 0점으로 점수가 부여된다. 5명의 응답 결과는 〈표 7-6〉에 제시되어 있다.

〈표 7–6〉 이항 문항의 응답 결과

응답자	문항 1	문항 2	문항 3	합계
1	1	0	1	2
2	1	1	1	3
3	0	0	0	0
4	1	1	1	3
5	0	1	1	2
비율(p_i)	0.6	0.6	0.8	

〈표 7－6〉의 자료에 근거한 $KR20$의 계산 과정은 다음과 같다. p_i는 i번째 문항에 '예'라고 응답한 비율이다. 세 문항의 점수를 X_1, X_2, X_3이라 하면, X_i의 분포는 이항 분포를 따르고 X_i의 분산은 $p_i(1-p_i)$이다. 세 문항 점수의 합계를 Y라고 하면, Y의 평균은 2이고, Y의 분산($= s_Y^2$)은 $\frac{1}{5-1}[(2-2)^2+(3-2)^2+(0-2)^2+(3-2)^2+(2-2)^2]=1.5$이다. 이에 따라 $KR20$은 다음 식으로 계산된다.

$$KR20 = \frac{k}{k-1}[1-\frac{\sum_{i=1}^{k} p_i(1-p_i)}{\sigma_Y^2}]$$

$$= \frac{3}{3-1}[1-\frac{(0.6)(0.4)+(0.6)(0.4)+(0.8)(0.2)}{1.5}] = 0.86$$

크론바흐 알파는 반분법과 달리 전체 문항을 반으로 나누는 과정에서 발생하는 불확실성이 없다. 즉, 한 번의 측정으로 하나의 신뢰도 수치를 얻을 수 있다. 반면, 크론바흐 알파는 동일한 구성개념을 측정하는 문항 수에 매우 민감하게 반응하여, 문항 수의 차이에 의해 신뢰도 값이 크게 영향을 받을 수 있다.

3. 등가성

등가성(equivalency)이란 동일한 측정대상에 대한 두 가지 유사한 측정방식(예: 두 사람의 측정방식) 간의 상관관계를 평가하는 것을 뜻한다. 관찰자 또는 평가자 간의 관찰 또는 평가 결과가 일치하는 정도를 관찰자 간 신뢰도(inter-observer reliability) 또는 평가자 간 신뢰도(inter-rater reliability)라고 하며, 이는 등가성 차원의 신뢰도로 분류된다.[218] 예를 들어, 어떤 사회복지사가 클라이언트(사회복지 서비스의 수혜자)와 면접할 때 공감적 반응기술을 사용한 정도를 측정하기 위해 두 평가자가 기록할 때, 이들의 기록 결과가 일치할수록 평가자 간 신뢰도는 높아진다.[13]

내용분석에서 두 코더가 동일한 자료를 평가할 때의 신뢰도를 코더 간 신뢰도(inter-coder reliability)라 한다. 예를 들어, 두 코더가 폭력에 대한 조작적 정의와 코딩 규칙에 따라 TV 프로그램의 폭력 묘사를 코딩한 후 결과가 일치하면 코더 간 신뢰도가 높다고 평가한다. 코더 간 신뢰도는 여러 종류가 있으며 점차 정교해지고 있다. 그중 가장 단순한 형태는 홀스티(Holsti)의 코더 간 신뢰도로, 이는 두 코더가 동일한 내용의 범주형 자료를 코딩했을 때, 그 결과가 일치하는 정도를 나타낸다.

평가자 간 신뢰도의 계산은 평가자 내 신뢰도(intra-rater reliability)가 전제되어야 가능하다. 즉, 개별 평가자의 평가 결과가 일관되어야 한다. 만약 어떤 평가자의 평가 결과가 매번 변한다면 평가자 간 신뢰도는 의미가 없다. 평가자 내 신뢰도는 안정성 차원의 검사-재검사 신뢰도에 해당하며, 동일한 사람이 시간 간격을 두고 수행한 두 평가 결과의 일치 정도를 나타낸다. 내용분석에서 코더 내 신뢰도(intra-coder reliability)는 같은 코더가 일정 시간이 지난 후 동일 자료를 다시 코딩하여 두 코딩 결과가 얼마나 일치하는지를 나타낸다. 코더 내 신뢰도가 높다는 것은 시간에 따른 코더의 판단이 안정적임을 의미한다.

제3절 측정 신뢰도의 제고 방안

척도나 지수와 같은 측정 도구가 유용하기 위해서는 신뢰도와 타당도가 높아야 한다. 신뢰도는 무작위 오차와 밀접하게 관련되어 있으므로, 무작위 오차의 발생 가능성을 효과적으로 줄이는 것이 신뢰도를 높이는 핵심 방안이다. 무작위 오차는 주로 측정 도구, 측정 대상, 측정 상황의 세 가지 측면에서 발생한다.[67]

1. 측정 도구 측면

측정 도구의 측면에서 측정 신뢰도를 높이는 방안은 다음과 같다. 첫째, 문항을 명확하고 이해하기 쉽게 작성해야 한다. 모호한 문항은 응답자마다 다르게 해석될 수 있어 무작위 오차를 키운다. 예시로, 리커트 척도에서 각 점수에 명확한 명칭(예: 1점 '전혀 동의하지 않음', 5점 '전적으로 동의함' 등)을 모두 부여하면 척도의 신뢰도가 높아진다.[144] 둘째, 특정 개념을 측정하는 문항 수를 늘릴수록, 측정값의 평균치는 해당 개념의 참값에 근접할 가능성을 높여서 무작위 오차를 줄일 수 있다.[67] 셋째, 측정 도구를 개발할 때 예비검사(pilot test)를 시행하여 개선점을 반영함으로써 최종적인 측정 도구의 신뢰도를 높일 수 있다. 넷째, 선행연구에서 높은 신뢰도가 검증된 도구를 활용하면 신뢰도를 높일 수 있다.

2. 측정 대상 측면

측정 대상의 측면에서 측정의 신뢰도를 높이는 방안은 다음과 같다. 첫째, 측정 대상의 특성을 미리 파악하고, 그에 적합한 측정 도구를 설계해야 한다. 측정 대상이 관심이나 이해가 없는 주제를 질문하는 경우에는 무성의한 응답으로 신뢰도가 저하될 수 있으므로, 그들의 지식과 관심 영역을 고려해 질문을 만들어야 한다.[67] 둘째, 자료수집 전에 응답자에게 측정 도구나 측정 절차에 대한 안내 정보를 사전에 제공하면, 측정의 일관성을 높일 수 있다.

3. 측정 상황 측면

측정 상황의 측면에서 측정의 신뢰도를 높이는 방안은 다음과 같다.[67] 첫째, 측정 절차의 표준화를 통해 모든 응답자가 동일 조건에서 응답하도록 하여 신뢰도를 높일 수 있다. 예를 들어, 표준화된 지시 사항과 설명을 사용하거나, 면접원의 태도와 진행 방식을 일관되게 유지하는 것이 이에 해당한다. 둘째, 측정 환경을 조용하고 편안하게 조성하여 응답자가 측정에 집중할 수 있도록 하면, 외부 요인의 영향을 최소화하여 신뢰도를 높일 수 있다.

제4절 측정 타당도의 3가지 차원

측정의 타당도는 측정 도구가 실제로 의도한 개념을 정확히 반영하는 정도를 의미한다. 타당성을 높이기 위해서는 측정하고자 하는 개념에 대해 조작적 정의가 적절해야 한다. 일반적으로 타당성 검증은 신뢰성 검증보다 복잡하다. 측정의 타당도는 기준 타당도(criterion validity), 내용 타당도(content validity), 구성 타당도(construct validity)로 구분된다.

1. 기준 타당도

(1) 개 요

기준 타당도는 검증하고자 하는 측정 도구의 결과를 이미 타당도와 신뢰도가 높다고 입증된 다른 측정 도구의 결과와 비교하여 그 타당성을 확인한다. 여기서 이미 타당도와 신뢰도가 높다고 입증된 다른 측정 도구는 평가 기준이 된다. 기준 타당도는 두 측정 도구의 측정값 간의 상관계수로 평가되며, 이 상관계수가 1에 가까울수록 기준 타당도가 높다고 본다. 특히 평가 기준인 측정 도구가 연속형 변수로 구성되어 있다면, 상관계수가 0.7 이상일 때 기준 타당도가 충족된 것으로 본다.[57,122] 기준 타당도는 준거 타당도 또는 경험적 타당도라고도 한다.

(2) 기준 타당도의 종류

기준 타당도는 평가 기준이 되는 측정 도구의 상대적인 측정 시점에 따라 동시 타당도(concurrent validity)와 예측 타당도(predictive validity)로 구분된다.

① 동시 타당도

동시 타당도는 검증하려는 측정 도구의 측정값과 평가 기준이 되는 측정 도구의 동일 시점 측정값 간의 상관계수로 평가한다. 즉, 동시 타당도는 검정하려는 측정 도구가 측정대상의 현재 상태를 얼마나 정확하게 반영하는지를 보여준다. 예를 들어, 새로 개발한 미디어 신뢰도 척도가 기존의 검증된 척도와 같은 시점에서 동일한 응답자로부터 측정한 결과, 두 측정 도구의 점수 간의 상관계수가 1에 가깝게 나타날 경우, 새로 개발한 척도의 동시 타당도는 높다고 평가할 수 있다.

② 예측 타당도

예측 타당도는 검정하려는 측정 도구의 측정값과 평가 기준이 되는 측정 도구의 미래 시점 측정값 간의 상관계수로 평가한다. 즉, 예측 타당도는 검정하려는 측정 도구가 측정대상의 미래 상태를 얼마나 잘 예측하는지 나타낸다. 예를 들어, 신입사원 입사시험 결과와 입사 후 업무능력 간의 상관관계가 높게 나타난다면, 해당 입사시험은 입사 후 업무능력에 대한 예측 타당도가 높다고 평가할 수 있다. 반면, 이 상관계수가 낮다면 예측 타당도는 낮다고 평가할 수 있다.

(3) 기준 타당도의 장단점

기준 타당도의 장점은 상관계수를 통해 객관적으로 계량화할 수 있어 주관적 판단에 의존하지 않는다는 점이다. 그리고 예측 타당도가 검증된 측정 도구는 미래의 행동이나 성과를 예측할 수 있어 다양한 의사결정에 유용하게 활용될 수 있다.

반면, 기준 타당도에는 몇 가지 한계가 존재한다.[57] 첫째, 평가 기준이 되는 측정 도구가 없는 경우에는 기준 타당도 검증 자체가 불가능하다. 둘째, 평가 기준이 되는 측정 도구가 부적절하더라도 이를 사용하는 경우, 연구 결과는 왜곡될 수 있다. 셋째, 예측 타당도를 검증하려면 평가 기준이 되는 측정 도구의 미래 결과를 확인해야 하므로 많은 시간이 소요될 수 있다.

2. 내용 타당도

(1) 개 요

내용 타당도는 측정 도구가 측정하고자 하는 개념에 내포된 의미를 얼마나 포괄적으로 반영하는지를 의미한다. 측정 도구의 문항 내용이 측정하려는 개념의 다양한 측면을 충분히 포함할 때 내용 타당도가 높다고 볼 수 있다. 예를 들어, 초등학생의 수학 능력을 평가하는 시험에서 덧셈만 측정하면 대표성이 부족하며, 뺄셈, 곱셈, 나눗셈 등 다양한 능력도 포함되어야 내용 타당도가 높은 것이다.[218]

내용 타당도의 평가는 주로 주관적인 판단에 의존한다. 이러한 주관적 판단의 한계를 보완하기 위해, 측정하고자 하는 개념과 관련된 전문가들을 통해 측정 도구의 포괄성과 적합성에 대해 의견을 수렴할 수 있다. 전문가들은 측정 도구의 문항들이 측정하려는 개념과 관련이 있는지, 그리고 개념의 모든 중요한 측면을 포함하고 있는지 판단한다.[218] 예를 들어, 직무만족도를 측정하는 도구에 전혀 다른 개념인 충성도 관련 문항이 포함된다면 적합하지 않은 도구가 된다. 따라서 문항의 수가 많다고 해서 반드시 내용 타당도가 높은 것은 아니지만, 개념을 잘 반영하는 적절한 항목으로 구성될수록 내용 타당도는 높아질 수 있다.

(2) 내용 타당도의 평가

내용 타당도의 평가는 두 가지 주요 단계로 이루어진다.[183,206] 첫 번째 단계는 예비적 측정 도구를 개발하는 것으로, 측정하고자 하는 구성개념에 대한 개념적 정의를 내리고 문헌연구를 통해 구성개념의 속성을 파악한 후, 이를 토대로 예비 문항을 작성한다. 두 번째 단계에서는 예비 측정 도구가 실제로 구성개념을 잘 반영하는지 평가한다. 이 과정에서는 전문가 패널이 예비 문항의 관련성, 포괄성, 이해력에 대해 평가한다. 전문가 패널의 적정 인원은 5~10명 정도가 권장된다.[183] 전문가는 각 문항이 측정하고자 하는 개념과 얼마나 관련 있는지 판단하며, 이때 내용 타당도 비율(content validity ratio: CVR), 내용 타당도 지수(content validity index: CVI) 등이 사용된다.[56]

내용 타당도 비율은 전문가들에게 각 문항이 개념과 관련 있는지 3점 척도(필수적임, 사용이 가능하나 필수적이지 않음, 필요 없음)로 물어본 결과를 바탕으로 계산한다. 내용 타당도 비율의 임계치는 전문가 수에 따라 다르다. 예를 들어 전문가가 5명일 때는 0.99 이상, 10명일 때는 0.62 이상일 때 내용 타당도가 충족된 것으로 본다.[56] 내용 타당도 비율은 식 (7.9)에 의해 계산된다.

$$\text{내용 타당도 비율} = [\text{필수적이라고 응답한 전문가수} - (\text{전체 전문가 수}/2)] \times (\text{전체 전문가 수}/2) \tag{7.9}$$

내용 타당도 지수는 각 문항이 개념과 얼마나 관련 있는지 4점 척도(1점: 관련 없음, 2점: 수정 필요, 3점: 약간 수정 필요, 4점: 매우 관련 있음)로 평가하는 방식이다. 문항별 내용 타당도 지수(item-level CVI)는 3점이나 4점을 준 전문가 비율로 산출하며, 전문가가 3~5명일 때는 1.00, 6~10명일 때는 0.78 이상이어야 한다.[183] 전체 측정 도구의 내용 타당도 지수는 문항별 내용 타당도 지수의 평균으로 구하며, 0.90 이상이 권장된다.[205] 실제 사례를 들자면, '광고 창의성' 척도의 내용 타당도 평가는 3명의 전문가가 4점 척도로 각 항목을 평가한 뒤, 항목 일치도를 구해 내용 타당도 지수를 산출하는 방식으로 이루어졌다.[10]

(3) 내용 타당도의 장단점

내용 타당도의 장점은 측정 도구가 특정 개념을 얼마나 잘 대표하는지를 평가하여, 개념의 모든 중요한 영역이 포함되도록 보장하고 연구목적에 맞게 설계되었는지 확인하는 데 중요한 역할을 한다는 점이다. 또한, 전문가 패널을 통한 내용 타당도 평가는 측정 도구의 각 항목에 대한 적합성과 중요성을 체계적으로 검토할 기회를 제공하여 도구의 품질을 높일 수 있다.

반면, 내용 타당도는 연구자나 전문가의 주관적 판단에 의존하기 때문에 동일한 측정 도구라도 평가자에 따라 결과가 다를 수 있다는 한계가 있다. 또한, 기존 연구에서는 내용 타당도를 평가할 때 관련성에 집중하는 반면, 포괄성과 이해력에 대한 고려는 부족한 경향이 있었다. 균형 잡힌 내용 타당도 평가를 위해서는 문항의 관련성뿐만 아니라 측정 도구에 포함된 내용의 포괄성과 조사대상자가 해당 도구를 이해할 수 있는 정도도 함께 평가할 필요가 있다.[56]

3. 구성 타당도

(1) 개 요

구성 타당도(construct validity)란 측정 도구가 이론적 관계 내에서 다른 변수들과 어떻게 관련되는지를 바탕으로 평가하는 타당도를 의미한다. 즉, 측정하고자 하는 구성개념이 이론적 틀에 부합하는지를 확인하기 위해, 이론적 틀 안에서 측정 도구의 타당성을 검증하는 것이다. 타당도의 유형 중 기준 타당도는 평가 기준인 기존 척도에 근거하며, 내용 타당도는 전문가 판단에 근거하고, 구성 타당도는 이론에 근거한다.[47] 구성 타당도는 '구성개념 타당도'라고도 불리며, 수렴 타당도(convergent validity), 판별 타당도(discriminant validity), 그리고 이해 타당도(nomological validity)의 세 가지 하위 유형으로 구분된다.

(2) 구성 타당도의 종류

① 수렴 타당도

수렴 타당도는 어떤 구성개념을 측정하는 한 측정 도구의 결과가 동일한 구성개념을 측정하는 다른 측정 도구의 결과와 유사할 때 높다고 평가된다. 수렴 타당도는 집중 타당도로 불리기도 한다. 예를 들어, 동일한 구성개념을 반영하는 서로 다른 측정 문항 간의 상관관계가 높으면 수렴 타당도가 높다고 본다.

② 판별 타당도

판별 타당도는 어떤 구성개념을 측정한 결과가 다른 구성개념을 측정한 결과와 뚜렷이 구별될 때 높은 것으로 평가된다. 판별 타당도는 차별 타당도라고도 불린다.

③ 이해 타당도

이해 타당도는 구성개념 간의 이론적 관계를 가설로 설정한 후, 해당 구성개념을 나타내는 측정값 간의 통계적 검정을 통해 그 관계를 확인하는 것이다.[47] 예를 들어, A와 B라는 구성개념이 정(+) 또는 부(−)의 이론적 관계가 있다면, A와 B를 측정한 값 간에도 동일한 방향의 관계가 나타나야 이해 타당도가 높다고 판단한다. 이해 타당도는 법칙 타당도 또는 논리 타당도라고도 불린다.

(3) 구성 타당도의 검증 방법

구성 타당도는 통계적 검증을 통해 확인할 수 있으며, 대표적인 검증 방법으로 요인분석과 구조방정식 모형이 있다. 요인분석에서는 구성개념을 둘 이상의 측정 문항(측정변수)으로 나타내며, 이를 요인이라고 한다. 요인분석은 추상적인 구성개념을 여러 측정변수로 표현하는 통계기법으로, 측정변수 간 상관관계가 높으면 동일한 구성개념을 반영한다고 본다. 따라서, 하나의 요인에 속한 측정변수들은 높은 상관관계를 가져야 하고, 서로 다른 요인에 속한 측정변수 간에는 0에 가까운 상관관계가 요구된다. 동일한 요인 내의 측정변수 간 높은 상관관계는 높은 수렴 타당도를, 서로 다른 요인에 속하는 측정변수 간 낮은 상관관계는 높은 판별 타당도를 의미한다. 따라서 요인분석을 통해 수렴 타당도와 판별 타당도를 평가할 수 있다.

반면, 구조방정식 모형은 요인분석 결과를 바탕으로 요인(잠재변수) 간 인과관계를 검증하는 통계기법이다. 구조방정식 모형은 요인과 요인 간 관계에 초점을 맞추면서도 요인과 측정변수 간 관계도 함께 설명한다. 이를 통해 수렴 타당도, 판별 타당도, 이해 타당도를 종합적으로 평가할 수 있어, 연구자가 구성개념의 타당성을 체계적으로 검증할 수 있다.

[그림 7－1]은 정신적 웰빙, 신체적 건강, 사회적 관계라는 세 가지 추상적인 구성개념(요인; 잠재변수) 간의 관계를 나타내고 있는 구조방정식 모형이다. 이 모형에서 잠재변수는 타원형으로, 측정변수는 사각형으로, 오차(error)는 작은 원 안에 표시된다. 잠재변수 간의 이론적 관계와 잠재변수와 측정변수 간의 관계는 화살표로 표현된다. 화살표의 방향을 통해 정신적 웰빙과 신체적 건강이 사회적 관계에 영향을 미치는 인과관계를 확인할 수 있다. 또한, 잠재변수는 각 측정변수에 영향을 미치는 것으로 가정되고 있음을 확인할 수 있다. 오차(e)에 대해 설명하기 위해 측정변수 x_1을 예로 들어보자. x_1은 '정신적 웰빙'의 영향을 받고 있으며 동시에 알 수 없는 다른 여러 가지 원인에 의해서도 영향을 받는다. 이러한 알려지지 않은 원인의 영향을 모두 합쳐 오차로 간주한다.

[그림 7－1]에서 잠재변수인 '정신적 웰빙'은 3개의 측정변수(x_1, x_2, x_3)에 동시에 영향을 준다. 예를 들어, 이런 측정변수들은 각각 스트레스 관리 능력, 긍정적인 감정 경험, 사회적 지원의 정도를 나타내는 측정 문항의 점수로 볼 수 있다. 같은 맥락에 따라 잠재변수인 '신체적 건강'은 다른 3개의 측정변수(x_4, x_5, x_6)에 동시에 영향을 준다. 예를 들어, 이 측정변수들은 각각 운동 습관, 식습관, 수면의 질을 나타내는 측정 문항의 점수로 볼 수 있다. 마찬가지로 잠재변수인 '사회적 관계'는 또 다른 3개의 측정변수(y_1, y_2, y_3)에 동시에 영향을 준다. 예를 들어, 이 변수들은 각각 친구의 수, 가족의 지원, 사회적 활동을 나타내는 측정 문항의 점수로 볼 수 있다.

[그림 7－1]에서 구성개념인 '정신적 웰빙'을 반영하는 3개의 측정변수(x_1, x_2, x_3) 간의 상관계수가 높다면, 수렴 타당도가 높다고 평가할 수 있다. 마찬가지로 '신체적 건강'을 반영하는 3개의 측정변수(x_4, x_5, x_6) 간의 상관계수가 높다면 수렴 타당도가 높고, '사회적 관계'를 반영하는 3개의 측정변수(y_1, y_2, y_3) 간의 상관계수가 높다면 수렴 타당도가 높다고 볼 수 있다.

[그림 7-1] 구조방정식 모형을 통한 구성 타당도의 이해

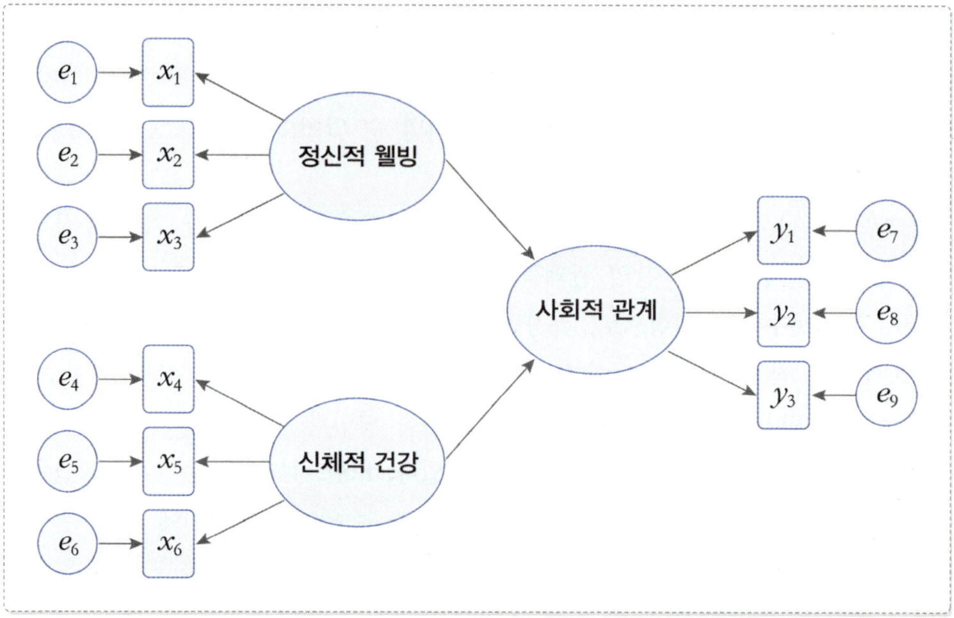

서로 다른 구성개념을 나타내는 측정변수 간 상관관계가 없거나 매우 낮다면, 두 구성개념이 독립적임을 의미하며 판별 타당도가 높다고 판단할 수 있다. 예를 들어, '정신적 웰빙'을 반영하는 측정변수와 '신체적 건강'을 반영하는 측정변수 간의 상관관계가 낮다면 판별 타당도가 높다고 판단할 수 있다.

이론에 근거한 가설에 따르면, '정신적 웰빙'의 수준이 높을수록 '사회적 관계'의 정도가 높다고 하자. 즉, '정신적 웰빙'과 '사회적 관계'는 정(+)의 관계에 있다. 정신적 웰빙이라는 잠재변수의 값(x_1, x_2, x_3의 측정값에 반영되어 나타남)과 사회적 관계라는 잠재변수의 값(y_1, y_2, y_3의 측정값에 반영되어 나타남) 간에 경험적으로 정(+)의 상관관계가 나타나면 이해 타당성이 높다고 본다.

이론적 관계와 일치하는 유의한 상관관계가 나타나지 않는 경우, 네 가지 가능성을 고려해야 한다. 첫째, 측정 도구의 구성 타당도가 낮을 수 있다. 이 경우에는 다른 측정변수를 포함하는 등 측정 도구의 재검토가 요구된다. 둘째, 측정 도구의 신뢰도가 낮을 수 있다. 이 경우에도 측정 도구의 재검토가 요구된다. 셋째, 이론적 관계가 부정확하게 설정될 수 있다. 이 경우에는 이론의 재검토가 필요하다. 넷째, 측정값 간 상관관계가 자료의 왜곡으로 인해 영향을 받을 수 있다. 이

경우에는 자료의 적절성과 품질을 점검해야 한다.[47]

(4) 구성 타당도의 장단점

구성 타당도는 측정 도구가 이론적으로 정의된 구성개념을 정확히 반영하는지를 평가함으로써, 경험적 연구의 이론적 근거를 강화하는 장점이 있다. 반면, 구성 타당도의 평가 과정은 복잡하고 시간이 많이 소요되며, 다양한 통계기법을 활용해야 하므로, 연구자가 충분한 전문지식을 갖추지 못하면 오류가 발생할 위험이 크다.[2]

제8장

총조사 오차

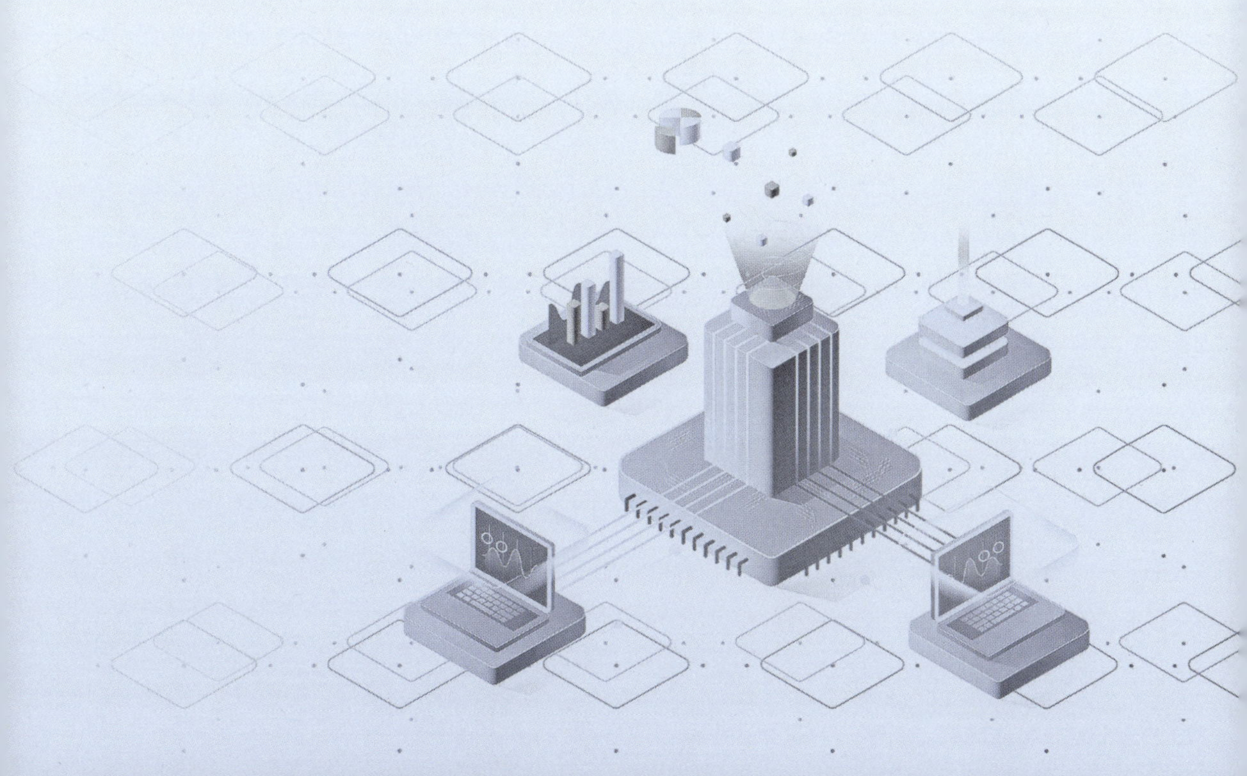

제1절 총조사 오차

총조사 오차(total survey error: TSE)는 1960년대 도입된 개념으로, 설문 조사에서 발생할 수 있는 다양한 오차를 총체적으로 이해하는 틀을 제공한다.[100] 이후 1990년대에는 이 개념을 계기로 통계학과 사회과학을 연결하는 조사방법론(survey methodology)이 학문 분야로 정착하였다. 총조사 오차는 설문 조사뿐만 아니라, 모든 유형의 표본조사에 적용될 수 있다.[55]

어떤 추정치의 총조사 오차는 그 추정치의 평균제곱오차(mean square error: MSE)로 측정된다. 평균제곱오차는 추정치의 오차 제곱값의 평균으로 정의되며, 통계적 추정의 정확성을 나타낸다. 평균제곱오차는 하나의 표본에서 얻어진 추정치뿐만 아니라, 특정 표집 방법으로 추출 가능한 모든 표본에서 관찰된 통계치로 계산된다. 그리고 이 개념은 평균뿐만 아니라 상관계수, 비율 등 여러 통계량에도 적용될 수 있다. 특정 표본 s에서 표본평균이 $\bar{y}_s$이면 평균제곱오차는 식 (8.1)로 표현될 수 있다.[142]

$$\text{평균제곱오차}(\bar{y}_s) = Var(\bar{y}_s) + (bias(\bar{y}_s))^2 \tag{8.1}$$

평균제곱오차는 분산(variance)과 편향(bias)의 요소로 구성되므로 설문 조사의 총오차도 분산과 편향으로 구성된다. 표본조사에서 분산은 조사가 반복적으로 행해질 때 추정치의 변동성을 측정하고, 편향은 반복된 조사의 결과에서 추정치의 평균과 실제값 사이의 차이를 말한다. 예를 들어 천 개의 서로 다른 표본을 추출하고 개별 표본 각각에 대해 추정치(예: 표본 평균값)를 계산한 후 추정치의 분포를 살펴본다고 하자. 이 경우에 분산은 이러한 추정치의 변동성을 말한다. 대략 분산은 무작위 오차로, 편향은 체계적 오차로 간주한다. 분산은 신뢰도와 연관되고 편향은 타당도와 관련된다. 연구목적이 실제값과 최대한 가까운 추정치를 얻는 것(최소한의 오차를 갖는 것)이면 편향과 분산이 모두 작아야 한다. 총조사 오차의 개념은 설문 조사를 평가할 때 편향과 분산을 모두 고려해야 한다는 것을 강조한다.[55, 220]

제2절 총조사 오차의 세분화

총조사 오차는 조사의 설계, 자료의 수집과 처리, 분석 등 조사 과정에서 발생하는 모든 오차의 누적으로 정의된다. 총조사 오차는 표집오차(sampling error)와 비표집오차(non-sampling error)로 구분되기도 한다. 표집오차의 크기는 통계적 방법으로 추정할 수 있지만, 비표집오차의 크기는 측정할 수 없는 경우가 많다. 일반적으로 총조사 오차의 원천은 측정(조사대상에서 무엇을 측정할 것인가의 문제)과 대표성(조사대상의 적절성 문제)으로 구분한다. [그림 8-1]에 나타난 바와 같이 총조사 오차는 측정 관련 오차와 대표성 관련 오차로 구분된다.[145] 총조사 오차를 이루는 각 요소도 평균제곱오차의 개념으로 이해할 수 있다. 예를 들어, 어떤 조사에서 특정 통계치의 포함 오차는 포함 분산(coverage variance)과 포함 편차(coverage bias)로 구성된다.[27]

[그림 8-1] 측정과 대표성의 추정 단계에 따른 총조사 오차의 구성 요소[145]

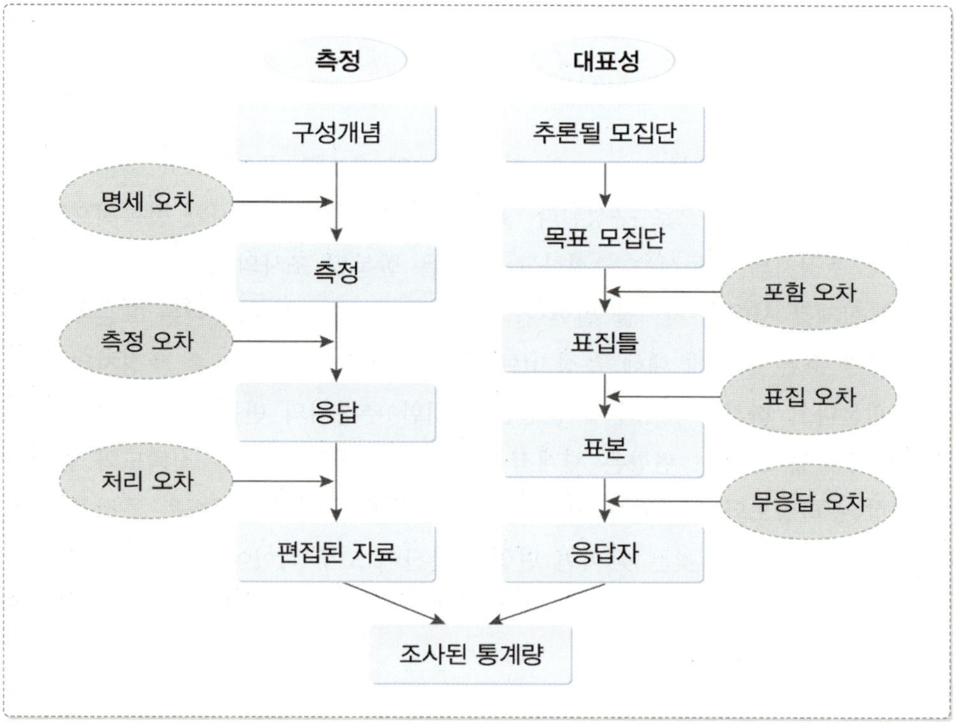

제3절 측정 측면의 오차

측정 측면의 첫째 단계는 구성개념을 측정 도구에 의해 측정하는 단계이다. 이 단계에서 명세 오차(specification error)가 발생할 수 있다. 그리고 측정 도구에 대한 응답 과정에서 측정 오차가 발생할 수 있다. 응답 자료를 최종 자료로 편집하는 과정에서는 처리 오차(processing error)가 발생할 수 있다. 즉, 측정 측면에서 명세 오차, 측정 오차, 처리 오차가 발생한다. 이 세 가지 종류의 오차에 대해서 살펴보도록 하자.

1. 명세 오차

(1) 개 요

명세 오차란 측정하고자 하는 구성개념의 실제 속성이나 차원을 정확하게 반영하지 못하는 방식으로 측정 도구를 설계함으로써 나타나는 오차를 말한다. 구체적으로, 측정 도구가 구성개념의 모든 중요한 차원이나 속성을 포함하지 못하고 일부만 측정하는 경우, 구성개념과 직접 관련 없는 속성이나 문항이 측정 도구에 포함된 경우, 그리고 구성개념의 정의와 측정 항목들이 불일치하는 경우에 명세 오차가 발생한다.

(2) 명세 오차의 발생 원인

구성개념을 측정할 때 명세 오차를 발생시키는 원인은 다음과 같다. 첫째, 구성개념을 설명하는 이론적 틀이나 이론적 모형이 불완전할 때 명세 오차가 발생할 수 있다. 둘째, 이론적 모형은 적절해도 연구자가 구성개념의 개념적 정의를 부적절하게 설정할 때 명세 오차가 발생할 수 있다. 셋째, 연구자가 조작적 정의를 부적절하게 설정할 때 명세 오차가 발생할 수 있다. 예를 들어, 측정 도구가 구성개념의 핵심적인 속성을 충분히 포착하지 못하고 일부 속성만 강조하는 경우, 질문 문항의 내용이 모호한 경우, 문화적 맥락에 따라 구성개념의 의미가 달라질 수 있음에도 불구하고 문화적 배경이 다른 사회에서 만들어진 기존 측정 도구를 무비판적으로 사용하는 경우 등에서 명세 오차가 발생할 수 있다.

(3) 명세 오차의 감소 방안

명세 오차를 줄일 수 있는 주요 방안은 다음과 같다. 첫째, 측정하려는 구성개념에 대한 구체적인 이론적 틀이나 이론적 모형을 명확하게 하는 이론적 기반을 다진다. 둘째, 구성개념에 대한 개념적 정의를 명확하게 설정한다. 셋째, 측정하고자 하는 구성개념의 모든 차원과 속성이 측정 도구에 충분히 반영되도록 조작적 정의를 설정한다. 이를 위해서는 측정 도구가 구성개념의 내용을 충분히 포괄하는지 검토하고 전문가 자문, 선행 연구 등을 통해 측정 항목의 적합성을 확인한다. 측정 도구는 연구자와 조사대상자 모두 동일하게 이해할 수 있도록 일상적이고 명확한 언어로 작성해야 한다. 그리고 예비조사를 통해 측정 도구의 문제점을 발견하여 수정하고 보완해야 한다.

2. 측정 오차

(1) 개 요

측정 오차는 수집된 자료가 측정하고자 하는 개념을 정확히 반영하지 못할 때 발생한다. 7장에서 설명했듯이, 이러한 측정 오차는 크게 체계적 오차와 비체계적 오차로 구분된다. 체계적 오차는 측정 도구가 측정하고자 하는 개념 이외의 것을 체계적으로 반영함으로써 발생하며, 이는 자료수집 과정에서 편향이 개입될 때 나타나는 특징이 있다. 반면 비체계적 오차(무작위 오차)는 일관된 경향 없이 다양하게 흩어지는 오차로, 그 값의 방향과 크기가 불규칙하게 나타난다. 체계적 오차는 편향과 관련되고, 비체계적 오차는 분산과 관련된 개념이다. 측정 오차의 발생 원인은 4개 요인(설문 설계, 자료수집 방법, 면접원, 응답자)으로 구분된다.[61,164]

(2) 설문 설계에 기인한 측정 오차

설문 설계에 기인한 오차는 매우 다양한 형태로 나타난다. 여기서는 그중 일부에 해당하는 질문의 배치에 따른 측정 오차와 척도의 라벨에 따른 오차를 중심으로 설명하고자 한다.

① 질문의 배치에 따른 측정 오차

맥락 효과(context effect)는 설문지 내 질문의 순서에 따라 응답이 달라지는 현상으로, 특히 유사한 주제를 다룰 때 잘 나타난다. 질문이 모호하거나 익숙하지 않을 때 맥락 효과는 강화될 수 있다.[27] 맥락 효과에는 일치 효과(consistency effect), 대비 효과(contrast effect) 등이 있으며, 이러한 효과들은 측정 오차를 발생시킨다.

일치 효과란 앞선 질문에 동화되어 뒤에 나오는 질문에 비슷하게 응답하는 경향을 말하며, 동화효과(assimilation effect)라고도 한다. 예를 들어, 설문 조사에서 기업의 기부금 지원에 대한 찬성 여부 질문을 노조의 기부금 지원에 대한 질문 뒤에 배치했을 때와 그렇지 않은 경우를 비교하였더니, 노조의 기부금 질문을 먼저 한 경우 기업의 기부금에 대한 찬성률이 더 높게 나타나는 동화효과가 발생했다. 이는 앞선 질문에서 긍정적인 태도가 후속 질문의 태도 형성에 영향을 미쳐 일관된 응답 경향을 유발한 것이다.[238]

반면, 대비 효과는 앞선 질문과 대비하여 뒤에 이어지는 질문에 다르게 응답하는 경향을 말한다. 대비 효과는 이웃한 질문들을 다른 것으로 해석하는 현상으로 이웃한 질문들을 유사하게 해석하는 일치 효과와 반대되는 효과이다. 구체적 질문을 먼저 제시한 후에 포괄적 질문을 할 때, 응답자는 구체적 질문에서 응답한 결과를 배제하고 응답하는 경향이 있다. 예를 들어, '결혼 만족도' 질문 후에 '인생 만족도'를 물으면 응답자들은 '인생 만족도'를 결혼을 제외한 삶의 측면으로 해석하여 대비 효과가 발생할 수 있다.[225]

② 척도의 라벨에 따른 측정 오차

설문 조사에서 평정형 척도는 숫자 라벨(number label)과 언어 라벨(verbal label)의 두 가지 방식으로 제시된다. 숫자 라벨은 1, 2, 3 등 수치만 표시하는 반면, 언어 라벨은 '매우 그렇다', '그렇다' 등 의미가 명확한 설명을 제공한다.

척도의 라벨 방식에 따른 측정 오차를 발생시키는 척도 라벨 효과(scale labeling effect)는 실험연구에서 입증되었다.[226] 이 연구에서 같은 11점 척도를 사용하되, 한 척도는 −5점에서 5점을, 다른 척도는 0점에서 10점을 사용하여 응답자에게 인생의 성공 정도를 평가하게 하였다. 응답자들은 0~10점 척도에서 최저치 0을 '성공하지 못함', 중립점(5.5)을 '부족한 성과'로 해석했으나 −5~5점 척도에서 최저치 −5를 '절망적인 실패', 중립점(0)을 '평균적 성취'로 해석했다. 같은 11점 척도라도 숫자 자체가 라벨의 의미를 다르게 해석하게 만들어서, 음수가 포함된 척도(−5~5점)에서 긍정적 응답 분포가 더 많았다. 이는 음수에 응답자가 극단적 의미를 부여하기 때문이며, 숫자 라벨이 응답 편향과 측정 오차에 영향을 미친다는 것을 보여준다.[226, 250]

또한, 설문 조사에서 평정형 척도를 사용할 때, 숫자 라벨만 제시될 경우 응답자가 점수 의미를 해석하는 데 혼동할 수 있으나, 언어 라벨은 각 범주의 의미를 명확히 전달하여 측정 오차를 줄여준다. 따라서 언어 라벨을 제시하는 것이 정확한 측정에 유리하다.

③ 설문 설계에 기인한 측정 오차의 감소 방안

설문 설계 과정에서 발생할 수 있는 측정 오차를 줄이는 방안으로는 두 가지를 들 수 있다. 첫째, 질문의 배치에 따른 맥락 효과는 질문 내용이 모호할 때 잘 나타날 수 있으므로 맥락 효과가 우려된다면 질문 내용을 간결하고 명료하게 작성해야 한다. 맥락 효과 중에서 대비 효과가 우려된다면 포괄적 질문 후에 구체적 질문을 배치해야 한다. 둘째, 척도의 라벨에 따른 측정 오차를 줄이고자 한다면 평정형 척도를 사용할 때 숫자 라벨과 함께 언어 라벨도 제시해야 한다.

(3) 자료수집 방법에 기인한 측정 오차

① 만족화 행동

응답 과정에 대한 만족화(satisficing) 모형에 따르면, 응답자는 여러 단계의 인지적 과정을 성실하게 따르면서 최적화(optimizing) 응답을 할 수도 있고, 일련의 인지적 노력을 줄여 만족화(satisficing) 응답을 할 수도 있다. 만족화 응답이란 응답자들이 최적의 답변에 필요한 인지적 과정을 줄이고 '충분히 괜찮은' 답변을 제공하는 경향을 말한다. 이러한 경향은 특히 폐쇄형 질문에서 응답 보기가 나열되는 순서에 의해 영향을 받아 측정 오차를 초래한다. 따라서 만족화 행동은 응답 보기의 순서효과(response order effect)를 이해하는 데 도움을 준다.[175, 27] 응답 보기의 순서효과에는 초두 효과(primacy effect), 최신 효과(recency effect) 등이 있다.

② 응답 보기의 순서효과에 기인한 측정 오차

초두 효과는 우편조사나 온라인조사와 같은 시각적 조사에서 응답자가 처음 제시된 응답 보기를 선택하는 경향을 말한다. 이는 응답자가 모든 응답 보기를 읽지 않고 앞부분에서 답을 고르기 때문이다. 반면 최신효과는 전화 조사와 같은 청각적 조사에서 응답자가 마지막에 제시된 응답 보기를 선택하는 경향을 말한다. 이는 최근 들은 정보를 더 잘 기억하기 때문이다. 이러한 순서효과는 자료수집 방법의 효과(mode effect)로 볼 수 있다.[27,176]

초두 효과는 응답 행동에 한정되지 않고 선거 투표용지에서 가장 먼저 이름이 나온 후보의 선택 행동 경향으로도 나타난다.[98] 최신효과도 응답 행동에 한정되지 않고 채용 면접, 소비자 구매 행동, 가요경연의 심사 결과 등 다양한 상황에서 나타난다. 예를 들어, 가요경연 프로그램인 '복면가왕'의 심사 결과에서도 최신효과가 나타났다는 사례가 있다.[38]

③ 응답 보기의 순서효과에 기인한 측정 오차의 감소 방안

응답 보기의 순서효과에 따른 측정 오차를 줄이는 방안으로는 두 가지를 들 수 있다. 첫째, 복잡하거나 긴 질문을 사용하면 응답자는 인지적 부담이 커져서 모든 응답 보기를 검토하지 않고 만족화 전략을 사용하여 응답 보기의 순서효과를 초래할 수 있다. 이러한 효과를 줄이기 위해서는 간결한 질문을 사용하거나 응답 보기의 수를 줄이는 것이다. 다섯 개 이상의 응답 보기는 등급화하여 인지적 부담을 줄이는 것이 바람직하다.[4] 둘째, 응답 보기를 무작위로 배치하는 것도 순서효과로 인한 측정 오차를 줄일 수 있다. 예를 들어, 설문 조사를 통해 중요한 정책 결정 항목을 물어볼 때 응답 항목의 무작위 순환이 필요하다.[15]

(4) 면접원에 기인한 측정 오차

면접원은 질문을 읽거나 캐묻기(probing)를 하는 과정에서 측정 오차를 일으킬 수 있다. 캐묻기란 응답자의 이해를 돕고 적절한 응답을 얻기 위해 면접원이 주어진 질문 이외에 추가적인 질문이나 말을 하는 것을 의미한다. 면접원에 기인한 측정 오차는 면접원 특성과 관련된 오차와 면접원 행동과 관련된 오차로 구분할 수 있다.[164]

① 면접원 특성에 기인한 측정 오차

면접원 특성에 기인한 측정 오차는 면접원의 나이, 성별, 인종, 학력 등과 같이 관찰 가능한 특성이 응답자의 답변에 영향을 미치는 현상에서 비롯된다.[55] 예를 들어, 성차별이나 성평등과 관련된 주제에서는 면접원의 성별에 따라 응답 경향이 달라질 수 있는데, 실제로 여성 면접원이 조사할 경우 응답자가 더 평등주의적인 답변을 선택하는 경향이 나타난다.[163] 이는 해당 주제에서 면접원의 성별이 체계적으로 측정 오차를 유발함을 시사한다.

또한, 면접원과 응답자의 인종이 다를 경우, 응답자는 자신의 본심을 숨기거나 완곡한 표현을 사용하는 경향이 있으며, 인종 관련 주제에서 이러한 경향이 더 두드러진다.[152] 반대로, 면접원과 응답자의 인종이 일치하면 보다 솔직한 응답이 증가한다. 따라서 인종적 민감성이 높은 주제의 조사에는 면접원과 응답자의 인종을 맞추는 방안이 측정 오차를 줄일 수 있다.

면접원의 학력도 응답에 영향을 미칠 수 있다. 예를 들어, 고학력 면접원이 저학력 응답자를 면접할 때, 응답자가 "모르겠다"라는 응답을 피하고 아는 척 답하거나 추측으로 답하는 경향이 높아진다.[256] 이는 면접원과 응답자 간의 학력 격차가 측정 오차의 원인이 될 수 있음을 보여준다.

이러한 면접원 특성의 영향은 주로 질문의 주제가 면접원의 특성과 연관될 경우 두드러지게 나타난다.[144] 즉, 주제가 면접원의 성별, 인종, 학력 등과 관련된 경우, 응답자는 면접원의 특성을 의식해 응답 방식을 달리할 수 있다. 따라서 질문 주제가 면접원의 특성과 연관된 경우 면접 설계와 자료 해석에 있어서 면접원의 특성을 고려해야 한다. 예를 들면, 성차별과 관련된 주제의 조사에는 면접원과 응답자의 성별을 같도록 배치하고, 인종과 관련된 주제의 조사에는 면접원과 응답자의 인종을 같도록 배치하면 면접원에 기인한 오차를 줄일 수 있다.

② 면접원 행동에 기인한 측정 오차

면접원 행동에 기인한 측정 오차는 면접원이 질문을 전달하는 방식, 응답자에게 보이는 태도나 비언어적 신호 등 다양한 행동이 응답에 미치는 효과를 포괄한다. 즉, 면접원이 질문을 어떻게 읽는지, 응답자를 공정하게 대하는지, 혹은 급하게 진행하는 태도를 보이는지 등은 응답자의 답변에 영향을 줄 수 있고 응답 결과의 편향을 유발할 수 있다.[121] 예를 들어, 면접원이 시간에 쫓기는 모습을 보이면 응답자는 여러 질문에 대해 같은 응답 항목을 반복적으로 선택할 가능성이 크다.[54] 이처럼 면접원 행동에서 비롯되는 오차는 주제와 관계없이 다양한 설문 조사에 영향을 미치는 특징이 있다. 반면, 면접원 특성(예: 성별, 인종, 학력 등)에서 기인한 오차는 특정 주제가 면접원 특성과 관련될 때 주로 발생한다.[27]

③ 면접원에 기인한 측정 오차의 감소 방안

면접원에 기인한 측정 오차를 줄이기 위해서는 표준화된 면접 방식을 엄격히 적용하는 것이 핵심이다. 표준화된 면접의 주요 원칙은 다음과 같다.[27,133,144] 첫째, 면접원은 쓰인 그대로 질문을 읽어야 한다. 이 원칙은 질문의 일관성을 의미하고 자료 비교를 위한 전제가 된다. 질문의 미묘한 차이도 다른 응답을 초래할 수 있다. 예를 들어, '금지해야 한다'와 '허용하지 말아야 한다'는 개념이 거의 같아도 응답 결과에서 큰 차이가 날 수 있다. 따라서 면접원은 단어를 임의로 추가, 생략, 대체하지 않고 질문을 원문 그대로 전달해야 한다. 만약 응답자가 질문 도중 응답을 하면, 면접원은 전체 질문을 다시 읽어야 한다.

둘째, 부적절한 응답에 대해 간접적으로 캐묻기를 해야 한다. 면접원은 응답이 모호하거나 일관되지 않을 때, 또는 '모르겠다'와 같이 불충분한 답변이 나올 때 추가로 질문하여 응답의 명확성을 높여야 한다. 예를 들어, 답변 시간이 더 필요한 경우 "천천히 생각해 보세요", 대답을 회피하는 경우 "여기에는 옳고 그른 답이 없습니다", 정말 모르는 경우 "아시는 한도 내에서 답변해 주세요" 등과 같이 안내할 수 있다. 응답 거부가 확고한 경우에는 응답자의 거절할 권리를 존중하고 '응답 거절'이라고 기록한다. 그리고 면접원은 중립적으로 캐묻기를 해야 하며, 특정 답변을 유도하는 지시적 캐묻기(directive probing)는 하지 말아야 한다. 예를 들어, "한국 사회의 가장 큰 문제는 무엇이라고 생각하십니까?"라는 개방형 질문에 대해 응답자가 "경제"라고 광범위하게 대답했을 때, "그것에 대해 좀 더 말씀해 줄 수 있습니까?"라고 물으면 중립적 캐묻기가 되지만 "물가 문제를 의미합니까?"라고 물으면 지시적 캐묻기가 된다.

셋째, 면접원은 응답을 주어진 그대로 정확히 기록해야 한다. 이는 면접원이 개방형 질문에서 자신의 해석이나 재량에 따라 기록하지 말아야 한다는 것으로, 특히 개방형 질문에서 중요한 원칙이다. 단, 응답이 이전 질문의 응답 내용과 불일치할 때는 캐묻기를 통해 정확한 답변을 확인할 수 있다.

넷째, 면접원은 응답자 답변에 대해 개인적인 반응을 보이지 말아야 한다. 이는 면접원은 면접 내용과 관련해서 의견이나 감정을 표현하거나 자신의 선호를 추론할 단서를 제공하지 말아야 한다는 것이다. 이 원칙은 응답자가 평가받는다는 인상을 최소화하여 왜곡된 응답을 줄인다.

(5) 응답자에 기인한 측정 오차

설문 조사에서 응답자는 네 가지 인지적 과정을 거친다. 질문의 이해(comprehension), 응답에 필요한 정보를 끌어내는 회상(retrieval), 인출된 정보의 판단(judgment), 응답 형식에 적절한 답을 제공하는 응답의 보고(reporting)라는 네 단계를 거친다. 각 단계에서 응답자에 기인한 측정 오차가 발생할 수 있다.[249]

① 질문의 이해와 측정 오차

질문의 이해는 질문의 문법적 분석, 단어에 대한 의미 부여, 질문의 숨은 의도의 추론 등의 과정을 수반한다. 하지만 응답자가 연구자의 의도대로 질문을 이해하지 못하는 경우가 종종 발생한다. 응답자가 질문 이해에 실패하면 측정 오차가 발생할 수 있다. 질문 이해의 실패를 초래하는 요인은 다음과 같다.[249] 첫째, 하나의 질문이 여러 의미로 해석될 수 있는 문법적 모호성이 있다. 둘째, 문장이 지나치게 복잡하면 응답자가 일부 의미를 무시할 가능성이 올라간다. 셋째, 잘못된 전제를 포함한 질문은 응답자가 제대로 답변하기 어렵게 만든다. 예를 들면, “남자가 일에 지나치게 몰입하면 가정생활에 어려움을 겪을 수 있는가”라는 질문에 대해 남자가 일에 지나치게 몰입한다는 전제에 동의하지 않은 응답자는 적절한 답을 할 수 없다. 넷째, 모호한 개념을 질문에 사용하면 응답자마다 다르게 이해할 위험이 있다. 예를 들어, 질문에 “어린이”라는 단어가 있으면 나이 범위에 대해 해석이 달라질 수 있다. 다섯째, 응답 보기에서 “매우 자주” 또는 “어느 정도 찬성”과 같은 애매한 수량화는 응답자에 따라 다르게 이해할 수 있다. 여섯째, 연구자가 익숙하게 사용하는 용어라도 응답자에게는 낯선 용어가 될 수 있다.

질문 이해 단계에서 발생하는 오차를 줄이는 방안은 다음과 같다.[55,114] 첫째, 연구자는 자신이 의도한 바를 응답자가 정확하게 이해할 것이라고 가정해서는 안 된다. 둘째, 응답자가 혼란을 느낄 수 있는 복잡한 문장, 모호한 개념, 일반인에게 낯선 용어 등은 사용하지 말아야 한다. 셋째, 문항에 대한 자세한 설명을 첨부하는 방법을 사용할 수 있다. 온라인조사의 경우 광고의 회상, 브랜드의 인식 등과 같은 질문 문항에서 이미지, 사진 등 시각 자료를 추가할 수 있다.

② 정보의 회상과 측정 오차

회상은 응답자가 질문에 답하기 적절한 정보를 기억 속에서 불러오는 과정이다. 정보 회상의 실패를 유발하는 경우는 다음과 같다.[144] 첫째, 설문에서 사용된 용어가 응답자가 실제 경험할 때 쓰는 용어와 크게 다르면 회상에 실패할 수 있다. 예를 들어, 응답자가 식사할 때 마시는 와인 한 잔을 '주류'로 인식하지 못한다면, '일주일 동안 주류 소비량'을 물어보는 질문에 실제보다 적은 소비량을 답변할 수 있다. 둘째, 사건에 대한 기억은 직접 경험한 정보와 사건 이후 추론으로 덧붙여진 사후 정보로 구성되는데, 이 둘을 구분하기 어렵다. 사후 정보가 부정확할 경우 회상 실패가 발생할 수 있다. 셋째, 시간이 지남에 따라 유사한 사건이 많이 쌓이면 그중 일부에 대한 회상에 실패할 수 있다. 넷째, 사건이 오래될수록 회상에 실패하기 쉽다. 특히 질문에서 장기간의 행동 빈도를 물어보는 경우 회상에 실패하기 쉽다.

회상 단계에서 발생할 수 있는 측정 오차를 줄이는 방안은 다음과 같다.[144,243] 첫째, 설문 설계에서 특정 시점이나 장소 등 회상에 도움이 되는 단서를 많이 제공해야 한다. 응답자에게 과거의 행동이나 사건에 대해 질문하는 경우 응답자는 실제보다 더 먼 과거나 현재와 더 가까운 시점으로 기억하는 '시점에 대한 회상 착오(telescoping)'가 발생할 수 있다. 사건 날짜를 표시한 달력 등의 기록을 사용하면 이러한 착오를 줄일 수 있다. 둘째, 질문의 참조 기간(reference period)을 짧게 설정하는 것이 중요하다. 특정 기간에 어떤 사건이나 행동이 얼마나 자주 발생했는지에 대한 질문에서 특정 기간을 참조 기간이라고 한다. 예를 들어, '지난 한 주간 독서량'처럼 짧은 참조 기간은 기억하기 쉽지만, 긴 참조 기간은 응답의 정확도를 떨어뜨리고 측정 오차를 증가시킨다. 셋째, 응답자에게 질문에 응답할 충분한 시간을 주는 것도 측정 오차를 줄여준다.

③ 정보의 판단과 측정 오차

정보의 판단은 기억의 회상 과정에 기반하며, 회상된 정보를 조합하거나 누락 부분을 보충하면서 요약하는 과정이다.[144] 응답자가 행동에 관한 질문에 대해 응답을 형성하는 방법은 다음과 같다. 첫째, 사례 열거 방법은 기억나는 사건들을 모두 나열하여 합산하는 방식이다. 어떤 행동을 얼마나 자주 했는지 물어보는 질문에 주로 사용되며, 참조 기간이 짧고 사건 빈도가 낮을 때 이 방법의 활용도가 커진다. 이 방법은 망각으로 인한 누락 때문에 실제보다 낮은 수치를 보고하는 경향이 있다.[91,102] 둘째, 비율에 근거한 추정(rate-based estimation) 방법은 참조 기간에 행동이 발생한 비율을 추정하는 방식이다. 예를 들어 '한 달에 세 번', '한 주에 두 번'과 같이 응답하는 경우로, 참조 기간이 길고 사건 빈도가 높을 때 이 방법이 주로 사용된다. 이 방법은 행동의 빈도가 변동성이 큰 경우에 실제보다 높은 수치를 보고하는 경향이 있다.[91,102] 셋째, 인상에 기반한 추정(impression based estimation) 방법은 응답자가 정확한 기억이나 구체적인 사례 없이, 막연하고 모호한 인상에 의존하여 응답을 구성하는 방식이다. 이 방법은 기억에 의존한 구체적인 정보가 부족하므로 다른 방법에 비해 측정 오차가 가장 크고 정확도가 떨어지는 경향이 있다.[144]

④ 응답의 보고와 측정 오차

응답의 보고는 판단된 정보를 질문에서 요구하는 방식에 맞추어 응답자가 대답을 전달하는 과정이다. 이 단계에서는 여러 가지 편향이 발생할 수 있는데, 대표적으로 사회적 요망성 편향과 묵인 편향(acquiescence bias)이 있다.

사회적 요망성 편향은 응답자가 자신을 사회적으로 바람직하거나 긍정적으로 보이게 하려는 사회적 승인 욕구에서 비롯된다. 즉, 응답자는 사회적 규범이나 기대에 부합하는 특성을 가진다고 인식되기를 원해 실제와 다르게 사회적으로 수용 가능한 방향으로 응답을 왜곡할 수 있다.[203] 이 편향은 '사회적 바람직성 편향'이라고도 불리며, 실제 조사에서 나타난다는 것이 실증적으로 확인되었다. 예를 들어, 음주, 흡연, 개인파산 등 부정적으로 인식되는 행동은 과소 보고하는 반면, 종교행사 참석, 투표 참여, 봉사 활동 등 긍정적으로 여겨지는 활동은 과대 보고하는 경향이 있다.[209,228,250]

사회적 요망성 편향을 줄이는 방안으로는, 면접원의 영향력을 최소화하는 자료 수집 방법을 사용하는 것이다. 민감한 질문에 대해서 일대일 대인 면접보다는 전화 조사, 전화 조사보다는 자기기입식 우편조사나 인터넷조사 등이 이러한 편향을 완화하는 데 효과적이다.[209] 또한, 사회적 규범 위반이 심각한 문제가 아닌 것처럼 질문을 작성하는 것도 이러한 편향을 줄이는 데 도움이 된다.[195]

묵인 편향은 설문 조사에서 응답자가 자신의 실제 생각과 무관하게 무조건 '그렇다' 또는 '동의한다' 등의 긍정적 응답을 선택하는 경향이다. 이는 면접원에게 예의 있게 보이기 위해, 권위자에 순응하기 위해, 혹은 대충 질문에 답하는 만족화 전략을 사용하는 경우 등에 기인한다.[55]

묵인 편향을 줄이는 방안으로는, '동의/반대', '예/아니오' 등과 같은 이분형 응답 보기를 피하고, 세밀한 평정형 척도를 사용하는 것이 권장된다.[177] 또한, 솔직한 답변이 조사에 도움이 된다는 점을 응답자에게 알리고, 연구자가 선호하는 응답에 대한 단서를 주지 않는 것도 묵인 편향을 줄이는 데 도움을 준다.[4]

3. 처리 오차

처리 오차는 수집된 자료를 처리하는 과정에서 발생하는 오차를 의미한다. 즉, 자료가 수집된 이후 입력, 편집, 분석, 보고서 작성 등의 처리 단계에서 실수나 오류로 인해 실제 값과 달라지는 차이를 말한다. 처리 오차는 자료 입력 과정에서의 오타, 누락, 중복 입력과 같은 실수, 자료 분류의 오류, 편집 과정의 실수, 전산 처리 중 발생하는 소프트웨어 버그나 계산 오류, 보고서 작성상의 실수 등 다양한 원인으로 발생할 수 있다.[61,58]

처리 오차의 감소 방안은 다음과 같다. 첫째, 자료를 이중으로 입력하는 방안을 사용하면 두 자료 간 불일치를 확인하여 오류를 수정할 수 있다. 이 방안은 추가적인 시간과 노력이 필요하다. 둘째, 온라인조사 등 자료 입력을 자동화하는 방법을 활용하면, 수동 입력에서 발생하는 실수를 줄일 수 있다. 또한, 컴퓨터 지원 대면조사(CAPI)나 컴퓨터 지원 전화조사(CATI) 등의 조사 방식도 처리 오차 감소에 유리하다.[61] 셋째, 개방형 질문의 주관식 응답 등 코딩이 필요한 경우, 명확하고 표준화된 코딩 기준을 마련하고 코딩 담당자 간의 일관성을 확보해야 한다. 넷째, 자료 처리 담당자에게 충분한 교육을 하고 표준화된 지침을 제공해야 한다. 다섯째, 자료 처리 과정에서 불가능한 값, 일관성이 없는 응답, 중복되는 정보, 이상값 등을 탐지할 수 있는 프로그램을 활용하여 자료를 점검한다. 여섯째, 자료 처리 과정에서 수정 및 정정 내역을 기록하여 문제가 발생했을 때 원인을 추적할 수 있도록 한다. 최근에는 인공지능 기반 도구가 설문 자료의 수집과 처리 과정을 자동화하여 다양한 처리 오차를 최소화하는 데 큰 역할을 하고 있다.

제4절 대표성 측면의 오차

표본의 대표성과 관련된 추정 단계에서는 여러 가지 오차가 발생할 수 있다. 먼저, 목표 모집단과 표집틀(sampling frame) 사이에 불일치가 있을 때 범위 오차가 발생한다. 다음으로, 표집틀에서 표본을 추출하는 과정에서는 표집오차가 생길 수 있다. 또한, 선정된 표본 중에서 일부가 조사에 응답하지 않을 때는 무응답 오차가 발생한다. 이처럼 표본의 대표성 측면에서는 포함 오차(coverage error), 표집오차(sampling error), 무응답 오차(nonresponse error)의 세 가지 주요 오차가 존재한다.

1. 포함 오차

연구자는 목표 모집단을 정한 후 조사대상의 목록을 준비해야 한다. 이 목록은 표집틀이고, 표집틀에 있는 조사대상들은 표집틀 모집단(frame population)이다. 이상적으로는 목표 모집단과 표집틀 모집단은 일치해야 하지만, 실제 현장 조사에서는 두 집단 간 불일치가 종종 발생한다.[220]

(1) 개 요

포함 오차는 표본조사 또는 전수조사 과정에서 목표 모집단과 표집틀 모집단이 정확하게 일치하지 않을 때 나타나는 오차이다. 즉, 조사 설계 단계에서 조사대상이 되어야 할 모든 요소가 표집틀에 완전히 포함되지 않거나, 조사대상이 아닌 요소가 표집틀에 포함될 때 발생한다. 이런 포함 오차는 조사 결과의 대표성을 저해하며, '범위 오차'라고도 불린다.

(2) 포함 오차의 발생 원인

포함 오차를 발생시키는 원인은 대부분 표집틀의 불완전성에 있다. 표집틀의 불완전성과 관련된 포함 오차의 발생 원인은 세 가지로 분류할 수 있다. 첫째, 표집틀에 목표 모집단의 일부 요소가 포함되지 않는 과소 포함(under-coverage)이 있다. 예를 들어, 인구조사에서 일부 거주자가 표집틀에 포함되지 않는 경우를 들 수 있다. 둘째, 표집틀에 목표 모집단에 속하지 않는 요소가 들어가는 과대 포함(over-coverage)이 있다. 예를 들어, 이미 전출한 사람이 여전히 인구조사의 표집틀에 남아 있는 경우를 들 수 있다. 셋째, 표집틀에 목표 모집단에 속한 요소가 두 번 이상 포함되는 중복 포함(duplicate coverage)이 있다. 예를 들어, 인구조사에서 한 사람이 두 개 이상의 주소로 표집틀에 등록된 경우를 들 수 있다.[55,60]

포함 오차는 표집틀이 모집단의 개체를 얼마나 많이 포함하는가의 비율뿐만 아니라 표집틀에 포함된 집단과 포함되지 않은 집단 간 특성의 차이에 의해서도 결정된다. 즉, 표집틀의 포함 비율이 낮더라도 두 집단 간 특성의 차이가 크지 않다면 포함 오차는 작으며, 반대로 표집틀의 포함 비율이 높아도 두 집단 간 특성의 차이가 크다면 오차는 더 커질 수 있다. 요약하자면, 포함 오차는 표집틀의 불완전성뿐만 아니라 표집틀에 포함된 집단과 누락된 집단 간 차이에 의해서도 결정된다.

(3) 포함 오차의 감소 방안

포함 오차를 낮추는 최선의 방안은 목표 모집단과 일치하는 표집틀을 구축하는 것이다. 이를 위해서는 최신 정보를 통해 표집틀을 새로 만들거나 주기적으로 갱신해야 한다. 다른 방안으로는 여러 개의 불완전한 표집틀을 묶어서 사용하는 방법이 있다. 어떤 하나의 표집틀이 불완전해도 여러 표집틀을 결합해 활용하면, 누락이 되는 대상을 줄일 수 있다. 예를 들어, 유선전화 표집틀과 휴대전화 표집틀을 동시에 활용하는 RDD 조사 방법은 복수 표집틀 방법을 사용한 것이다.[27]

2. 표집 오차

표집오차는 표집틀에 포함된 전부가 아니라 일부 요소만 대상으로 자료를 수집할 때 발생하는 오차를 말한다. 예를 들어, 표집틀에 만 명의 대상이 있으나 그 중 200명만 추출하여 조사하면 표집오차가 발생할 수 있다. 전수조사처럼 모집단 전체를 조사하는 경우에는 표집오차가 존재하지 않는다. 표집오차는 표집(표본추출)에 의해 생기며, 표본오차라고도 한다.

표집오차의 크기에 영향을 미치는 요인은 표본 크기, 표본분산, 표집 방법 등을 들 수 있다. 첫째, 확률 표집의 경우 표본 크기가 클수록 표집오차는 줄어든다. 반면 비확률 표집의 경우 표본 크기와 표집오차는 무관하다. 확률 표집을 사용하면 모집단의 각 요소가 표본으로 뽑힐 확률을 사전에 알 수 있다. 비확률 표집은 그러한 확률을 사전에 알 수 없는 방법이다. 둘째, 표본분산이 작을수록 표집오차는 줄어든다. 즉, 동질적인 모집단은 이질적인 모집단에 비해 표집오차가 작다. 셋째, 표본 크기가 같아도 표집 방법에 따라 표집오차의 크기가 달라질 수 있다. 예를 들어, 확률 표집 방법 중에서도 단순 무작위 표집보다는 층화 표집이나 계통 표집의 경우 표집오차가 더 작은 경향이 있다. 요약하자면, 표집오차를 줄이기 위해서는 표본 크기를 늘리고, 표본분산이 작은(동질적인) 모집단을 대상으로 하며, 표집 방법에서는 정교한 확률 표집 방법을 사용하는 것이 좋다.

표집오차의 크기는 추정할 수 있다. 표집오차는 추정치의 신뢰구간을 설정하는 데 있어서 핵심적인 역할을 한다. 예를 들어, 여론조사에서 어떤 후보의 지지율은 95% 신뢰구간에서 57%에서 63%의 범위에 있다고 보고하는 것은 표집오차의 추정에 근거한 것이다. 표집오차를 제외한 모든 오차를 비표집오차(non-sampling error)라고 한다. 비표집오차는 그 측정과 추정이 어렵다. 표집오차의 추정에 대한 자세한 설명은 13장에서 다룰 것이다.

3. 무응답 오차

(1) 개 요

무응답은 조사에 참여는 했으나 일부 질문에 답변을 제시하지 않는 항목 무응답(item nonresponse)과 전체 설문에 대한 응답을 얻지 못하는 단위 무응답(unit nonresponse)으로 구분한다. 무응답 오차는 표본 중 일부가 설문이나 면접 요청에 응하지 않거나, 특정 문항에 대해 응답하지 않아 생기는 오차이다.

(2) 항목 무응답

항목 무응답의 주요 원인은 질문 내용에 대한 이해 부족, 적절한 정보 인출의 실패, 정보 노출의 꺼림 등을 들 수 있다. 항목 무응답을 줄이기 위해서는 질문의 부담감과 심리적 위협의 최소화, 비밀 보장이 잘 되는 조사 방식의 활용, 면접원의 캐묻기 활용 등을 들 수 있다.[144]

(3) 단위 무응답

단위 무응답은 크게 조사 참여의 거절, 접촉 불가, 참여 무능력 등 다양한 유형으로 나눌 수 있다. 각각의 유형에는 고유하게 영향을 미치는 요인이 존재한다.[143]

조사 참여의 거절은 사회적 환경, 응답자 특성, 면접원 특성, 조사 설계 등의 영향을 받는다. 예를 들어, 사회적 환경 측면에서 대도시에 거주하거나 1인 가구인 경우, 조사 거절의 가능성이 크다. 응답자 특성 측면에서 남성은 여성보다 조사 거절의 가능성이 크다. 면접원 특성을 보면 조사 경험이 부족할수록 조사 거절을 경험할 가능성이 크다. 조사 설계 측면에서 조사 내용이 중요성이 낮거나, 사생활과 관련되어 있거나, 응답자가 흥미를 느끼지 못하는 경우 조사 거절의 가능성이 크다.[143]

접촉 불가는 주로 방문 횟수, 접촉 시간대, 응답자 특성, 자료수집 방법 등의 영향을 받는다. 방문 횟수가 많을수록 접촉 가능성은 증가한다. 접촉 시간대를 점심보다 저녁으로 하거나 주중보다는 주말로 하면 접촉 가능성은 증가한다. 아이가 있는 가구는 그렇지 않은 가구보다 접촉 가능성이 증가한다. 여러 자료수집방법을 혼합해도 접촉 가능성은 증가한다.[144]

참여 무능력은 언어 미숙, 인지 능력 부족, 질병 등 다양한 사유로 인해 발생할 수 있다. 조사에서 사용하는 언어를 이해하지 못하거나, 질문을 알아듣지 못하거나, 건강상의 이유 등으로 조사에 참여할 수 없는 경우가 생길 수 있다.[144] 외국인의 유입과 국제결혼의 확대는 언어 장벽에 의한 참여 무능력을 높여, 단위 무응답을 높일 수 있다.[14]

(4) 응답자와 무응답자 간의 차이와 응답률

응답률이 낮을수록 무응답 오차가 커질 수 있다. 그리고 조사하려는 변수 측면에서 응답자와 무응답자의 차이가 클수록 무응답 오차가 커질 수 있다. 무응답 오차를 이해하기 위해서는 응답률과 함께 응답자와 무응답자의 차이를 동시에 고려해야 한다. 만약 응답자와 무응답자의 차이가 없다면, 응답률이 낮아도 편향된 결과를 초래하지 않는다. 또한, 응답률이 매우 높다면 응답자와 무응답자의 차이가 있어도 크게 편향된 결과를 초래하지 않는다. 그러나 응답자와 무응답자의 차이가 있으면서 낮은 응답률을 보이는 경우 심하게 편향된 결과가 나타날 수 있다.

55, 220

예를 들어, 전체 조사대상 400명 중 300명이 특정 후보를 지지하고 100명이 지지하지 않는다고 하자. 이 경우에 특정 후보 지지율의 참값은 75%이다. 만약 후보 지지자 중 200명이 응답을 거부하고, 지지하지 않는 사람들은 모두 응답했다면, 실제로 확보된 응답자 집단은 후보 지지자 100명과 비지지자 100명이 되어, 산출된 지지율은 50%에 그친다. 이는 실제 값보다 25% 포인트나 낮게 나타나는 결과다. 따라서 무응답 오차를 제대로 이해하기 위해서는 응답률뿐 아니라 응답자와 무응답자 간의 차이를 동시에 고려해야 한다.[77]

(5) 응답률과 접촉률

미국의 여론조사협회는 여러 종류의 응답률(response rate)에 대한 산출 공식을 제공하는데, 대부분은 식 (8.1)을 기본으로 하고 있다.[27]

$$\text{응답률 } 1 = \frac{I}{(I+P)+(R+NC+O)+(UH+UO)} \tag{8.1}$$

여기서 I는 완전 응답(Interview), P는 부분 응답(Partial Interview), R은 응답 거부(Refusal), NC는 접촉 불가(Non-Contact), O는 언어 제한이나 건강상의 이유로 인한 기타 무응답(Other), UH는 모집단에 포함된 가구 여부를 알 수 없음(Unknown Household), UO는 기타 알 수 없음(Unknown, Other)이다. 분자를 완전 응답(I)만 포함할 것인지, 부분 응답(P)까지 포함할 것인지에 따라 응답률 공식이 달라진다.

접촉률(contact rate)은 표본으로 선택된 가구를 접촉한 정도에 관한 비율이다. 접촉률도 공식이 다양한데, 응답률 1의 식 (8.1)과 동일한 분모를 가진 접촉률 공식은 식 (8.2)와 같다.

$$\text{접촉률 } 1 = \frac{(I+P)+(R+O)}{(I+P)+(R+NC+O)+(UH+UO)} \tag{8.2}$$

(6) 설문 조사 단계에 따른 무응답 오차의 감소 방안

설문 조사에서 단계별로 무응답 오차를 줄이는 방안은 각 단계의 특성에 맞게 적용해야 한다. 먼저, 접촉 단계에서는 다음과 같은 방안이 무응답 오차를 줄이는 데 효과적이다. 첫째, 조사대상자와 접촉 시도를 여러 차례 실시하고, 시간대를 다양하게 변경하여 시도한다. 예를 들어, 평일 저녁이나 주말 낮과 같이 응답자가 집에 있을 확률이 높은 시간에 접촉하면 접촉률을 높일 수 있다. 둘째, 조사 기간을 충분히 확보하면 대상자들이 조사 요청을 인식할 가능성을 높여서 접촉할 기회를 높일 수 있다. 셋째, 면접원에게 충분한 시간과 적절한 업무량을 배분하여 면접원이 더 많은 대상자를 접촉할 수 있도록 한다.[55,125,144]

참여의 초기 결정 단계에서는 다음과 같은 방안이 있다. 첫째, 조사 경험이 많은 면접원을 투입하거나 응답자 특성에 맞는 면접원을 배치하면 응답률이 높아져 무응답 오차가 줄어든다. 둘째, 조사 주체의 권위와 신뢰도 중요하다. 예를 들어, 민간 기관의 조사보다 정부 기관이 진행하는 조사에서 응답률이 더 높은 경향이 있다. 셋째, 사전에 안내문을 보내면 응답률을 높일 수 있다. 특히 응답자의 이름을 사용하는 개인화된 안내문을 보내면 응답률을 더욱 높일 수 있다. 넷째, 조사 대상자에게 금전적으로 보상하면 응답률이 상승하는데, 현금이 현물보다 효과적이고, 사전 제공이 사후 제공보다 효과적이다. 특히, 우편조사나 전화조사에서 사전 제공의 효과가 크게 나타난다.[189,251]

참여의 최종 결정 단계에서는 다음과 같은 방안이 유효하다. 첫째, 어떤 조사 대상에게 거절을 당한 면접원은 해당 개인에게 더 수용적인 특성을 가진 다른 면접원으로 재배치하여 재방문하는 방식을 고려할 수 있다. 예를 들면, 대면조사에서 나이 든 독거여성이 남성 면접원 때문에 놀랐다면, 다음에는 나이 든 여성 면접원으로 교체할 수 있다. 둘째, 다양한 자료수집 방법을 혼합하면 보다 폭넓은 응답자를 확보하여 응답률을 높일 수 있다. 셋째, 조사 거절자에게는 설득 편지를 보내거나 조사 목적, 비밀 보장 등 응답자의 우려를 해소하는 안내를 제공하면서 재차 접촉해 응답을 유도한다.[144]

(7) 설득의 원칙에 따른 무응답 오차의 감소 방안

사람들이 충분하지 않은 정보를 가진 상황에서 휴리스틱(어림짐작)을 이용한다는 이론에 근거한 설득의 원칙이 있다. 이 원칙을 설문 조사에 응용하면 응답률을 높이는 방안이 될 수 있다.[27,107] 첫째, 호혜성(reciprocation)의 원칙은 상대방으로부터 무엇을 받으면 보답해야 한다는 심리적 경향을 말한다. 응답자에 대한 사전 보상은 호혜성의 원칙을 활용한 것으로 응답률을 높인다. 둘째, 약속과 일관성(commitment and consistency)의 원칙은 사람들이 과거의 언행에 일치하는 선택을 추구하는 경향을 말한다. 면접원이 응답자에게 동기를 부여하는 방법은 문간에 발 들여놓기(foot in the door) 기법(간단한 질문부터 시작해 긍정적 반응을 유도한 뒤에 점차 복잡한 질문으로 이어가는 전략)과 머리부터 들이밀기(door in the face) 기법(중요한 질문부터 시작하는 전략)이 있다. 전자는 공약과 일관성의 원칙을 활용한 것으로, 후자보다 응답률을 높인다. 셋째, 사회적 증거(social proof)의 원칙은 사람들이 불확실한 상황에서 자신과 비슷한 다른 사람들의 행동을 모방하려는 경향을 말한다. 면접원이 다른 참여자들이 좋은 경험을 했다고 소개하는 것은 사회적 증거의 원칙을 활용한 것으로 응답률을 높일 수 있다. 넷째, 호감(liking)의 원칙은 호감을 느끼게 하는 사람의 요구에 쉽게 응하는 경향을 말한다. 호감을 느끼게 하는 요소로는 신체적 매력, 상호 간의 유사성, 익숙함 등을 들 수 있다. 조사대상자의 특성에 맞춰 면접원을 배치하는 것은 호감의 원칙을 활용한 것으로 응답률을 높일 수 있다. 다섯째, 권위(authority)의 원칙이란 사람들이 권위를 지닌 인물이나 기관의 요구를 쉽게 들어주는 경향을 말한다. 공공기관 등 신뢰할 만한 기관의 명의로 사전 안내문을 발송하는 것은 권위의 원칙을 활용한 것으로 응답률을 높일 수 있다. 여섯째, 희소성(scarcity)의 원칙이란 사람들이 희소한 기회를 더 높이 평가하고 원하는 경향을 말한다. 면접원이 특정 시점 이후에는 조사 참여의 기회가 없다고 강조하는 것은 희소성의 원칙을 활용한 것으로 응답률을 높일 수 있다.

제9장

설문 설계

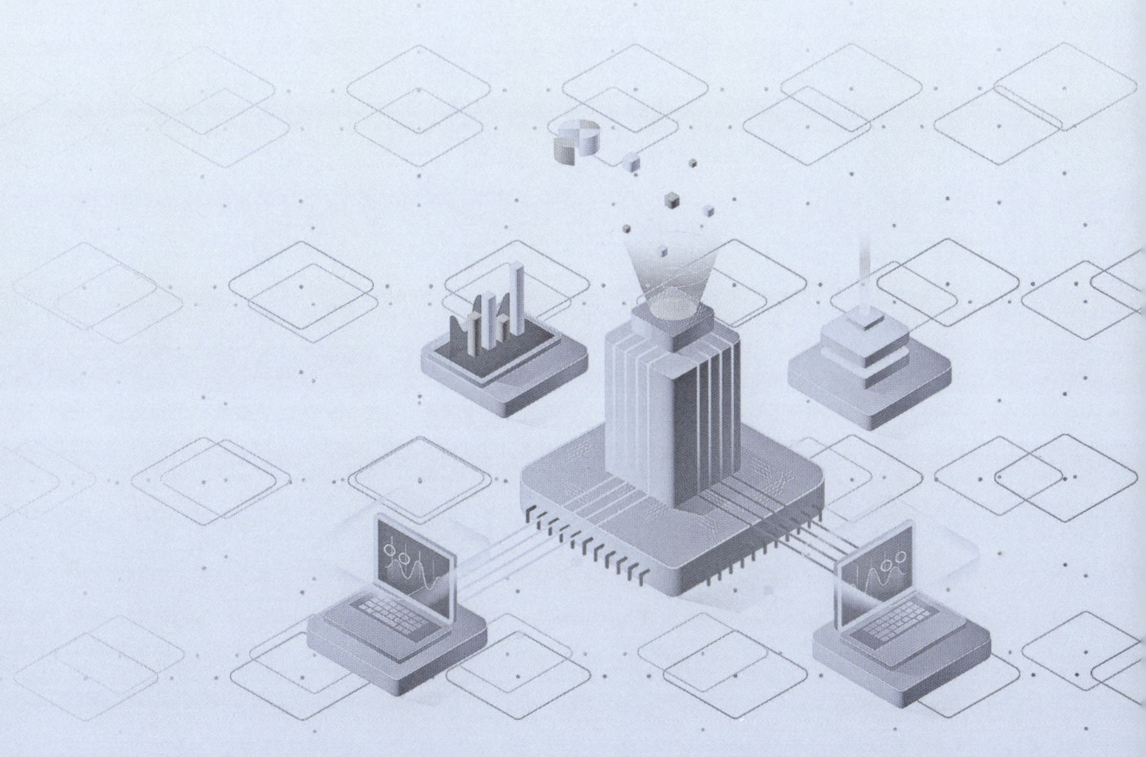

제1절 설문지와 설문 조사의 개요

1. 설문지의 개요

설문지는 연구목적에 부합하는 정보를 얻기 위해 여러 질문 문항과 응답 항목으로 구성하여 자료를 수집하는 도구이다. 설문지는 사실뿐 아니라 태도나 견해 등 다양한 내용을 질문하는 데 활용된다. 설문지를 작성할 때에는 필요한 정보의 유형, 측정방법, 그리고 연구문제 해결이나 가설 검증에 적합한 통계분석방법 등을 고려해야 한다.

2. 설문 조사와 자료수집 방법의 변화

설문 조사는 1930년대부터 시작되었으며 발전 과정에서 몇 차례 중요한 변화를 겪었다. 1단계에서는 무작위로 지역을 선택한 후, 해당 지역 내의 가구를 다시 무작위로 선정하여 조사하는 대면 면접 방식이 주로 이용되었다. 2단계는 유선전화 보급 확대에 힘입어 무작위로 전화번호를 추출하여 조사하는 전화 면접이 주로 이용되었다. 3단계는 디지털 기술의 진전과 전화조사의 무응답률 증가로 인해 비확률 표집, 컴퓨터 관리 면접, 빅데이터와 연계된 설문 조사 등을 특징으로 한다.[220]

3. 설문 조사의 장단점

설문 조사의 장점은 다음과 같다. 첫째, 표준화된 설문지를 사용함으로써 모든 응답자에게 동일한 내용을 동일한 방식으로 질문하여 측정 도구의 변화에 기인하는 오차 없이 일관성 있는 자료를 확보할 수 있다. 둘째, 대규모 표본을 대상으로 정보를 쉽고 효율적으로 수집할 수 있다. 셋째, 대면 면접 등 다른 방법에 비해 비용이 저렴하며 온라인, 우편, 전화 등 다양한 방식의 조사가 가능하다. 넷째, 익명성 보장이 가능해 민감한 주제에 대한 솔직한 응답을 얻을 수 있다.[255]

설문 조사의 단점은 다음과 같다. 첫째, 질문의 표현이나 배열이 응답 결과에 영향을 미칠 수 있으며, 부적절한 설문 설계는 조사 결과의 신뢰성을 낮춘다. 둘째, 응답자에게 심층적인 질문을 하거나 전반적인 맥락을 파악하는 데 한계가 있

다. 셋째, 응답자가 설문 문항에 충분한 주의를 기울이지 않으면 조사 결과의 품질이 낮다.[24,255]

제2절 질문의 분류

1. 질문 형식에 따른 질문의 종류

(1) 직접 질문

직접 질문은 응답자에게 연구자가 알고자 하는 태도, 의견, 사실 등을 명확하고 직접 물어보는 질문이다. 이 방식은 정보 획득이 간편하고 직관적이지만, 민감한 내용이나 사회적 요망성 등으로 인해 응답자가 당황하거나 솔직하지 못한 답변을 할 수 있다.

(2) 간접 질문

간접 질문은 응답자가 연구자의 의도를 인지하지 못하도록 구성하여, 응답자의 방어적 태도나 거짓 응답 가능성을 줄이고 보다 진실한 정보를 얻기 위해 사용된다. 간접 질문은 해석이 복잡할 수 있어 결과 분석을 위한 객관적인 기준이 필요하다. 주요 간접 질문 기법은 투사법(projective method), 정보검사법, 단어연상법, 오류선택법, 토의완성법 등이 있다.

투사법은 심리적 자극을 통해 응답자가 자신의 내면 심리나 태도를 우회적으로 드러내도록 하는 방법으로, 정신분석학에서 시작되어 사회과학 전반에서 널리 활용되고 있다. 정보검사법은 응답자 본인의 의견이나 태도를 직접으로 묻지 않고, 주변 사람이나 일반인의 의견, 행동, 인식에 대해 질문하여 간접적으로 응답자의 의견이나 태도를 파악하는 방법이다. 단어연상법은 특정 단어를 제시했을 때 응답자가 즉각적으로 떠올리는 단어나 이미지를 자유롭게 말하게 함으로써, 응답자의 잠재적 인식이나 감정, 태도를 탐색하는 기법이다. 오류선택법은 일부러 여러 개의 틀린 답변을 제시하고 그중 하나를 선택하도록 하여, 응답자의 태도나 무의식적 반응을 평가하는 기법이다. 토의완성법은 응답자에게 미완성 이야기나 문장을 제시한 후 신속하게 완성하도록 하여, 태도나 의견, 감정을 자연스럽게 표현하도록 유도하는 방법이다. 이같이 간접 질문은 다양한 심리적 접근을 통해 응답자의 방어기제를 완화하고, 직접 질문으로 얻기 어려운 깊이 있는 심리나 태도에 대한 정보를 도출하려는 데 목적이 있다. 따라서 간접 질문을 사용할 때에는 분석과 해석에 신중한 접근이 요구된다.

2. 질문 형태에 따른 질문의 종류

(1) 개방형 질문

개방형 질문(open-ended question)은 응답자가 자신의 언어로 자유롭게 답변을 작성하는 방식으로, 주관식 질문 또는 자유 응답형 질문으로 불리기도 한다. 이 질문은 미리 정해진 응답 항목 없이 응답자가 경험이나 의견 등을 자유롭게 표현할 수 있으므로 연구자가 예상하지 못했던 다양한 정보를 탐색할 수 있다. 특히 질문의 가능한 응답 범주가 너무 많거나 복잡한 경우, 개방형 질문을 통해 포괄적인 정보를 얻을 수 있다.[18]

개방형 질문의 장점으로는 응답자의 사고방식, 중요도 인식, 관련 지식 등을 심층적으로 파악할 수 있다는 점이 있다. 또한, 새로운 연구주제를 탐색할 때 활용 가치가 높고, 추후 폐쇄형 질문을 만들 때 참고가 될 수 있는 응답 항목을 발견할 수 있다. 반면, 개방형 질문은 응답 과정이 번거롭고, 분석 단계에서 코딩과 해석에 많은 시간과 노력이 필요하다. 응답자의 의욕이나 문해력, 면접원의 능력에 따라 응답의 질이 크게 달라질 수 있고, 자료를 분석할 때 시 연구자의 주관이나 편견이 개입할 수 있는 한계점도 있다.[89]

(2) 부분 개방형 질문

부분 개방형 질문(partially open-ended question)은 선택할 수 있는 몇 개의 응답 항목에 '기타' 항목을 포함하여 여기에 주관식으로 자유롭게 대답할 수 있는 형식이다.[195] 이는 폐쇄형 질문에서 미처 제시하지 못한 응답 범주를 보완하면서, 구조화된 질문의 강점도 유지한다. 실제 조사 현장에서는 새로운 답변이 추가될 가능성이 있는 질문에 부분 개방형 질문을 활용한다.

〈표 9-1〉 부분 개방형 질문의 예시[74]

문15. 귀하는 언론 보도에 의한 인격권 침해(사생활 침해, 명예훼손 등)가 주로 어떤 요인에 의해 발생한다고 생각하십니까? 보기 가운데 하나만 선택해 주시기 바랍니다.

① 국민의 알 권리를 충족시키려는 의욕	② 언론사 간의 특종 및 속보 경쟁
③ 인격권에 대한 이해 부족	④ 취재윤리에 대한 인식 부족
⑤ 사실 확인을 위한 노력 부족	⑥ 취재 대상의 인터뷰·촬영 거절 등
⑦ 선정적이거나 흥미 위주의 보도	⑧ 기타(구체적으로: ________)

(3) 폐쇄형 질문

폐쇄형 질문(closed-ended question)은 미리 정해진 응답 항목을 제시하고 그 중에서 선택하게 하는 형식으로, 구조화된 질문이라고도 한다. 폐쇄형 질문의 설계에는 두 가지 중요한 원칙이 있는데, 응답 항목이 포괄적이고 상호배타적이어야 한다는 것이다. 응답 항목의 포괄성을 위해 종종 '기타' 항목이 포함된다.

폐쇄형 질문은 표준화된 응답을 수집할 수 있어, 집단 간 비교나 변수 간 관계의 통계분석이 수월한 장점이 있다. 또한, 응답자에게 응답 항목은 질문의 맥락을 이해하는 데 도움을 주고 질문의 의미를 명확하게 할 수 있다. 그러나 폐쇄형 질문을 통해 모든 응답 항목을 사전에 제시하기 어렵고, 응답자가 자신의 상황과 일치하는 응답 항목을 찾지 못하면 난처할 수 있다. 일부 중요한 응답 범주가 포함되지 않으면 자료 해석에 심각한 오류가 발생할 수 있다. 또한, 폐쇄형 질문을 통해 응답자의 다양한 개인적 맥락이나 깊이 있는 정보는 포착하기 어렵다.[89]

(4) 폐쇄형 질문의 종류

① 양자택일형 질문

양자택일형 질문(dichotomy questions)은 응답자에게 두 개의 응답 항목을 제시하고 하나만 고르게 하는 폐쇄형 질문의 한 유형이다. 이 방식은 질문 구조가 단순하고 응답과 분석이 간편하다는 장점이 있다. 반면에 양자택일형 질문은 응답자의 중도적 의견을 반영하기 어려워서 조사 결과가 왜곡될 위험이 있다. 또한, 양자택일형 질문은 응답 항목의 포괄성 조건을 충족하기 어렵고 다양한 의견 스펙트럼을 포괄하지 못한다.[37]

일반적으로 폐쇄형 질문에서는 '중간', '선택 불가', '모름' 등과 같은 응답 항목을 포함해야 한다. 다만, 선거 관련 여론조사 등 특수 상황에서 응답자의 선호가 어느 쪽으로 기울어졌는지 포착할 필요가 있는 경우 그런 항목들을 제외하기도 한다.[144]

〈표 9-2〉 양자택일형 질문의 예시[73]

문92. 귀하께서는 지난 1년간 온라인 뉴스 콘텐츠를 유료로(돈을 내고) 이용한 경험이 있습니까? (기사/기자/언론사 후원, 유료 구독 등 포함)	
1. 있음	2. 없음

② 다중택일형 질문

다중택일형 질문은 셋 이상의 응답 항목 중에서 하나를 선택하도록 하는 질문으로, 다지선택형 질문으로도 불린다. 이 방식은 다양한 응답 선택지를 제시함으로써, 응답자의 다양한 특성을 세밀하게 파악할 수 있다는 장점이 있다. 그러나 응답 항목이 지나치게 많으면 응답자가 초반의 몇 개 항목만 살펴본 뒤, 나머지는 무시할 위험이 있다. 이로 인해 후반에 배치된 항목은 실제보다 선택 빈도가 낮아질 수 있다. 또한, 응답자가 자신의 의견을 명확히 결정하지 못할 때, 중간 항목을 추측으로 선택하는 경향이 나타난다. 이런 현상은 특히 응답 항목 간 차이가 뚜렷하지 않거나 선택지가 복잡한 경우 두드러진다.[37]

〈표 9-3〉 다중택일형 질문의 예시[73]

배문3. 귀하의 최종 학력은 어떻게 되십니까?	
1. 중학교 졸업 이하	2. 고등학교 졸업
3. 대학 재학/대학 졸업	4. 대학원 재학 이상

③ 체크리스트형 질문

체크리스트형 질문은 세 가지 이상의 응답 항목 중에서 응답자가 해당하는 모든 항목을 자유롭게 선택할 수 있도록 구성된 질문으로, 확인란 질문으로 불린다. 이 질문 방식은 응답자가 복수의 선택을 할 수 있어서 포괄적인 정보 수집이 가능하며, 여러 속성이나 경험을 동시에 파악하는 데 적합하다. 그러나 응답 항목이 너무 많거나 복잡하면 응답자가 일부만 선택할 수 있고, 응답 처리 및 분석이 복잡하여 시간과 노력이 크게 소요될 수 있다.

〈표 9–4〉 체크리스트형 질문의 예시

귀하는 기후위기로 인해 발생하는 다음의 문제 중 어느 분야에 관심이 있으십니까? 모두 골라주시기 바랍니다.

☐ ① 해수면 상승 및 침수 피해
☐ ② 극한 기상 현상(예, 폭염, 집중호우, 한파, 가뭄)
☐ ③ 식량과 물 부족
☐ ④ 생태계 교란 및 생물다양성 감소
☐ ⑤ 사회기반시설 및 공공서비스 기능 훼손
☐ ⑥ 모르겠다(관심 없다)

④ 서열형 질문

서열형 질문(ranking question)은 여러 응답 항목 중에서 응답자가 중요성이나 선호도 등에 따라 항목들을 순위별로 응답하도록 하는 방식이다. 서열형 질문은 각 항목의 상대적 우선순위나 선호도를 명확하게 파악할 수 있어서 유용하다. 그러나 응답 항목 수가 많아질수록 응답자가 일관성 있게 순위를 매기기가 어렵고, 응답 과정에서 부담이 커질 수 있다.

〈표 9–5〉 서열형 질문의 예시[74]

문9. 귀하가 온라인에서 디지털 뉴스를 유통할 때 가장 중요하다고 생각하는 플랫폼은 무엇입니까? 보기 가운데 중요하다고 생각하시는 순위대로 세 가지를 선택해 주시기 바랍니다.

1순위	2순위	3순위

① 포털 (네이버, 다음, 구글 등)
② SNS (페이스북, 카카오스토리, 트위터, 인스타그램 등)
③ 동영상 플랫폼 (유튜브 등)
④ 메신저 서비스 (카카오톡, 페이스북 메신저 등)
⑤ 팟캐스트
⑥ 뉴스레터
⑦ 자사 뉴스 웹사이트 및 뉴스 앱
⑧ 기타(구체적으로 :   )

⑤ 평정형 질문

평정형 질문(rating question)은 응답자가 특정 주제에 대해 느끼는 정도나 판단의 강도를 서열화된 응답 항목 중에서 선택하도록 하는 방식으로, 등급형 질문으로도 불린다. 예를 들어, 직무수행 능력을 평가하는 질문에서 '매우 미흡－미흡－보통－우수－매우 우수'와 같이 서열화된 항목 중 하나를 고르게 하는 것이다.

태도를 측정할 때 개방형 질문보다 폐쇄형 질문이 적합하다. 개방형 질문은 자료수집 후 코딩이 어렵기 때문이다. 태도에 관한 폐쇄형 질문을 설계할 때 다음 사항을 고려해야 한다. 첫째, 응답 항목은 5점이나 7점 척도로 구성하는 것이 적절하다. 점수가 5점 미만이면 정보의 손실이 크고, 7점을 초과하면 응답자의 인지 과정에 부담을 주기 때문이다. 둘째, 척도 내 각 점수에는 의미를 설명하는 라벨을 부여하는 것이 적절하다. 이를 통해 모든 응답자가 척도를 동일한 방식으로 해석할 수 있기 때문이다. 셋째, 선호도나 동의 정도를 측정하는 척도의 경우, 그 정도가 작은 방향에서 점수를 시작하는 것이 적절하다. 대체로 응답자들은 앞에 제시된 항목을 덜 긍정적으로 여기기 때문이다.[144]

〈표 9-6〉 평정형 질문의 예시[74]

문91. 귀하께서는 우리 사회 전반이 어느 정도 믿을 만하다고 생각하십니까?

전혀 믿을 수 없다	믿을 수 없는 편이다	반반이다	믿을 수 있는 편이다	매우 믿을 수 있다
1	2	3	4	5

3. 질문 문항의 배치 방식에 따른 질문의 종류

(1) 단독형 질문

단독형 질문(single question)은 설문지에서 독립적으로 제시되어, 다른 문항과 연계되지 않고 응답하는 질문을 의미한다. 이러한 질문에 대해 응답자 전원이 답변하게 된다. 예를 들어, “귀하의 나이는 몇 세입니까?”라는 질문을 들 수 있다.

(2) 조건부 질문

조건부 질문(contingency question)은 응답 결과에 따라 일부 응답자에게만 후속 질문이 제시되는 방식으로, 여과 질문(filter question) 또는 선별 질문(screening question)이라고도 한다. 예를 들어, “흡연 경험이 있습니까?”와 같은 조건부 질문에 ‘예’라고 답한 응답자만 추가로 흡연 빈도나 관련 행동에 대한 질문을 받게 된다. 조건부 질문은 일부 응답자에게 불필요한 질문을 생략함으로써 설문 효율을 높인다.

〈표 9-7〉 조건부 질문의 예시[73]

문64. 지난 1주일 동안 OTT 서비스를 통해 뉴스/시사 콘텐츠를 이용하신 적이 있습니까?	
1. 이용했다	2. 이용하지 않았다 → 문67로 이동

(3) 행렬형 질문

행렬형 질문(matrix questions)은 동일한 응답 항목을 가진 여러 질문을 묶어서 구성한 것으로, 격자형 질문(grid questions)이라고도 한다. 행렬형 질문에서는 응답 항목의 중복이 없어서 설문지 공간이 절약되고 응답자나 면접원은 답변을 기록하기 쉽다.[195]

〈표 9-8〉 행렬형 질문의 예시[74]

문77. 귀하께서는 우리나라 언론에 대해 어떻게 생각하고 계십니까? 각 문항에 대해 동의하는 정도를 5점 척도로 평가해주십시오.

[언론에 대한 인식]	전혀 그렇지 않다	별로 그렇지 않다	보통이다	약간 그렇다	매우 그렇다
1. 우리나라 언론은 공정하다	1	2	3	4	5
2. 우리나라 언론은 전문적이다	1	2	3	4	5
3. 우리나라 언론은 정확하다	1	2	3	4	5
4. 우리나라는 언론활동이 자유롭다	1	2	3	4	5
5. 우리나라 언론은 영향력이 있다	1	2	3	4	5

4. 질문 내용에 따른 질문의 종류

질문 내용에 따른 질문의 유형은 다음과 같이 분류될 수 있다.[89] 첫째, 응답자 개인의 사실에 관한 질문으로, 이는 응답자 자신의 개인적 정보에 대한 질문이다. 이러한 질문에는 행동에 관한 정보도 포함되고, 때로는 과거 경험에 대한 기억에 의존하는 정보도 포함된다. 예를 들어, "지난 한 달 동안 운동을 몇 번 하셨습니까?"라는 질문을 들 수 있다. 둘째, 타인의 사실에 관한 질문으로, 이는 응답자가 아닌 타인의 특성이나 행동, 정보 등에 관한 질문이다. 즉, 응답자가 알고 있는 타인(가족, 동료, 친구 등)에 대한 사실을 묻는 것이다. 예를 들어, 배우자의 직업에 관한 질문을 들 수 있다. 셋째, 정보제공자 관점에서 사실에 관한 질문으로, 이는 응답자들이 알고 있는 대상에 대한 특성을 묻는 것이다. 예를 들어, 응답자가 재직하는 기업에 대한 특성(예: 기업의 규모, 소유자 등)에 대한 질문을 들 수 있다. 넷째, 태도에 관한 질문으로, 이는 어떤 사안이나 대상을 바라보는 응답자의 태도에 대한 질문이다. 예를 들어, 직무만족도, 정책에 대한 찬반, 업무 몰입 등에 대한 질문을 들 수 있다. 태도에 관한 질문에서 리커트 척도가 자주 활용된다. 다섯째, 믿음에 관한 질문으로, 이는 어떤 현상이나 진술에 대해 진실성, 타당성, 효과성 등에 관한 응답자의 신념 또는 관점을 물어보는 질문이다. 예를 들어, "정부의 인구 정책이 효과적이라고 생각하십니까?"라는 질문을 들 수 있다. 여섯째, 규범과 가치에 관한 질문으로, 이는 응답자가 중요하게 여기거나 따르는 행동규범, 사회적 또는 개인적 가치, 규범적 원칙에 대한 질문이다. 예를 들어, "귀하가 직장생활에서 가장 중요하게 생각하는 윤리 기준은 무엇입니까?", "귀하는 사회적 평등이 중요한 가치라고 생각하십니까?" 등의 질문을 들 수 있다. 일곱째, 지식에 관한 질문으로, 이는 특정 주제에 대해 응답자가 알고 있는 지식이나 정보를 확인하는 질문이다. 교육, 훈련 등으로 인한 지식의 보유 여부나 정도를 물을 수 있다. 예를 들어, "산업안전보건법에 의하면 사업주는 어떤 의무를 갖고 있습니까?"라는 질문을 들 수 있다.

내용에 따른 질문의 종류를 구분하는 것은 중요하다. 특정 내용의 질문에 대해 잘못된 형식으로 질문하면 부정확한 자료가 수집될 수 있다. 행동(사실)에 관한 질문에 리커트 척도를 사용하는 것은 부적절하다. 예를 들어 '한 달에 몇 번 운동했습니까?'와 질문은 실제로 일어난 일이나 사실 자체를 묻는 것이므로, '동의 정도'나 '만족도'를 표시하는 리커트 척도는 부적절하다. 이러한 내용의 질문에는, 구체적 횟수나 예/아니오 등 사실을 직접 답하도록 해야 한다. 태도와 믿음에 관한 질문도 유사하다는 이유로 질문을 혼합하거나 동일한 척도를 사용하는 것은 부적절하므로 별도의 질문과 척도를 사용해야 한다. 예를 들어, "당신은 회사의 재택근무 정책에 얼마나 만족하십니까?"라는 태도에 관한 질문은 "매우 불만족"에서 "매우 만족"까지 5점 리커트 척도를 사용할 수 있다. 그리고 "재택근무가 직원의 생산성을 높인다고 생각하십니까?"라는 믿음에 관한 질문은 "전혀 동의하지 않음"에서 "매우 동의함"까지 5점 리커트 척도를 사용할 수 있다. 만약에 두 질문을 "재택근무에 대해 어떻게 생각하십니까?"라는 하나의 질문으로 묶어 하나의 척도로 답하게 하면, 만족(태도)과 생산성에 대한 신념(믿음)이 혼합되어 각각에 대한 정확한 측정이 어렵게 된다.

제3절 설문지의 구성 요소

1. 설문지 안내

설문지 안내 부분에는 응답자 식별을 위한 기록란, 설문지 소개, 응답 협조 요청, 그리고 조사자 소개 및 연락처 등이 포함된다. 응답자 식별을 위한 기록란 부분은 보통 설문지 첫 장에 위치하며, 여기에는 식별자료가 입력된다. 식별자료는 식별번호, 조사일시 등을 포함한다. 응답자에게 식별번호를 부여하면 누가 어떤 응답을 했는지를 추적하기 쉬워진다. 추가로 응답의 완전성 및 신뢰성을 평가하기 위한 등급 표시란을 두기도 한다. 설문지 소개 부분에서는 응답자에게 연구의 목적과 내용을 간략히 설명한다. 응답 협조 요청 부분에서는 응답이 연구 수행에 매우 중요함을 알리고, 개인정보 및 응답 내용에 대한 비밀 보장을 알린다. 조사자 소개 및 연락처 부분에서는 조사자 또는 조사기관의 명칭, 이메일 주소, 전화

〈표 9-9〉 설문지 안내의 예시[73]

시도		집계구			가구번호		가구원 번호		조사일/응답일
									□□월 □□일

문화체육관광부
한국언론진흥재단 Korea Press Foundation

이 조사표에 조사된 모든 내용은
통계목적 이외에는 절대 사용할 수 없으며,
그 비밀이 보호되도록 통계법(제33조)에
규정되어 있습니다.

주관기관 : 문화체육관광부
전담기관 : 한국언론진흥재단
조사기관 : (주)한국갤럽조사연구소

2023년 언론수용자 조사

안녕하십니까?

저는 여론조사 전문기관 한국갤럽조사연구소 조사원 ○○○입니다.

저희는 문화체육관광부/한국언론진흥재단과 함께 미디어 이용자들이 신문, 텔레비전, 라디오, 잡지, 인터넷, 메신저 서비스, SNS 등을 어떻게 이용하고, 이들 미디어에 대해 어떻게 생각하는지 알아보고자 본 조사를 실시하고 있습니다.

이번 조사는 한국언론진흥재단이 1984년부터 실시해온 연속 조사의 일환으로 시행되고 있습니다.
선생님의 의견은 바람직한 한국 언론 문화를 만들어 나가기 위한 소중한 자료로 활용될 것입니다.
잠시만 시간을 내셔서 설문에 응해 주시면 감사하겠습니다.

끝으로, 모든 자료는 익명으로 처리되며, 통계를 내기 위한 목적 이외에는 사용되는 일이 없다는 점을 말씀드립니다.

▣ 조사문의 (주)한국갤럽조사연구소
[연구총괄] ○○○ 부장(☎) [실사책임] ○○○ 부장(☎)

번호 등을 제시하여 응답자의 신뢰를 높이고 궁금한 점을 문의할 수 있도록 안내한다. 필요한 경우, 설문 참여 시 제공되는 혜택도 안내한다.[22] 〈표 9-9〉는 응답자 식별을 위한 기록란, 설문지 소개, 협조 요청, 조사자 소개 및 연락처 등이 포함된 설문지 안내 구성의 예시를 보여준다.

2. 지시 사항

면접 조사의 경우, 면접원과 응답자 모두에게 지시 사항을 명확히 전달해야 한다. 지시 사항은 질문지 본문과 구분되도록 다른 색상이나 글꼴 등을 사용하는 것이 바람직하다.[195] 자기기입식 설문지의 경우, 응답자가 정확하게 작성할 수 있도록 작성 방법을 상세히 안내하고, 설문지의 회수에 대한 사항을 포함해야 한다. 지시 사항은 일반적 지시문, 구체적 지시문, 면접원 지시 사항으로 구분할 수 있다.[67]

(1) 일반적 지시문

일반적 지시문은 설문 전반에 걸쳐 준수해야 하는 기본적인 지침으로, 보통 설문지 앞부분에 위치한다. 예를 들어, 개방형 질문에 대해서는 응답을 간단히 할지, 자세하게 할지 등의 작성 방식을 안내한다.[218]

(2) 구체적 지시문

구체적 지시문은 문항별 또는 영역별로 응답 요령을 제시한다. 설문지가 여러 하위 영역으로 나누어져 있는 경우, 또는 특정 영역에서 일반 지시문과 다르게 별도의 내용, 목적, 용어 등을 설명할 필요가 있는 경우, 해당 위치에 구체적 지시문을 배치한다.[218] 구체적 지시문의 예시는 〈표 9-10〉의 전반부에 나타나 있다.

(3) 면접원 지시 사항

면접원 지시 사항은 면접원의 행위와 태도의 표준화를 위해 문항별로 구체적인 지시 사항을 설명한 것으로, 면접원이 쉽게 인지할 수 있도록 큰 글씨, 박스, 음영 처리 등으로 강조해 표시할 수 있다.[255] 면접원 지시 사항의 예시는 〈표 9-10〉의 후반부에 나타나 있다.

〈표 9-10〉 구체적 지시문과 면접원 지시 사항[73]

뉴스이용경로

♣ **다음으로 뉴스이용경로에 대해 여쭈어보겠습니다.**
먼저 아래의 용어설명을 보신 후에 질문에 응답해주시기 바랍니다.

※ **용어설명**
- 인터넷: 데스크톱, 노트북 등의 컴퓨터나 태블릿 PC, 스마트폰을 통한 인터넷
- 소셜미디어: 카카오톡, 블로그, 엑스(X, 구 트위터), 페이스북, 밴드, 유튜브, 아프리카TV 등 사람과 정보를 연결하는 서비스

문71. 귀하께서는 일상의 뉴스를 어떤 경로를 통해 얻으십니까? 해당하는 경로를 모두 선택해주십시오. [복수 응답]

▷ 조사원 : 9997. 기타를 선택했을 경우 공란이 반드시 채워져야 함

1. 종이신문 2. 텔레비전 3. 라디오
4. 인터넷 5. 소셜미디어
9997. 기타: (적을 것: ______________________)

3. 질문 문항

질문 문항은 핵심적인 자료가 수집되는 부분이다. 응답자 분류를 위한 질문 문항은 응답자의 인구통계학적 변수를 조사하며, 설문지의 뒷부분에 배치되는 것이 일반적이지만 앞부분에 배치할 수도 있다. 응답자 분류를 위한 문항의 예시는 〈표 9-11〉에 나타나 있다.

〈표 9-11〉 응답자 분류를 위한 자료[73]

SQ1. 거주지역1	1. 서울 2. 부산 3. 대구 4. 인천 5. 광주 6. 대전 7. 울산 8. 세종 9. 경기 10. 강원 11. 충북 12. 충남 13. 전북 14. 전남 15. 경북 16. 경남 17. 제주
SQ1-1. 거주지역2	____________구/시/군 ____________동/읍/면
SQ1-2. 거주지역3	세부주소: ____________________
DQ2. 성별	1. 남성 2. 여성
DQ3. 연령	실례지만, ____________님의 올해 연세는 어떻게 되시나요? 만 ________ 세 → 만 18세 이하 면접 중단 (2004년 9월 1일 이전 출생자만 응답)

제4절 설문지 작성 과정

설문지 작성은 여러 단계를 거쳐 진행되며, 일반적으로 필요한 정보 결정, 자료수집 방법 선택, 개별 질문 내용과 형태 결정, 질문 완성, 순서 배치, 설문지 외형 결정, 사전 조사, 그리고 최종 확정 및 인쇄 과정을 포함한다. 연구자는 각 단계에서 문제점을 파악하고 수정하며 점진적으로 설문지를 완성해야 한다.[67]

1. 필요한 정보의 결정

설문지 작성의 첫 단계는 측정하려는 개념을 명확히 이해하고, 연구문제나 가설에 근거하여 필요한 정보를 결정하는 것이다. 이때, 필요한 정보를 얼마나 세부적으로 측정할지 정해야 한다.

2. 자료수집 방법의 선택

다음으로 자료수집 방법을 선택해야 한다. 자료수집 방법에 따라 정보의 내용과 양, 질문 방식이 달라지므로 연구목적과 조사대상에 적합한 방법을 선택해야 한다. 자료수집 방법에 대한 자세한 내용은 10장과 11장에서 자세히 다룰 것이다.

3. 개별 질문의 내용 결정

개별 질문의 내용을 결정할 때 다음 사항들을 고려해야 한다.[18] 첫째, 응답자가 답변에 필요한 정보를 알고 기억할 수 있는지 확인하고 응답 가능한 질문을 선정해야 한다. 둘째, 하나의 질문으로 얻고자 하는 정보를 모두 포함할 수 없을 때는 여러 질문으로 세분화해야 한다. 셋째, 설문 문항은 필요한 내용만 선별하여 질문 수를 최소화해야 한다. 넷째, 응답자가 명확히 이해하고 답변할 수 있도록 간결하고 명료한 질문을 작성해야 한다.

4. 질문 형태의 결정

(1) 개방형 질문과 폐쇄형 질문의 선택

개방형 질문과 폐쇄형 질문은 〈표 9-12〉에 나타난 바와 같이 여러 측면에서 대비되므로 장단점을 고려하여 선택해야 한다.[4,18,218,255] 첫째, 개방형 질문의 경우 상세하고 심층적인 답변을 얻을 수 있으나, 폐쇄형 질문의 경우 다양한 의견도 유사한 답변으로 처리될 수 있다. 둘째, 개방형 질문의 경우 응답자가 연구자가 기대하지 않은 방향으로 답변할 수 있으나, 폐쇄형 질문의 경우 응답 차원이 명확하다. 셋째, 개방형 질문의 경우 응답 작성에 부담을 느껴 회피할 위험이 있고 응답률 저하로 이어질 수 있으나, 폐쇄형 질문의 경우 응답 부담이 적고 응답률을 높이는 효과가 있다. 넷째, 개방형 질문의 경우 연구자가 예상치 못한 유용한 정보를 발견할 수 있으나, 폐쇄형 질문의 경우 중요한 응답 항목이 빠질 수 있다. 다섯째, 개방형 질문은 측정의 일관성 유지가 어려워 신뢰도가 낮지만, 폐쇄형 질문은 일관된 측정이 가능하여 신뢰도가 높다. 여섯째, 개방형 질문의 경우 응답 내용을 계량화하기 어렵고 분석 과정에서 일부 자료가 제외될 수 있으나, 폐쇄형 질문의 경우 자료를 쉽게 계량화할 수 있고 분석이 쉽다. 일곱째, 개방형 질문의 경우 응답 결과의 비교가 어렵지만, 폐쇄형 질문의 경우 응답 결과를 비교하기 쉽다. 여덟째, 개방형 질문의 경우 결과 해석이 복잡하고 주관적 편견이 개입될 가능성이 크지만, 폐쇄형 질문의 경우 결과 해석이 명확하고 편견이 개입될 가능성이 작다. 아홉째, 개방형 질문의 경우 소규모 탐색적 연구나 예비조사(pilot test)에서 유용하며, 예비조사에서 자주 언급된 내용을 본조사의 폐쇄형 질문의 응답 항목에 반영할 수 있다. 반면에 폐쇄형 질문의 경우 대규모 조사를 수행할 때 유용하다.

〈표 9-12〉 개방형 질문과 폐쇄형 질문의 비교

관점	세부 사항	개방형 질문	폐쇄형 질문
응답자 관점	응답의 표현	자유로움	제한됨
	응답의 차원	불명확	명확
	응답의 부담	높음	낮음
	응답률	낮음	높음
연구자 관점	예상치 못한 정보의 확보	가능성 높음	가능성 낮음
	측정의 일관성	낮음	높음
	자료 처리와 분석	어려움	용이함
	응답 결과의 비교	용이함	어려움
	응답 결과의 해석과 편견	해석이 어렵고 편견 가능	해석이 쉽고 편견 적음
	사용 용도	소규모 예비조사	대규모 본조사

(2) 평정형 질문의 선택과 고려 사항

평정형 질문을 선택할 때 응답 항목과 관련하여 다음 사항을 고려해야 한다.[22] 첫째, 응답 항목의 수는 응답자의 특성과 자료수집 방법에 맞게 조절해야 한다. 예를 들어, 응답자가 전문가일 경우 항목 수를 늘리고, 전화 조사처럼 응답 시간이 제한적이면 항목 수를 줄이는 것이 적절하다. 둘째, 일반적으로 긍정적 응답 항목과 부정적 응답 항목의 수는 균형을 맞춘다, 예를 들어, 선호도 평가에서 '나쁘다', '보통이다', '좋다', '아주 좋다'로 구성되었다면 '매우 나쁘다'를 추가하여 한쪽으로 치우치지 않도록 해야 한다. 예외적인 상황에서 응답 분포가 한 방향으로 크게 치우친다고 예상될 때, 균형을 맞추지 않을 수 있다. 셋째, 일반적으로 응답 항목 수는 홀수로 하여 중간 응답 항목(예: '보통이다')을 포함한다. 이는 중도적 의견이나 행태를 가진 응답자를 포착하기 위한 것이다. 예외적인 상황에서 찬성 또는 반대 의사를 명확히 파악하고자 할 때, 중간 응답 항목을 제거하여 응답 항목 수를 짝수로 할 수 있다. 넷째, '모르겠다', '의견이 없다'와 같은 응답 항목을 제공하는 것이 적절하다. 그렇지 않으면 응답자의 의견을 강요하게 된다.

5. 개별 질문의 완성

(1) 설문 작성의 원칙

일반적으로 설문 문항을 작성하는 원칙은 다음과 같다.[89,134,144,195,218] 첫째, 질문은 명확해야 하며, 사용된 단어는 모든 응답자에게 동일한 의미로 이해되어야 한다. 예를 들어, 소득에 대한 질문은 근로소득인지 또는 자산소득까지 포함하는지, 세전 소득 또는 세후 소득인지 명확히 해야 한다. 단위와 기간을 구체적으로 제시해야 한다. 수량이나 빈도의 경우, "대개", "거의" 등의 모호한 표현보다 "매일 한 번", "한 달에 한 번" 등의 명확한 표현을 사용해야 한다. 둘째, 질문은 응답자의 이해 수준에 맞춰 일상적이고 쉬운 용어를 사용해야 한다. 일반 대중을 대상으로 한다면 중학생 수준에서 이해할 수 있는 단어를 사용하고, 전문 용어, 은어, 속어, 약어는 피해야 한다. 예를 들어, 심근경색을 겪은 적이 있느냐는 질문보다는 심장발작을 겪은 적이 있느냐는 질문이 적절하다. 셋째, 질문은 간결해야 하며, 불필요한 단어의 반복을 피해야 한다. 넷째, 질문은 응답자와 관련성이 있어야 한다. 응답자들이 생각해본 적 없거나 관심이 없는 주제에 대한 질문은 유용한 답변을 얻기 어렵다. 다섯째, 질문은 가치중립적으로 표현해야 한다. 편견을 내포한 표현은 피해야 한다. 예를 들어 '그냥'과 같은 표현은 바람직하지 못할 것이라는 의미를 함축하여 특정 방향으로 응답을 왜곡할 수 있다. 여섯째, 잘못된 전제에 기반한 질문은 피해야 한다. 예를 들어, '귀하가 인공지능 검색 서비스를 이용하는 동기는 무엇입니까?'라는 질문은 모든 응답자가 인공지능 검색 서비스를 이용한다는 전제에 기반하므로, 이용하지 않는 응답자에게 무의미하다. 따라서 가정이 필요한 질문은 별도의 조건부 질문으로 구성해야 한다. 일곱째, 먼 미래의 의도나 가상 상황에서의 행동에 대한 질문은 피해야 한다. 여덟째, 지나치게 상세한 답변을 요구하는 질문은 피해야 한다. 정확히 기억하기 어려운 정보에 대한 질문은 부정확한 대답이나 응답 회피로 이어진다. 예를 들어, 최근 한 달간의 시청시간에 관한 질문은 너무 상세한 정보를 요구하므로 정확한 답변을 기대하기 어렵다. 아홉째, 부정 또는 이중 부정의 표현은 피해야 한다. 질문에 부정적 표현이 포함되면 응답자가 질문을 오해할 수 있다. 예를 들어 "기후위기가 사회적 불평등에 영향을 주지 않는다고 생각합니까?"라는 질문보다는 "기후위기가 사회적 불평등에 영향을 준다고 생각합니까?"라는 질문이 바람직하다. 특히 이중 부정 표현은 응답자를 혼란스럽게 하므로 피해야 한다. 예를 들어, "대학원생이 졸업하기 위해 의무적으로 종합시험에 응시하도록 해서는 안 된다는 것에 동의하지 않습니까?"보다는 "대학원생이 졸업하기 위해 의무적으로 종합시험에 응시하는 것에 동의하십니까?"라는 질문이 적절하다. 열 번째, 이중 질문(double-barreled question)은 피해야 한다. 이중 질문이란 한 질문에서 둘 이상의 답변을 묻는 것이다. 예를 들어, 어떤 행정 기관의 처리 속도와 친절에 대한 만족도에 대한 질문은 두 가지를 동시에 묻고 있으나 둘 중 하나만 만족할 수 있으므로 두 개의 질문으로 나눠야 한다. 접속사 '그리고', '과', '와' 등이 포함된 경우, 몇 개의 질문으로 분리할 수 있는지 검토해야 한다. 접속사를 사용하지 않으면서 이중 질문을 할 수도 있다. 예를 들면, "부모님과 잘 지내나요?"와 같은 질문도 이중 질문에 해당하므로, 어머니와 아버지 각각에 대해 별도의 질문으로 분리해야 정확한 응답을 얻을 수 있다. 마지막으로, 유도 질문(leading question)은 피해야 한다. 특정 답변으로 응답자를 유도하는 질문은 편향을 초래한다. 유도 질문을 피하려면 권위에 호소하는 표현은 사용하지 말아야 한다. 예를 들어, "의사들은 소량 음주도 암을 유발한다고 주장합니다. 동의하십니까?"라는 질문은 응답자를 동의하는 방향으로 유도할 수 있다. 유도 질문을 피하려면 질문에서 선택의 이유를 설명하지 말아야 한다. 예를 들어, "당신은 생명을 구하기 위해 현행 최고속도 제한 규정을 지지합니까?"와 같이 이유를 포함한 질문은 응답의 편향을 초래하므로, "당신은 현행 최고속도 제한 규정을 지지합니까?"로 수정하는 것이 적절하다.

(2) 기억과 관련된 질문의 작성

기억과 관련된 질문을 작성할 때는 다음 사항을 고려해야 한다.[144] 첫째, 회상을 개선하기 위해 질문과 관련된 하위 범주들에 대해 별도의 질문을 한다. 이를 회상 보조(aided recall)라고 한다. 예를 들면, AI 검색 이용에 관한 질문에서 여러 AI 검색 사이트의 이름을 열거하면서 각 사이트에 대해 별도의 질문을 할 수 있다. 둘째, 단기간 내에 자주 일어나는 일상적인 행동에 대해 질문할 때는, 응답자의 기억에만 의존하기보다 직접 일지를 작성하도록 하는 것이 더 정확한 정보를 얻는 데 도움이 된다. 예를 들면, 미디어 이용 실태 파악을 위해 미디어 다이어리를 작성하게 하는 방식이 있다. 셋째, 장기간에 걸쳐 일어난 사건에 관한 질문할 때는 응답자의 생애사 일람표를 활용하는 것이 유용하다. 생애사 일람표는 결혼, 출산, 직업, 거주 등 인생의 주요 사건들을 정리한 것으로, 과거의 평범한 사건에 대한 회상에 도움을 준다. 마지막으로, 사건이 일어난 시점에 대한 기억의 오류를 줄이기 위해서는, 가계부와 같은 기록 자료를 참고하는 것도 회상에 도움이 된다.

(3) 민감한 질문의 작성

민감한 내용의 질문을 작성할 때는 다음과 같은 점을 고려해야 한다.[18, 144, 255] 첫째, 직접적인 질문을 피하고 간접적인 질문을 사용해야 한다. 사회적으로 민감한 내용이나 개인의 체면 등으로 인해 솔직한 답변이 어려운 경우, 지인의 경험이나 일반적인 현상에 대해 질문하면 무응답이나 왜곡된 답변을 줄일 수 있다. 예를 들어, "당신은 시험 중 부정행위를 한 적이 있습니까?"와 같은 직접적 질문 대신에 "아직도 시험 중 부정행위를 하는 학생이 있다고 생각하십니까?"와 같은 간접적 질문이 솔직하지 않은 응답을 줄일 수 있다. 둘째, 직설적인 표현보다는 완곡한 표현을 사용해야 한다. 민감한 행위에 대해 질문할 때는 응답자가 불편함을 느끼지 않도록 완곡하게 표현하는 것이 좋다. 예를 들어, "가게에서 물건을 훔

친 적이 있습니까?" 대신 "한 번이라도 가게에서 돈을 내지 않고 물건을 가져온 적이 있습니까?"와 같이 표현할 수 있다. 셋째, 민감한 행위에 대해 질문할 때는 기간을 길게 설정한다. 최근 한 번의 경험에 대해 질문하는 것보다는, 전체 생애를 대상으로 경험 여부를 물으면 응답자의 부담이 줄어든다. 마지막으로, 익명성을 보장해야 한다. 자기기입식 설문을 이용하거나 무기명 조사라고 안내하면, 민감한 질문에 대해 솔직한 답변을 유도할 수 있다.

6. 질문 순서의 결정

(1) 설문의 구성

설문지는 다음과 같은 구성 원칙에 따라 작성하는 것이 바람직하다.[18,22,195] 첫째, 설문은 도입부(조사 목적 및 방법 설명), 시작 질문, 본격적인 중간 질문, 그리고 마무리 질문의 순서로 배열한다. 설문 마지막에는 응답자에게 조사 참여에 대한 감사를 전해야 한다. 둘째, 시작 질문은 응답자의 부담을 최소화하고, 흥미를 유발할 수 있도록 쉽고 친근하며 일반적인 내용을 다루는 것이 좋다. 셋째, 응답자가 깊이 생각해야 하거나 민감하게 느낄 수 있는 질문은 설문지의 후반부에 배치한다. 넷째, 인구 통계적 정보는 자기기입식 설문에서 마지막 부분에, 면접 조사에서 대개 앞부분에 배치한다. 이는 자기기입식 설문에서는 응답자 이탈을 최소화하기 위한 것이고, 면접 조사에서는 이후 단계에서 적절한 용어의 선택과 질문 방향을 조정하기 위한 것이다.

(2) 질문의 순서효과

질문의 순서효과는 선행 질문이 후속 질문에 대한 응답에 직접적인 영향을 미칠 수 있음을 의미한다. 예를 들어, "당신의 배우자는 어떻습니까?"라는 질문에 답한 후 "당신의 가족은 어떻습니까?"라는 질문을 받으면 응답자는 앞서 언급한 배우자를 제외한 다른 가족 구성원을 중심으로 답변할 수 있다. 이와 같은 질문의 순서효과는 응답자가 뚜렷한 의견을 갖고 있지 않거나, 교육수준이 낮거나, 나이가 많은 경우 더 뚜렷하게 나타난다. 따라서 설문 설계 시 질문 순서가 응답결과에 미치는 영향을 신중히 고려해야 하며, 필요할 경우 순서 배열을 조정하여 순서효과를 완화하는 방법을 사용할 수 있다.[195]

(3) 질문의 순서에서 고려할 사항

질문의 배열 순서를 결정할 때는 다음 사항을 고려해야 한다. 첫째, 같은 주제에 속하는 질문들을 모아서 배열하면 응답자의 집중도가 높아진다. 주제를 전환할 때는 그 근거가 명확하고 논리적이어야 한다.[255]

둘째, 질문 순서는 점화 효과(priming effect)를 유발할 수 있다. 점화효과는 이전에 제시된 자극이나 정보가 이후의 인지나 응답에 영향을 미치는 현상을 말한다. 예를 들어, 대학생을 대상으로 한 연구에서 "최근 데이트 빈도"에 대한 구체적 질문을 먼저 한 뒤 "전반적인 삶의 만족도"에 대한 일반적 질문을 할 때, 데이트 빈도에 대한 응답이 삶의 만족도 평가에 강한 영향을 미치는 점화 효과가 나타났다. 반대로 삶의 만족도를 먼저 묻고 데이트 빈도를 나중에 물으면 두 질문 간 상관관계가 약해졌다. 이는 먼저 제시된 구체적 질문에 대한 응답이 곧바로 제시된 일반적 질문에 대한 응답에 크게 영향을 미치는 점화효과가 발생했음을 의미한다.[154,242] 이러한 점화 효과는 응답자가 앞선 질문의 맥락과 자신의 답변을 의식하여 다음 질문에 일관적으로 답하려는 일관성 편향(consistency bias)을 일으켜서, 응답을 왜곡할 수 있다. 따라서 점화 효과가 예상되는 질문들 사이에 관련 없는 질문을 삽입하거나 충분한 간격을 두어 각 질문이 독립적으로 인식되도록 해야 한다.[59]

셋째, 일반적으로 서로 연결되는 질문은 깔때기형 배열(funnel sequence)을 한다. 깔때기형 배열이란 어떤 주제에 대해 일반적인 질문을 먼저하고 점차 구체적인 질문으로 배치하는 것을 말한다. 예를 들어, 인생 만족도(일반적 영역)를 먼저 묻고 결혼생활 만족도(특정 영역)를 나중에 물으면 깔때기형 배열로 적절하지만. 반대의 순서로 질문을 배열하면 질문의 순서효과가 크게 나타날 수 있다. 즉, '부분－전체' 관계에 있는 질문에서 부분에 해당하는 질문을 먼저 제시하면, 응답자가 부분을 더 중요하게 여기게 되어 전체 평가에 영향을 주는 질문의 순서효과가 발생한다.[225]

넷째, 예외적인 경우, 역깔때기형 배열(inverted funnel sequence)을 활용할 수 있다. 이는 구체적 질문이나 폐쇄형 질문으로 시작해 점차 광범위한 질문이나 개방형 질문으로 나아가는 배열이다. 역깔때기형 배열은 다음과 같은 경우에 적합하다. 먼저, 응답자가 질문의 주제에 대해 잘 알지 못할 때, 폐쇄형 질문으로 시작하여 점차 의견 제시를 요구하는 개방형 질문으로 확장하는 방식이 바람직하다. 또한, 응답자의 기억을 살리고자 할 때, 구체적인 질문을 통해 기억을 자극하면 이후 개방형 질문에 대해 일관된 답변을 이끌 수 있다. 끝으로, 부담이 큰 사안에 대해 응답자가 바로 개방형 질문에 답하기 힘들 때, 폐쇄형 질문으로 심리적 부담을 줄이면서 개방형 질문으로 자연스럽게 이끌 수 있다.[241]

7. 설문지의 외형 결정

설문지의 외형은 응답자의 이해, 응답의 정확성, 응답률 등에 영향을 미치므로 신중히 설계해야 한다. 설문지의 외형에 관한 권고사항은 다음과 같다.[18,144,160,211] 첫째, 설문지 전반에 걸쳐 글꼴, 글자 크기, 여백, 질문 문항과 응답 항목의 배치 등 시각적 요소의 일관성을 유지하여 응답자가 문항 구조를 쉽게 파악할 수 있도록 한다. 둘째, 지시문, 질문 문항, 응답 항목을 명확하게 구분하여 가독성을 높인다. 예를 들어, 지시문(예: "해당하는 항목을 모두 선택하시오")은 눈에 잘 띄는 위치에 배치하고 시각적으로 강조하여 응답자가 쉽게 인지할 수 있게 하며, 질문 문항은 굵은 글씨로, 응답 항목은 들여쓰기나 표 형태로 구분하는 방법이 효과적이다. 셋째, 여백을 충분히 확보해야 한다. 특히 개방형 질문에는 응답자가 답변할 수 있는 공간을 넉넉히 배치한다. 넷째, 굵은 선이나 장식적 요소 등 불필요한 시각적 요소는 최소화하여 응답자의 주의가 산만해지지 않도록 한다. 다섯째, 양면인쇄, 작은 글씨, 가로로 긴 설문지, 큰 용지 사용 등은 피하여 응답자가 불편함 없이 설문에 응할 수 있도록 한다.

8. 설문지의 사전 조사

설문지 작성 과정에서 사전 조사는 연구의 질을 높이고 오류를 최소화하기 위한 중요한 절차이다. 예비조사는 연구주제의 핵심 요소, 조사대상, 자료수집 방법 등을 탐색적으로 파악하기 위해, 설문지 초안이 작성되기 전에 실시한다. 반면, 사전 조사는 설문지 초안이 완성된 후에 설문지 전반의 오류를 점검하고 수정하기 위해 실시하는 조사이다. 연구자의 의도와 실제 응답자의 이해 사이에 차이가 있을 수 있으므로, 사전 조사를 통해 설문지의 적절성을 검토하는 것이 필요하다.[255]

(1) 사전 조사의 절차

일반적으로 설문지의 사전 조사는 다음 절차를 따른다.[37,218] 첫째, 소규모 표본을 선정한다. 사전 조사에 참여하는 표본은 본 연구의 대상과 유사해야 하나, 본 조사에서는 제외한다. 둘째, 본조사와 동일한 자료수집 방법과 절차를 사용하여 설문 조사를 진행한다. 셋째, 설문지 전반에 대해 점검한다. 사전 조사의 목적은 개별 질문, 전체 설문지의 흐름 등에서 문제점을 점검하고 개선하기 위한 것이다. 넷째, 사전 조사 결과를 바탕으로 불필요한 질문은 삭제하고 필요한 질문은 추가하고 질문 문항과 응답 항목을 수정하고 보완한다.

(2) 개별 질문의 문제점 검토

사전 조사에서 개별 질문에 대해 다음 문제점을 위주로 점검하는 것이 필요하다.[18,37] 첫째, 응답자가 질문의 의미를 명확하게 이해했는지 확인한다. 즉, 연구자의 의도가 응답자에게 제대로 전달되었는지 확인한다. 둘째, 질문에 사용된 용어가 적절했는지 검토한다. 응답자에게 생소한 용어나 전문 용어를 사용했는지 확인한다. 셋째, 질문의 변별력을 확인한다. 즉, 특정 질문 문항에서 응답이 한쪽으로 치우치는지 또는 무응답, 기타 응답, 모름 등의 응답이 많이 나오는지 확인한다. 넷째, 특정 질문에서 애매한 응답이 많이 발생하는지 확인한다. 다섯째, 중복되거나 불필요한 질문과 추가해야 할 질문이 있는지 점검한다.

(3) 사전 조사의 검토 사항

사전 조사에서 전체 설문지의 흐름에 대해서는 다음 문제점을 위주로 점검한다.[37] 첫째, 질문의 배열이 논리적이고 자연스러운지 확인한다. 둘째, 쉬운 질문으로 시작하고 민감한 질문은 후반부에 배치되었는지 점검한다. 셋째, 응답의 일관성이 있는지 확인한다. 유사한 질문 문항에 대해 일관된 답변이 나오는지 확인한다. 넷째, 개방형, 폐쇄형 질문 등의 질문 형식이 적절한지 확인한다. 그리고 응답 항목의 수가 적절한지 확인한다. 다섯째, 전체 설문을 완료하는 데 걸리는 시간은 적절한지 점검한다.

9. 설문지의 확정 및 인쇄

사전 조사 결과를 반영하여 문항의 내용, 순서, 질문 문항 및 응답 항목의 형식 등을 최종적으로 수정한다. 그리고 설문지에 조사 목적, 응답자 안내문, 개인정보 보호 안내 등 필수적인 정보가 기재되었는지 확인하고, 오타와 논리적 오류가 있는지 최종적으로 점검한다.

확정된 설문지는 인쇄 전에 실제 배포 형태(종이 또는 온라인)에 맞춰 최종 디자인과 배치를 확정한다. 종이 설문지의 경우, 인쇄할 때 글씨 크기, 여백, 응답란의 위치와 크기 등을 고려해 응답자가 쉽게 답변할 수 있도록 한다. 온라인 설문지의 경우, 파일로 저장하거나 설문 플랫폼의 인쇄 미리 보기 기능을 활용해 오류가 있는지 확인 후 배포한다.

제10장

양적 자료수집 방법

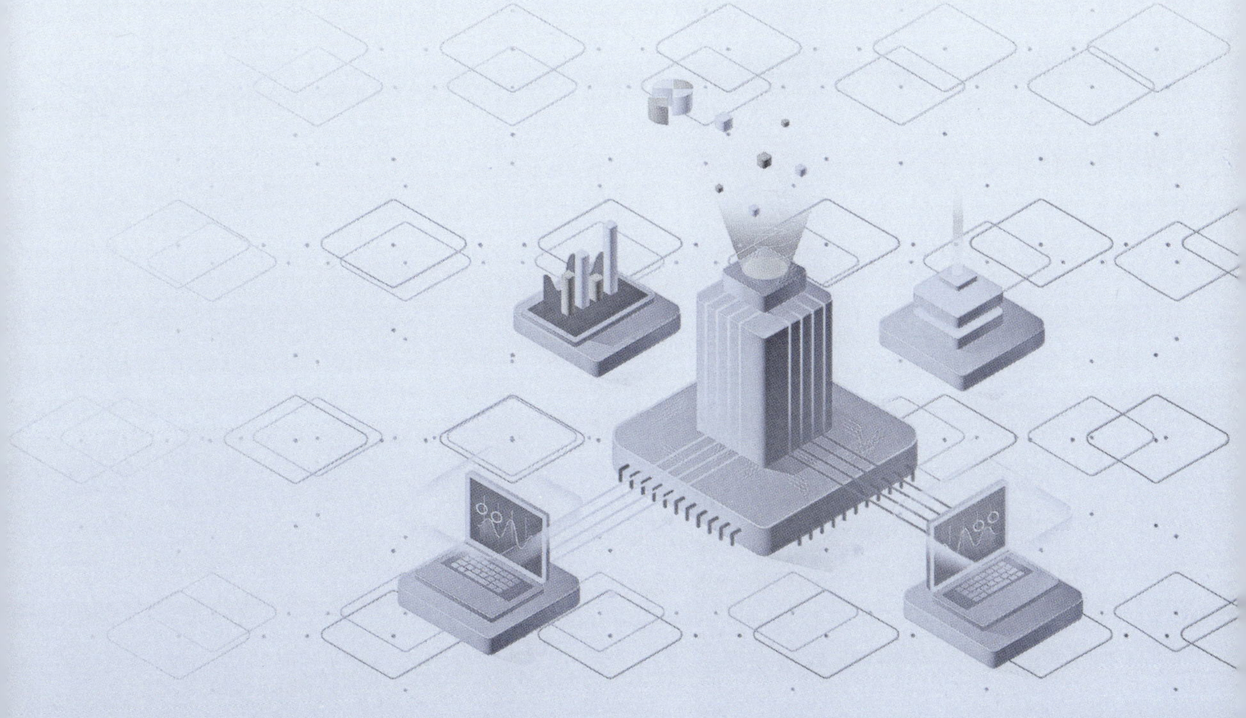

제1절 대인 면접

1. 개 요

대인 면접(personal interview)은 면접원이 응답자와 직접 대면하여, 준비된 질문지를 바탕으로 일대일로 질문을 제시하고 응답 내용과 반응을 실시간으로 기록해 자료를 수집하는 방식으로, '개인 면접'이나 '개별 면접'으로도 불린다. 대인 면접은 설명이 필요한 복잡하거나 민감한 내용, 장시간에 걸친 심층 조사, 개방형 질문 등에 적합하다. 면접원이 응답자의 표정이나 태도와 같은 비언어적 반응까지 관찰할 수 있어, 표면적 응답을 넘는 풍부한 정보를 얻을 수 있다. 현장에서 응답자의 반응에 따라 융통성 있게 조사를 진행할 수 있고, 필요한 경우, 질문의 순서를 바꿀 수도 있고 표준화된 질문 이외에 탐색적 질문도 덧붙일 수 있다. 대인 면접은 양적 조사뿐만 아니라 질적 조사에서도 사용되는 방법으로, 응답의 심층성 측면에서 높은 품질의 자료를 얻고자 할 때 유용하다.

2. 대인 면접의 종류

대인 면접의 방식은 두 가지로 나눌 수 있다.[40,68] 첫째, 종이와 연필을 이용한 대인 면접(paper and pencil interview)은 전통적인 면대면 조사방법으로, 면접원이 질문을 읽어주고, 응답자는 구두로 답변하며, 면접원이 그 내용을 설문지나 응답지에 기록하는 방법이다. 둘째, 컴퓨터 보조 대인 면접(computer-assisted personal interview)은 면접원이 노트북과 같은 컴퓨터 기기를 이용해 응답자의 답변을 실시간으로 입력하는 방식이다. 여기서 컴퓨터는 설문 문항의 흐름 관리, 응답 범위와 일관성의 점검, 응답자 맞춤형 문항의 제시, 자동 계산 및 채점, 도움말 제공, 면접 상황 모니터링 등 다양한 기능을 지원할 수 있다.

컴퓨터 보조 대인 면접은 종이와 연필 방식과 비교할 때 다음과 같은 장점이 있다.[40,68,115] 첫째, 컴퓨터가 설문 경로를 자동으로 관리하여, 면접원의 경로 이탈이나 응답자의 비논리적 응답(예: 응답 범위 바깥의 값 입력 등)을 차단하여 면접원과 응답자의 실수를 줄일 수 있다. 둘째, 선행 응답에 따라 해당 응답자에게 적합한 질문 또는 보기만을 제시할 수 있어, 응답 효율성을 높일 수 있다. 셋째, 질문 문항이나 응답 항목의 순서를 무작위로 제시하여 순서효과를 방지할 수 있다. 넷째, 면접 진행 시간, 문항별 응답 시간, 응답자와의 접촉 상황 등 다양한 면접 정보를 자동으로 기록하여 면접원 감독과 관리가 수월하다. 다섯째, 면접 종료 후 자료의 검토, 편집, 처리 과정을 단축하여 효율적으로 자료를 관리할 수 있다. 이러한 장점들로 인해 컴퓨터 보조 대인 면접의 활용도가 점차 높아지고 있다.

3. 면접원의 유의 사항

면접 이전 단계에서 면접원은 조사 목적과 질문 내용을 숙지해야 한다. 또한, 단정한 복장을 갖추고, 특정 종교나 사회단체의 배지 등은 착용하지 말아야 한다.[33] 면접 준비 단계에서 면접원은 자신의 신분, 조사의 목적, 응답자 선정 방법, 개인정보 보호 방침 등을 밝혀야 한다. 면접 진행 단계에서 우선 면접원은 응답자와 친밀감(rapport)을 형성하여 편안한 분위기를 조성해야 한다. 표준화된 설문의 경우 정해진 질문 내용과 순서를 따라야 한다. 개방형 질문의 경우 불명확한 답변이 나오면 캐묻기를 통해 보완하고 응답 내용은 응답자가 말한 그대로를 기록해야 한다. 면접원은 자신의 가치 판단, 의견, 감정 등을 드러내지 않으며 중립적 태도를 지켜야 한다. 면접 종료 후에는 응답 내용을 점검하고, 부족한 답변은 현장에서 보완해야 하며, 조사 참여에 대해 감사를 표현해야 한다.

4. 대인 면접의 장단점

대인 면접의 주요 장점은 다음과 같다.[46,255] 첫째, 다양한 질문 형태를 자유롭게 사용할 수 있어서 심층적이고 풍부한 정보를 얻을 수 있다. 둘째, 정보 수집 과정에서 유연성이 높다. 면접원은 면접 진행 중 응답자의 상황에 맞춰 대화를 이끌 수 있으며, 응답자의 태도, 감정, 행동 등 비언어적 요소를 관찰하여 답변의 맥락을 이해할 수 있다. 또한, 응답이 불충분하거나 모호할 경우 캐묻기를 통해 보완할 수 있다. 셋째, 어린이, 노인 등 조사대상에 대한 제약이 거의 없다. 넷째, 면접원은 조사 장소와 시간, 질문의 순서, 의사소통의 흐름을 통제할 수 있으며, 응답자의 신원을 직접 확인할 수 있다. 다섯째, 응답자와의 직접 접촉으로 인해 우편조사, 전화조사 등 다른 방법에 비해 응답률이 높다.

대인 면접의 주요 단점은 다음과 같다.[46,255] 첫째, 대인 면접은 면접원의 모집, 교육, 훈련, 관리, 감독 등에 비용이 많이 들고, 현장 방문에 따른 추가 비용도 발생한다. 둘째, 조사대상과의 방문 시간 조율이 어렵고 일정 변경 가능성이 있으며 조사 시간이 긴 편이다. 셋째, 응답자가 여러 지역에 분포하거나 접근이 어려운 경우, 면접원의 현장 방문이 제한될 수 있다. 넷째, 익명성 보장이 어려워서 사회적 규범과 관련되거나 민감한 사안의 질문에 대해 응답이 왜곡될 가능성이 있다. 다섯째, 면접원의 편견, 질문 방식, 태도, 표정 등이 응답자에게 영향을 미쳐 응답 결과에 편향이 발생할 수 있다.

제2절 전화 조사

1. 개 요

전화 조사는 면접원이 조사대상자에게 전화를 걸어 미리 준비된 질문을 읽어 주고, 응답자가 전화상으로 답변하는 내용을 면접원이 기록하여 자료를 수집하는 방식이다. 일반적으로 질문은 간단하게 작성되며, 적절한 조사 시간은 5~20분이다. 복잡한 조사에서는 그 이상 소요되지만, 일반 대중 대상의 전화 조사는 응답자의 피로와 이탈을 막기 위해 짧게 유지해야 한다. 질문당 응답 시간은 대개 30초~1분이다. 전화 조사는 여론조사, 소비자 만족도 조사, 마케팅 조사 등 다양한 분야에서 널리 활용된다.

2. 전화 조사의 종류

전통적인 전화 조사는 면접원이 조사대상자에게 직접 전화를 걸어 질문을 읽어준 후 응답을 청취하고 기록하는 방법이다. 면접원은 자신의 이름과 소속을 밝히고 조사의 목적과 소요시간을 말한 다음 승낙을 받고 조사를 진행한다.

자동응답시스템(automated response system: ARS) 전화 조사는 사전에 녹음된 질문이 자동으로 순서에 따라 재생되고, 응답자는 전화기 버튼을 눌러 답변을 입력하거나 음성으로 답하는 방식이다. 이는 응답자가 직접 콜센터에 전화를 걸어 참여하는 방식(인바운드 방식)과 콜센터나 조사기관이 응답자에게 전화를 걸어 조사에 참여하도록 하는 방식(아웃바운드 방식)으로 구분할 수 있다. 이 방식은 컴퓨터가 여러 회선으로 동시에 대량의 전화를 발신해 신속하게 대규모 조사를 할 수 있으며, 응답 결과가 자동으로 저장되어 실시간으로 자료수집과 분석을 할 수 있다. 또한, 면접원이 없어서 면접원에 의한 편향을 제거할 수 있고, 조사 단위당 비용이 저렴하다. 그러나 사전 녹음에 대한 이질감으로 인해 조사의 거부나 중단이 많아 응답률이 낮으며, 고령층과 같은 일부 집단이 배제될 수 있어서 표본이 편향적으로 구성될 수 있다.[45,46]

컴퓨터 보조 전화 면접(computer-assisted telephone interview)은 컴퓨터 프로그램을 활용하여 전화로 설문 조사를 진행한다. 면접원은 컴퓨터 화면에 미리 입력된 질문을 읽어주고 응답을 컴퓨터에 입력하면 프로그램이 자동으로 다음 질문을 안내한다. 전화 연결, 질문 순서, 질문과 응답의 기록 등의 절차가 프로그램을 통해 관리된다. 이런 방식은 복잡한 조건부 질문 등을 프로그램이 자동으로 처리하고, 응답에 모순이나 불일치가 있는 경우 자동으로 검증하므로 자료의 정확성과 효율성이 높다. 전화 자동 연결로 대기 시간을 단축할 수 있으며, 통화 녹음과 상담원 상태 모니터링으로 품질 관리와 면접원에 대한 감독이 쉽다. 이 방식은 자동응답시스템보다 응답률이 높다.

3. 조사대상자의 선정

전화 조사에서 조사대상의 선정은 표본의 대표성을 좌우하는 핵심 요소이다. 전통적으로 전화번호부를 표집틀로 사용했으나, 휴대전화의 보급 확대와 유선전화의 사용 감소로 인해 전화번호부에 기반을 둔 표집틀을 사용하기에는 문제가 있다. 예를 들어, 전화번호부에 등재되지 않은 번호, 최근 개설된 번호, 휴대전화 사용자 등이 배제될 수 있다.

(1) 무작위번호 걸기

전화번호부를 이용한 표집틀의 한계를 극복하기 위해 무작위번호 걸기(random digit dialing: RDD) 방법이 활용되기도 한다. 이 방법은 컴퓨터를 이용해 지역 번호와 국번(특정 전화국 번호) 등 고정된 앞자리 번호를 제외한 나머지 자리 숫자(일반적으로 마지막 4자리)를 무작위로 생성해 전화를 거는 방식이다. 이 방법은 전화번호부에 등재되지 않은 번호나 최근에 개통된 번호까지 포함할 수 있고 휴대전화와 유선전화에 모두 적용할 수 있어서 표본의 대표성을 높일 수 있다. 그러나 무작위로 생성된 번호에는 결번, 팩스 번호, 사업체나 관공서 등 조사대상이 아닌 번호가 포함될 수 있다. 휴대전화 RDD의 경우, 번호만으로는 가입자의 거주 지역을 정확히 알기 어렵다는 한계도 있다. 따라서 전국 단위의 대규모 조사에 적합하지만, 지역 단위 조사에서는 활용이 어렵다.[46]

(2) 가상번호의 활용

지역 단위나 특정 집단을 대상으로 하는 조사에서는 가상번호(안심번호)를 활용하는 방법이 점진적으로 확대되고 있다. 가상번호란 이동통신사가 특정 개인의 실제 휴대전화 번호를 노출하지 않도록, 임시로 부여하는 대체 번호를 말한다. 이동통신사는 조사기관의 요청에 따라 지역, 성별, 연령 등의 조건을 반영한 무작위 가상번호 집합을 생성하고 제공한다. 여론조사기관은 여론심의위원회를 거쳐 이동통신사로부터 필요한 범주의 가상번호를 얻은 후에 사용한다. 국내 여론조사에서 휴대전화 가상번호의 사용은 2017년부터 도입되었다. 이 방법은 휴대전화 가입자가 존재하는 번호만 활용하므로, 결번이나 조사대상이 아닌 번호를 선정할 가능성이 줄어든다. 이 방법은 개인정보를 보호할 뿐만 아니라 지역, 성별, 연령별로 표본의 대표성을 높일 수 있어서 무작위번호 걸기 방식보다 개선된 것이다.[45, 46]

〈표 10-1〉 무작위번호 걸기 방법과 가상번호 방법의 비교

구분	무작위번호 걸기(RDD)	가상번호(안심번호) 활용
정의	컴퓨터가 전화번호의 일부 자리를 무작위로 생성해 전화를 거는 방식	이동통신사가 조건에 맞게 생성한 가상의 전화번호를 제공하는 방식
표본의 대표성	전화번호부에 없는 번호나 신규 번호를 포함하여 표본의 대표성이 향상됨	지역, 성별, 연령 등에 따라 층화 표집이 가능하여 표본의 대표성이 더욱 향상됨
적용 범위	전국 단위 대규모 조사에 적합	지역 단위나 특정 집단 대상 조사에 적합
장점	–대규모 무작위 표본추출 가능 –신속성 및 비용 효율성	–표본 자료의 질이 향상됨 –개인정보 보호
단점	–결번 및 비조사대상의 번호가 포함 –응답자 거주 지역을 파악하기 어려움	–가상번호의 생성 및 구매 절차 필요 –전국 단위 대규모 조사에는 비효율적

4. 전화 조사 면접원에 의한 편향의 감소 방안

전화 조사 면접원에 의한 편향을 줄이기 위한 주요 지침은 다음과 같다.[144,255] 첫째, 질문의 변형은 응답 결과에 편향을 초래할 수 있으므로 모든 면접원은 사전에 작성된 질문을 임의로 변경하거나 순서를 바꾸지 않고 정확히 읽어야 한다. 둘째, 응답자가 질문을 이해하지 못하는 경우, "다시 읽겠습니다"라고 알리고 천천히 질문을 반복한다. 그래도 이해하지 못하면 '무응답'으로 처리한다. 셋째, 응답이 불분명하거나 모호할 때는 "조금 더 설명해 주시겠습니까?" 또는 "무슨 의미인지요?"와 같은 중립적인 캐묻기만 사용해야 한다. 또한, 특정 답변을 유도하는 행위는 금지된다. 넷째, 면접원은 응답 내용에 대해 긍정, 부정 등의 평가를 표현하거나 놀라움, 웃음, 한숨 같은 비언어적 반응을 보여서는 안 된다. 이는 응답자가 솔직히 답할 수 있도록 하는 데 있어서 중요한 지침이다. 다섯째, 면접원은 응답자가 말한 내용을 그대로 정확히 기록해야 하며, 임의로 해석하거나 요약하지 말아야 한다.

5. 전화 조사의 응답률 제고 방안

전화 조사의 응답률을 높이기 위한 주요 방안은 다음과 같다.[62,78] 첫째, 설문 문항은 간결하고 명확하게 작성하여 응답자가 쉽게 이해하고 답변할 수 있도록 해야 한다. 둘째, 한 번에 연결되지 않거나 부재중인 조사대상자에게 2~3회 이상 반복적으로 전화 접촉을 시도하는 것이 효과적이다. 셋째, 숙련되고 전문적인 면접원을 투입하는 것도 응답률 제고에 도움을 준다. 넷째, 조사대상자가 전화를 받을 확률이 높은 시간대, 예를 들어 저녁 시간이나 주말을 중심으로 조사하는 것은 응답률 제고에 도움을 준다. 다섯째, 가상번호를 활용한 조사는 응답자의 개인정보 보호 및 신뢰를 높여서 응답률 향상에 도움이 된다. 마지막으로, 조사대상자에게 금전적 또는 비금전적 보상은 참여 동기를 부여하면 응답률이 향상될 수 있다. 이는 모든 유형의 설문 조사에서 응답률을 높이는 방안이기도 하다.

6. 전화 조사의 장단점

전화 조사의 주요 장점은 다음과 같다.[46,89,195] 첫째, 전화 조사는 대인 면접이나 우편조사에 비해 빠르게 자료를 수집할 수 있다. 따라서 여론의 변화나 긴급한 정보가 필요한 상황에서 특히 효과적이다. 둘째, 조사대상이 지리적으로 넓게 분산되어 있어도 쉽게 접근할 수 있어서, 전국 단위나 광범위한 지역 조사에 유리하다. 셋째, 전화 조사는 면접원의 수행 과정에 대한 관리와 감독이 쉽다. 이러한 장점은 여러 명의 면접원이 참여하는 경우에 더욱 발휘된다. 넷째, 컴퓨터 지원 전화 조사를 이용하면 설문의 진행 속도를 높이고 면접원의 오류를 줄일 수 있으며, 자료의 입력과 관리도 신속하고 정확하게 이뤄진다. 다섯째, 대면조사와 달리 면접원의 외모, 인종 등의 외부적 특성에 영향을 받지 않아 응답자의 부담과 편향이 줄어든다.

전화 조사의 주요 단점은 다음과 같다.[45,46,78,255] 첫째, 전화 조사의 응답률은 다른 조사 방식에 비해 낮은 편이며, 낮은 응답률은 무응답 편향을 초래하고 표본의 대표성을 저해한다. 둘째, 전화 조사는 응답자가 바쁜 시간대나 근무 시간에 전화를 받을 수 없거나 거부하는 경우가 많아 특정 집단에 편중될 위험이 있다. 그리고 고령자나 독신 여성과 같이 낯선 사람에게 정보를 제공하는 것에 예민한 집단도 응답률이 낮다. 셋째, 전화 조사는 시각 자료를 제시하거나, 개방형 질문, 복잡한 질문 등을 사용하는 데 한계가 있다. 넷째, 제한된 시간과 문항 수로 인해 심층적인 정보 수집이 어렵다. 다섯째, 응답자가 즉흥적으로 답하거나 다수가 선호하는 응답 항목을 선택하는 경향이 다른 자료수집 방법에 비해 높은 편이다.

제3절 우편조사

1. 개 요

우편조사는 조사자가 표본으로 선정된 대상자에게 설문지를 우편으로 발송하고, 응답자가 이를 작성한 뒤 다시 우편으로 회신하는 자료수집 방법이다. 이 방법은 면접원의 개입 없이 응답자가 스스로 설문지에 응답하는 자기기입식 조사에 해당한다. 우편조사는 응답자의 익명성을 보장할 수 있을 뿐만 아니라 민감한 내용에 대해서도 솔직한 응답을 얻을 수 있어서, 대면조사나 전화조사로 접근이 어려운 계층이나 지역에 대한 의견 수집에도 효과적이다. 그리고 여론조사, 소비자조사, 정책 평가 등 다양한 분야에서, 광범위한 지역과 다양한 집단을 대상으로 폭넓게 활용되고 있다.

2. 취지문의 구성 요소

우편조사의 설문지에서 취지문(cover letter) 또는 표지는 응답자의 자발적이고 성실한 참여를 이끄는 핵심 장치로서, 다음과 같은 내용이 포함되는 것이 바람직하다.[69] 첫째, 응답자가 어떤 조사에 참여하는지 명확히 알 수 있도록 조사의 제목과 연구주제를 제시한다. 둘째, 조사의 목적과 중요성, 그리고 응답자 의견이 어떤 의미를 있는지 간단하고 설득력 있게 설명한다. 셋째, 조사를 수행하는 기관, 연구자, 또는 후원 기관의 명칭을 밝혀 신뢰도를 높인다. 넷째, 응답자가 설문조사에 선정된 이유와 표본 선정의 객관성을 간략히 안내한다. 다섯째, 모든 응답

〈표 10-2〉 우편조사 취지문의 예시[69, 123]

[날짜]

친애하는 조사 참여자님께,

안녕하세요. 본 조사는 [조사 주제나 연구명]에 관한 연구로, [조사 실시 기관명]에서 진행하고 있습니다. 본 조사의 목적은 [조사의 목적과 중요성을 간단히 설명]입니다. 귀하께서 소중한 의견을 제공해 주신다면, [연구가 달성하고자 하는 목표나 사회적 의미]에 큰 도움이 될 것입니다.

본 설문지는 약 [응답 소요 시간] 정도 소요되며, 모든 응답 내용은 철저히 비밀이 보장되고 연구목적 외에는 사용되지 않습니다. 또한, 귀하의 응답은 익명 처리되어 개인을 식별할 수 없음을 보장드립니다.
귀하께서 본 설문에 자발적이고 성실히 참여해 주시기를 부탁드립니다. 설문지는 동봉된 회신용 봉투를 이용해 [회신 방법 및 기한] 내에 회신하시면 감사하겠습니다.

만약 설문 조사와 관련하여 궁금한 사항이 있으시면 언제든지 아래 연락처로 문의해 주시기 바랍니다.

감사합니다.

[조사 담당자 이름]
[조사 기관명]
[연락처: 전화번호, 이메일 등]

내용은 비밀로 유지되고 연구목적 외에는 사용되지 않으며, 익명성이 보장됨을 안내한다. 여섯째, 응답자가 설문에 성실히 참여할 것을 정중히 요청하는 문구를 포함한다. 일곱째, 조사에 소중한 시간을 할애해 주는 데 대한 감사의 인사를 전한다. 마지막으로 문의 사항이 있을 때 연락할 수 있도록 연구자 또는 기관의 전화번호, 이메일 등 연락처를 제공한다.

〈표 10-2〉에는 우편조사에서 사용되는 취지문의 예시가 있다. 이 예시는 응답자가 조사의 목적, 중요성, 익명성 보장, 참여 요청 사항 등을 명확히 이해할 수 있도록 구성되어 있다.

3. 우편조사의 응답률 제고 방안

우편조사에서 응답률을 높이기 위한 주요 방안은 다음과 같다.[255] 첫째, 설문 문항은 짧고 명확하게 작성하여 응답자의 부담을 줄인다. 둘째, 설문지 표지에 공신력 있는 기관의 후원 사실, 개인정보 보호 방침, 제출 마감일 등을 명시하여 신뢰를 형성한다. 셋째, 설문지를 보내기 전에 조사의 목적과 중요성을 설명하는 사전 안내문을 발송하여 응답자의 참여 동기를 높인다. 넷째, 설문지와 함께 우표가 부착된 반송용 봉투를 동봉하여 응답자가 쉽게 회신할 수 있도록 한다. 다섯째, 1차 설문 발송 후 약 2주 뒤, 엽서나 후속 우편으로 격려문과 함께 설문지를 재발송한다.

4. 우편조사의 장단점

우편조사의 주요 장점은 다음과 같다.[46,255] 첫째, 우편을 통해 전국적으로 또는 넓은 지역에 걸쳐 조사할 수 있어서 지리적 제약이 거의 없다. 따라서 접근하기 어렵거나 직접 방문하기 힘든 대상도 조사할 수 있다. 둘째, 면접원이 없으므로 대인 면접이나 전화 조사보다 조사비용이 저렴하다. 셋째, 응답자는 자신의 편한 시간에 설문에 응할 수 있으며, 설문 내용을 충분히 검토할 수 있다. 이러한 여유는 신중하고 성실한 답변을 유도할 수 있다. 넷째, 면접원이 개입하지 않으므로 응답자는 익명성을 보장받을 수 있다. 이를 통해 대인 면접이나 전화 조사에서 답하기 어려운 민감한 질문에 솔직하게 응답할 수 있다. 또한, 면접원의 존재로 인해 발생할 수 있는 편향된 응답을 방지할 수 있다.

우편조사의 주요 단점은 다음과 같다.[46,255] 첫째, 대인 면접이나 전화 조사보다 응답률이 낮은 편이며, 이로 인해 표본의 대표성에 문제가 생길 수 있다. 둘째, 면접원이 없으므로 응답자가 질문을 잘 이해하지 못하거나 궁금한 점이 있더라도 즉시 문의하거나 설명을 들을 수 없다. 이로 인해 질문을 오해하거나 불완전하게 응답할 가능성이 있다. 셋째, 조사자가 응답 상황을 통제할 수 없으므로 설문지가 실제 조사대상자에 의해 작성된 것인지 확인이 어렵다. 넷째, 설문지를 발송하고 회수하는 데 많은 시간이 소요되며, 회수율을 높이기 위해 2차, 3차 발송과 같은 추가 절차가 필요하다.

제4절 온라인조사

1. 개 요

온라인조사 또는 인터넷조사는 인터넷을 통해 설문 조사를 하고 자료를 수집하는 방법이다. 조사대상자는 PC, 스마트폰 등 다양한 디지털 기기를 활용해 참여할 수 있으며, 대인 면접이나 우편조사보다 빠르고 편리하게 다수의 대상자에게 접근할 수 있다. 온라인조사는 응답자의 특성이나 답변에 따라 설문 내용의 난이도와 구조를 유동적으로 조정하는 상호작용형 설문을 구성할 수 있고, 동영상 등 멀티미디어 자료를 활용할 수 있는 특징을 지닌다. 최근 전화 조사의 응답률이 하락하는 추세에서, 온라인조사는 대안적 자료수집 방법으로 부상하고 있다.

2. 온라인조사의 종류

온라인조사의 유형은 표집틀의 형태에 따라 회원조사, 방문자조사, 전자우편조사의 세 가지로 구분할 수 있다.[65] 그리고 응답자에게 설문을 어떻게 접근시키는지에 따라 다음과 같이 다섯 가지로 구분할 수 있다.

(1) 회원조사

회원조사는 특정 웹사이트나 조직 등에 사전에 등록된 회원을 조사대상으로 하고, 주로 가입자 데이터베이스를 표집틀로 사용한다. 예를 들어, 조사회사의 패널, 온라인 쇼핑몰 회원 등의 데이터베이스를 사용할 수 있다. 회원은 인구통계학적 정보, 소비 행태 등을 미리 등록하고, 조사기관은 이 정보를 바탕으로 특정 조건에 맞는 회원에게 설문을 발송한다. 이 방식은 응답자 정보의 확인이 가능하므로 응답자와 비응답자를 비교할 수 있고, 방문자조사에서 나타나는 중복응답자 문제를 극복할 수 있다.[65]

(2) 방문자조사

방문자조사는 포털, 커뮤니티, 특정 웹사이트 등의 방문자들을 표집틀로 삼는다. 특정 사이트에서 조사에 대한 링크, 팝업, 배너 등으로 설문을 노출하여 자발적 참여를 유도한다. 예를 들어, 포털의 배너에 배치된 설문, 커뮤니티 게시글에 배치된 설문, 언론사 사이트에서 볼 수 있는 간이조사(spot poll) 등이 있다. 방문자조사는 다양한 사람들로부터 정보를 얻을 수 있으나, 응답자의 신분을 확인하기 어렵고 중복응답 가능성이 있다.[65]

(3) 전자우편조사

전자우편조사는 이메일주소 목록에 있는 개인들을 조사대상자로 한다. 즉, 이메일주소 목록이 표집틀이 된다. 예를 들어, 기업 내부의 직원이나 고객 명단을 활용한 조사를 들 수 있다. 전자우편조사는 설문 문항을 전달하는 방식에 따라 내장형(embedded) 전자우편조사와 첨부형(attached) 전자우편조사로 구분된다.[89] 내장형 방식은 이메일 본문에 설문 문항이 포함되어 응답자가 별도의 페이지 이동 없이 이메일 내에서 즉시 답변할 수 있다. 이 방식은 접근성과 편의성이 높지만, 질문의 유형과 문항의 수에 제약이 있다. 첨부형 방식은 이메일에 있는 첨부파일을 열거나, 링크를 누른 후에 외부에서 응답하는 방식이다. 첨부형 방식은 한글 문서, PDF, 온라인 설문 플랫폼 등 다양한 형식과 질문 유형을 사용할 수 있지만, 응답자가 파일을 열거나 링크를 눌러야 하므로 응답률 낮고 설문 완료까지 과정이 복잡하다. 전자우편조사는 저렴한 비용으로 대규모 조사를 신속하게 할 수 있으나 응답자의 익명성을 보장하기 어렵다.

(4) SNS 조사

SNS 조사는 페이스북, 인스타그램, 카카오톡 등 소셜미디어 플랫폼을 통해 설문 링크를 제공하는 방식이다. 예를 들어, 카카오톡의 오픈 채팅, 인스타그램의

'스토리' 기능을 활용한 설문 등을 들 수 있다. 국립생태원은 공식 SNS 채널을 통해 설문 링크를 배포하여 이용자들의 SNS 채널 이용 현황과 만족도를 조사한 사례가 있다. SNS 조사는 설문 링크나 설문 내용이 다양한 커뮤니티로 손쉽게 공유되어 신속한 조사가 가능하다. 그러나 대부분 간단한 투표나 댓글 형식이 많아, 응답자의 인구통계학적 정보의 수집이 어렵고, 이로 인해 자료의 질이 낮은 편이다.

(5) 챗봇 설문 조사

챗봇 설문 조사는 인공지능 챗봇이 응답자와 대화하며 자료를 수집하는 방식으로, 자연스러운 상호작용과 실시간 질문 조정이 가능해 응답자의 참여를 높일 수 있다. 다양한 플랫폼에서 운영되며, 설문 피로도를 줄이고 양적 및 질적 자료를 효율적으로 수집하고 분석할 수 있어 빠르고 개인화된 설문 조사로 주목을 받고 있다.

3. 온라인조사의 응답률 제고 방안

온라인조사에서 응답률을 높일 수 있는 주요 방안은 다음과 같다.[20,96,116] 첫째, 응답자의 개인정보 침해 가능성을 최소화하기 위해 개인정보 보호 장치를 마련하고, 그 내용을 조사기관 홈페이지에 공개하고 구체적인 안내를 제공한다. 이를 통해 응답자의 신뢰와 참여 의지를 높일 수 있다. 둘째, 응답자가 적극적으로 응답에 참여할 수 있도록 사용자 친화형 설문 방식을 도입한다. 예를 들어, 웹게임 형식을 활용한 참여형 설문은 흥미를 높여 응답률을 높일 수 있다. 셋째, 실시간 응답 현황을 파악할 수 있는 프로그램을 도입하여 설문을 완료하지 못한 응답자에게만 유효한 독려 전화를 할 수 있다. 이를 통해 불필요한 연락을 줄이고 효율적인 후속 조치가 가능하다. 넷째, 설문 화면에 진행상태 바(progress bar)나 진행률 표시기(progress indicator)를 설치하여, 응답자가 설문 진행 상황을 쉽게 파악할 수 있도록 한다. 이는 응답자의 지루함과 피로감을 줄이고, 중도 포기를 낮추는 효과가 있다. 다섯째, 문자 서비스(SMS)를 통한 사전고지는 이메일을 통한 사전고지보다 응답률을 높이는 데 효과적이다. 또한, 문자 서비스와 이메일을 병행하여 사전고지를 하면 응답률 제고 효과가 더욱 커진다.

4. 온라인조사의 장단점

온라인조사의 주요 장점은 다음과 같다.[45, 46, 80, 89] 첫째, 온라인조사는 전화 조사나 우편조사와 같은 오프라인 조사보다 비용이 저렴하다. 둘째, 대규모 조사대상자에 대한 접근이 쉽고, 조사가 빠르게 진행된다. 셋째, 인터넷이 연결되어 있다면 언제 어디서나 설문에 참여할 수 있어, 다양한 지역과 시간대의 응답자를 쉽게 확보할 수 있다. 넷째, 응답자는 자신이 선호하는 환경과 시간에 맞춰 설문에 참여할 수 있으며, 모바일, 태블릿, PC 등 다양한 기기를 사용할 수 있어 편리성이 높다. 다섯째, 다양한 멀티미디어의 활용이 가능하여 조사에 대한 응답자의 흥미와 이해를 높일 수 있다. 여섯째, 응답자의 특성에 따라 난이도나 구조를 변형한 개인화된 질문과 자료의 제공을 쉽게 할 수 있다. 마지막으로, 대부분의 온라인 설문 도구는 응답 자료를 자동으로 정리하고 조사 도중에도 그래프나 표 등으로 실시간 결과를 확인할 수 있는 기능을 제공한다.

온라인조사의 주요 단점은 다음과 같다.[20, 45] 첫째, 국민 전체를 모집단으로 하는 표집틀을 가질 수 없고 조사대상이 인터넷 이용자로 한정되어, 표본의 대표성을 확보하기 어렵다. 특히 고령자나 교육 수준이 낮은 사람에 대한 접근성이 낮다. 둘째, 본인 인증 절차가 미비하면 응답자의 적격성 검증이 어렵고, 중복응답 방지 장치가 없으면 동일인이 여러 번 응답할 수 있다. 셋째, 이메일 주소나 IP 주소의 수집으로 인해 완전한 익명성이 보장되지 않으며 개인정보 침해의 위험성이 있다.

제5절 집단조사

1. 개 요

집단조사(group questionnaire survey)란 여러 응답자를 한 장소에 모아 동시에 설문하는 조사 방식으로, 주로 학교나 직장 등 조직 내 구성원을 대상으로 활용된다. 이 방법은 일반적으로 종이 설문지를 배포하지만, 필요에 따라 말로 질문하거나 스크린을 통해 질문 내용을 보여줄 수도 있다. 문해력이 낮은 성인이나 어린이의 경우, 조사원이 직접 질문을 읽어주거나 사진이나 동영상과 같은 시각적 보조자료를 활용하면 효과적이다. 집단조사에서는 조사대상의 특성에 맞추어 면접 방식과 자기기입 방식을 혼합할 수 있다. 이 경우 면접 방식에서의 높은 비용이나 자기기입 방식에서의 통제의 어려움을 다소 완화할 수 있다.[255]

집단조사는 대규모 자료를 효율적으로 수집할 수 있다. 그리고 모든 응답자가 동일한 조건으로 참여하므로 외부 요인의 영향을 최소화해 결과의 신뢰성을 높이고 응답 내용 간의 비교 가능성이 커진다. 집단조사는 기업 직원을 대상으로 한 설문 조사에서 효과적으로 활용되며, 조직 차원의 의사결정이나 정책 수립에 유용한 정보를 제공한다. 이러한 방식은 특히 특정 집단의 특성을 파악하거나 대규모 표본을 신속하게 확보해야 할 때 적합하다.

2. 집단조사의 진행 과정

집단조사를 진행하는 절차는 다음과 같다.[123] 첫째, 참가자들이 서로의 답변을 볼 수 없고 자신에게 집중할 수 있도록 모두 같은 방향을 보게 하고 좌석 간격을 넓게 둔다. 둘째, 간단한 소개말을 준비해서 사용한다. 소개말에는 조사 목적과 절차, 응답자가 해야 할 일, 정직하게 답하는 것의 중요성, 답변 내용은 비밀로 처리된다는 점, 그리고 설문 후에 추가 안내를 기다려 달라는 내용이 포함된다. 셋째, 설문지를 배포한다. 종이 설문지의 경우 각 참가자에게 설문지와 봉투를 제공한다. 넷째, 자료수집 과정을 감독한다. 종이 설문지의 경우 모든 참가자가 설문지를 다 작성할 때까지 기다린다. 스크린을 활용한 설문 조사의 경우, 모든 참가자가 스크린의 질문에 답할 때까지 기다렸다가 다음 질문으로 넘어간다. 이렇게 하면, 참가자들이 신중하게 답하도록 유도할 수 있고, 문해력이 낮은 참가자들도 편하게 참여할 수 있으며, 조사 진행 속도도 적절하게 조절할 수 있다. 다섯째, 응답자들에게 설문에 참여해 준 것에 대해 감사의 인사를 전한다.

3. 집단조사의 장단점

집단조사의 주요 장점은 다음과 같다.[255] 첫째, 집단조사는 집단을 대상으로 동시에 조사를 실행하므로 대규모 자료를 단기간에 확보할 수 있고, 개별적으로 설문을 배포하는 것보다 시간과 비용을 줄일 수 있다. 특히 조사대상자들이 소속된 조직의 협조가 있으면 더욱 비용과 시간을 절약할 수 있다. 둘째, 응답자들은 같은 장소에 조사에 참여할 목적으로 모였기 때문에 설문 완성도와 응답률이 높다. 셋째, 모든 응답자가 같은 환경에서 동일한 질문에 응답하므로 집단 내 경향을 분석하거나 집단 간 차이를 비교하는 데 효과적이다. 넷째, 조사자나 면접원이 현장에서 응답자와 직접 소통할 수 있어 질문에 대한 오해를 줄이고 보다 정확한 답변을 유도할 수 있다. 다섯째, 응답자가 한 장소에서 조사에 집중할 수 있어 문항 수가 많거나 복잡한 설문도 실행할 수 있다.

집단조사의 주요 단점은 다음과 같다.[255] 첫째, 참여자들을 특정 시간에 한 장소에 모으는 것이 어렵고, 시간 조율에 제약이 있다. 둘째, 집단 상황에서는 응답자의 행동을 완전히 통제하기 어려워 집단 분위기나 타인의 행동에 영향을 받아 응답 결과가 왜곡될 수 있다. 셋째, 위계질서가 강한 조직에서는 응답자가 조직의 기대나 공식 입장을 고려해 답변하려는 경향이 있다.

제 6 절 양적 자료수집 방법의 선택 기준

〈표 10－3〉에는 상황이나 조사의 목적에 따른 적합한 자료수집 방법과 그 근거가 정리되어 있다. 연구자가 심층 정보를 추구하는 경우에는, 응답자의 표정이나 태도를 관찰하며 응답의 맥락을 이해할 수 있고 필요한 경우 추가 질문을 할 수 있는 대인 면접이 적합하다. 민감한 주제를 다룰 때는, 익명성 확보가 쉬운 자기기입식 설문 조사(우편조사, 온라인조사)가 적절하다. 이 방식은 면접원이 개입하지 않아 면접원에 의한 편향이 없다. 조사대상이 넓은 지역에 분산되어 있을 때는 지리적 제약 없이 전국적으로 조사가 가능한 우편조사나 온라인조사가 효과적이다. 응답자의 문해력이 낮은 경우(예: 노인, 어린이)에는 대인 면접을 통해 조사원이 질문을 직접 읽어주고, 필요할 경우 사진, 도표, 영상 등 시각적 보조자료를 활용할 수 있다. 이러한 방식은 집단조사에도 적용할 수 있다. 높은 응답률이 필요한 경우에는 집단조사나 대인 면접처럼 직접 접촉이 가능한 조사방법이 적절하다. 현장 관리와 통제가 쉽고 직접 접촉을 통해 중도 포기를 줄일 수 있기 때문이다. 시간과 비용의 제약이 클 때, 자료수집이 간편하고 신속하게 진행되는 온라인조사나 전화 조사가 효율적이다.

〈표 10-3〉 상황별 적합한 자료수집 방법

조사 상황 또는 목적	적합한 조사방법	선정 근거
심층 정보 수집	대인면접	반응 관찰과 추가적인 질문이 용이함
민감한 내용 조사	우편조사, 온라인조사	익명성이 높음
넓은 지역의 조사대상	우편조사, 온라인조사	지리적 제약이 없음
문해력이 낮은 조사대상	대인면접, 집단조사	보조자료의 활용
높은 응답률 확보	대인면접, 집단조사	현장 관리 및 직접 접촉
시간과 비용의 효율성 추구	온라인조사, 전화조사	저비용 및 신속 배포

제11장

질적 자료수집 방법

제1절 심층 면접
제2절 초점집단 면접
제3절 투사법
제4절 델파이 조사
제5절 관찰 방법
제6절 질적 자료수집 방법과 양적 자료수집 방법의 비교

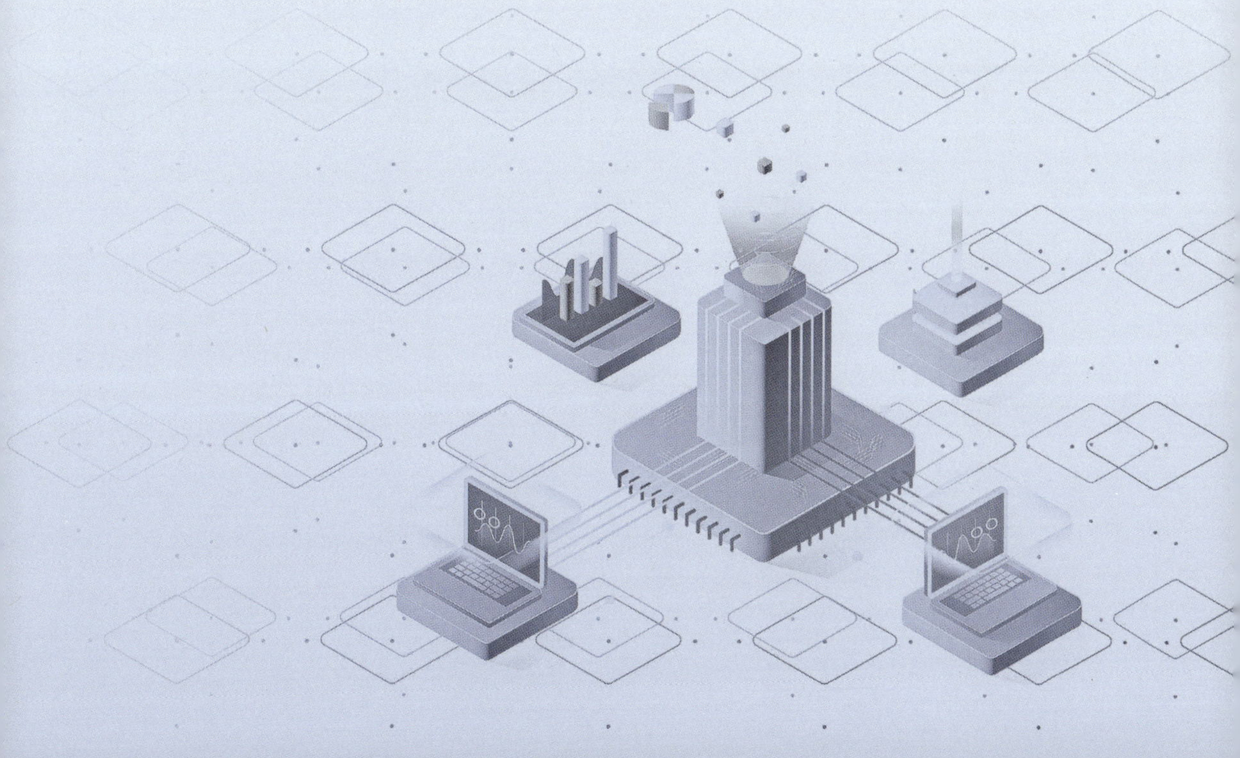

제1절 심층 면접

1. 개 요

심층 면접(depth interview)은 특정 주제에 대한 개인의 의견, 신념, 가치관, 숨겨진 문제 등을 깊이 이해하기 위해 일대일로 진행되는 질적 조사방법이다. 이 방법은 대인 면접과 달리 정형화된 설문지를 사용하지 않고, 면접지침을 토대로 응답자의 반응에 맞춰 자유로운 질문을 통해 심층적 의견을 끌어낸다. 이 방법은 일반적으로 30분에서 2시간 정도 소요되지만, 더 긴 시간이 걸리거나 여러 차례에 걸쳐 실시되기도 한다. 이 방법은 비구조화된 질문 방식으로, 응답자의 답변에 따라 질문 내용과 순서가 유연하게 바뀔 수 있으며 캐묻기가 중요한 역할을 한다. 이를 통해 개별 답변의 배경까지 파악할 수 있다. 예를 들어, "그렇게 말씀하시는 이유가 뭔가요?", "좀 더 말씀해주실 수 있나요?"와 같은 질문은 응답자의 숨겨진 생각을 드러내고 의미 있는 답변을 얻는 데 유용하다.[184, 215]

심층 면접의 절차는 면접 대상자 선정 → 면접지침 구성 → 방문 날짜 결정 → 면접 진행 → 자료수집과 정리 → 자료 분석의 순으로 이루어진다. 면접 과정에서 면접원의 역할은 중요하다. 면접원은 피면접자와 친밀감을 형성하여 편안함을 느끼도록 하고, 응답을 경청하며, 이전 답변과 관련하여 심층적으로 사고하고, 캐묻기를 적절하게 활용해야 한다.

2. 심층 면접 기법의 종류

(1) 사다리 기법

사다리 기법이란 특정 대상(예: 제품, 서비스, 브랜드 등)이 가진 속성, 혜택, 가치가 계층적으로 이어진 구조를 찾는 방법이다. 이 기법은 특정 대상과 사용자의 관련성을 속성, 혜택, 가치로 구분하고 그 연결 관계를 평가한다. 속성은 대상이 가진 특성이나 성질이고, 혜택은 속성을 통해 사용자가 경험하거나 얻는 직접적인 이점이며, 가치는 혜택이 개인에게 의미하는 궁극적 가치나 심리적 동기이다. 특정 대상을 제품으로 본다면, 개인이 제품을 선택하게 만든 제품의 속성, 그 속성을 통해 개인이 얻게 된 혜택, 그리고 이런 혜택을 통해 경험한 가치를 탐색함으로써 속성–혜택–가치로 이어지는 개인의 가치체계와 개인의 행동을 발생시키는 기제를 이해하고자 한다.[39,213]

사다리 기법은 연성(soft) 사다리 기법과 경성(hard) 사다리 기법으로 구분된다. 연성 사다리 기법은 심층 면접을 통해 특정 대상에 대한 속성, 혜택, 가치에 대해 질문하고, 그 세 가지를 연결하는 관계를 파악하는데, 그러한 관계는 여러 갈래로 나타날 수 있다. 반면에 경성 사다리 기법은 구조화된 설문 조사를 사용하는 양적 방법이다.[39,41,146]

사다리 기법은 제품, 서비스, 뉴미디어 등 다양한 영역에서 적용되고 있다. 예를 들어, 클래식 음악공연 관람 경험자를 대상으로 사다리 기법을 활용하여 클래식 음악공연의 속성–혜택–가치로 구성되는 가치추구체계를 규명한 연구가 있다. 속성에는 작품, 공연의 구성, 출연진 등이 도출되고, 혜택에는 다양한 경험, 호기심 충족, 예술적 아름다움 향유 등이 도출되고, 가치에는 자아존중, 자아실현, 성취감 등이 도출되었다. 최종적으로 클래식 음악공연 관객의 가치추구체계는 '출연진–예술적 아름다움 향유–자아실현'으로 규명되었다.[23]

(2) 숨겨진 사안의 질문법

숨겨진 사안의 질문법은 개인 내면 깊숙이 자리한 관심사와 동기를 간접적으로 탐색하는 질문 기법이다. 이 방법은 응답자가 평소 명확히 표현하지 않는 깊은 가치와 욕구를 자연스럽게 드러내도록 유도하며, 가정적, 상징적, 은유적인 상황을 활용하여 간접적인 질문을 사용한다. 예를 들어, "거액의 현금이 생긴다면 시간을 어떻게 보낼 것인가?"라는 질문은 표면적으로는 시간 사용에 대한 물음이지만, 실제로는 개인의 가치관과 우선순위를 파악할 수 있는 단서가 된다. 이처럼 숨겨진 사안의 질문법은 단순한 질문으로는 알기 어려운 심층적 동기와 내면의 가치를 밝히는 데 효과적이다. 이 기법의 주요 설계 원칙은 개인의 깊은 관심사와 가치에 중점을 두고, 간접적인 질문 방식을 사용하는 것이다. 이 기법은 마케팅, 소비자 행동 연구, 상담 심리, 조직 진단 등 다양한 분야에서 활용된다.[184,215]

(3) 상징적 분석

상징적 분석(symbolic analysis)은 특정 대상의 상징적 의미를 상반된 대상과의 비교를 통해 분석하는 것이다. 즉, 무엇인가를 알기 위해 무엇이 아닌가를 배우는 것이다. 예를 들면, “비행기를 이제부터 이용할 수 없다면 어떻게 될까요?”라는 질문에 대한 응답이 “비행기가 없다면 나는 이메일, 전화 등에 의존할 것 같습니다”라면 이 응답자에게 비행기는 커뮤니케이션 수단으로서의 상징적 의미가 있음을 알 수 있다. 다른 예를 들자면, “당신이 인터넷을 이제부터 사용할 수 없다면 어떻게 될까요?”와 같은 질문을 통해 응답자가 느끼는 인터넷의 상징적 가치를 알 수 있다.[184, 215]

3. 심층 면접의 장단점

심층 면접은 다른 자료수집 방법에서는 얻기 어려운 심층적인 의견과 통찰을 제공한다. 사람의 인지, 태도, 동기와 같이 내면에 숨겨진 요인들은 관찰만으로 파악하기 어려우나, 심층 면접을 통해 효과적으로 조사할 수 있다. 또한, 면접원은 질문의 내용과 순서를 상황에 맞게 조정할 수 있어 복잡하거나 민감한 사안에 대해서도 타당성이 높은 자료를 수집할 수 있다. 심층 면접은 집단 토론을 피하는 기업고객, 전문가, 정치인 등 특수 계층의 조사에도 적합하다.[89, 184]

반면, 심층 면접은 여러 한계점을 지닌다. 우선 면접원의 태도나 행동이 응답자의 답변에 편향을 유발할 수 있으며, 면접원과 응답자 간의 상호작용에 따라 질문 방식이 달라져 조사 결과의 일관성이 저하될 위험이 있다. 더욱이 표준화된 설문지가 없어 질문이 응답자별로 변형되기 때문에 자료의 분석과 해석이 복잡해진다. 동일한 자료라도 면접원과 연구자의 관점에 따라 해석이 달라질 수 있으므로, 정확한 분석을 위해 숙련된 심리학자의 개입이 필요한 경우도 발생한다. 심층 면접은 숙련된 면접원을 확보하기 어렵고, 상당한 시간과 비용이 소요된다는 점에서 실용적 한계가 있다.[215]

제 2 절 초점집단 면접

1. 개 요

(1) 정의와 특징

초점집단 면접(focus group interview: FGI)은 성별, 연령대, 직업 등에서 동질성을 지닌 사람들을 특정한 시간과 장소에 모아, 진행자(moderator)의 진행 아래 자연스러운 분위기 속에서 특정 주제를 중심으로 대화와 토론을 나누며 심층적인 정보와 통찰을 얻는 질적 자료수집 방법이다. 여기서 '초점집단'이란 특정 주제에 대한 논의에 집중하는 집단을 의미한다. 초점집단 면접은 표적집단 면접이나 집단심층 면접으로도 불린다. 동질성이 중요한 이유는, 이질적인 집단에서는 구성원들의 관심사와 배경이 상이하여 특정 주제에 대한 논의를 원활하게 이어가기 어렵기 때문이다. 초점집단 면접은 합의 도출이나 대안 선택을 목적으로 하지 않으며, 대신 집단 토론과 구성원 간 상호작용 과정에서 자연스럽게 드러나는 다양한 의견과 논의 내용에 초점을 맞춘다.[70,75,174]

(2) 발전 과정

초점집단 면접의 기원은 제2차 세계대전 당시 사회과학자들이 비지시적 면접(nondirective interview) 기법을 집단에 적용한 것에서 비롯되었다. 1950년대에는 마케팅 조사 업계에서 실무적으로 활용되기 시작했으며, 이후 이를 전문적으로 수행하는 조사기관이 등장하였다. 1980년대에 들어 학계는 기업 중심의 실용적 접근 방식을 학문적으로 재구성하여 연구에 적용하였다.[174]

(3) 진행 방식

초점집단 면접의 회기 시간은 일반적으로 약 2시간이며, 시작 전 약 15분 정도의 대기 시간이 포함된다. 그러나 1~3시간 범위로 진행되기도 한다. 집단의 수나 집단 내 참여 인원 규모에 대해 명확한 합의는 없지만, 일부 연구자는 최소 3개 이상의 집단이 필요하다고 주장한다.[174,215]

(4) 초점집단 면접의 접근 방식

초점집단 면접의 접근 방식은 크게 마케팅 조사와 학술 연구로 구분할 수 있다. 대체로 마케팅 조사는 기업 마케팅 부서가 수행하며, 일방향 거울과 음향 시설이 있는 회의실에서 전문 진행자가 10~12명의 대규모 집단을 대상으로 진행한다. 보고서는 구두나 서면으로 기업 의뢰자에게 전달되고, 기업의 자유재산으로 비밀이 유지된다. 학술 연구는 학자나 정부 기관이 주체가 되어 공공장소나 강의실에서 주로 교수나 대학원생이 소규모 집단을 대상으로 진행한다. 결과물은 학술지 양식의 논문이나 보고서로 작성되어 학자나 공무원이 활용하며, 학술지에 게재되어 일반에 공개된다.[174]

(5) 초점집단 면접과 심층 면접의 비교

초점집단 면접은 진행자와 참여자 간의 일대일 질의응답 없이 참여자들 간의 집단 토론을 통해 자유롭게 의견을 나눈다는 점에서 심층 면접과 차이가 있다. 초점집단 면접은 심층 면접에 비해 집단 역학과 시너지로 혁신적 아이디어를 도출하고 시간과 비용을 절감할 수 있는 장점이 있으나, 집단 영향으로 인한 편향, 개인에 대한 탐구의 한계, 민감한 주제 논의의 어려움이라는 단점이 있다.[70,184]

2. 초점집단의 구성 요소

(1) 진행자

진행자는 초점집단 면접의 사회자로서 토론을 원활하게 이끌고, 참여자 간 의견 교환과 상호작용을 촉진하며, 토론의 자연스러운 흐름을 유지하는 역할을 한다. 진행자는 자신의 의견을 제시하거나 판단을 덧붙이지 않으며, 지배적인 발언을 하는 참여자는 제어하고, 소극적인 참여자는 적극적으로 발언하도록 유도한다. 또한, 의견이 모호한 경우에는 추가 설명을 요구하고, 표정이나 몸짓 등 비언어적 요소도 관찰하며, 필요에 따라 면접 후 자료의 분석과 해석까지 수행한다. 그는 참여자들이 서로의 견해에 어떻게 반응하며, 그 상호작용 속에서 의견이 어떻게 도출되는지 살펴야 한다. 성공적인 초점집단 면접을 위해서는 유능한 진행자가 필수적이며, 조사 목적과 주제에 대한 이해, 참여자를 존중하고 친절하게 대하는 태도, 경청과 개방적 소통 자세, 적절한 의사소통 능력, 주제와 관련된 유용한 정보를 파악하는 능력 등이 요구된다. 연구자는 상황에 따라 진행자이자 청취자, 관찰자, 분석자의 역할을 겸할 수 있다.[75,89,174]

(2) 참여자

참여자는 조사 주제에 대한 지식과 경험을 보유한 인물로, 대체로 성별, 연령, 직업 등에서 동질성을 공유한다. 인원 규모는 보통 6~10명이지만, 4~12명도 가능하다. 참여자는 자유롭게 토론에 참여하며 자신의 의견을 솔직하고 정확하게

표현할 수 있어야 한다.[174]

3. 초점집단 설계의 유형

초점집단 설계는 크게 네 가지로 구분할 수 있다.[174] 첫째, 단일 범주 설계(single-category design)는 특정 유형의 참여자를 대상으로 3~4개의 집단을 구성한 뒤, 유용한 의견이 더 나오지 않는 포화 상태에 도달했는지 확인하여 추가 집단의 필요성을 판단한다.

둘째, 복수 범주 설계(multiple-category design)는 서로 다른 유형의 참여자를 대상으로 여러 개의 집단을 구성한다. 예를 들어, 청소년 리더십 프로그램 조사에서 청소년 집단과 부모 집단을 각각 3~4개로 구성하고, 멘토 집단과 직원 집단은 각각 1~2개로 구성하는 방식이다.

셋째, 중층 설계(double-layer design)에서 첫 번째 층은 지리적 영역, 두 번째 층은 참여자 유형으로 구성한다. 예를 들어, 네 개 지역으로 구분한 후, 지역별로 3개의 환자 집단과 하나의 환자 가족 집단을 구성하는 방식이다.

넷째, 광범위 설계(broad-involvement design)는 대중적 관심사에 관한 조사에 활용되는데, 핵심적 참여자 유형의 공통점을 찾은 후에 핵심적 참여자 유형과 부차적 참여자 유형을 비교한다. 예를 들어, 특수교육 정책의 변화가 미치는 영향에 관한 조사에서 특수교육 교사(핵심적 참여자 유형)는 다수의 집단으로 구성하고 부차적 참여자 유형(일반 교사, 부모, 학생, 학교 관리자 등)은 1개나 소수의 집단으로 구성하는 방식이다.

4. 초점집단 면접의 활용 분야

(1) 주제 측면

초점집단 면접은 특정 주제에 대한 예비적 이해나 통찰을 얻는 데 활용된다. 특히 다음과 같은 경우에 적합하다.[70,174,215] 첫째, 제품, 서비스, 전략 등에 대한 인식과 감정을 파악하여 아이디어를 발굴하거나 마케팅 전략에 대한 반응을 알아보는 데 효과적이다. 둘째, 조직 구성원의 사기나 만족도와 같은 조직의 관심사를 이해하는 데 유용하다. 셋째, 정부나 공공기관이 기존 프로그램을 개선하거나 새로운 정책을 개발하는 과정에서 활용할 수 있다. 넷째, 양적 조사에 앞서, 연구문제나 가설을 설정하거나 설문 내용을 구체화하는 데 도움을 준다. 초점집단 면접은 실제 생활을 잘 포착하기 때문에, 설문 내용의 타당성을 높여준다.

(2) 방법론 측면

방법론 측면에서 초점집단 면접의 활용 방법은 세 가지로 구분된다.[190,255] 첫째, 독자적 방법으로 사용해 연구문제에 직접 답을 구하는 것이다. 둘째, 초점집단 면접 결과를 설문 문항 개발이나 양적 연구 보완을 위한 보조적 자료로 활용하는 것이다. 셋째, 초점집단 면접을 양적 자료수집 방법과 결합한 혼합연구방법에 활용하는 것이다.

5. 초점집단 면접의 진행 절차

(1) 연구목적의 확인

연구목적의 확인은 해결하고자 하는 문제의 본질을 명확히 하는 단계로, 연구자와 조사 의뢰자가 서로 다른 경우에는 문제 해결에 필요한 정보가 무엇인지에 대해 합의하는 과정이다.[174]

(2) 조사 계획의 수립

조사 계획 수립 단계에서는 세 가지 핵심 사항을 검토해야 한다. 우선, 초점집단면접의 적절성을 검토해야 한다. 초점집단 면접은 모든 상황에 적합한 것이 아니다. 토론 과정에서 참여자 간 갈등이 발생할 가능성이 있거나 합의 도출을 목적으로 할 경우, 민감한 정보의 비밀 보장이 어렵거나 통계적으로 추정이 필요한 연구에서는 적합하지 않다. 그리고 조사 의뢰자의 참여를 고려해야 한다. 일반적으로 조사 전 과정에서 조사 의뢰자의 적극적 참여가 요구된다. 마지막으로 세부 사항을 검토해야 한다.[174]

세부 사항을 검토할 때 고려할 사항은 다음과 같다. 첫째, 설계 유형은 단일 범주, 복수 범주, 중층, 광범위 설계 중 하나를 선택한다. 둘째, 참가자는 주제에 대한 경험과 식견을 갖춘 사람으로, 집단은 동질성을 유지하면서도 다양한 의견이 나올 수 있도록 구성한다. 동질성 기준은 연령, 성별, 직업, 제품이나 서비스의 사용 경험, 가족 특성 등을 활용할 수 있다. 셋째, 집단 규모는 조사 목적, 주제,

참여자 특성에 따라 달라진다. 조사 목적이 이슈나 행동의 이해라면 소규모로 하고, 제품의 예비조사나 아이디어의 발굴이라면 대규모로 한다. 주제가 복잡하면 규모를 확대한다. 참여자의 경험이나 지식이 풍부하면 규모를 축소한다. 일반적으로 비영리 조사는 5~8명, 마케팅 조사는 10~12명이 권장된다. 넷째, 집단 수는 참여자 유형별로 새로운 정보를 더 얻지 못하는 포화 상태 도달 여부에 따라 결정한다. 다섯째, 진행팀은 진행자와 보조진행자로 이루어진다. 진행자는 토론을 이끌고 보조진행자는 녹음, 물품 조달, 기록 등을 담당한다. 필요에 따라 두 명의 진행자로 구성된 팀을 활용하기도 한다.

(3) 질문지, 면접지침, 주제지침의 준비

① 질문지

질문지(questioning route)는 토론의 흐름을 이끌어가는 질문들을 대화 형식으로 구성한 것이다. 다양한 배경의 연구자, 의뢰인, 전문가가 참여해 초기 질문을 구성하며, 이후 연구자가 핵심 질문을 선별하고 초점집단 상황에 맞게 재구성한다.[174]

질문은 참여자들의 일상 용어를 사용한 개방형 질문으로 자연스러운 대화를 유도해야 한다. 답변 요구뿐만 아니라 목록 작성, 항목 평가, 대안 선택 등 적극적 관여를 요구하는 질문이 통찰력 있는 정보를 제공할 수 있다. 목록 작성은 답변의 범위를 확인하게 하고, 항목 평가는 높은 평가의 이유를 토론하게 하며, 대안 선택은 선택 이유와 개선 방안에 대한 논의를 가능하게 한다.[174]

질문의 순서는 일반적 질문에서 구체적 질문으로, 긍정적 질문에서 부정적 질문으로, 단서가 있는 질문에서 단서가 없는 질문 순으로 하는 것이 적절하다. 질문지는 시작 질문, 도입 질문, 전환 질문, 핵심 질문에 약 90분, 마무리 질문과 요약에 약 15분을 배정한다.[174]

질문지 초안 완성 후에는 질문 작성 참여자들로부터 피드백을 받고, 구두 연습을 통해 질문의 명확성을 검토해야 한다. 집단 간 비교를 위해서는 질문의 일관성을 유지해야 한다. 일반적으로 2시간 동안 12개 이하의 질문이 적당하며, 토론 참가자의 전문성이 높을수록 질문 수를 줄일 수 있다.[174]

② 면접지침과 주제지침

면접지침(interview guide)은 면접 대상자, 시간 배분, 면접 환경, 진행자의 역할, 진행 과정 등을 포함한 진행자용 문서이다. 주제지침(topic guide)은 진행자가 토론 주제를 연상할 수 있도록 단어나 문구 형태로 제시된 목록이다.[174]

(4) 초점집단 면접의 참여자 모집

참여자는 조사 주제에 대해 풍부한 경험과 식견을 갖춘 사람을 우선 선발해야 한다. 동일인이 두 차례의 집단면접에 중복되지 않도록 하며, 기존 관계가 있는 조직 내에서 두 명 이상을 동시에 모집하는 것은 피해야 한다.[75]

모집 전에 잠재적 참여자에게 조사 후원자, 연구목적과 중요성, 결과 활용 방안, 명단 입수 경위, 초대 이유, 보상 내용을 명확히 설명해야 한다. 그 후 개별 연락으로 참여를 요청하고, 참여자 이름이 명시된 공식 초청장을 발송하며, 면접 하루 전에는 전화로 참석 여부를 확인한다.[174]

(5) 초점집단 면접의 진행 단계

① 시작 단계

진행자는 환영 인사, 주제에 대한 개요, 토론 규칙, 비밀 보장 등을 설명한 뒤 시작 질문으로 참여를 유도한다. 예를 들어, 주제가 서비스의 사용에 관한 것이라면 "서비스 이용 경험이 어느 정도입니까?"처럼 간단한 사실 질문으로 모든 참여자가 발언하도록 한다.[174]

② 본론 단계

도입 질문으로 토론 주제를 소개하고 개인적 연관성을 탐색한다. 예를 들어, "해당 서비스를 처음 알게 된 계기는 무엇인가요?"와 같은 질문을 할 수 있다. 그 후에 전환 질문을 통해 타인의 관점을 공유하도록 유도한다. 예를 들어, "초기 사용 시 인상 깊었던 점은 무엇인가요?"와 같은 질문을 들 수 있다. 핵심 질문은 심층 논의를 위한 2~5개의 질문으로 구성되며, 각 질문에 10~20분을 할애한다. 예를 들면, "서비스의 장단점은 무엇이라고 생각하시나요?" 등과 같은 질문을 들 수 있다.[174]

진행자는 참여자의 특성에 따라 전략적으로 대응해야 한다. 지배적 참여자에겐 모든 의견의 동등한 가치를 강조하고, 소심한 참여자는 맞은편에 배치해 발언을 유도하고, 장황한 참여자에겐 발언 시간을 제한시킨다. 또한, 진행자는 의견에 대

해 동의로 해석될 수 있는 표현을 자제해야 한다.[174]

③ 마무리 단계

이 단계에서 "토론 중 가장 중요하다고 느낀 점은 무엇인가요?"와 같은 종합질문으로 최종 입장을 묻는다. 그 후에 "지금까지 논의된 주요 이슈를 정리해 보면 어떤가요?"와 같은 요약 질문으로 핵심 내용을 재확인한다. 그 후에 최종질문으로 누락 사항이 있는지 점검한다. 마지막으로 감사 인사와 보상으로 마무리한다.[174]

(6) 자료 분석

초점집단 면접의 자료 분석은 현장 메모, 녹취록, 요약 메모, 사후검토회의(debriefing) 내용을 활용한다. 현장 메모는 보조진행자가 토론 흐름과 참여자 반응을 문서로 기록한 것이다. 녹취록은 음성을 문서로 전환해 학술 연구나 복잡한 분석에 활용하고, 필요에 따라 핵심 내용만 추출한 부분 녹취록을 사용할 수 있다. 요약 메모는 진행자가 토론 후 기억을 기반으로 작성한 것으로, 토론의 핵심을 제공할 수 있다. 사후검토회의의 내용은 면접 후에 진행팀이 토론 중 중요 사항, 문제, 집단 간 차이, 개선 방안 등을 정리한 것이다. 자료 분석은 소수 의견과 집단 간 비교를 포함해 종합적으로 검토하며, 최종적으로 시사점을 제시해야 한다.[174]

(7) 보고서 작성: 마케팅 조사의 경우

마케팅 조사의 경우 효과적인 보고서는 목적을 명확히 하고 불필요한 내용을 배제하고, 조사 의뢰자에게 새롭고 가치 있는 정보를 제공해야 한다. 특히 실태 보고서는 기존 통계의 나열에 그치지 않고 정책 결정에 참고할 최신 분석 자료를 담아야 한다. 아울러 일대일 보고, 구두 발표, 서면 보고, 시각 자료 등 상황에 맞는 보고 방식을 적절히 조합하는 것도 효과를 높인다.[174]

구두 보고는 보고 시간의 1/3~1/2은 발표에 쓰고 나머지는 질의 및 응답에 할당하는 것이 적절하고, 핵심 내용을 먼저 제시하고, 요점은 7개 미만으로 제한하여 기억하기 쉽게 구성한다. 그래프, 사진, 발언 인용문 등 시각 자료를 활용하면 효과적이다. 마지막에는 조사 결과에 기초한 구체적인 대안이나 권고사항을 제안하는 것이 바람직하다.[174]

서면 보고서는 표지, 요약, 목차, 조사 목적과 방법, 조사 결과, 해석, 권고사항과 부록으로 체계화된다. 조사 결과에는 주요 통계표나 분석 내용을 담고, 권고사항에는 개선안을 제시할 수 있다. 구두 보고는 즉각적인 반응과 상호작용을 통해 설득력을 높이는 데 중점을 두고, 서면 보고서는 심층 정보 제공과 체계적 기록에 중점을 둔다.[174]

6. 초점집단 면접의 변형 형태

전통적인 초점집단은 조사 목적과 환경에 따라 다양한 형태로 응용된다. '양방향 초점집단'은 한 집단이 토론하고 다른 집단이 이를 청취하고 논의하는 방식으로, 예를 들어 환자 집단의 토론을 의사 집단이 관찰 후 논의하는 형태이다.[12,184]

'두 명의 진행자가 있는 초점집단'에서는 한 명이 회기(session)를 관리하고, 다른 한 명이 전문성을 바탕으로 정보를 제공하고 토론에 개입하며 단순 보조진행자와 구분된다. 한편, '상반된 입장의 진행자가 있는 초점집단'은 두 진행자가 토론 주제에 대해 대립적 견해를 제시해 토론을 심화시킨다.[184]

'참가자 진행 초점집단'에서는 특정 참가자가 일시적으로 진행자 역할을 맡아 그룹 역학을 개선한다. '주기적으로 반복되는 초점집단'은 참여자를 일정 간격으로 반복 조사하는 형태로, 고객 만족도와 같은 장기적인 피드백 수집에 적합하다. 여기서 참여자들이 매번 같을 필요는 없다.[174,184]

'온라인 초점집단'은 25명 이상의 참여도 가능하며, 동시적 방식과 비동시적 방식으로 구분된다. 동시적 방식은 정해진 시간에 대화방에 접속해 실시간 토론을 진행하며, 빠른 응답을 특징으로 한다. 비동시적 방식은 게시판을 이용해 질문과 답을 올리는 형태로, 복잡한 주제의 심층 토론이 가능하다.[89]

온라인 초점집단 면접은 자료수집이 신속하고 비용과 시간을 절약할 수 있는 장점이 있다. 장소의 제약이 없어 국내외 참가자를 쉽게 모집할 수 있으며, 이메일이나 소셜미디어를 통한 접촉도 쉽다. 또한, 토론을 녹음하거나 글로 변환하는 작업이 불필요하다. 익명성이 보장되어 솔직한 의견이 나오기 쉽다. 수줍은 참가자에게는 발언 기회가 늘고 말이 많은 참가자는 발언이 조절된다. 나이, 인종, 외모 등으로 인한 편향도 줄어든다.[89,215]

〈표 11-1〉 초점집단 면접의 주요 변형 형태 비교

변형 형태	주요 특징	장점	단점
양방향 초점집단	한 집단의 토론을 다른 집단이 청취 후 논의	상호 간의 통찰 공유 가능	시간과 인력의 이중 소요
두 명의 진행자	회기 진행자와 주제 전문가의 동시 운영	토론 심화, 전문성 확보	진행자 간 조율 필요
상반된 입장의 진행자	의도적 대립을 통한 토론 심화	다양한 시각의 도출	갈등 과열의 위험
참가자 진행	참가자에게 일시적 진행 역할 부여	참여도와 자율성의 향상	진행 품질의 불균형 가능
주기적 반복	참여자 대상으로 반복 조사	시간적 변화 추적 가능	장기간 일정과 비용의 소요
온라인: 동시적 방식	대화방 실시간 토론	빠른 응답, 역동성	참가자의 입력 속도에 영향을 받음
온라인: 비동시적 방식	게시판에 비실시간 답변	심층 토론, 시간 여유	즉각적 상호작용의 부족

반면, 온라인 초점집단 면접은 인터넷 접근과 사용 능력이 있는 사람만 참여할 수 있다. 사회자는 비언어적 표현을 관찰하기 어려워서 즉각적인 캐묻기나 반응 해석이 어렵다. 또한, 참여자 간 상호작용이 약하고 토론에 대한 집중도가 낮으며, 참가자의 자격을 확인하기 어렵고 토론 도중 행위를 통제하기 힘든 한계가 있다.[89,215]

7. 초점집단 면접의 장단점

초점집단 면접은 집단 토론의 상호작용을 통해 다양한 정보와 통찰을 얻을 수 있으며, 창의적이며 완성도 높은 답변을 도출할 수 있다. 자료수집과 분석 속도가 빠르며, 캐묻기 등 유연한 방식으로 심층 자료 확보가 가능하다. 또한, 진행자는 참여자의 비언어적 반응을 관찰하여 추가 정보를 얻을 수 있다.[70,255]

그러나 초점집단 면접에는 한계점도 존재한다. 첫째, 익명성 보장이 어려워 민감한 주제에 대한 답변이 회피되거나 왜곡될 위험이 있다. 둘째, 토론에 대한 통제력이 떨어지는 경우, 논의가 산만해지거나 일부 인물의 의견이 과도하게 반영될 수 있다. 셋째, 진행자의 역량과 중립성이 부족할 때, 질문 표현에서 편견이 개입되면 왜곡된 결론이 도출되기 쉽다. 넷째, 상반된 의견이 다수 발생하면 분석 및 해석 과정이 복잡해질 수 있다. 다섯째, 연구자나 의뢰자의 편향에 취약한 결과로 이어질 우려가 있다. 마지막으로 참여자들의 일정 조율 어려움으로 인해 모임이 제한될 수 있다.[89, 174, 215]

제3절 투사법

1. 개 요

투사법(projective method)은 개인이 자신의 내면에 있는 생각, 감정, 욕구, 동기 등을 모호한 외부 자극이나 타인, 상황에 무의식적으로 반영하는 심리적 과정을 의미한다. 응답자가 그림, 애매한 상황 등 구조화되지 않은 자극에 자유롭게 반응하거나 해석할 때 무의식적 내면이 드러나도록 유도하는 방법이다.[32]

투사법은 응답자가 조사 목적을 알지 못한 상태에서 간접적으로 정보를 얻는 데 활용되며, 직접적인 질문으로 얻기 어려운 정보를 제공한다. 잉크 반점, 모호한 그림, 미완성 문장 등과 같은 비구조화된 자극을 사용하여 다양한 해석 가능성을 두고, 자유로운 반응을 유도한다. 자극이 모호하기 때문에 응답자가 답변을 조작하거나 사회적으로 바람직한 답변을 제시하기 어려워 보다 진솔한 반응을 얻을 수 있다. 투사법을 통해 나타나는 응답은 무의식적 동기, 신념, 감정, 욕구, 가치 등 응답자도 인식하지 못하는 내면세계가 반영된 것으로 간주한다. 이러한 반응의 해석은 조사자의 전문성과 이론적 관점에 따라 달라질 수 있어, 동일한 반응에도 다른 결론이 도출될 수 있다.[120, 215]

투사법은 임상 심리학, 미술치료, 교육, 마케팅, 조직 및 인사관리 등 다양한 분야에서 활용된다. 임상 심리학에서는 성격, 심리적 갈등, 방어기제, 잠재적 감정을 평가하고, 미술치료에서는 예술적 표현을 통해 무의식적 감정과 심리상태를 진단하고 치료한다. 교육 분야에서는 아동과 청소년의 정서적 어려움, 대인관계 문제, 학습 동기 등을 평가하며, 마케팅에서는 소비자의 잠재적 욕구, 동기, 태도, 브랜드 인식을 파악하는 데 활용한다. 조직 및 인사관리 분야에서는 직원의 동기, 직무만족도, 조직적응력 등을 평가하는 데 활용한다.[87]

2. 투사법의 종류

(1) 연상 기법

투사법은 연상(association), 완성(completion), 구성(construction), 표현(expression) 기법 등으로 분류된다. 이 중 연상 기법은 응답자에게 단어나 이미지와 같은 자극을 제시하고, 이에 대한 첫 번째 생각이나 이미지를 즉시 응답하게 하는 방식이다.[120] 대표적인 연상 기법인 단어 연상 기법은 자극어(cue word)를 제시한 후, 응답자가 가장 먼저 떠오른 단어나 개념을 말하거나 기록하도록 한다. 자극어 제시는 1회 또는 반복될 수 있으며, 응답은 자유롭게 하거나 연구자가 설정한 조건에 따라 제한될 수도 있다. 이 기법은 깊은 사고 없이 무의식적으로 떠오른 단어를 통해 개인의 내면적 사고 구조, 단어 간 의미 연결망, 무의식적 동기와 감정을 파악하는 데 활용된다.[217] 예를 들어, 세제와 관련된 자극어에 대한 연상 반응을 분석하면, 세제에 대한 무의식적 이미지, 태도, 감정, 연상 구조를 파악할 수 있다. 〈표 11−2〉와 같은 응답 결과는 세제와 관련하여 게으른 소비자와 적극적 소비자의 유형이 존재한다는 것을 나타낸다.

〈표 11−2〉 단어 연상 기법[184]

자극어	응답자 A	응답자 B
수건	더러운	세탁
신선한	달콤한	깨끗한
문질러 씻다	하지 않음; 남편이 함	깨끗한
오물	이웃	먼지
거품	목욕	비누와 물
가족	다툼	아이들

(2) 완성 기법

완성 기법은 미완성된 문장, 이야기, 대화 등을 제시하고 응답자가 이를 자유롭게 완성하도록 하는 방식으로, 응답자가 직접 표현하기 어려운 생각이나 감정, 태도 등을 탐색하는 데 효과적이다. 이에 속하는 방법으로는 문장 완성 기법, 이야기 완성 기법, 대화 완성 기법이 있다.[120, 184]

문장 완성 기법에서는 응답자가 불완전한 문장을 보고 가장 먼저 떠오르는 구절로 채워 전체 문장을 완성한다. 예를 들어, 〈표 11－3〉과 같이 특정 주제와 관련된 문장의 부분만 제시하고 이를 완성하게 함으로써 응답자의 내면적 생각과 감정을 파악할 수 있다.

〈표 11–3〉 문장 완성 기법[184]

A 백화점에서 쇼핑하는 사람은 ____________________.
B 백화점 상품권을 받는 사람은 ____________________.
C 백화점은 ______________ 사람들이 가장 좋아한다.
백화점에서 쇼핑을 생각하면, 나는 ________________.

이야기 완성 기법은 미완성된 이야기를 제시한 뒤, 남은 부분을 응답자가 쓰도록 하여 창의적 상상과 내면의 심리를 표현하게 하는 방법이다. 예를 들어 〈표 11－4〉와 같이 미완성 이야기를 제시하고 응답자가 이를 완성하도록 하는 방법이다.

〈표 11–4〉 이야기 완성 기법[184]

어느 날 한 소비자가 새로운 세제를 샀다. 그는 집에 돌아와 세탁을 시작했다. 그런데 ____.

대화 완성 기법은 미완성된 대화문을 보여주고, 응답자가 상대방의 말을 완성하도록 하는 방식으로, 사회적 관계에 대한 인식이나 대인 소통 태도를 파악하는 데 유용하다. 예를 들어, 〈표 11－5〉와 같이 미완성 대화를 응답자가 완성하도록 하는 방법이다.

〈표 11–5〉 대화 완성 기법[184]

A: 이 세제는 정말 좋아 보여.
B: ______________________.

(3) 구성 기법

구성 기법은 응답자가 그림, 사진, 상황 등 모호한 자극을 바탕으로 이야기를 만들거나 만화를 완성하도록 하여 무의식적 태도와 감정을 탐색하는 방법으로, 이야기 구성 기법과 만화 완성 기법이 포함된다.[120]

이야기 구성 기법은 응답자에게 모호한 그림이나 사진 등의 자극을 제시하고, 그것을 바탕으로 자유롭게 이야기를 만들어내게 하는 방식이다. 대표적인 사례로 주제통각검사(thematic apperception test)는 여러 그림 카드를 보여주고 각 그림에서 무슨 일이 일어나고 있는지, 등장인물들이 무엇을 생각하고 느끼는지, 어떤 일이 일어날 것 같은지에 대해 이야기를 구성하도록 한다. 이렇게 만들어진 이야기에는 응답자의 무의식적 욕구, 감정, 세계관, 대인 태도 등이 투사되어 드러난다고 본다.[79]

만화 완성 기법은 말풍선이나 칸이 비어 있는 만화를 응답자에게 제시한 후, 비어 있는 부분을 채우도록 하는 방식이다. 응답자는 등장인물의 대사나 행동, 결말 등을 상상하여 완성함으로써 자신의 감정, 태도, 가치관 등을 간접적으로 표현하게 된다.[184]

(4) 표현 기법

표현 기법은 응답자가 언어, 행동, 시각적 표현 등을 통해 특정 상황에서 자신의 무의식적 내면을 드러내도록 하는 방법으로, 대표적으로 역할극 기법과 제삼자 기법이 있다. 역할극 기법은 응답자가 다른 사람의 역할이나 행동을 수행하도록 요청하여, 그 과정에서 나타나는 표현을 통해 생각과 감정을 탐색하는 방법이다. 제삼자 기법은 자신의 신념이나 태도를 직접 말하지 않고, 제삼자의 입장에서 생각과 감정을 이야기하게 하는 방식이다. 예를 들어, "다른 사람이 이 서비스를 이용한다면 어떻게 느낄까요?"와 같은 질문을 통해 응답자가 본인 생각과 감정을 간접적으로 표현하도록 유도한다.[120, 184]

3. 투사법의 장단점

투사법은 응답자가 연구목적을 의식하지 못한 채 모호한 자극에 자유롭게 반응하도록 함으로써, 직접적 조사로는 파악하기 어려운 무의식적 동기, 감정, 태도 등을 탐색할 수 있다. 투사법은 사회적 규범에 따른 방어적 응답을 줄여 민감한 주제에서도 타당한 자료 확보가 가능하며, 언어 표현이 제한적인 집단도 그림, 행동, 시각적 표현 등 비언어적 매체를 활용해 내면을 드러낼 수 있는 장점이 있다.[215]

반면, 투사법은 해석 과정에 주관이 크게 개입되어 동일 자료라도 연구자에 따라 다른 결론이 나올 수 있다. 또한, 자극이 표준화되지 않고 문화에 따라 다르게 인식될 수 있어 일반화에 한계가 있으며, 숙련된 전문가가 필요하므로 비용이 크게 소요되는 단점이 있다.[94,204]

제4절 델파이 조사

1. 개 요

델파이 조사(Delphi survey)는 집단지성이 개인의 판단력을 높인다는 전제 아래, 전문가 집단으로부터 특정 주제에 대한 의견을 수렴하는 방법이다. '델파이'라는 이름은 고대 그리스 도시 델파이에서 아폴론이 내리던 예언과 계시를 의미하는 델파이 신탁에서 유래했다. 이 기법은 원래 군사 분야에서 원자폭탄의 영향을 예측하기 위해 사용되었으나, 이후 경제, 정보기술, 의료, 교육 등 다양한 영역으로 확장되었다. 현재는 장기 예측, 의사소통 개선, 정책 개발 및 분석, 교육 계획 등 폭넓은 분야에서 활용되고 있으며, 최근에는 온라인조사를 통해 우편조사의 불편함을 해소함으로써 효율성이 더욱 높아지고 있다.[12,230,245]

델파이 조사는 조정자와 전문가 패널로 구성된다. 조정자는 패널의 응답을 매개하고 조율하는 역할을 한다. 전문가들은 연구주제에 대해 익명으로 의견과 지식을 제시하고, 이를 통해 각자는 자신의 평가가 다른 사람들의 의견과 어떻게 일치하는지 확인하고, 집단적 논의를 바탕으로 아이디어와 견해를 재검토한 뒤 필요하다면 의견을 수정할 수 있다.[12,230]

2. 델파이 조사의 특성

델파이 조사는 특정 주제에 대한 전문가 패널의 집단지성을 활용해 반복 설문과 피드백 과정을 통해 합치된 의견을 도출하는 기법이다. 델파이 조사의 특성은 전문가 패널, 반복된 설문과 피드백, 응답 결과의 요약, 익명성, 합의 도출로 볼 수 있다.

전문가 패널은 특정 주제에 대한 지식과 경험을 갖춘 사람들로 구성되며, 델파이 조사는 이들의 집단지성이 개별 전문가의 판단보다 우월하다는 가정을 바탕으로 한다.[208] 전문가의 범위는 비교적 자유롭게 정의되며, 전문성은 주관적 전문성(개인 경험에서 비롯된 지식), 의무적 전문성(직무 관련 지식과 경험), 객관적 전문성(교육과 연구를 통해 습득한 지식)으로 구분된다.[194] 전문가 패널은 주로 판단 표집을 통해 10~50명 규모로 모집된다.[245]

델파이 조사는 반복된 설문을 거치면서 다양한 의견이 제시되고 조정되면서 합의에 이르는 과정을 밟는다. 이러한 과정에서 피드백은 참여자에게 자신의 의견이 집단 내 어디에 위치하는지를 알려주고, 집단 응답을 참고하여 의견을 수정할 기회를 제공한다. 개별 참여자의 의견은 다른 참여자뿐 아니라 연구자에게도 익명으로 처리될 수 있다. 이를 통해 권위나 영향력에 의해 특정 개인이 논의를 지배하는 것을 방지한다.[245]

델파이 조사의 목표는 전문가들의 합의 도출이며, 충분한 합의에 이를 때까지 설문을 반복한다. 합의 기준은 명확하지 않지만, 특정 의견에 긍정적 평가가 집중되면 합의에 도달했다고 간주한다. 다만 조사의 목적이 실증적 결론을 찾는 것이면 합의에 이르지 못한 의견도 함께 고려하며, 규범적 견해를 구하는 경우 합의 도출이 적절하다.[193,230]

3. 델파이 조사의 단계

델파이 조사에서 설문은 보통 2~4회 실시되며, 3회 설문의 절차를 예로 들면 1차에서 다양한 의견을 도출하고, 2차에서 이를 검토하고 평가하며, 3차에서 합의에 이르는 단계로 진행되는데, 이는 정(正)－반(反)－합(合)이라는 변증법적 전개 구조와 유사하다.[230,245]

조사 절차는 3회 설문 기준으로 다음과 같다.[12,230] 우선 연구주제와 문제를 확인하고 선정하며 필요에 따라 기존 연구를 검토한다. 이어 조정자와 전문가 패널을 선정한다. 패널 규모는 조사 목적과 표적 집단의 다양성을 고려해 정하고, 참여를 요청할 때는 조사 목적, 절차, 결과 활용 방식 등을 안내하며 공식 서한으로 참여를 확약받는 것이 바람직하다. 1차 설문은 다양한 의견을 수집할 수 있도록 구성하며, 필요할 경우 사전 검토나 예비 검사를 거친다. 전문가들은 자유롭게 아이디어를 제시하되 이를 평가하거나 정당화하지 않는다. 회수된 응답은 유사한 내용, 독특한 내용, 주제와 무관한 내용으로 분류해 정리하며, 이는 2차 설문 작성의 기초가 된다. 2차 설문에서는 각 아이디어의 내용, 장단점, 평가를 요청하고, 전문가들은 다른 사람의 응답을 참고해 의견을 수정하거나 새로운 제안을 추가할 수 있다. 회수된 응답은 장단점, 평가, 중요도를 분석하여 정리된다. 3차 설문은 보완과 수정을 거쳐 작성되며, 이 설문을 통해 최종 의견을 수집한다. 회수된 결과를 종합하고 요약하여, 긍정적 평가를 많이 받은 의견은 최종 합의로 간주한다. 최종 보고서에는 의견별 장단점 목록과 함께 5점 척도로 평가한 점수와 순위를 포함할 수 있고 이 결과는 전문가 패널과 공유된다.

4. 델파이 조사의 장단점

델파이 조사의 주요 장점은 다음과 같다.[230,245] 첫째, 델파이 조사는 전문가의 지식과 경험에 의존하므로 확실한 증거가 부족한 상황에서 문제 해결에 중요한 역할을 한다. 특히 의견이 중요하거나 미래 예측이 필요한 경우에 효과적으로 활용된다. 둘째, 설문 방식으로 진행되므로 시간과 장소의 제약이 없으며, 다양한 지역의 전문가들이 쉽게 참여할 수 있다. 이를 통해 효율적으로 의견을 수렴할 수 있다. 셋째, 익명성이 보장되어 영향력 있는 개인이 논의에 지배적인 역할을 하는 것을 방지하고, 집단 압력의 영향을 최소화한다. 이로써 전문가 간 솔직한 의견 교환이 가능하며, 대면 토론에서 발생할 수 있는 비생산적인 논의를 피하고 주요 이슈에 집중할 수 있다. 넷째, 반복적인 설문과 피드백 과정을 통해 전문가들은 타인의 의견을 참고하여 자신의 견해를 수정하고 보완할 수 있으며, 이를 통해 조사 결과의 타당성을 높일 수 있다.

델파이 조사의 주요 단점은 다음과 같다.[12,157,166,230] 첫째, 여러 차례 설문을 진행하므로 조사 기간이 길어질 수 있다. 둘째, 전문가의 정의와 패널 구성 규모에 대한 명확한 기준이 없다. 셋째, 전문가의 선정이나 질문의 제시 및 정리 과정에서 조정자의 주관적 판단과 편향이 개입될 수 있으며, 특정 방향으로 합의를 유도할 위험이 있다. 넷째, 델파이 조사는 특정 안건에 대한 합의가 이루어지면 의견이 수렴되었다고 판단하지만, 합의의 명확한 기준이 없으며 그 결과가 반드시 과학적으로 검증된 정답을 의미하는 것은 아니다.

제5절 관찰 방법

1. 개 요

관찰 방법은 사람, 사물, 사건 등의 행위나 상태를 직접 관찰하여 자료를 수집하는 방법이다. 이 방법은 조사대상자의 자기 보고에 의존하지 않고 실제로 나타나는 행동과 현상을 직접 확인하므로, 언어로 표현하기 어렵거나 설문이나 면접만으로 파악하기 힘든 비언어적 행동과 반응을 조사하는 데 효과적이다.

관찰 방법을 활용한 연구 사례로, 평생교육 프로그램 개발 과정의 특성을 분석한 연구가 있다. 이 연구에서는 프로그램의 목적, 프로그램 내용, 개발 주체, 프로그램 개발에 적합한 방법의 활용, 개발을 위한 협력, 프로그램의 도구 및 매체 개발 등의 측면에서 프로그램 개발 과정의 특성을 규명하였다.[3]

2. 관찰 방법의 종류

(1) 환경의 통제 여부에 따른 분류: 통제적 관찰과 자연적 관찰

통제적 관찰(controlled observation)은 인위적으로 조성된 환경에서 사건이나 행동을 관찰하는 방법으로, '인위적 관찰'이라고도 한다. 동일 조건에서의 반복 관찰이 가능해 재현성과 신뢰도가 높으나, 인위적 상황에서의 반응은 실제와 다를 수 있어 타당도가 저하될 위험이 있다.[187]

자연적 관찰(naturalistic observation)은 조사대상이 속한 자연스러운 환경에서 현상을 관찰하는 방법으로, '자연적 관찰'이라고도 한다. 실제 상황에서의 자연스러운 행동을 포착할 수 있어 타당도가 높지만, 특정 현상을 관찰하는 데 많은 시간과 비용이 요구되며, 변인의 통제나 측정이 어려울 수 있다.[109]

(2) 조사대상자의 인지 여부에 따른 분류: 공개적 관찰과 비공개적 관찰

공개적 관찰(overt observation)은 조사대상 자신이 관찰되고 있음을 인지한 상태에서 진행되며, 연구 투명성을 확보하고 조사대상자의 권리를 존중하여 연구 윤리를 준수할 수 있다. 다만, 조사대상자가 평상시와 다르게 행동하여 편향된 자료를 얻을 수 있다.[67]

비공개적 관찰(covert observation)은 조사대상 자신이 관찰되고 있다는 사실을 모르는 상태에서 진행되며, 자연스러운 행동을 포착할 수 있어 타당도가 높다. 그러나 조사대상의 사전 동의 없이 관찰이 이루어지기 때문에 윤리적 문제가 제기될 수 있다.[67]

(3) 연구자의 참여 여부에 따른 분류: 참여 관찰과 비참여 관찰

참여 관찰(participant observation)은 관찰자가 조사대상 집단의 구성원으로서 직접 참여하여 진행되며, 내부자의 시각에서 심층적이고 맥락적인 정보를 얻을 수 있다. 그러나 자료수집에 있어서 연구자의 주관이 개입될 위험이 있다.

비참여관찰(non-participant observation)은 관찰자가 조사대상 집단에 참여하지 않고 외부자 시각에서 진행되며, 상대적으로 객관적인 자료를 수집할 수 있다. 그러나 외부자의 시각으로 인해 심층적인 정보의 파악이 어려울 수 있다.[200]

(4) 관찰 절차의 구조화 여부에 따른 분류: 구조화 관찰과 비구조화 관찰

구조화 관찰(structured observation)은 조사대상, 측정 도구, 절차, 기간 등을 사전에 구체적으로 설계하고 표준화된 절차로 자료를 수집하는 방법으로, 연구문제가 명확할 때 적합하다. 이 방법은 관찰자 간 편향을 줄이고 자료수집의 일관성을 확보하지만, 관찰의 융통성이 낮아서 예기치 못한 현상을 놓칠 수 있다.[109]

비구조화 관찰(unstructured observation)은 사전 계획 없이 자유롭게 관찰 내용을 기록하는 방법으로, 연구문제가 불명확하거나 주제를 폭넓게 탐색할 때 유용하다. 그러나 연구자의 주관이 개입될 가능성이 크고 연구자에 따라 해석이 달라질 수 있다.

(5) 관찰 시점에 따른 분류: 직접 관찰과 간접 관찰

직접 관찰(direct observation)은 사건이나 행동이 실제로 발생하는 시점과 장소에서 조사자가 직접 관찰하는 방법이다. 예를 들어 교실에서 교사의 수업 과정을 현장에서 관찰하는 것을 들 수 있다. 이 방법은 관찰 기간에 행동의 빈도, 강도 등 구체적이고 풍부한 정보를 제공하고 맥락까지 파악할 수 있다. 그러나 많은 시간과 노력이 필요하며, 관찰 가능한 사례 수가 제한될 수 있다.[132]

간접 관찰(indirect observation)은 사건이 발생한 후 기록물이나 흔적을 통해 관찰하는 방법이다. 예를 들어 교사의 수업 과정을 비디오로 촬영한 후 영상을 관찰하는 것을 들 수 있다. 이 방법은 접근이 어려운 대상이나 이미 종료된 현상 등 직접 관찰이 불가능할 때 유용하고, 자연스러운 행동을 포착할 수 있다. 그러나 연구자가 필요로 하는 자료가 충분하지 않을 수 있다.[84]

3. 관찰 방법의 절차

관찰 방법을 진행하는 절차는 다음과 같다.[255] 첫째, 연구 목표와 연구문제를 명확히 정의한다. 둘째, 연구목적에 적합한 관찰 방법의 유형을 선택한다. 셋째, 관찰 장소를 선정한다. 이를 위해 연구문제와 관련된 사건이나 행동이 자주 발생할 수 있는 장소를 찾아내고, 관찰을 위한 도구나 기록을 위한 시설을 배치한다. 넷째, 관찰할 조사대상을 추출한다. 대부분의 관찰 연구에서는 판단 표집을 사용한다. 판단 표집에 대해서는 15장에서 상세하게 다룬다. 다섯째, 예상되는 문제 상황에 대비하며 관찰을 수행하고 자료를 수집한다. 여섯째, 수집한 자료를 분석한다. 마지막으로, 연구 결과를 보고한다.

4. 관찰 방법의 장단점

관찰 방법은 대체로 사건이 일어나는 현장에서 연구자가 관찰하기 때문에 세밀하고 정확한 자료를 수집할 수 있으며, 사회적 맥락까지 파악할 수 있다. 또한, 비언어적 행동이나 태도도 효과적으로 조사할 수 있다. 아울러 조사대상이 인지하지 못하는 문제나 무의식적 행동을 포착할 수 있으며, 설문 조사에 예민하게 반응하는 조사대상에 대해서도 왜곡이 적은 자료 확보가 가능하다.[255]

그러나 관찰 자료의 해석 과정에서 조사자의 주관과 편견이 개입되어 객관성이 저하될 수 있다. 원하는 현상이 나타날 때까지 장시간 대기해야 하므로 자료 수집에 많은 시간과 비용이 소요된다. 또한, 표면적 행동의 이면에 숨겨진 내적 동기나 감정을 파악하기 어려워 인과분석에 한계가 있다.[255]

제6절 질적 자료수집 방법과 양적 자료수집 방법의 비교

양적 자료수집 방법은 수집된 자료가 도수, 점수, 수치 등과 같은 정량적 자료로 나타난다. 연구의 목적은 변수 간의 인과관계 분석, 가설의 검증, 연구 결과의 객관성과 일반화를 구현하는 데 있다. 이를 위해 주로 설문 조사에 속하는 대인면접, 전화조사, 우편조사, 온라인조사, 집단조사 등과 표준화된 자료수집 방법이 활용된다. 자료는 통계적 분석을 통해 처리되며, 연구자는 객관적인 관찰자의 역할을 한다. 표집은 단순 무작위 표집, 층화 표집 등 확률적 표집을 통해 모집단에 대한 대표성을 확보하려고 한다. 이러한 자료수집과 표집을 바탕으로 도출한 연구 결과는 전체 모집단이나 유사한 상황에 일반화될 수 있다. 연구 결과는 표, 그래프, 수치 등 객관적이고 간결한 방식으로 제시된다.

질적 자료수집 방법은 서술, 이미지, 비언어적 행동 등 정성적이고 비정형적인 자료를 주로 다룬다. 연구의 목적은 현상과 경험의 심층적 이해, 맥락 속 의미 파악, 그리고 새로운 발견에 있다. 이를 위해 주로 심층 면접, 초점집단 면접, 투사법, 델파이 조사, 관찰 방법 등 비구조화된 자료수집 기법이 활용되며, 연구자는 주로 현장에서 조사대상과 상호작용하며 자료를 수집한다. 수집된 자료는 질적 내용분석, 주제분석 등 해석적이고 서술적인 방식으로 분석되며, 연구자는 단순

〈표 11-6〉 양적 자료수집 방법과 질적 자료수집 방법의 비교

구분	양적 자료수집 방법	질적 자료수집 방법
자료 형태	도수, 점수 등 정량적 자료	서술, 이미지 등 정성적 자료
연구목적	변수 간의 인과관계, 일반화, 가설 검증을 중시	현상, 맥락, 의미의 심층적 이해, 새로운 발견
세부 자료수집 방법	설문 조사, 실험 등	심층 면접, 참여 관찰 등
자료 분석	통계적 분석	주제분석, 해석적 분석 등
연구자 역할	객관적 관찰자	의미를 공유하는 해석자
표집 방식	확률표집	비확률표집
결과의 일반화	가능(대규모 표본 추출 시)	제한적(특정 맥락에 한정)
결과 제시	표, 그래프, 수치	사례, 인용, 설명 중심의 서술 형식

관찰자의 역할을 넘어 해석자의 역할도 수행한다. 표집은 판단 표집이나 이론적 표집 등 비확률적 표집을 사용하여 연구목적에 부합하는 대상을 선정한다. 연구결과는 특정 맥락이나 집단에 한정되어 일반화가 제한적이며, 결과는 구체적 사례와 인용, 설명 중심의 서술적 형식으로 제시된다.

양적 자료수집 방법은 조사대상의 속성을 수치로 정확하게 측정할 수 있다는 점, 대규모의 집단이나 자료를 동일한 척도를 통해 체계적으로 분석할 수 있다는 점, 그리고 대표성 있는 표집과 통계적 검정을 통해 결과를 일반화하고 가설을 검증할 수 있다는 점 등의 특성을 가진다. 반면에 질적 자료수집 방법은 사회 현상이나 인간의 행동, 경험을 전체적 맥락과 함께 깊이 있게 이해하는 데 강점을 가진다. 정해진 절차와 방식에 갇히지 않고 유연하고 개방적으로 접근할 수 있으며, 연구 과정에서 새로운 질문이 등장할 때에도 즉각적으로 반영하여 수정하고 보완할 수 있다. 무엇보다도, 양적 연구로는 포착하기 어려운 미묘한 의미와 다층적인 현상 해석이 가능하다는 점이 주요 장점이다.

제 12 장

연구 결과의 타당성

제1절　인과관계의 개념
제2절　연구 결과의 내적 타당도
제3절　연구 결과의 외적 타당도
제4절　내적 타당도와 외적 타당도의 관계

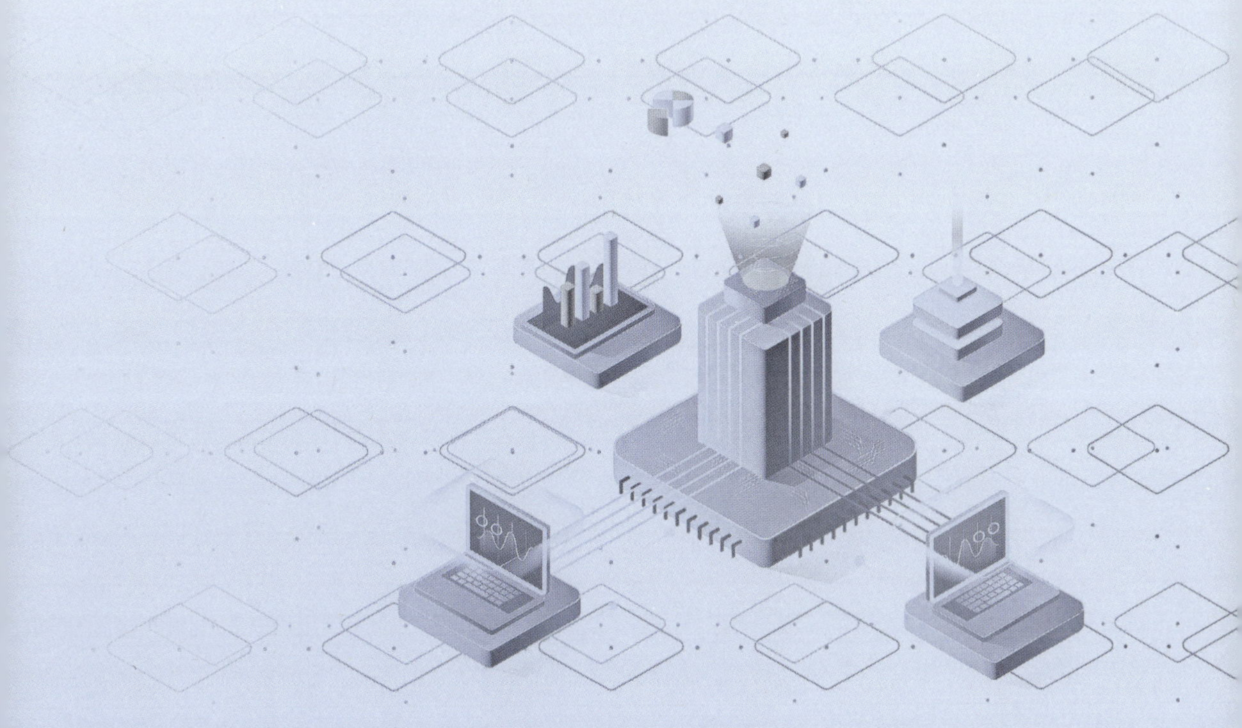

제1절 인과관계의 개념

인과관계란 독립변수가 종속변수에 영향을 미치는 관계를 말한다. 두 변수 간 인과관계가 성립하기 위해서는 세 가지 조건을 충족해야 한다. 첫째, 두 변수 간에 공변관계(covariation)가 존재해야 한다. 공변관계란 두 변수가 서로 연관되어 함께 변하는 현상을 말하며, 상관계수로 수치화할 수 있다. 흔히 쓰이는 피어슨 상관계수는 −1부터 1까지의 값을 가지며, 절댓값이 1에 가까울수록 두 변수 간의 선형관계가 강하다는 의미이다. 둘째, 원인으로 추정되는 변수가 결과로 추정되는 변수보다 먼저 발생해야 한다. 즉, 원인이 결과에 선행해야 한다. 셋째, 외생변수의 영향이 통제되어야 한다. 이는 두 변수 간 상관관계가 제3의 외생변수에 의해 발생한 것이 아닌지를 명확히 하는 것이다. 즉, 외생변수의 영향을 통제한 상태에서 독립변수가 종속변수에 미치는 영향을 파악할 수 있어야 한다.

종속변수에 영향을 미칠 수 있는 변수들은 많이 존재할 수 있다. 연구자가 설정한 독립변수 외에 다른 변수의 영향을 통제하지 않으면 두 변수 간의 관계는 허위적일 수 있다. 예를 들면, 유튜브를 이용하는 성인 300명을 조사한 결과 유튜브 이용시간이 길수록 음주량이 늘어나는 것으로 나타났다고 하자. 이 경우에 유튜브 이용시간과 음주량 간의 인과관계를 확인하려면 음주량에 영향을 미치는 다른 변수의 통제가 필요하다. 즉, 외생변수의 통제가 필요하다. 특히, 표본 선택의 편향이 심할 때 중요한 외생변수를 통제하지 못하면 실제와 상반된 결과를 도출할 수 있는데, 이는 심슨의 역설(Simpson's paradox)로 잘 알려져 있다.[47]

인과관계를 정확하게 밝히고 싶다면 연구 결과의 타당도가 높아야 한다. 연구 결과의 타당도는 내적 타당도(internal validity)와 외적 타당도(external validity)로 구분된다. 내적 타당도를 쉽게 설명하자면, 실험에서 나타난 변화가 실험에서 조작한 원인 때문인지 확실해야 한다는 뜻이다. 즉, 다른 이유 때문이 아니라 실험에서 조작한 원인이 결과에 영향을 미쳤다고 확신할 수 있는 정도를 말한다. 외적 타당도를 쉽게 설명하자면, 실험 결과가 실험 참가자뿐 아니라, 실험실 밖의 다른 사람이나 상황에도 적용될 수 있는 정도를 말한다. 예를 들어, 한 학교에서 어떤 교육 프로그램이 효과가 있다고 나타났어도 다른 학교나 지역에서도 같은 효과가 없다면 외적 타당도는 낮은 것이다. 내적 타당도는 연구에서 설정한 독립변수가 진정한 원인인가에 대한 질문에 답을 주고, 외적 타당도는 다른 조사대상이나 상황에도 이 결과가 적용될 것인가에 대한 질문에 답을 준다. 즉, 인과관계를 명확히 하려면 먼저 내적 타당도를 확보하여 인과관계의 진정성을 높이고, 그 결과가 다른 맥락이나 집단에도 적용될 수 있을지를 의미하는 외적 타당도를 함께 고려해야 한다.

제2절 연구 결과의 내적 타당도

1. 내적 타당도의 개념

연구 결과의 내적 타당도란 연구모형에서 인과관계가 다른 요인에 의해 설명되지 않고 연구에서 설정된 독립변수에 의해 발생했다는 정도를 의미한다. 따라서 연구 결과의 내적 타당도가 높아지려면 외생변수의 영향을 통제해야 한다. 외생변수가 종속변수에 영향을 크게 미치면 인과관계를 나타내는 연구 결과는 내적 타당도가 낮아진다.

2. 내적 타당도의 저해 요인

실험연구의 맥락에서 연구 결과의 내적 타당도를 저해하는 주요 외생변수와 그 효과는 다음과 같다.[43,103,195,218]

(1) 역사 효과

실험연구에서 역사(history)란 사전검사와 사후검사 사이에 발생하는 모든 외부적인 사건을 의미한다. 역사 효과(history effect)가 실험이 진행되는 동안 발생하여 종속변수에 영향을 준다면, 종속변수의 변화가 실험 처치에 의한 것인지 아니면 외부 사건에 의한 것인지 구분하기 어려워져서 연구 결과의 내적 타당도가 낮아진다. 예를 들어, 금연프로그램의 효과를 평가하는 실험연구 진행 중에 대중매체에서 금연 캠페인이 실시된다면, 금연프로그램의 효과와 금연 캠페인의 효과가 혼재되어 금연프로그램의 순수한 효과를 정확히 파악하기 어려워진다. 특히 실험기간이 길어질수록 우연히 발생하는 외부 사건의 가능성이 커져서 연구 결과가

혼란스러워질 위험이 증가한다.[195]

(2) 성숙 효과

성숙(maturation)이란 사전검사와 사후검사 사이에 조사 대상에게 나타나는 자연스러운 육체적 또는 심리적 변화를 의미한다. 이러한 변화가 독립변수의 조작과 무관하게 종속변수에 영향을 미치는 것을 성숙 효과(maturation effect)라고 한다. 예를 들어, 피로 누적이나 신체적 변화가 실험 결과에 영향을 주면, 독립변수의 순수한 효과를 정확히 파악하기 어렵다.[43]

특히 장기간 아동이나 노인을 대상으로 하는 실험연구에서 성숙 효과가 흔히 발생한다. 예컨대, 초등학생을 대상으로 1년간 체육 프로그램이 신장 성장에 미치는 영향을 연구할 때, 아이들의 자연스러운 성장(성숙 효과)과 프로그램의 효과가 겹쳐져 순수한 프로그램 효과를 분리하기 어렵다. 또 다른 사례로, 노인을 대상으로 요양원 생활이 신체적 능력에 미치는 영향을 분석할 때, 나이가 들면서 자연스럽게 나타나는 신체 능력 변화(성숙 효과)를 구분하지 못하면 요양원 생활의 정확한 영향을 평가하기 어렵다.

역사 효과와 마찬가지로 성숙 효과도 사전검사와 사후검사 사이의 시간 간격이 길수록 더 쉽게 나타난다. 이를 통제하기 위해서는 실험집단과 통제집단을 함께 구성하여 공통으로 나타나는 효과를 상쇄한 뒤 순수한 처리 효과를 측정하거나, 연구 기간을 단축하는 것이 도움이 된다.[165]

(3) 검사 효과

검사 효과(testing effect)란 동일한 측정 도구(예: 동일한 설문지)를 사용하여 사전검사와 사후검사를 할 때, 사전검사 경험이 사후검사 결과에 영향을 미치는 현상을 말한다. 이 경우에 처치 효과와는 무관하게 사후검사의 점수가 달라질 수 있다. 예컨대 자격증 시험을 한 번 치른 뒤 별도의 공부가 없어도, 첫 시험에서 익힌 요령 덕분에 두 번째 시험 점수가 향상된다면 이는 검사 효과에 해당한다.

실험집단과 통제집단 모두에게 사전검사와 사후검사를 한다면, 검사 효과는 일반적으로 두 집단 모두에게 나타난다. 만약 검사 효과가 실험집단에서만 관찰된다면, 이는 단순한 검사 효과가 아니라 사전검사와 처치(독립변수) 간 상호작용 효과로 해석된다. 즉, 사전검사가 독립변수의 작용 방식에 영향을 미친 것이다. 예를 들어, 상품 광고가 상품 인지도에 미치는 효과를 분석할 때 광고 노출 전에 상품 인지도를 조사하면, 참가자들이 해당 상품의 광고를 더욱 주의 깊게 보아 실제 광고 효과가 과대평가될 수 있다.[47]

(4) 측정 도구 효과

측정 도구 효과(instrumentation)는 실험이나 연구 과정에서 동일한 개념을 측정하는 도구나 측정 절차 또는 관찰자가 변하면서 발생하는 현상으로, 독립변수의 영향과 무관하게 연구 결과를 왜곡시킬 수 있다. 예를 들어, 사전검사와 사후검사에서 질문 문항이나 검사 시간이 달라지거나, 관찰자가 변경되는 경우에 측정 도구 효과가 나타난다. 학생의 시험 답안을 채점할 때 채점자가 초반에는 엄격하게, 이후에는 느슨하게 평가하는 것도 이에 해당한다.

특히 동일 개념을 측정하는 종단적 연구에서 질문 문항을 그대로 유지하는 것이 중요하다. 문항이 바뀌면 측정 도구 효과로 인해 결과 간 비교가 어려워지기 때문이다.[43] 측정 도구 효과를 최소화하려면, 동일한 측정 도구와 절차를 사용하고, 가능한 한 동일한 관찰자가 연구를 진행해야 한다. 사전검사와 사후검사에서 동일한 설문지를 사용하면 측정 도구 효과를 줄일 수 있지만, 이 경우 검사 효과가 발생할 수 있다.

(5) 통계적 회귀

통계적 회귀(statistical regression)란 사전검사에서 매우 높거나 낮은 극단적 점수를 받은 사람이 사후검사에서는 평균에 가까운 점수로 돌아가는 경향을 말한다. 이는 특히 극단적 사례를 조사대상으로 선정했을 때 잘 나타난다. 사전검사에서 극단적 점수를 기록한 응답자는 그렇지 않은 경우보다 사후검사에서 더 큰 점수 변화를 보인다. 이러한 변화는 처치 효과와 무관한 자연스러운 현상이다. 예컨대, 사전검사에서 몸 상태가 유난히 나빠 낮은 점수를 받은 선수가 특별훈련 후 사후검사에서 더 높은 점수를 받을 수 있다. 그러나 이는 훈련 효과가 아니라 자연스러운 통계적 회귀 효과로 볼 수도 있다.[195] 따라서 통계적 회귀는 사전검사의 극단적 점수가 사후검사에서 평균에 가까워지는 현상으로, 실험 결과의 인과적 해석을 혼동시켜 내적 타당도를 위협할 수 있다.

(6) 선택 편향

선택 편향(selection bias)이란 비교하고자 하는 집단들이 동등하게 구성되지 않은 상태를 의미한다. 선택 편향이 존재하면, 집단 간 차이가 독립변수의 효과에 의한 것인지, 아니면 각 집단에 내재한 특성 때문인지 구분하기 어려워진다. 특히 실험연구에서 처치 이전에 집단 간 차이가 있으면, 이는 독립변수의 효과와 무관하게 종속변수에 영향을 미칠 수 있다. 특히 자기 선택으로 실험집단에 속하는 경우, 선택 편향이 발생할 가능성이 크다. 예를 들어, 새로운 교육 프로그램의 효과를 평가할 때 자발적 지원자들로 구성된 실험집단은 교육 열의가 높아 프로그램에 적극적으로 참여할 가능성이 크다. 이들은 프로그램 참여 여부와 관계없이 높은 성과를 낼 수 있어 프로그램 효과를 정확히 파악하기 어렵게 만든다. 그러나 사전검사에서 집단 간 차이가 없다면 선택 편향은 큰 문제가 되지 않는다.[43, 195]

(7) 탈 락

탈락(mortality)은 연구 도중 일부 참가자가 이탈하는 현상으로, 독립변수가 종속변수에 미치는 효과를 왜곡시킬 수 있다. 연구 기간이 길수록 탈락으로 인한 결측값이 늘어나 그 영향이 커진다. 특히 이탈한 참가자들의 특성이 잔류 참가자들과 다를수록 연구 결과의 왜곡은 심해진다. 예컨대, 건강 증진 프로그램 연구에서 실험집단 내 건강 상태가 나쁜 사람들이 주로 탈락하면, 실제로는 프로그램 효과가 미미함에도 사후검사에서 실험집단의 건강 상태가 향상된 것처럼 보일 수 있다. 이 경우 나타난 건강 상태의 향상은 프로그램 효과라기보다 탈락에 따른 왜곡으로, 순수한 효과를 정확히 추정하기 어렵다.

(8) 처치의 확산 또는 모방

처치의 확산 또는 모방(diffusion or imitation of treatment)이란 서로 다른 집단에 속한 참가자들이 의사소통을 통해 처치(독립변수)와 관련된 정보나 행동을 공유하거나 모방하는 현상을 말한다. 예를 들어, 실험집단의 참가자가 통제집단에 처치에 대한 정보를 전달하거나, 통제집단이 실험집단의 행동을 따라 하게 되면, 통제집단이 본래 받아서는 안 되는 처치의 영향을 받게 된다. 이로 인해 실험 처치의 순수한 효과를 정확히 평가하기 어려워진다. 따라서 처치의 확산이나 모방을 방지하려면 실험 동안 집단 간 접촉과 의사소통을 철저히 차단해야 한다. 구체적인 방법으로는 실험집단과 통제집단을 서로 다른 장소에 배치하여 집단 간 상호작용과 정보 교환을 최소화하는 것이 효과적이다.[95]

(9) 보상 행동

보상 행동(compensatory behavior)은 통제집단의 피험자들이 실험 처치를 받지 못한 것을 보완하고자 자신의 행동을 달리하는 현상을 말한다. 이러한 보상 행동이 발생하면, 실험 처치의 효과가 희석되어 그 순수한 효과를 정확히 평가하기 어렵다.[218]

보상 행동에는 보상적 경쟁(compensatory rivalry)이 포함된다. 보상적 경쟁이란 통제집단 참여자들이 실험집단과 동일한 처치를 받지 못한다는 인식 때문에 경쟁심을 느껴 더 열심히 노력하거나 행동을 변화시키는 현상이다.[111] 이로 인해 통제집단의 성과가 인위적으로 향상되어 실험 처치의 순수한 효과가 왜곡될 수 있다. 예를 들어, 훈련 프로그램을 받은 사회복지사 집단과 그렇지 않은 집단을 비교할 때, 훈련을 받지 않은 통제집단이 스스로 부족한 점을 보완하기 위해 노력할 수 있다.[53]

반면, 보상적 경쟁과 반대되는 개념인 자포자기(resentful demoralization)는 실험집단에 비해 불리한 처우를 받는 통제집단이 노력하지 않거나 의욕을 잃는 현상이다. 통제집단의 의욕이 저하되면 종속변수 측정에서 인위적으로 낮은 점수를 초래할 수 있으며, 결과적으로 실험 처치 효과가 실제보다 과대평가될 위험이 있다.[218]

(10) 연구자 기대

연구자는 자신이 기대하는 결과가 있으므로, 무의식적으로 피험자의 반응이나 행동에 영향을 미칠 수 있다. 이러한 기대는 연구자의 표정, 몸짓, 말투 등 비언어적 신호를 통해 전달될 수 있으며, 그 결과 피험자가 연구자가 원하는 방향으로 반응하거나 행동하게 될 가능성이 있다. 이처럼 의도하지 않았더라도 발생할 수 있는 연구자 기대 효과(experimenter expectancy effect)는, 실험집단과 통제집단에 차별적인 영향을 미치는 경우 인과관계 해석을 왜곡시킬 수 있다. 이러한 문제를 최소화하기 위해서는 실험 절차의 표준화가 필요하며, 특히 연구자와 실험 참가자 모두가 실험의 세부 내용을 알지 못하도록 하는 이중 맹검(double-blind) 설계가 효과적인 대안으로 제시된다.[1,165,195]

(11) 실험적 요구 특성

실험적 요구 특성(experimental demand characteristics)은 피험자가 실험 절차를 통해 실험의 목적이나 연구자가 기대하는 바를 인지할 때, 이에 맞추어 자신의 행동이나 반응을 변화시키는 현상을 의미한다.[195] 이러한 현상이 발생하면, 실험 결과는 실험 처치의 순수한 효과를 반영하기 어렵다. 예를 들어, 특정 음식이 건강 증진에 미치는 영향을 살펴보는 실험에서, 참가자가 실험 목적을 파악하여 평소보다 더 건강한 행동을 한다면, 실제 처치 효과와 관계없이 결과가 왜곡될 수 있다. 연구자의 기대 효과와 실험적 요구 특성은 모두 조사 반응성(research reactivity)의 한 유형으로 실험 결과의 왜곡을 초래할 수 있으나, 연구자 기대 효과는 주로 연구자에서 발생하고, 실험적 요구 특성은 실험 상황과 피험자 인식에서 발생한다는 점이 다르다.[218]

(12) 위약 효과

플라시보 효과 또는 위약 효과(placebo effect)란, 실제로는 생리학적 효능이 없는 위약(예: 설탕 알약, 식염수 주사 등)을 투여받았음에도 불구하고, 치료를 받았다는 믿음과 기대만으로 상태가 개선되거나 긍정적인 반응이 나타나는 현상이다. 이 효과는 우울증, 통증, 관절염 등 다양한 질환과 증상에서 임상 시험을 통해 확인되었다.[35] 넓게 보면 위약 효과는 피험자들이 실제 처치를 받지 않았음에도 처치를 받은 것처럼 행동하는 현상을 말한다.

위약 효과를 통제하기 위해 임상 시험이나 실험에서는 이중 맹검, 위약 통제집단(placebo control group) 사용 등의 방법이 주로 활용된다. 위약 통제집단이란, 처치 효과를 평가할 때, 실제 처치를 받는 실험집단과 비교하기 위해 약효 성분이 없는 위약을 투여받는 집단을 별도로 두는 방식을 말한다. 이 위약은 외형과 복용 방법이 실험 약과 같지만, 약리적 효능은 없다. 위약 통제집단의 사용으로 새로운 약의 효과가 실제 약리 작용에 의한 것인지, 아니면 위약 효과에 의한 것인지를 구별할 수 있으며, 실험집단과 통제집단의 결과를 비교하여 새로운 약의 순수한 효과를 객관적으로 평가할 수 있다.[5]

(13) 모호한 시간적 선행

모호한 시간적 선행(ambiguous temporal precedence)이란 두 변수 간 인과관계를 논할 때, 어떤 변수가 먼저 발생했는지 명확하지 않아 인과관계를 확실히 규명할 수 없는 상황을 의미한다. 즉, 두 변수 간에 어느 쪽이 선행하는지 알 수 없으면 단순한 상관관계만 확인할 수 있을 뿐, 인과관계는 주장할 수 없다.[218]

예를 들어, 기업의 광고 지출이 증가하여 매출액이 상승한 것인지, 혹은 매출액이 먼저 증가하여 광고 지출이 늘어난 것인지 시간적 순서가 불명확할 수 있다.[67] 이런 경우 두 변수의 상관관계는 알 수 있지만, 인과관계는 주장할 수 없어 연구 결과의 내적 타당도가 저해된다.

3. 내적 타당도의 제고 방안

연구 결과의 내적 타당도를 높이기 위해서는 외생변수의 통제가 필수적이다. 외생변수란 종속변수에 영향을 미칠 수 있는 변수로, 연구자가 설정한 독립변수 이외의 모든 변수를 의미한다. 외생변수가 종속변수에 영향을 미치면 독립변수의 효과와 혼합되어 연구 결과의 내적 타당도가 저하될 수 있다. 외생변수를 통제하는 방법에는 크게 외생변수의 제거, 실험설계에 의한 통제, 그리고 통계분석에 의한 통제가 있다.[25,88]

(1) 외생변수의 제거

외생변수의 제거는 표본 선정 단계나 분석 단계에서 연구대상을 선별하는 과정을 통해 이루어진다. 이는 연구 결과에 영향을 미칠 수 있는 외생변수를 배제함으로써, 해당 변수의 영향력을 근본적으로 차단하는 방법이다. 예를 들어, 두 가지 수업 방식에 따른 학생들의 성과 차이를 비교할 때, 선행학습 경험이 성과에 영향을 준다고 예상된다면, 선행학습 경험이 있는 학생을 제외하여 분석하는 것이다. 이런 방식은 통제하려는 외생변수가 소수의 범주로 구성된 명목척도로 측정될 때 특히 효과적으로 적용될 수 있다.[67]

(2) 실험설계에 의한 외생변수의 통제

① 무작위 배치

무작위 배치(random assignment)는 실험단위를 실험집단과 통제집단에 무작위로 할당하는 과정으로, 실험단위가 각 집단에 배치될 기회를 동등하게 만든다. 즉, 어떤 외생변수가 종속변수에 영향을 미칠지 명확하지 않을 때, 무작위 배치를 통해 외생변수의 영향력이 실험집단과 통제집단에 고르게 분포될 수 있도록 하여 집단 간 외생변수의 효과가 평균적으로 같아지도록 만드는 것이다. 즉, 무작위 배치는 외생변수의 영향력을 모든 집단에 균등하게 분산시켜 연구 결과의 내적 타당도를 높인다. 난수표, 제비뽑기 등 다양한 방법으로 실험대상자를 실험집단과 통제집단에 무작위로 배치할 수 있다.

무작위 배치와 무작위 표집은 차이가 있다. 무작위 표집(random sampling)은 무작위 배치에 앞서 시행되며, 모집단에서 표본을 무작위로 추출함으로써 모집단을 잘 대표하는 표본을 얻는 데 목적이 있다. 무작위 표집은 연구 결과의 외적 타당도를 높이지만, 무작위 배치는 실험집단과 통제집단 간 차이를 없앰으로써 내적 타당도를 높인다.

② 대 응

대응(matching)이란 종속변수에 영향을 줄 수 있는 외생변수를 사전에 파악해, 실험집단과 통제집단에 해당 외생변수의 값이 같도록 실험단위를 할당하는 방법이다. 이를 통해 두 집단은 외생변수의 영향을 균등하게 받게 되어, 두 집단을 비교할 때 그러한 외생변수의 효과는 상쇄된다. 따라서 대응이 이루어진 후에 두 집단의 종속변수 값에 차이가 나타난다면, 이는 독립변수의 효과로 볼 수 있다. 예를 들어, 성별이 외생변수라면 두 집단에 각각 남성과 여성의 비율을 같게 맞추고, 나이가 외생변수로 예상된다면 집단 간 평균 나이가 같도록 할당하는 식이다.[255]

대응은 무작위 배치와 마찬가지로 집단 간 동질성을 확보하려는 방법으로, 균형화 또는 짝짓기라고도 불린다. 하지만 대응은 실제 연구에서 거의 활용되지 않는다. 이는 연구대상이 다양한 특성을 가지며 이런 특성에서 모두 유사한 대상을 선정해 집단별로 배정하는 것이 어렵고, 어떤 특성이 외생변수로 작용할지 예상

하기 힘든 경우가 많기 때문이다.[195]

③ 역균형화

역균형화(counterbalancing)는 외생변수가 실험 조건의 순서에 따라 종속변수에 미치는 영향을 상쇄하는 방법이다. 주로 반복측정 실험설계에서 순서효과를 통제하기 위해, 실험 조건의 순서를 체계적으로 바꾸어가며 실험을 반복 수행함으로써 외생변수의 영향을 상쇄하고자 한다.[221] 이러한 방법은 상쇄라는 용어로도 불린다. 예를 들어, 두 가지 조건(A, B)이 있는 실험에서 참가자의 절반은 $A-B$ 순서로, 나머지 절반은 $B-A$ 순서로 실험을 진행한다. 만약 이 두 조건이 각각 심리치료와 약물치료라면, 한 집단은 심리치료 후 약물치료를 받고, 다른 집단은 약물치료 후 심리치료를 받는 것이다. 또 다른 예로, 세 가지 조건(A, B, C)이 있을 때는 가능한 모든 순서(ABC, ACB, BAC, BCA, CAB, CBA)에 따라 참가자를 나누어 실험을 진행한다. 이처럼 역균형화는 조건(처치)의 배열에 따른 순서효과가 종속변수에 영향을 줄 때 이를 효과적으로 통제하는 방법이다.

(3) 통계적 통제

통계적 통제는 자료 분석 단계에서 외생변수를 통제변수로 설정하여 그 영향력을 조절하는 사후 통제 방법이다. 연구자가 통제하고자 하는 외생변수를 독립변수처럼 조사 자료에 포함한 후, 분석 과정에서 독립변수와 통제변수의 각각의 영향력을 분리하여 평가한다. 이를 통해 연구 결과의 내적 타당도를 높일 수 있다.

사회과학 분야에서는 실험연구보다 설문 조사를 활용한 비실험 연구가 많이 이루어지며, 이러한 연구에서는 의심되는 외생변수를 연구모형에 포함하여 통계적으로 통제하는 방식을 주로 사용한다. 공분산분석, 회귀분석 등의 기법을 활용해 외생변수를 모형에 투입하면, 종속변수에 미치는 독립변수 고유의 효과를 분리해 인과관계를 더 정확하게 추정할 수 있다. 이와 함께 통제변수와 다른 독립변수 간 관련성도 확인할 수 있다.[25,168]

제3절 연구 결과의 외적 타당도

1. 외적 타당도의 개념

외적 타당도는 크게 두 가지 측면에서 논의된다. 첫째, 모집단에 대한 일반화(populational generalization)이다. 특정 표본을 기반으로 도출된 결과가 전체 모집단으로 확장할 수 있으면 모집단에 대한 일반화 정도가 높은 것이다. 더 나아가 특정 연구에서 설정한 모집단을 넘어서 적용할 수 있는 모집단 자체가 확장되면 모집단 측면에서 연구 결과의 일반화는 더욱 바람직한 수준이 된다. 예를 들면 과거 한국 성인을 대상으로 한 연구 결과가 과거와 현재의 모든 국가의 사람들을 대상으로 적용될 수 있는 경우를 들 수 있다.

둘째, 현실적 환경에 대한 일반화(naturalisitc generalization)이다. 실험실 환경처럼 인위적인 상황에서 도출된 결과가 현실 상황에 적용될 수 있는 정도가 높으면 현실적 환경에 대한 일반화 정도가 높은 것이다.

연구 결과의 외적 타당도는 모집단과 환경의 차원 외에도 처치(treatment)에 대한 타당도(T-validity), 실험 결과(outcome)에 대한 타당도(Y-validity) 측면에서도 논의된다.[126] 처치(독립변수)에 대한 타당도는 실험에서 사용된 특정 처치(예: 정책, 프로그램 등)가 다른 유사한 처치에도 적용될 수 있는 정도를 말한다. 예를 들면 한 종류의 교육 프로그램 효과가 다른 유사한 방식의 교육 프로그램에도 적용될 수 있는 정도를 말한다. 실험 결과(종속변수)에 대한 타당도(Y-validity)는 실험이나 설문 조사에서 나타난 종속변수의 결과가 실제 목표로 했던 종속변수에도 적용될 수 있는 정도를 말한다. 예를 들면, 설문 조사에서 나타난 투표 참여 의사가 실제 투표 참여를 나타내는 결과에도 적용될 수 정도를 말한다.

대부분의 연구에서는 연구 결과의 외적 타당도를 모집단과 환경(상황)의 두 가지 측면에 초점을 맞추어 평가한다. 즉, 외적 타당도는 연구 결과를 적용할 수 있는 모집단과 그 결과가 일반화되는 환경과 관련된다. 일반적으로 이 두 측면을 충족할 때 연구 결과의 외적 타당도가 높다고 판단한다. 다만, 연구 결과의 내적 타당도가 낮으면 결과 자체가 부정확하므로 외적 타당도 검토는 의미가 없다. 따라서 외적 타당도는 내적 타당도가 확보된 후에 검토하는 것이 타당하다.[47]

2. 외적 타당도의 저해 요인

(1) 모집단 측면

모집단에 대한 일반화를 저해하는 주요 요인은 표집 방법이다. 표집은 확률표집과 비확률표집으로 구분된다. 확률표집은 개체가 표본에 포함될 확률을 사전에 알 수 있으나, 비확률표집은 그렇지 않다. 비확률표집을 사용하면 표본이 모집단을 대표하지 못해 외적 타당도가 낮아진다.

(2) 환경 측면

현실적 환경에 대한 일반화는 연구가 이루어지는 환경과 조사대상자의 반응성의 측면에서 고려할 수 있다. 첫째, 실험환경이 실제 상황과 다를수록 연구 결과는 현실에 적용하기 어렵다. 따라서 지나치게 인위적인 환경에서 얻은 결과는 외적 타당도가 낮다. 둘째, 피험자의 조사 반응성이 커질수록 연구 결과가 왜곡되어 외적 타당도가 저하된다. 조사 반응성에는 호손 효과(Hawthorne effect)와 존 헨리 효과(John Henry effect)가 대표적이다.[195]

호손 효과는 피험자가 특별한 처치를 받는다는 사실을 인식해 행동을 변화시켜 생기는 효과이다. 이는 독립변수의 효과와 무관하며, 1920년대 호손 공장의 조명과 생산성에 관한 실험에서 유래하였다. 당시 연구 방법의 엄격성과 결과 해석에 한계가 있었음이 밝혀졌지만, 여전히 피험자가 관찰 사실을 인식했을 때 나타나는 행동 변화 효과를 지칭하는 개념으로 사용된다.[180]

존 헨리 효과는 통제집단의 피험자가 자신들이 실험집단과 비교된다고 인식하여 불이익을 극복하기 위해 평소보다 더 노력할 때 발생한다.[111] 이 명칭은 1870년대 노동자 존 헨리가 자신의 성과가 기계와 비교된다는 사실을 자각하고 과로하다가 사망한 사건에서 비롯되었다. 호손 효과가 실험집단의 조사 반응성을 반영한다면, 존 헨리 효과는 통제집단의 조사 반응성을 설명한다.[222]

3. 외적 타당도의 제고 방안

(1) 모집단 측면

모집단 측면에서 외적 타당도를 높이려면 표본이 모집단을 잘 대표하도록 해야 한다. 이를 위해 표본 크기를 확대하고 비확률 표집 대신 확률 표집을 사용하는 것이 효과적이다. 또한, 상이한 표본을 반복적으로 조사하거나 동일한 표본을 장기간에 걸쳐 조사하는 방법도 고려할 수 있다.

(2) 환경 측면

환경 측면에서 외적 타당도를 높이려면, 실험실 환경을 현실과 유사하게 조성하고, 조사 반응성을 줄이는 것이 중요하다. 호손 효과와 존 헨리 효과를 통제하기 위해 피험자가 자신이 속한 집단을 알지 못하게 하며, 더 나아가 이중 맹검(double-blind test) 설계를 통해 연구자도 피험자가 어느 집단에 속하는지 모르게 함으로써 편향을 최소화할 수 있다.

제4절 내적 타당도와 외적 타당도의 관계

연구 결과의 내적 타당도와 외적 타당도는 일반적으로 상충하는 관계에 있다. 내적 타당도를 높이기 위해 외생변수의 영향을 엄격히 통제하면서 인위적이고 통제된 환경에서 연구를 수행하면, 연구 결과의 정확성은 높아져서 내적 타당도가 증가하지만, 현실 세계에 대한 일반화 가능성은 내려가서 외적 타당도가 감소한다. 반대로, 외적 타당도를 높이기 위해 현실적인 환경에서 연구를 진행하면, 외적 타당도는 증가하지만 여러 외생변수를 통제하기 어려워 내적 타당도가 낮아지게 된다. 이러한 이유로 많은 경우 내적 타당도와 외적 타당도는 동시에 극대화하기 어렵다. 따라서 연구목적에 따라 어느 타당도를 우선시할지 결정해야 한다. 연구 결과의 정확성과 인과관계 규명이 중요한 경우 내적 타당도를 우선 강화해야 하며, 연구 결과의 실무적 적용과 일반화가 중요할 때는 외적 타당도를 높이는 데 주력해야 한다.[48]

제13장

표본설계의 주요 개념과 원리

제1절 표본설계의 주요 개념

제2절 표본추출의 절차

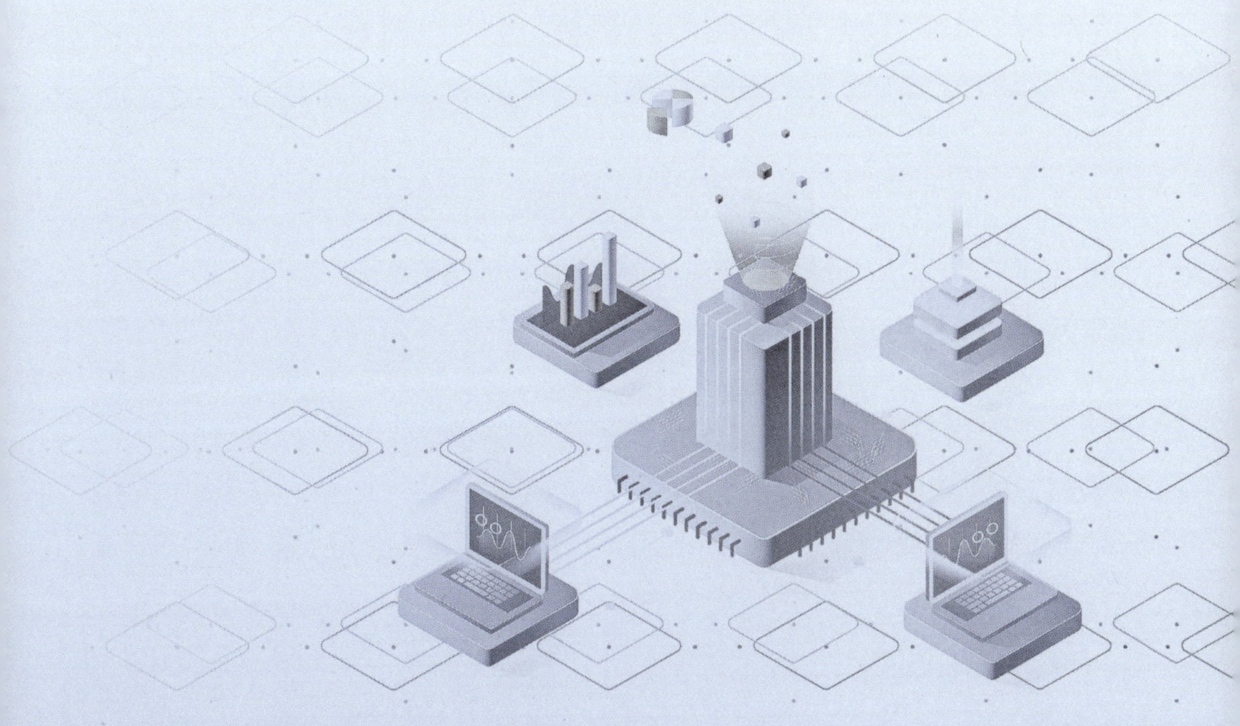

제 1 절 표본설계의 주요 개념

1. 모집단과 표본

모집단(population)은 연구자가 규명하고자 하는 전체 집단을 구성하는 요소(element)의 총체를 의미하며, 여기서 요소는 사람, 사물, 사건 등이 될 수 있다. 예를 들어 한 학교의 모든 학생이나 한 국가의 모든 성인이 모집단에 해당한다. 그러나 모집단 전체를 조사하기는 현실적으로 어려우므로 일부를 추출하여 사용하는데, 이를 표본(sample)이라 한다. 예컨대 한 국가의 성인 중 설문에 응답한 1,000명이 표본에 해당하며, 표본은 모집단의 특성을 추론하는 데 활용된다.

모수(parameter)는 모집단 전체의 특성을 나타내는 수치로, 모집단의 변수를 요약한 값이다. 모수는 고정되어 있으나 모집단을 모두 조사하기 어려워 실제로는 알기 힘든 경우가 많다. 모집단의 평균(모평균), 비율(모비율), 분산(모분산) 등이 여기에 해당한다.

통계량(statistic)은 표본의 특성을 나타내는 수치로, 특정 변수에 대해 표본에서 계산한 요약 값이다. 표본 선택에 따라 통계량은 달라질 수 있으며, 표본평균, 표본비율, 표본분산, 표본표준편차 등이 그 예이다. 예컨대 한 국가의 성인 중 무작위로 뽑은 1,000명의 평균 몸무게는 표본평균이다. 연구에서는 모수를 직접 알기 어려우므로, 표본으로부터 얻은 통계량을 활용하여 모수를 추정한다.

2. 전수조사와 표본조사

전수조사(census)는 모집단 전체를 조사하여 특성을 직접 파악하는 방법으로, 대표적 사례는 통계청의 인구주택총조사다. 반면 표본조사(sample survey)는 모집단에서 추출한 표본을 조사해 전체 특성을 추정하는 방식으로, 전국 성인 일부를 대상으로 한 여론조사가 그 예이다.

전수조사는 모집단 전체를 조사하므로 표집오차가 없고, 국가 정책 수립처럼 정밀한 자료가 필요한 상황에서 유용하다. 그러나 비용과 시간이 많이 들고, 조사 과정에서 비표집오차가 발생할 수 있다. 표집오차와 비표집오차는 각각 표본오차, 비표본오차로 불린다.

표본조사는 전수조사보다 자료량이 적기 때문에 비용과 시간이 덜 들고, 조사 과정을 통제하기 쉬우며 자료의 수집, 입력, 처리 등의 과정에서 오류를 줄일 수 있다. 따라서 비표집오차를 감소시킬 수 있고, 전수조사가 어렵거나 불가능한 상황(예: 제품 수명 검사나 혈액 검사와 같은 파괴적 검사)에서 활용도가 높다. 그러나 표본조사는 표집오차가 발생하며, 표본이 모집단을 대표하지 못하면 결과의 일반화 가능성이 떨어진다. 특히 모집단 규모가 작을 경우, 충분한 표본을 확보하지 못해 의미 있는 분석이 어려울 수 있다.

3. 표본의 대표성

표본의 대표성은 표본의 특성이 모집단의 특성을 정확하게 반영하는 정도를 말한다. 이는 성별, 연령, 소득, 지역 등 모집단의 다양한 특성을 표본에 반영함으로써 달성할 수 있다. 예를 들어, 모집단에서 남자와 여자가 50:50이면, 표본에서도 동일한 비율을 구성하는 것이 표본의 대표성을 높인다. 대표성이 높은 표본은 연구주제와 직결된 변수의 특성(예: 평균, 분산 등)에서 모집단과 유사하므로 그런 표본을 사용하면 표본에서 얻은 통계량이 모집단의 모수를 더 정확히 추정할 수 있다. 표본의 대표성이 높을수록 연구 결과를 모집단에 대해 일반화할 수 있는 정도는 커지며, 이는 표본의 질을 평가하는 핵심 기준이 된다.

4. 표본조사의 오차

(1) 표집오차

표본조사에서 발생할 수 있는 오차는 크게 표집오차와 비표집오차로 구분된다. 표집오차는 모집단 전체가 아닌 일부인 표본을 조사함으로써 표본에서 산출된 통계량 값과 모수 값 사이에 발생하는 차이를 의미한다. 표집오차는 표본의 대표성이 충분하지 않아서 비롯되는 것으로, 표본의 크기와 표집 방법 등의 영향을 받는다. 전수조사에서는 모집단 전체를 조사하므로 표집오차가 발생하지 않는다.

(2) 비표집오차

비표집오차란 표본추출과 무관하게, 조사 전반에서 발생하는 모든 오류를 의미한다. 예를 들어, 설문 설계 과정에서 잘못된 질문 문항, 자료수집 과정에서 면접원의 실수나 응답자의 거짓 응답, 자료 처리 과정에서 자료 입력의 실수 등 다양한 원인에서 비표집오차는 발생할 수 있다. 비표집오차는 표본조사뿐 아니라 전수조사에서도 발생할 수 있다. 표집오차는 통계적으로 추정할 수 있지만, 비표집오차는 발생 원인이 다양하고 불확정적이기 때문에 측정하거나 추정하기가 어렵다.

〈표 13-1〉 표집오차와 비표집오차의 비교

구분	표집오차	비표집오차
발생 원인	표집 과정에서 표본이 모집단을 완벽히 대표하지 못해 발생	설문 설계, 자료 수집, 자료 처리 등 전반적인 조사과정에서 발생
발생 여부	표본조사에서만 발생	표본조사와 전수조사 모두에서 발생
측정 가능성	통계적으로 추정 가능	원인이 다양하여 측정이 매우 어려움
감소 방안	표본 크기 확대, 표집 방법 개선	전반적인 조사과정의 품질 관리 개선

5. 표집분포와 중심극한정리

표집분포(sampling distribution)란 모집단에서 같은 크기의 표본을 여러 번 무작위로 추출하여 각 표본에 대해 계산한 통계량(예: 평균, 비율 등)의 분포를 의미한다. 즉, 표본의 통계량이 취할 수 있는 모든 값과 그 값이 나타날 확률을 보여주는 확률분포로, 표본 크기, 표집 방법, 모집단 특성에 따라 달라진다. 모집단이 학생 100명의 점수라면 무작위로 30명씩 서로 다른 표본을 모두 뽑아 각각의 표본평균을 계산한 후 이 평균들을 분포로 나타내면 '표본평균의 표집분포'가 된다. 표집분포는 표본분포라고도 한다.

모집단이 큰 경우 가능한 표본의 수가 방대해 실제로 모든 표본을 조사해 분포를 구하기는 어렵다. 따라서 표집분포는 이론적으로 존재하는 분포이며, 모집단 전체를 조사하지 않고도 표본을 통해 모집단 특성을 추정할 수 있게 해주는 통계적 추론의 핵심 개념이다.

[그림 13-1] 표본평균의 표집분포

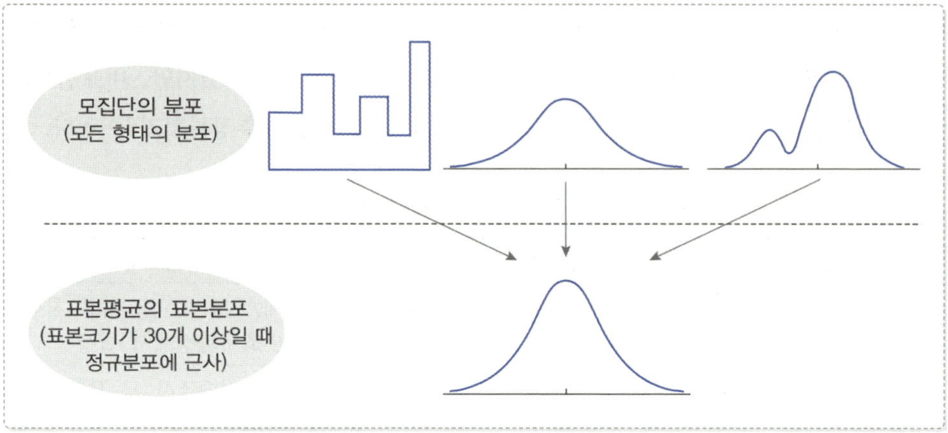

중심극한정리(central limit theorem)란 모집단의 분포 형태와 상관없이 표본 크기가 충분히 크면(일반적으로 30개 이상), 모집단에서 무작위로 여러 번 추출한 표본평균들의 분포가 정규분포에 가까워진다는 원리이다. 이는 모집단이 정규분포뿐만 아니라 어떠한 형태의 분포를 보여도, 표본의 크기가 커질수록, 표본평균의 분포에서 평균값은 모평균에 가까워지고 분포의 모양은 정규분포 형태로 수렴한다는 것이다. 예를 들어, 한 학교에서 전체 학생의 체중 분포가 비대칭적이라도, 무작위로 50명씩 여러 표본을 추출해 각 표본의 평균 체중을 계산하면, 이 표본평균의 분포는 모집단 분포와 무관하게 정규분포에 근접하고, 표본평균의 분포에서 평균값은 모평균과 일치한다.

6. 신뢰수준, 신뢰구간, 표집오차의 개념

일반적으로 여론조사는 신뢰수준(confidence level), 신뢰구간(confidence interval), 그리고 표집오차의 개념을 바탕으로 발표된다. 신뢰수준이란 모수가 신뢰구간에 포함될 확률을 의미한다. 신뢰구간이란 표본에서 얻은 통계량에 근거하여 모수가 포함될 것으로 기대되는 값의 범위를 의미한다. 예를 들어, 모평균에 대한 95% 신뢰구간이 (9, 10)이라고 한다면, 이는 표본 통계량에 근거할 때 모평균이 이 구간에 있을 확률은 95%임을 의미한다. 신뢰구간은 일반적으로 다음과 같이 계산한다.

신뢰구간 = 표본평균 ± 표집오차 (13.1)

식 (13.1)에서 표집오차(표본오차)는 '임계값 × 표준오차'이다. 임계값(critical value)은 가설 검정을 할 때 귀무가설의 기각 여부를 결정하는 기준값으로, 유의수준에 따라 결정되는 값이다. 검정 통계량이 임계값을 넘어서면 귀무가설을 기각하게 된다. 표준오차(standard error)는 표본 통계량(예: 표본평균, 표본비율 등)의 표준편차를 의미한다.

여론조사 기관이 전국 유권자 1,000명을 대상으로 "A 후보를 지지하십니까?"라고 물었을 때 35%가 지지한다고 응답했다고 하자. 이 조사에서 신뢰수준이 95%, 표본오차가 3.0%포인트라면, 이는 동일한 조건에서 100번 조사를 반복했을 때 약 95번은 실제 모집단 지지율이 신뢰구간에 포함된다는 의미다. 따라서 표본 지지율 35%에 표본오차 3%p를 더하고 빼서 계산한 신뢰구간은 (32%, 38%)이다. 이때 사용된 표본오차는 중심극한정리에 기초해 추정된 것이다.

제2절 표본추출의 절차

1. 모집단의 선정

모집단 선정은 조사 목적에 맞는 집단을 명확히 정의하는 것으로 시작한다. 이를 위해 다음 사항들을 고려해야 한다. 첫째, 모집단을 구성하는 개체(요소)를 정확히 규정해야 한다. 둘째, 표본추출 과정에서 단계별로 선택되는 기본 단위인 표집 단위(sampling unit)를 결정해야 한다. 표집 단위를 명확히 하려면 모집단의 요소와 구분할 필요가 있다. 예를 들어, 도시에 거주하는 20대의 미디어 이용 행위를 조사하기 위해 시, 구, 동, 가구, 20대 거주자를 단계적으로 선정한다면 이들 모두가 표집 단위가 되지만, 모집단의 요소는 '20대 거주자'이다. 1단계 표본추출에서는 표집 단위와 모집단의 요소가 일치하나, 다단계 표본추출에서는 마지막 단계에서야 일치한다. 또한, 표집 단위와 분석 단위(unit of analysis)가 반드시 일치하는 것은 아니다. 예컨대 표집 단위가 가구이고 분석 단위가 그 가구의 성인 남성인 경우가 이에 해당한다. 셋째, 조사 시점과 기간을 명확히 규정해야 한다.

넷째, 조사대상의 지리적 범위를 한정해야 한다. 즉, 전국 단위 조사인지 특정 지역 조사인지 구체적으로 설정해야 한다.

2. 표집틀의 결정

표집틀은 표본을 추출하기 위해 사용하는 모집단 요소들의 목록이다. 예를 들어, 모집단이 서울시에 거주하는 성인이라면, 표집틀은 서울시의 주민등록부, 유권자 명부, 전화번호부 등 실제로 표본을 뽑을 수 있는 목록이 된다. 표본추출이 여러 단계에 걸쳐 이루어지는 경우 표집틀은 각 단계에서 표집 단위가 수록된 목록이 된다.

바람직한 표집틀의 조건은 다음과 같다.[58] 첫째, 모집단의 모든 요소가 중복 없이 포함되어야 한다. 둘째, 모집단에 속하지 않는 대상은 포함되지 않아야 한다. 셋째, 각 요소는 고유한 식별자(예: 이름, 번호)를 가져야 한다. 넷째, 모든 요소는 접촉할 수 있는 최신 정보가 있어야 한다. 특히 앞의 두 조건은 모집단의 모든 요소가 동일한 확률로 표본에 포함되기 위한 조건이다.

실제 조사에서는 연구자가 정의한 모집단에 따라 표집틀을 설정하기보다는, 이용 가능한 표집틀에 의해 모집단이 결정되는 경우가 많다. 이 과정에서 요소의 중복이나 누락이 발생할 수 있다. 중복된 요소는 다른 요소에 비해 표본에 뽑힐 확률이 높아져 모집단을 과다하게 대표할 수 있다.[218] 이같이 모집단과 표집틀 간의 불일치로 인해 발생하는 오류를 표집틀 오차라고 한다.

3. 표집 방법의 선택

표본추출 또는 표집(sampling)은 모집단의 특성을 추정하기 위해서 모집단에서 일부를 선택하는 과정이다. 표집 방법은 크게 확률 표집(probability sampling)과 비확률 표집(nonprobability sampling)으로 구분한다.

(1) 확률 표집

확률 표집은 모집단 모든 요소가 표본으로 선택될 확률이 동등하도록 무작위 방법을 사용한다. 이를 통해 연구자의 선택 편향을 방지한다. 확률 표집을 사용하면 모집단의 모든 요소가 표본으로 선택될 확률이 0보다 크고 알려져 있다. 따라서 표본이 모집단을 잘 대표할 가능성이 커서 연구 결과를 모집단 전체로 일반화할 수 있다. 또한, 표집오차 추정과 모수에 대한 통계적 추론이 가능하여 과학적 조사나 모집단 특성을 정확히 추정해야 하는 연구에 적합하다. 그러나 확률 표집은 완벽한 표집틀과 완전한 응답이 전제되어야 한다. 이 조건들이 충족되지 않으면 확률 표집 이론의 바탕이 되는 확률분포에 왜곡이 생겨서 표본의 대표성과 분석 결과의 객관성이 낮아진다.[6]

(2) 비확률 표집

비확률 표집은 무작위가 아닌, 연구자의 판단, 접근성, 편의성 등에 기반해 주관적으로 표본을 선택하는 방식이다. 이 경우 모집단의 요소가 표본에 포함될 확률은 사전에 알 수 없으며 동등하다는 보장도 없다. 따라서 비확률 표집을 사용하면 표본선택에서 편향이 발생할 수 있고 표본이 모집단을 대표하기 어려워서 연구 결과를 모집단 전체로 일반화하는 데 한계가 있다. 또한, 표집오차의 추정과 모수에 대한 통계적 추론을 수행하는 데 한계가 있다. 이는 비확률 표본이 확률분포와 연계되지 않아 확률분포에 근거한 표준오차나 모수에 대한 추정값을 계산할 수 없기 때문이다.[6] 따라서 비확률 표집은 모집단에 대한 구체적 정보나 표집틀이 없을 때 특정 집단이나 현상을 심층적으로 탐구하는 탐색적 연구에 주로 사용된다. 또한, 표집틀이 있는 상황에서도 시간과 비용을 절약하기 위해 사회조사에서 널리 적용된다. 즉, 비확률 표집은 가설 수립 단계나 탐색적 연구, 자원 제약이 있는 경우에 주로 활용된다.

〈표 13-2〉 확률 표집과 비확률 표집의 비교

비교 기준	확률표집	비확률표집
표본의 선정	무작위 방법	주관적 방법
연구대상이 표본에 포함될 확률	사전에 알 수 있음	사전에 알 수 없음
표본의 대표성	높음	낮음
연구 결과의 일반화 정도	높음	낮음
표집오차의 추정과 통계적 추론	가능	불가능
적용 분야	모집단 특성을 추정하는 연구	탐색적 연구

응답률이 낮아지면 어떤 특성을 가진 개체들이 표본에서 제외되고 다른 특성

을 가진 개체들만 계속 포함되어 표본의 대표성이 저하될 수 있다. 따라서 응답률이 낮을 경우, 확률표본과 비확률표본 간의 차이가 줄어든다. 응답률 감소와 조사비용 증가로 인해 온라인 패널을 활용한 비확률표집의 사용이 늘고 있다.[220] 그러나 비확률 표집은 표본의 대표성이 낮아 연구 결과를 모집단에 일반화하는 데 한계가 있으며, 연구자의 편견이 개입될 수 있고, 표집오차를 추정할 수 없다는 단점을 가진다.

연구자는 〈표 13-2〉에서 제시된 확률 표집과 비확률 표집의 차이를 고려하여 표집 방법을 결정해야 한다. 예를 들어, 연구 결과의 일반화를 중시한다면 확률 표집을, 시간과 비용의 절감을 우선한다면 비확률 표집을 선택해야 한다.

4. 표본 크기의 결정

표본 크기의 결정 방법은 크게 질적 방법과 계량적 방법으로 구분할 수 있다. 질적 방법은 표본 크기를 늘리거나 줄이는 방향을 결정하는 여러 변수를 종합적으로 고려하는 방법으로 정확한 표본 크기는 결정할 수 없다. 반면에 계량적 방법은 제한적인 조건에서 표본 크기를 정확하게 결정할 수 있다.

(1) 표본 크기의 질적 결정 방법

표본 크기를 질적 방법으로 결정할 때는 여러 요인을 종합적으로 고려해야 하며, 주요 고려 요소는 다음과 같다.[47,58] 첫째, 연구의 사회적, 학문적 중요성이 클수록 정확한 결과가 필요하므로 표본은 커야 한다. 둘째, 연구의 유형을 고려해야 한다. 탐색적 연구보다 인과관계를 규명하는 연구에서 더 큰 표본이 필요하다. 인과관계 분석에서는 효과나 차이를 정확하게 검증하기 위해 많은 자료가 필요하기 때문이다. 셋째, 분석할 변수와 각 변수의 범주 수를 고려해야 한다. 변수의 수가 많을수록, 그리고 각 변수의 범주 수가 많을수록 표본은 커져야 한다. 예를 들어 종교와 계층이라는 두 변수가 있고, 각 변수에 2개의 범주를 설정하면 교차표에는 4개의 칸이 필요하다. 그러나 각 변수에 4개의 범주를 설정하면 16개의 칸이 필요하다. 통계분석에서는 각 칸에 최소한의 사례(예: 5개 이상)가 요구되므로, 범주의 수가 증가할수록 더 큰 표본이 필요하다. 넷째, 통계분석 방법을 고려해야 한다. 종속변수가 2개 이상인 다변량분석은 종속변수가 한 개인 단일변량분석에 비해 큰 표본이 요구된다. 분석이 복잡해지고 변수가 많아질수록 충분한 자료가 필요하기 때문이다. 다섯째, 유사하거나 동일한 주제를 다룬 이전 연구에서 사용했던 표본 크기는 새로운 연구에서 준거 기준으로 참고할 수 있다. 여섯째, 응답률이 낮을수록 표본이 커야 한다. 응답률이 낮을 것으로 예상하는 경우 필요로 하는 최소한의 사례 수를 얻기 위해서는 최초에 선정되는 표본을 크게 선정해야 한다. 일곱째, 표본 크기는 예산과 조사 기간에 따라 제약을 받는다. 표본이 커지면 조사원 훈련, 자료의 수집, 처리 및 분석 과정에 드는 비용과 시간이 많아지기 때문이다. 마지막으로, 모집단의 성격을 고려해야 한다. 모집단이 동질적이면(분산이 작으면) 적은 표본으로도 모집단의 특성을 정확히 파악할 수 있다. 그러나 모집단이 이질적이면(분산이 크면) 다양한 특성을 반영하기 위해 더 큰 표본이 필요하다.

(2) 표본 크기의 계량적 결정 방법

① 주요 개념: 점추정과 구간추정

추정은 표본을 이용해 모집단의 모수를 예측하는 방법으로, 크게 점추정(point estimation)과 구간추정(interval estimation)으로 나뉜다. 점추정은 표본으로부터 모수를 하나의 값으로 예측하는 방법이다. 이때 사용하는 통계량은 추정량(estimator)이라 하며, 모수를 추정하기 위해 표본 자료로 계산되는 확률변수다. 추정량에 실제 관측값을 대입해 얻은 구체적인 값은 추정값(estimate)이라 한다.

점추정의 대표적인 경우로 표본평균과 표본비율을 들 수 있다. 변수 X의 모평균을 μ_X로 표기하고, 모평균의 점추정량은 표본평균으로 $\overline{X}$로 표기한다. 모비율(모집단의 비율)은 p로 표기하고, 모비율의 점추정량은 표본비율로 $\hat{p}$으로 표기한다. 단순무작위표집을 사용한다면 $\hat{p}$의 성질은 측정값(x_i)이 0 또는 1의 값을 가질 때 표본평균 $\overline{X}$의 성질과 같다. 표본에 있는 i번째 단위가 어떤 특성을 가지면 $x_i = 1$ 이고, 그렇지 않으면 $x_i = 0$ 인 경우에 크기 n의 표본에서 해당 특성을 가지는 단위들의 합은 $\sum_{i=1}^{n} x_i$ 이다. 표본 크기가 n인 단순무작위표본을 뽑는다면, 표본비율 $\hat{p}$는 표본에서 해당 특성을 가지는 단위들이 차지하는 비율로 다음과 같이 계산된다.

$$\hat{p} = \frac{\sum_{i=1}^{n} x_i}{n} \tag{13.1}$$

예를 들어, 어떤 지역에서 유권자 비율에 대한 추정값 $\hat{p}$는 (표본에 있는 유권자 수)/(표본에 있는 사람 수)이다. 모비율은 모집단을 이루는 0과 1 값들의 평균이고, 표본비율 $\hat{p}$는 표본에 있는 0과 1 값들의 평균이다.

구간추정은 표본을 바탕으로 모수가 포함될 만한 구간을 예측하는 방법이다. 이 구간에 모수가 들어갈 확률을 신뢰수준(confidence level)이라 하며, 보통 95%(0.95)나 99%(0.99)가 사용된다. 한편, 구간추정 시 발생할 수 있는 오류 중 하나인 1종 오류(type I error)는 참인 귀무가설을 잘못 기각하는 경우이며, 이런 오류를 범할 최대 허용 확률을 유의수준(level of significance)이라 한다. 유의수준은 α로 나타내고 신뢰수준은 $1-\alpha$로 나타낸다. 유의수준 α에서 어떤 모수가 속할 것으로 추정된 구간은 그 모수에 대한 $100(1-\alpha)\%$ 신뢰구간이라고 한다.

② 모평균의 구간추정과 표본 크기의 결정: 모분산을 아는 경우

모평균(μ_X)의 구간추정은 표본평균($\overline{X}$)의 분포를 이용한다. 변수 X가 정규분포 $N(\mu, \sigma^2)$을 따른다면, 이 모집단에서 추출한 크기가 n인 표본에 대해 다음 식들이 성립한다.

$$X \sim N(\mu_X, \sigma_X^2) \tag{13.2}$$

$$\overline{X} \sim N(\mu_{\overline{X}}, \sigma_{\overline{X}}^2) = N(\mu_X, \frac{\sigma_X^2}{n}) \tag{13.3}$$

$$Z_X = \frac{X - \mu_X}{\sigma_X} \sim N(0, 1) \tag{13.4}$$

$$Z_{\overline{X}} = \frac{\overline{X} - \mu_{\overline{X}}}{\sigma_{\overline{X}}} = \frac{\overline{X} - \mu_X}{\sigma_X / \sqrt{n}} \sim N(0, 1) \tag{13.5}$$

식 (13.2)는 변수 X가 정규분포를 따른다는 뜻이다. 식 (13.3)은 표본평균 $\overline{X}$가 평균 μ_X, 분산 σ_X^2/n인 정규분포를 따른다는 뜻이다. 이 식에서 표본평균의 평균이 X의 평균과 같다는 것($\mu_{\overline{X}} = \mu_X$)은 중심극한정리에 근거한다. 식 (13.4)

는 변수 X를 표준화한 변수 Z_X가 평균 0, 분산 1인 정규분포를 따른다는 뜻이다. 식 (13.5)는 표본평균을 표준화한 변수 $Z_{\overline{X}}$가 평균 0, 분산 1인 정규분포를 따른다는 뜻이다. 이 식에 근거하여 표본 크기를 결정한다. 표준정규분포에서 양쪽 꼬리의 넓이가 $\alpha/2$가 되는 경계값(임계값)을 각각 $-z_{\alpha/2}$, $z_{\alpha/2}$라고 하면, 이는 식 (13.6)으로 표현할 수 있다.

$$P(-z_{\alpha/2} < Z < z_{\alpha/2}) = 1-\alpha \tag{13.6}$$

표준정규분포는 평균이 0이고 표준편차가 1인 정규분포이다. [그림 13-2]에서 표준정규분포의 수평축은 z의 값을 나타낸다. z_α는 표준정규분포에서 오른쪽 꼬리의 면적(확률)이 α가 되는 z의 값이다. 마찬가지로 $z_{\alpha/2}$는 그런 확률이 $\alpha/2$가 되는 z의 값이다.

[그림 13-2] 표준정규분포 곡선과 z_α의 의미

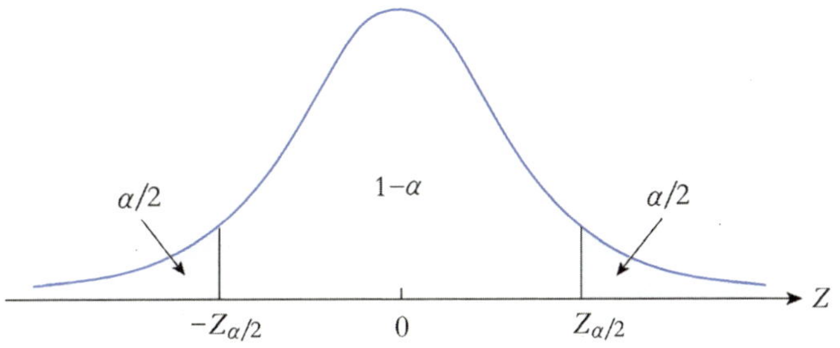

$Z = \dfrac{\overline{X}-\mu_X}{\sigma_X/\sqrt{n}}$이므로 유의수준 α (신뢰수준 $1-\alpha$)에서 Z의 범위는 식 (13.7)로 표현할 수 있다.

$$-z_{\alpha/2} < \frac{\overline{X}-\mu_X}{\sigma_X/\sqrt{n}} < z_{\alpha/2} \tag{13.7}$$

식 (13.7)을 μ_X에 대해 정리하면 식 (13.8)이 되고, 이 식을 구간으로 나타내면 식 (13.9)와 같다.

$$\overline{X} - z_{\alpha/2}\frac{\sigma_X}{\sqrt{n}} < \mu_X < \overline{X} + z_{\alpha/2}\frac{\sigma_X}{\sqrt{n}} \tag{13.8}$$

$$(\overline{X} - z_{\alpha/2}\frac{\sigma_X}{\sqrt{n}},\ \overline{X} + z_{\alpha/2}\frac{\sigma_X}{\sqrt{n}}) \tag{13.9}$$

식 (13.9)를 모평균에 대한 $100(1-\alpha)\%$ 신뢰구간이라고 한다. 모평균에 대한 95% 신뢰구간이란, 동일한 크기의 표본을 여러 번 추출하여 신뢰구간을 계산할 때, 이 신뢰구간 중 약 95%가 모평균을 포함한다는 의미이다. 표본오차가 d 이하인 표본 크기는 식 (13.10), 또는 이 식을 n에 대해 정리한 식 (13.11)로 표현할 수 있다.

$$z_{\alpha/2}\frac{\sigma}{\sqrt{n}} \le d \tag{13.10}$$

$$n \ge (z_{\alpha/2}\frac{\sigma}{d})^2 \tag{13.11}$$

식 (13.11)을 보면 표본 크기(n)는 세 가지 요인에 의해 영향을 받는다. 첫째, 표본 크기는 $z_{\alpha/2}$에 의해 영향을 받고, $z_{\alpha/2}$는 신뢰수준의 영향을 받는다. 즉, 요구되는 신뢰수준이 높을수록, 유의수준은 낮고 $z_{\alpha/2}$의 값은 커져서, 표본 크기는 커야 한다. 신뢰수준은 확률표집을 사용할 때만 적용할 수 있다. 둘째, 표본 크기는 모분산(σ^2)의 영향을 받는다. 모분산이 클수록 표본 크기는 커야 한다. 셋째, 허용되는 표본오차의 크기(d)가 클수록 표본 크기는 감소한다. 요약하면, 요구되는 신뢰수준이 높을수록, 모집단의 분산이 클수록, 그리고 허용되는 표본오차가 작을수록, 표본은 커야 한다.

예제 1. 어떤 공장에서 생산하는 특정 상품의 모평균 무게를 추정하고자 한다. 그 상품의 모표준편차는 30g으로 알려져 있다. 신뢰수준 95%에서 허용 가능한 표본오차를 5g 이하로 하려 할 때, 이 조건을 만족하는 최소 표본 크기를 구하시오.

풀이 모표준편차는 30, 유의수준(α)은 0.05, 허용 가능한 표본오차의 크기(d)는 5이다. 표본 크기(n)는 다음 식을 성립시키는 최소의 정수이다.

$$n \geq (z_{.05/2}\frac{\sigma}{d})^2 = (1.96 \times \frac{30}{5})^2 = 138.3$$

즉, 주어진 조건을 만족하는 표본 크기는 139이다.

③ 모평균의 구간추정과 표본 크기의 결정: 모분산을 모르는 경우(단 $n \geq 30$)

모분산을 몰라도 표본이 크면($n \geq 30$), 중심극한정리에 의하여 모분산(σ_X^2)에 대한 추정량으로 표본분산(S_X^2)을 사용해도 표본평균의 분포는 정규분포로 근사한다. 이는 식 (13.12)와 같이 표현할 수 있다. 또한, 표본평균을 표준화한 변수는 표준정규분포를 따르므로 식 (13.13)으로 표현할 수 있다.

$$\overline{X} \sim N(\mu_X, \frac{S_X^2}{n}) \tag{13.12}$$

$$Z_{\overline{X}} = \frac{\overline{X} - \mu_X}{S_X / \sqrt{n}} \sim N(0, 1) \tag{13.13}$$

식 (13.13)에서 도출된 모평균에 대한 $100(1-\alpha)\%$ 신뢰구간은 식 (13.14)와 같다.

$$(\overline{X} - z_{\alpha/2}\frac{S_X}{\sqrt{n}}, \overline{X} + z_{\alpha/2}\frac{S_X}{\sqrt{n}}) \tag{13.14}$$

식 (13.14)의 신뢰구간에서 $\frac{S_X}{\sqrt{n}}$는 $\overline{X}$의 표준오차이다. 통계량(예: $\overline{X}$)의 표준편차는 표준오차라고 한다. $z_{\alpha/2}\frac{S_X}{\sqrt{n}}$는 표본오차가 된다. 표본오차는 최대허용오차(maximum tolerance error)라고도 한다. 신뢰구간의 폭은 표본오차의 두 배에 해당한다. 신뢰구간의 폭이 좁을수록 모수에 대한 구간추정이 더 정교해진다. 표본오차가 d 이하일 때, 표본 크기는 식 (13.15)로 표현되고, 이를 n에 대해 정리하면 식 (13.16)이 된다.

$$z_{\alpha/2}\frac{S_X}{\sqrt{n}} \le d \tag{13.15}$$

$$n \ge (z_{\alpha/2}\frac{S_X}{d})^2 \tag{13.16}$$

예제 2. 어떤 공장에서 생산하는 특정 상품의 모평균 무게를 추정하고자 한다. 신뢰수준 95%에서 허용 가능한 표본오차를 5g 이하로 하고자 한다. 과거 조사에서 표본표준편차가 40g으로 추정되었다. 이 조건을 만족하는 최소 표본 크기를 구하시오.

풀이 표본표준편차는 40, 유의수준(α)은 0.05, 허용 가능한 표본오차(d)는 5이다. 표본 크기(n)는 다음 식을 성립시키는 최소의 정수이다.

$$n \ge (z_{.05/2}\frac{S_X}{d})^2 = (1.96 \times \frac{40}{5})^2 = 245.9$$

즉, 주어진 조건을 만족하는 표본 크기는 246이다.

④ 모비율의 구간추정과 표본 크기의 결정: 표본비율을 아는 경우

모비율의 구간추정은 표본비율 $\hat{p}$의 분포를 이용한다. 중심극한정리에 의하면 표본비율($\hat{p}$)은 평균이 p이고 분산이 $\frac{p(1-p)}{n}$인 정규분포로 근사한다. 표본비율을 표준화 변수인 $Z=\frac{\hat{p}-p}{\sqrt{p(1-p)/n}}$로 변환하면, Z는 표준정규분포를 따른다. 즉, $Z \sim N(1,0)$이다. 이때 변환된 확률은 $P(-z_{\alpha/2} < Z < z_{\alpha/2}) = 1-\alpha$이고 확률변수 Z의 범위는 식 (13.17)과 같다.

$$-z_{\alpha/2} < \frac{\hat{p}-p}{\sqrt{p(1-p)/n}} < z_{\alpha/2} \tag{13.17}$$

식 (13.17)을 모비율(p)에 대해 정리하면 식 (13.18)이 되고, 이를 구간으로 나타내면 식 (13.19)가 된다.

$$\hat{p} - z_{\alpha/2}\sqrt{\frac{p(1-p)}{n}} < p < \hat{p} + z_{\alpha/2}\sqrt{\frac{p(1-p)}{n}} \tag{13.18}$$

$$(\hat{p} - z_{\alpha/2}\sqrt{\frac{p(1-p)}{n}},\ \hat{p} + z_{\alpha/2}\sqrt{\frac{p(1-p)}{n}}) \tag{13.19}$$

식 (13.19)에서 p는 알려지지 않았으므로 p 대신에 추정량 $\hat{p}$을 사용한다. 따라서 모비율(p)의 $100(1-\alpha)\%$ 신뢰구간은 식 (13.20)이 된다.

$$(\hat{p} - z_{\alpha/2}\sqrt{\frac{\hat{p}(1-\hat{p})}{n}},\ \hat{p} + z_{\alpha/2}\sqrt{\frac{\hat{p}(1-\hat{p})}{n}}) \tag{13.20}$$

허용되는 표본오차가 d 이하인 표본 크기는 식 (13.21)로 표현되고, 이를 n에 대해 정리하면 식 (13.22)가 된다.

$$z_{\alpha/2}\sqrt{\frac{\hat{p}(1-\hat{p})}{n}} \le d \tag{13.21}$$

$$n \ge \hat{p}(1-\hat{p})(\frac{z_{\alpha/2}}{d})^2 \tag{13.22}$$

예제 3. **어떤 후보에 대한 지지율을 추정하고자 한다. 100명을 대상으로 한 조사에서 지지율은 40%로 나타났다. 해당 후보에 대한 지지율을 추정하려는 조사에서 신뢰수준은 95%, 표본오차는 3% 이하가 되기 위한 표본 크기를 구하시오.**

풀이 유의수준(α)은 .05, 표본비율($\hat{p}$)은 40%, 허용 가능한 표본오차(d)는 3%이다. 따라서 표본 크기(n)는 다음 식을 만족시키는 최소의 정수이다.

$$n \ge \hat{p}(1-\hat{p})(\frac{z_{\alpha/2}}{d})^2 = 0.4(1-0.4)(\frac{1.96}{0.03})^2 = 1024.4$$

즉, 주어진 조건을 만족하는 표본 크기는 1025이다.

⑤ 모비율의 구간추정과 표본 크기의 결정: 표본비율을 모르는 경우

모비율의 표준편차는 $\sqrt{p(1-p)}$ 이다. 모비율의 표준편차는 모비율(p)이 0.5일 때 최댓값인 $\sqrt{0.5(1-0.5)}$ 이 된다. 모비율이나 표본비율을 0.5로 설정하면 표본 크기에 대한 상한값을 구할 수 있다. 모비율의 구간추정에서 표본비율에 대한 정보가 없는 경우에 표본비율($\hat{p}$)을 0.5로 설정하고 표본오차를 d 이하로 설정하면 표본 크기는 식 (13.23)으로 나타난다.

$$n \geq (0.5)(1-0.5)(\frac{z_{\alpha/2}}{d})^2 \tag{13.23}$$

예제 4. 어떤 후보에 대한 지지율을 추정하려는 조사에서 신뢰수준은 95%, 표본오차는 3% 이하가 되도록 표본 크기를 구하시오.

풀이 표본비율에 대한 정보가 없으므로 표본비율은 0.5로 설정한다. 신뢰수준은 95%, 유의수준(α)은 .05, 허용 가능한 표본오차(d)는 3%로 설정하면, 표본 크기(n)는 다음 식을 만족시키는 최소의 정수이다.

$$n \geq \hat{p}(1-\hat{p})(\frac{z_{\alpha/2}}{d})^2 = 0.5(1-0.5)(\frac{1.96}{0.03})^2 = 1067.1$$

즉, 주어진 조건을 만족하는 표본 크기는 1068이다.

⑥ 표본 크기의 결정요인

지금까지 설명한 표본 크기의 결정 공식은 〈표 13-3〉에 요약되어 있다. 이러한 표본 크기의 결정 공식은 단순무작위 표집을 한다는 가정하에 하나의 변수를 중심으로 설명된 것이다. 실제 연구에서는 단순무작위 표집보다 복잡한 표집을 사용하고 여러 개의 변수를 분석할 수 있다. 두 개 이상의 변수를 분석하는 연구에서는 가장 중요하거나 분산이 큰 변수를 기준으로 표본 크기를 결정하는 것이 바람직하다.[77]

〈표 13-3〉 표본 크기의 결정 공식

모평균의 추정	모분산을 아는 경우	$n \geq (\frac{Z_{\alpha/2}\sigma_X}{d})^2$
	모분산을 모르는 경우(단 $n \geq 30$)	$n \geq (\frac{Z_{\alpha/2}s_X}{d})^2$
모비율의 추정	표본비율을 아는 경우	$n \geq \hat{p}(1-\hat{p})(\frac{z_{\alpha/2}}{d})^2$
	표본비율을 모르는 경우	$n \geq \frac{1}{2}(1-\frac{1}{2})(\frac{z_{\alpha/2}}{d})^2$

표본 크기의 계량적 결정 방법에서 중요한 요인은 세 가지로 정리할 수 있다. 첫째, 신뢰수준이 높을수록 표본은 커야 한다. 둘째, 허용되는 표본오차가 작을수록 표본은 커야 한다. 셋째, 모분산이 클수록 표본은 커야 한다.

표본이 크면 모집단을 잘 대표하고 모수에 가까운 추정치를 얻을 수 있지만, 자료수집의 시간과 비용이 많이 들고 비표본오차가 커질 수 있다. 여러 국가의 여론조사에서 국가별 인구 규모와 관계없이 표본이 대체로 천 명 내외인 것은, 표본이 커질수록 정확성 향상은 둔화하는 반면 자료수집의 비용과 시간은 비례적으로 증가하기 때문이다.[17]

5. 표집의 실행

표집의 실행은 모집단, 표집틀, 표집 방법, 표본 크기 등이 모두 결정된 이후에 실제로 표본을 선정하고 자료를 수집하는 단계이다. 이 단계에서는 선정된 표본이 조사에 참여할 수 있도록 접촉하고, 자료를 체계적이고 일관성 있게 수집하는 것이 핵심이다.

(1) 표본 접촉 및 재접촉 전략

표집의 실행 과정에서는 표본으로 선정된 대상자와의 접촉이 원활히 이루어지지 않거나, 응답을 거부하는 상황이 자주 발생한다. 이에 대한 대응 전략이 응답률과 자료 품질을 좌우한다.

① 접촉 불가

대상자가 부재중이거나 연락이 닿지 않는 경우, 다양한 요일과 시간대에 반복적으로 연락을 시도해야 한다. 전화 조사는 최소 3회 이상, 대면조사는 1가구당 하루 2회 방문을 원칙으로 하고 전체적으로 최대 10회까지 방문할 수 있다. 필요시에는 문자, 이메일, 우편과 같은 대체적인 연락 수단을 병행할 수 있다.[33]

② 응답 거부

응답 거부는 두 가지 유형으로 구분된다. 경성 거부(hard refusal)는 조사 참여를 강하게 거부하며, 추가적인 재접촉이나 설득에도 응할 의사가 없는 경우를 의미한다. 이 유형은 추가 접촉이 비효율적이므로 재요청 대상에서 제외한다. 연성 거부(soft refusal)는 응답자가 당장은 조사에 참여할 수 없다고 말하지만, 이후에는 참여할 가능성을 열어두는 경우이다. 이 유형은 재접촉의 주요 대상이며, 안내문 발송, 전화나 이메일을 통한 재접촉, 설문지의 재발송(우편 또는 이메일) 등의 방법을 활용할 수 있다. 반복적인 재접촉은 응답률을 상승시키는 효과가 있지만, 동시에 비용을 크게 상승시키므로, 자원이 제한된 경우에는 모든 거부자에게 재요청하기보다는 연성 거부자만을 대상으로 하는 전략이 효율적이다.[181]

(2) 면접원 교육과 관리

응답 거부 상황에 효과적으로 대응하기 위해서는 면접원의 역량이 매우 중요하다. 따라서 면접원에 대한 체계적인 교육과 관리가 응답률을 높이고 자료의 품질을 보장한다. 면접원 교육의 주요 내용은 다음과 같다.[185]

첫째, 거절 회피 및 전환 교육을 한다. 이는 조사과정에서 거절 상황을 예방하고, 이미 거절한 응답자를 다시 설득하는 구체적인 전략을 학습하는 것을 의미한다. 교육 내용에는 거절 회피 과정의 단계별 설명, 응답자 거부 유형의 구분, 유형별 맞춤형 설득 전략 등이 포함된다.

둘째, 맞춤형 대응 전략 훈련을 한다. 면접원은 응답자가 제시하는 거부 사유를 파악하고, 이에 맞는 논리와 언어로 설득하는 방법을 훈련받는다. 예를 들어, 응답자가 "시간이 없다"라고 말하면 조사의 소요 시간이 짧음을 강조하고, "관심이 없다"라고 말하면 조사 목적의 중요성을 설명하는 방식으로 대응할 수 있다.

셋째, 역할극과 시나리오 실습을 한다. 실제 조사에서 만날 수 있는 거절 상황을 가정하여 반복적으로 훈련함으로써 면접원이 신속하고 정확하게 대응하도록 훈련한다. 훈련 후에는 면접원의 대응 방식을 평가하고, 효과적인 설득 방법을 공유하며 피드백을 제공한다.

넷째, 거절 사유의 체계적 기록을 강조한다. 면접원은 응답자의 거절 사유와 접촉 결과를 기록해야 하며, 이러한 정보는 향후 재접촉 상황에서 맞춤형 설득 전략을 수립하는 중요한 자료로 활용될 수 있다.

제14장

확률 표집

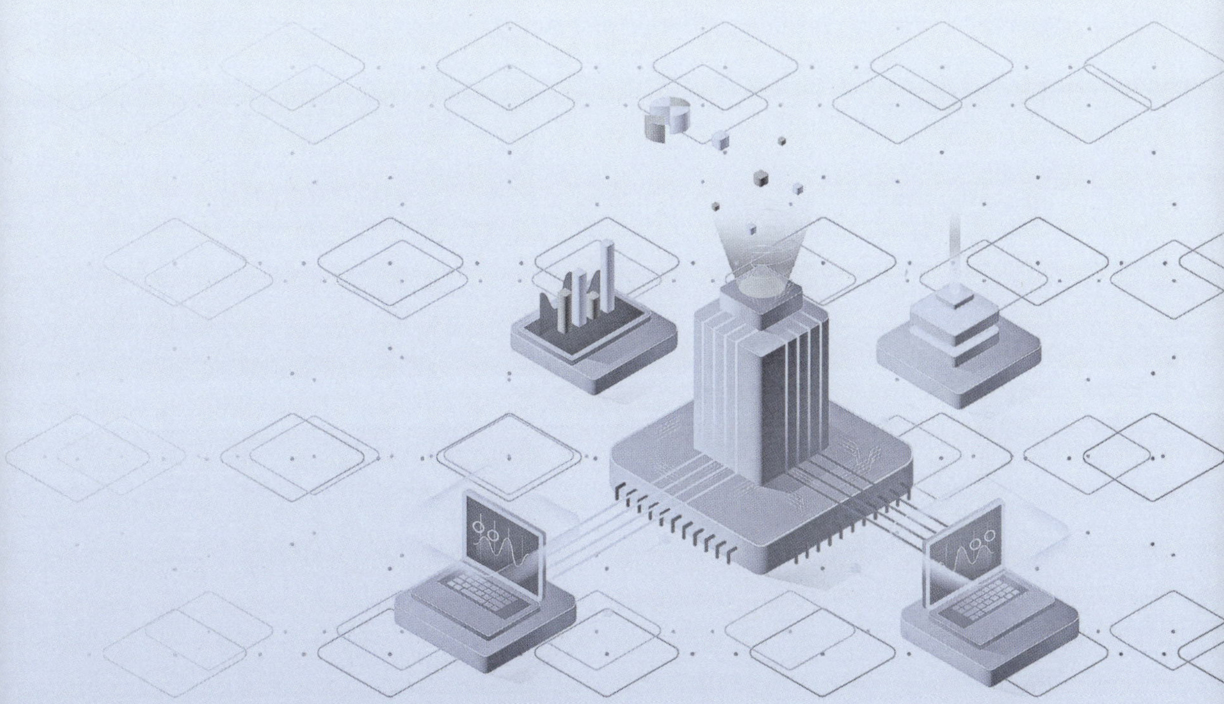

제1절 단순 무작위 표집

1. 개 요

단순 무작위 표집(simple random sampling: SRS)은 모집단을 구성하는 모든 요소(표집 단위)가 동등한 확률로 표본에 포함될 기회를 가지며, 각 요소의 추출이 서로 독립적으로 이루어지는 표집 방법을 말한다. 다시 말해, 주어진 표본 크기에 대해 가능한 모든 표본이 동일한 확률로 선택될 경우 이를 단순 무작위 표집이라고 한다. 이 원리를 달리 표현하면 모집단의 각 요소가 표본으로 뽑힐 확률이 모두 동일하다는 의미로도 해석된다.

예를 들어, A, B, C, D라는 네 명으로 구성된 모집단에서 두 명을 표본으로 추출한다고 하자. 이때 가능한 표본은 $\{A, B\}$, $\{A, C\}$, $\{A, D\}$, $\{B, C\}$, $\{B, D\}$, $\{C, D\}$ 등 총 여섯 가지가 된다. 이렇게 가능한 모든 표본 중 하나를 무작위로 추출하면 각 표본이 실제로 선택될 확률은 1/6로 모두 같다. 이를 달리 표현하면 모집단의 요소인 A, B, C, D 또한 각각 동일 확률(2/4)로 표본에 포함된다. 단순 무작위 표집의 예를 들자면, 모집단의 크기만큼 일련번호가 적힌 카드를 상자에 넣고 잘 섞은 뒤, 중복을 허용하지 않고 표본 크기만큼 카드를 추출하는 방법을 들 수 있다.

이같이 단순 무작위 표집은 모든 가능한 표본이 동등한 확률로 선택된다는 원리에 기반하며, '단순 무선 표집'이라고도 불린다. 이러한 원리는 모집단의 각 요소가 동등한 확률로 표본에 추출된다는 원리로도 해석할 수 있으며, 다른 유형의 확률 표집에도 적용된다.

2. 단순 무작위 표집의 절차

단순 무작위 표집은 몇 가지 단계를 거쳐 이루어진다. 먼저, 모집단을 구성하는 모든 요소를 파악한 뒤 이를 목록화하여 표집틀을 작성한다. 다음으로, 목록에 포함된 각 요소에 고유한 일련번호를 부여한다. 마지막으로 표본을 추출할 때에는 제비뽑기와 같은 추첨 방식을 사용하거나, 난수표(table of random numbers) 또는 컴퓨터에 의한 난수 발생 기법을 활용한다.

3. 난수표를 통한 단순 무작위 표본의 추출

단순 무작위 표본을 얻기 위해서는 [부록 2]와 같은 난수표를 활용할 수 있다. 난수표는 0~9까지의 정수들이 거의 동일한 비율로 포함되도록 무작위로 배열된 숫자들의 집합이다. 이러한 숫자들은 특정한 경향성을 띠지 않으며, 대체로 행과 열의 형태로 배열된 5자리 숫자로 구성되어 있다. 난수표는 다양한 방식으로 생성될 수 있고 수십 쪽 이상 확장되기도 하지만, 교재의 부록에는 전체 난수표 중 일부만 제시하였다. 난수표에서 숫자를 선택하는 과정은 마치 번호가 적힌 카드를 상자 속에 넣고 잘 섞은 뒤, 카드를 비복원 추출로 뽑는 방식과 유사하다.

700명의 표집 단위가 있는 목록으로부터 표본 크기 20인 단순 무작위 표본을 뽑는다고 가정할 때, 난수표를 이용해 표본을 추출하는 절차는 다음과 같다. 첫째, 모집단 크기에 맞는 자릿수를 정해야 한다. 예를 들어 모집단이 700명이라면 3자리 숫자가 필요하다. 모집단 크기가 80명일 경우 2자리, 20,000명일 경우에는 5자리 숫자가 필요하다. 모집단을 구성하는 700명에 대해 001부터 700까지의 일련번호를 부여한다. 둘째, 난수표의 숫자를 읽는다. 난수표는 5자리 숫자로 이루어져 있으므로 각 숫자에서 앞 또는 뒤의 3자리를 일관되게 선택한다. 예를 들어 난수표에 47832라는 숫자가 있다면, 앞자리 478 또는 뒷자리 832에서 하나를 선택할 수 있다. 여기서는 앞자리 3자리 숫자를 취하기로 한다. 셋째, 난수표의 시작점은 임의로 선정할 수 있다. 시작점을 정한 뒤에는 난수표를 일정한 방향(예: 가로, 대각선, 세로 방향)으로 이동하면서 일관된 방식으로 숫자를 읽는다. 예를 들어 부록의 난수표에서 6행 3열의 14063을 시작점으로 선정했다고 하자. 이때 14063의 앞 3자리인 140이 선택된다. 이후 같은 열을 따라(세로 방향으로) 이동하면서 41701(417), 38605(386), 64516(645), 13015(131), 12138(121), 38224(382), 31199(311), 04689(046) 등이 차례대로 선택된다. 넷째, 모집단의 크기(700)를 초과하는 숫자가 나오면 해당 숫자는 배제하고 다음 숫자로 이동한다. 예를 들어 86210의 앞자리 862, 84987의 849는 700을 넘어가므로 사용하지 않는다. 최종적으로 140, 417, 386, 645, 131, 121, 382, 311, 046의 9명이 추출된다. 이후 필요한 표본 크기 20명을 채울 때까지 난수표에서 동일한 절차를 반복한다.

이와 같은 단계를 거쳐 얻은 표본은 모집단을 구성하는 각 단위가 동등한 확률로 선택되고, 어떤 표집 단위의 선택이 다른 표집 단위의 선택에 영향을 미치지 않았다. 따라서 단순 무작위 표집의 특성을 충실히 반영하고 있다.

4. 단순 무작위 표집의 장단점

단순 무작위 표집은 다른 확률 표집 방법과 비교할 때 몇 가지 장점이 있다. 첫째, 모집단에 대한 상세한 정보를 미리 알지 못해도 표본을 추출할 수 있다는 점이다. 둘째, 단순 무작위 표집은 표집오차의 계산이 비교적 간단하다는 특징이 있다. 이로 인해 분석 과정에서 통계적 추론을 하기가 수월하다.[58]

그러나 단순 무작위 표집은 몇 가지 한계도 지닌다. 무엇보다 모집단의 모든 요소가 수록된 완전한 표집틀을 확보하기 어렵거나 불가능한 경우가 많다. 또한, 다른 확률 표집 방법보다 표본오차가 크게 나타나는 경향이 있으며, 이로 인해 모집단을 잘 대표하는 표본을 반드시 보장하지는 못한다. 다시 말해, 단순 무작위 표집은 다른 확률 표집보다 불안정한 추정량을 제공할 수 있다는 한계가 존재한다.[47,58]

제2절 계통 표집

1. 개 요

계통 표집(systematic sampling)은 모집단을 구성하는 모든 요소에 일련번호를 부여하고 이를 배열한 다음, 첫 번째에서 k 번째 사이에서 요소 하나를 무작위로 추출한 다음 일정한 간격을 두고 요소를 추출하는 방법이다. 이 방법은 체계적 표집으로도 불린다.

계통 표집은 실제 현장에서 널리 활용된다. 예를 들어, 수입품 검사의 경우 일정한 간격을 두고 표본을 추출하여 검사함으로써 표본의 대표성뿐만 아니라 검사의 효율성도 확보할 수 있다. 제조업체에서는 생산공정에서 일정 간격으로 부품을 선별하여 품질을 점검하는 방식으로 계통 표집을 적용한다.[224] 국내에서 실시되는 선거 출구조사(exit poll)도 투표소를 나온 유권자 중 일정 순번(예: 매 5번째 유권자)을 기준으로 조사대상을 추출한다.

2. 계통 표집의 절차

계통 표집은 다음과 같은 절차로 이루어진다. 첫째, 모집단의 목록인 표집틀을 확보한다. 둘째, 표집틀에 포함된 모든 단위에 일련번호를 부여한다. 셋째, 표집 간격(sampling interval)을 설정한다. k를 표집 간격이라고 한다면 k는 모집단 크기(N)를 표본 크기(n)로 나눈 값이다. 즉, $k = N/n$ 이다. 넷째, 표집틀에 부여된 번호 중 1번부터 k번 사이에서 하나를 무작위로 선택한다. 다섯째, 선택된 번호를 시작점으로 하여, 이후에는 표집 간격 k를 계속 더하면서 해당하는 대상을 차례로 추출한다.

3. 계통 표집의 장단점

다른 확률 표집과 비교할 때, 계통 표집은 몇 가지 뚜렷한 장점을 지닌다. 첫째, 표집 과정이 단순하고 적용이 쉽다. 조사 현장에서 복잡한 절차 없이 일정 간격만 설정하면 조사대상을 선정할 수 있으므로 실제 조사 현장에서 활용도가 높다. 둘째, 표집틀이 확보되지 않은 상황에서도 표본 선택 편향을 줄일 수 있다. 예를 들어 하루 동안 수많은 고객이 오가는 시장에서, 단순 무작위 표집은 특정 시간대의 고객이나 특정 유형의 고객만 선택될 가능성이 크다. 층화 표집을 시도하더라도 층별 명단이 없으면 연구자가 임의로 층을 나눠야 하므로 여전히 표본 선택 편향이 존재한다. 그러나 계통 표집을 활용하면 무작위로 시작점을 정한 뒤 일정 간격(예: 매 20번째)을 두고 고객을 추출하기 때문에 조사자의 주관적 개입을 최소화할 수 있다.[224] 셋째, 표집틀에 주기성(periodicity)이 없거나 표집 간격과 주기가 불일치하는 경우, 표본은 모집단을 잘 대표할 수 있다. 특히 모집단 요소들이 연구주제와 관련된 특성에 따라 순서대로 나열된 경우, 계통 표집은 단순 무작위 표집보다 모집단의 특성을 더 골고루 반영한다. 예를 들어, 기업의 수익성을 조사하는 경우, 기업들을 수익성 순으로 배열한 표집틀에 기반하여 계통 표집을 하면, 수익성이 높은 기업, 중간 수준의 기업, 낮은 기업이 고르게 포함된다. 반면 이런 경우에 단순 무작위 표집에서는 특정 집단만 과도하게 포함될 가능성을 배제하기 어렵다. 따라서 계통 표집은 단순 무작위 표집보다 더 높은 정확성(precision)을 기대할 수 있다.[19, 218]

계통 표집의 단점은 주기성에 따른 문제를 들 수 있다. 주기성이란 표집틀에서 요소를 배열하는 순서가 주기적으로 반복되는 경향을 말한다. 예를 들어, 일별 매출액이 시간 순서대로 배열된 자료에서 일주일 간격으로 표본을 추출하면 같은 요일의 자료만 반복적으로 포함되어 다른 요일의 매출 변화를 반영할 수 없다. 따라서 표집틀의 요소들이 주기성을 가지며 이러한 주기가 표집 간격과 일치하는 경우, 계통 표집은 편향된 표본을 초래할 수 있어서 표본의 대표성과 결과의 정확성이 저하될 수 있다.[218]

제3절 층화 표집

1. 개 요

층화(stratification)는 모집단 전체를 상호배타적인 하위 집단 또는 층(stratum)으로 구분하는 것이다. 이때 구분의 기준이 되는 변수를 층화 변수(stratification variable)라 하며, 연령, 성별, 소득, 교육 수준, 지역 등이 자주 사용된다. 예를 들어 모집단이 대학생일 때 학년에 따라 네 개의 층을, 모집단이 기업의 직원일 때 직급에 따라 여러 개의 층을 구분할 수 있다. 층화 표집(stratified random sampling)은 이렇게 구분된 각 층에서 무작위로 표본을 추출하는 방식이다.

잘 설계된 층화 표집에서 동일한 층 내의 조사대상들은 상대적으로 동질성을 가지며 서로 다른 층 간에는 이질성이 존재한다. 동질적인 집단에서 추출한 표본의 표본 오차는 이질적인 집단에서 추출한 경우보다 작으므로, 층화 표집은 단순무작위 표집보다 표본 오차를 줄이고 추정의 정확도를 높이는 장점이 있다.[218]

층화 표집은 다양한 조사에서 활용된다. 어떤 도시의 특정 정책에 대한 찬성 비율을 추정할 때, 도시를 동질성을 고려해 세 개의 지역으로 나눈 후 각 지역에서 무작위로 표본을 추출하는 방식은 층화 표집에 해당한다. 미국의 사업체 조사에서는 산업 종류와 규모에 따라 사업체들을 층으로 구분한 뒤 각 층에서 표본을 추출한다. 이러한 층화 표집을 사용하면 산업별 비교를 쉽게 할 수 있다.[224] 어떤 대학교에서 대학생의 학업성적을 조사하는 연구에서 전공별로 층을 설정하고 각 층에서 무작위 표본을 뽑으면, 전공별 학생들이 고르게 포함되어 단순무작위 표집보다 전공별 성적 차이를 더 정확히 분석할 수 있다.

2. 층화 표집의 종류

층화 표집은 각 층의 표본 크기를 어떻게 정하느냐에 따라 두 가지 방식으로 구분된다. 하나는 비례 층화 표집(proportionate stratified sampling)이고, 다른 하나는 불비례 층화 표집(disproportionate stratified sampling)이다.

(1) 비례 층화 표집

비례 층화 표집은 모집단에서 각 층이 차지하는 비율에 비례하여 표본 크기를 정하는 방법이다. 예를 들어, 어떤 대학교에 1학년 30%, 2학년 25%, 3학년 25%, 4학년 20%의 비율로 학생이 분포해 있다고 하자. 이때 전체에서 100명을 추출하고자 한다면, 학년별로 30명, 25명, 25명, 20명을 뽑는 것이 비례 층화 표집이다.

이 방식의 장점은 단순 무작위 표집에서 발생할 수 있는 편향을 사전에 차단할 수 있다는 점이다. 단순 무작위 표집을 사용하면 특정 학년의 학생이 과도하게 많이 뽑히거나 반대로 지나치게 적게 뽑히는 경우가 생길 수 있다. 그러나 비례 층화 표집을 적용하면 모집단의 구성 비율에 맞추어 각 층이 고르게 포함되기 때문에 모집단을 더 정확히 반영할 수 있다.[47]

통계적으로도 비례 층화 표집은 단순 무작위 표집보다 효율적이다. 표본평균의 표집분포는 모집단에서 반복적으로 표본을 추출할 때, 각 표본의 평균값이 어떤 분포를 따르는지를 나타낸다. 중심극한정리에 따르면, 표본이 크면 표본평균의 분포는 근사적으로 정규분포를 따르며, 이 분포에서 평균은 모평균(μ)과 같고 분산은 모분산을 표본 크기로 나눈 값(σ^2/n)이 된다. 단순 무작위 표집과 비례 층화 표집은 모두 표본이 크면 표본평균의 분포가 정규분포에 근사한다. 그러나 비례 층화 표집의 경우, 그 분포가 단순 무작위 표집보다 더 좁고 뾰족하게 나타난다. 이는 표본평균의 분산이 상대적으로 작아서 추정의 정확도가 더 높음을 의미한다.

(2) 불비례 층화 표집

불비례 층화 표집은 모집단에서 각 층이 차지하는 비중뿐 아니라, 층별 산포도(분산, 표준편차 등)나 조사비용과 같은 요인을 함께 고려하여 표본 크기를 배정하는 방법이다. 이 방법은 할당 층화 표집 또는 가중 표집(weighted sampling)이라고도 불린다.

비례 층화 표집은 모집단에서 각 층이 차지하는 비율에 비례하여 표본을 배분하지만, 층별로 산포도나 조사비용이 다를 경우에는 효율성이 떨어질 수 있다. 이러한 상황에서는 단순한 비율에 따라 표본을 나누기보다, 비율 외에 산포도나 조사비용도 고려하는 불비례 층화 표집이 적절할 수 있다.

층별로 표본 크기를 배정할 때 산포도를 고려하는 이유는 명확하다. 예를 들어 어떤 층의 표준편차가 0이면 해당 층을 구성하는 개체들의 값이 모두 같아서 한 개체만 추출해도(표본 크기가 1이어도) 해당 층의 모평균 값을 알 수 있다. 반면에 어떤 층의 표준편차가 매우 크면 그 층의 모평균 값을 추정하기 위해서는 표본 크기가 커야 한다. 마찬가지로 층별로 조사비용이 다른 경우 층별로 표본 크기를 배정할 때 조사비용도 고려해야 한다. 즉, 불비례 층화 표집의 원리는 산포도가 높은 층에는 표본 크기를 늘리고 단위당 조사비용이 높은 층에는 표본 크기를 줄이는 것이다.

3. 층별 표본 크기의 배정 방법

모집단이 H개 층으로 분할되었다고 하자. 층 h의 크기는 N_h, 층 h의 산포도(표준편차)는 s_h, 층 h 내에서 1개의 개체를 조사하는 비용은 C_h로 표기하기로 하자. 전체 표본 크기가 n일 때, 층 $h(=1,\cdots,H)$에 배정하는 표본 크기 n_h를 구하는 방법 중에서 대표적으로 비례 배정(proportional allocation), 네이만 배정(Neyman allocation), 최적 배정(optimal allocation)이 있다.[77]

$$\text{비례 배정: } n_h = n \times \frac{N_h}{N}, \quad h = 1, \cdots, H \tag{14.1}$$

$$\text{네이만 배정: } n_h = n \times \frac{N_h S_h}{\sum_{h=1}^{H} N_h S_h}, \quad h = 1, \cdots, H \tag{14.2}$$

$$\text{최적 배정: } n_h = n \times \frac{N_h S_h / \sqrt{C_h}}{\sum_{h=1}^{H} N_h S_h / \sqrt{C_h}}, \quad h = 1, \cdots, H \tag{14.3}$$

비례 배정은 비례 층화 표집에서 사용하는 표본 크기의 배정 방법이고, 네이만 배정과 최적 배정은 불비례 층화 표집에서 사용하는 표본 크기의 배정 방법이다.

이 세 가지 배정 방법의 이해를 위해 모집단이 2개의 층으로 구성되었다고 가정하자. 층 1의 모집단 크기(N_1)는 20,000이고 층 2의 모집단 크기(N_2)는 80,000이라고 하자. 그리고 표본 크기(n)는 1,000이라고 하자.

첫째, 비례 배정 방법에 따르면 층 1의 표본 크기(n_1)는 200, 층 2의 표본 크기(n_2)는 800이 배정된다.

둘째, 네이만 배정 방법을 사용하려면 층별 산포도 정보가 추가로 필요하다. 층 1의 표준편차(s_1)는 4이고, 층 2의 표준편차(s_2)는 1로 추정된다고 하자. 네이만 배정 방법에 따르면 층 1의 표본 크기(n_1)는 500($= 1{,}000 \times \frac{20{,}000 \times 4}{20{,}000 \times 4 + 80{,}000 \times 1}$)이고 층 2의 표본 크기($n_2$)는 500($= 1{,}000 \times \frac{80{,}000 \times 1}{20{,}000 \times 4 + 80{,}000 \times 1}$)이다.

셋째, 최적 배정을 사용하려면 층별 산포도 외에 층별 단위당 조사비용이 추가로 필요하다. 층 1에서 개체당 조사비용(C_1)이 4이고, 층 2에서 개체당 조사비용(C_2)이 1로 추산된다고 하자. 최적 배정 방법에 따르면 층 1의 표본 크기(n_1)는 333($= 1{,}000 \times \frac{20{,}000 \times 4 / \sqrt{4}}{20{,}000 \times 4 / \sqrt{4} + 80{,}000 \times 1 / \sqrt{1}}$)이고 층 2의 표본 크기($n_2$)는 667($= 1{,}000 \times \frac{80{,}000 \times 1 / \sqrt{1}}{20{,}000 \times 4 / \sqrt{4} + 80{,}000 \times 1 / \sqrt{1}}$)이다.

층별 산포도와 층별 비용을 위와 같이 가정했을 때 세 가지 배정 방법의 결과는 〈표 14－1〉에 나타난 바와 같다. 층별 모집단 크기만을 고려하는 비례 배정, 층별 모집단 크기와 산포도를 고려하는 네이만 배정, 층별로 모집단 크기와 산포도 외에 조사비용까지 고려하는 최적 배정에서 층별 표본 크기는 모두 다름을 알 수 있다.

〈표 14-1〉 비례 배정, 네이만 배정, 최적 배정의 비교

층	층별 모집단 크기	층별 산포도 (표준편차)	층별 비용 (개체당 비용)	비례 배정	네이만 배정	최적 배정
				층별 표본 크기	층별 표본 크기	층별 표본 크기
층 1	20,000	4	4	200	500	333
층 2	80,000	1	1	800	500	667
합계	100,000			1,000	1,000	1,000

4. 층화 표집의 절차

층화 표집은 대체로 다음의 절차를 따른다. 첫째, 모집단을 명확히 정의한 후에 모집단 전체를 포괄하고 서로 배타적인 여러 개의 동질적인 하위 집단(층)으로 나눈다. 이때 층을 구분하는 기준이 되는 층화 변수의 선택은 표본의 대표성과 추정의 정확도를 높이기 위해 매우 중요하다. 층화 변수는 연구목적에 부합하고, 분석에서 사용되는 주요 변수와 밀접하게 연관되어야 한다. 또한, 과도하게 많은 변수를 사용하면 관리가 복잡해지므로 핵심 변수만 선택하는 것이 바람직하다. 둘째, 전체 표본 크기를 정한 후에 층별로 표본 크기를 결정한다. 이때 각 층의 모집단 내 비율에 따라 표본 크기를 비례적으로 배분하거나, 층별 산포도나 조사 비용에 대한 정보가 있다면 비례적이지 않은 방식으로 배분할 수 있다. 셋째, 층별로 배분된 표본 크기만큼 단순 무작위 표집 또는 계통 표집을 적용해 표본을 추출한다. 넷째, 최종적으로 모든 층에서 추출된 표본을 합쳐 분석에 사용할 자료를 완성한다.

5. 층화 표집의 장단점

층화 표집은 다른 확률 표집 방법과 비교할 때 여러 장점이 있다.[77,224] 첫째, 표본의 대표성이 높다. 모집단의 모든 하위 집단이 표본에 고르게 반영되므로, 다양한 속성을 가진 모집단의 대표성을 보장하는 데 적합하다. 둘째, 같은 크기의 표본이면 단순 무작위 표집이나 군집 표집보다 표본오차를 줄일 수 있다. 특히 각 층 내부의 동질성이 높을수록 표본오차는 감소하고 추정값의 정확성이 향상된다. 예를 들어 25개의 구로 이루어진 서울의 모든 가구를 모집단으로 표본조사를 한다면, 단순 무작위 표집으로는 특정 구의 가구가 과다하거나 과소하게 추출되어 추정값이 불안정해질 수 있다. 그러나 각 구를 층으로 구분하여 층화 표집을 적용하면 모든 구가 표본에 포함되므로 추정값의 불안정성을 줄이고 더 정확한 추정이 가능하다. 셋째, 하위 집단에 대한 분석이 쉽다. 모집단 전체의 특성뿐 아니라 각 하위 집단의 특성을 별도로 추정할 수 있으며, 집단 간 비교도 가능하다. 넷째, 층화 표집은 모집단을 여러 하위 집단으로 구분한 후, 하위 집단별로 다양한 표집 방법과 결합할 수 있어 조사 설계의 유연성이 크다.

반면, 층화 표집은 몇 가지 단점도 있다.[58] 첫째, 층화 표집을 사용하려면 모집단을 구성하는 모든 개체를 식별하고 하위 집단으로 분류할 수 있는 상세한 사전 정보가 필요하다. 하위 집단을 구분하는 기준에 대한 정보와 각 집단이 모집단에서 차지하는 비율을 알아야 하므로, 모집단에 대한 정보가 부족하면 층화 표집은 사용하기 어렵다. 둘째, 모집단을 많은 층으로 세분화할 경우 조사 준비와 계획에 더 많은 시간과 비용이 소요된다. 층의 수가 많아지면 각 층에서 일정 규모 이상의 표본을 확보해야 하므로 전체 표본 크기가 증가하는 제약도 추가된다.

제4절 군집 표집

1. 개 요

모집단을 구성하는 요소들의 부분집합을 군집(cluster)이라고 한다. 군집 표집(cluster sampling)은 모집단을 여러 군집으로 나눈 뒤, 군집 자체를 일차적 표집 단위(primary sampling unit)로 간주하여 무작위로 선택한 후, 그 안의 개체들을 모두 조사하거나 다시 무작위로 추출하는 방법이다.

군집 표집이 효율적으로 이루어지려면, 각 군집 내부의 개체들은 이질적이고 군집 간에는 서로 동질적인 것이 바람직하다. 즉, 각 군집이 모집단의 특성을 잘 반영하여 모집단의 축소판(miniature)이 되고 군집 간에는 유사성이 커야 표본 오차가 줄어든다. 군집 표집은 집락 표집으로도 불린다.

2. 군집 표집의 종류

(1) 단일단계 군집 표집

단일단계 군집 표집(one-stage cluster sampling)은 모집단을 여러 개의 상호배타적 군집으로 나눈 뒤, 무작위로 일부 군집을 선택하고, 선정된 군집에 속한 모든 개체를 조사하는 방식이다. 예를 들어, 250명으로 이루어진 군집이 40개 있는 모집단에서 2개의 군집을 단순 무작위 표집으로 선택하고, 이들 군집의 모든 개체를 조사하는 것은 단일단계 군집 표집에 해당한다.

(2) 다단계 군집 표집

다단계 군집 표집(multi-stage cluster sampling)은 표집 과정에서 무작위로 추출하는 단계가 두 번 이상 수행되는 방법이다. 2단계 군집 표집에서는 먼저 모집단에서 군집을 무작위로 선택하고, 이어서 선택된 군집 내부에서 다시 하위 집단을 무작위로 선택한 후, 그 안의 모든 개체를 조사한다. 예를 들어, 100개 초등학교를 모집단으로 설정했을 때 1단계에서 10개 학교를 무작위로 추출하고, 2단계에서 추출된 학교마다 2개 학급을 무작위로 추출한 후, 그 학급의 모든 학생을 조사하는 경우를 들 수 있다. 2단계 군집 표집은 다시 두 가지로 나뉠 수 있다. 첫째, 단순 2단계 군집 표집은 1단계에서 모든 군집이 동일한 확률로 선택되는 방식이다. 둘째, 비례 군집 표집은 1단계에서 군집이 선택될 확률이 군집의 규모에 비례하는 방식이다.[47]

군집 표집은 단계 수를 늘릴 수도 있다. 예를 들어, 3단계 군집 표집에서는 1단계에서 학교를 선택하고, 2단계에서 학급을 선택하며, 3단계에서 각 학급에서 일부 학생을 다시 무작위로 추출한다. 더 나아가 5단계 군집 표집에서는 1단계에서 광역지방자치단체(예: 특별시, 광역시, 도)를, 2단계에서 기초지방자치단체(예: 시, 군, 구)를, 3단계에서 읍, 면, 동과 같은 지역 단위를, 4단계에서 리, 통 등 더 작은 단위를, 마지막 5단계에서 개별 조사대상을 무작위로 추출한다.

3. 군집 표집의 설계와 통계적 효율성

통계적 효율성(statistical efficiency)은 특정 표집 설계에서 추정량의 표준오차가 얼마나 작은지를 의미하며, 표본이 모집단을 얼마나 정확하게 대표하는지를 나타낸다. 따라서 효율성이 높을수록 추정의 정확도는 올라가고, 신뢰구간은 좁게 된다.

군집 표집을 활용할 때 다음 사항을 고려하는 것이 필요하다. 첫째, 군집 표집은 다른 확률 표집 방법보다 통계적 효율성이 낮을 수 있다. 군집 표집은 단순무작위 표집이나 층화 표집에 비해 표본오차가 큰 경우가 많다. 이는 군집 내부가 모집단 전체의 변동성을 충분히 반영하지 못하기 때문이다. 둘째, 표본 크기가 같다면, 군집 수가 많을수록 모집단의 다양한 특성을 더욱 잘 반영하게 되어 통계적 효율성이 증가한다. 예를 들어, 10개 군집을 추출하고 각 군집에서 20명을 조사하는 것보다 20개 군집을 추출하고 각 군집에서 10명을 조사하는 것이 더욱 효율적이다. 물론 동일한 표집 방법을 사용한다면 표본 크기가 클수록 통계적 효율성은 커진다. 셋째, 다단계 군집 표집에서 추출단계를 늘릴수록 모집단의 다양한 특성을 더욱 잘 반영하게 되어 통계적 효율성은 증가한다. 물론 이에 따라 조사비용과 시간도 함께 증가한다.

4. 군집 표집의 장단점

군집 표집은 다른 확률 표집과 비교했을 때 몇 가지 장점을 지닌다.[162, 218, 224] 무엇보다 모집단 전체에 대한 표집틀이 없어도 군집에 대한 표집틀만 있다면 적용할 수 있다. 또한, 행정구역, 학교, 기관 등 자연스럽게 구분되는 군집을 활용할 수 있어 현장에서 조사를 진행하기가 쉽고 편리하다. 더 나아가 모집단의 크기가 매우 크고 모집단의 구성 요소들이 넓게 흩어져 있는 경우에도 장점이 크다. 이 경우에 군집 내의 개체들이 지리적으로 가까이 모여 있어 조사원의 이동 비용이나 시간을 크게 줄여준다.

군집 표집은 다음과 같은 한계도 존재한다.[58, 162] 군집 표집을 적용하려면 모든 군집이 모집단의 다양한 특성을 반영해야 하며, 그렇지 못한 경우에 일부 군집만 추출되면 해당 군집의 특성이 과도하게 반영되어 표본의 대표성이 낮아질 수 있다. 또 다른 한계점은 단순 무작위 표집이나 층화 표집보다 표본 오차가 커서 통계적 효율성이 낮다는 점이다. 이는 군집 표집을 사용하면 군집 내 개체들이 동질적이어서 주로 군집 간 차이만 반영되는데, 군집 간 차이는 모집단 전체의 변량을 충분히 반영하지 못하기 때문이다.

5. 층화 표집과 군집 표집의 비교

군집 표집과 층화 표집은 모집단을 소집단으로 나누고, 소집단을 일차적 표집 단위로 활용한다는 공통점을 지닌다. 그러나 두 방법은 소집단의 성격에서 차이가 있다. 층화 표집에서는 층 내부가 동질적이고 층 간이 이질적이지만, 군집 표집에서는 군집 내부가 이질적이고 군집 간이 동질적이다. 즉, 층화 표집의 층과 군집 표집의 군집은 상이한 개념이다.

일반적으로, 모집단을 잘 반영하는 표집틀이 존재할 때는 층화 표집을 활용하여 표본오차를 줄이고 정확성을 높이는 것이 적합하다. 반면 표집틀을 확보하기

어렵거나 조사비용을 줄이는 것이 목적일 때는 군집 표집이 유리하다.[77]

〈표 14-2〉 층화 표집과 군집 표집의 비교

구분	층화 표집	군집 표집
표집 단위	층: 모집단을 층(동질적 소집단)으로 구분	군집: 모집단을 군집(이질적 소집단)으로 구분
소집단 간 특성	층 간에는 이질적	군집 간에는 동질적
소집단 내 특성	층 내는 동질적	군집 내는 이질적
표집의 주요 목적	정확성 확보(표본 오차 감소)	조사비용과 시간의 절감
표집의 효율성 조건	모집단 특성이 층으로 잘 구분되는 경우	조사 단위가 이미 형성된 단위인 경우
표본의 대표성 확보	모집단을 이루는 모든 층에서 표본추출	충분히 많은 군집을 1차 표집에서 선택
활용 예시	학년, 성별 등을 기준으로 나눈 뒤 표본추출	행정구역, 학교, 기업 등 집단 단위를 먼저 추출 후 내부에서 조사

제15장

비확률 표집

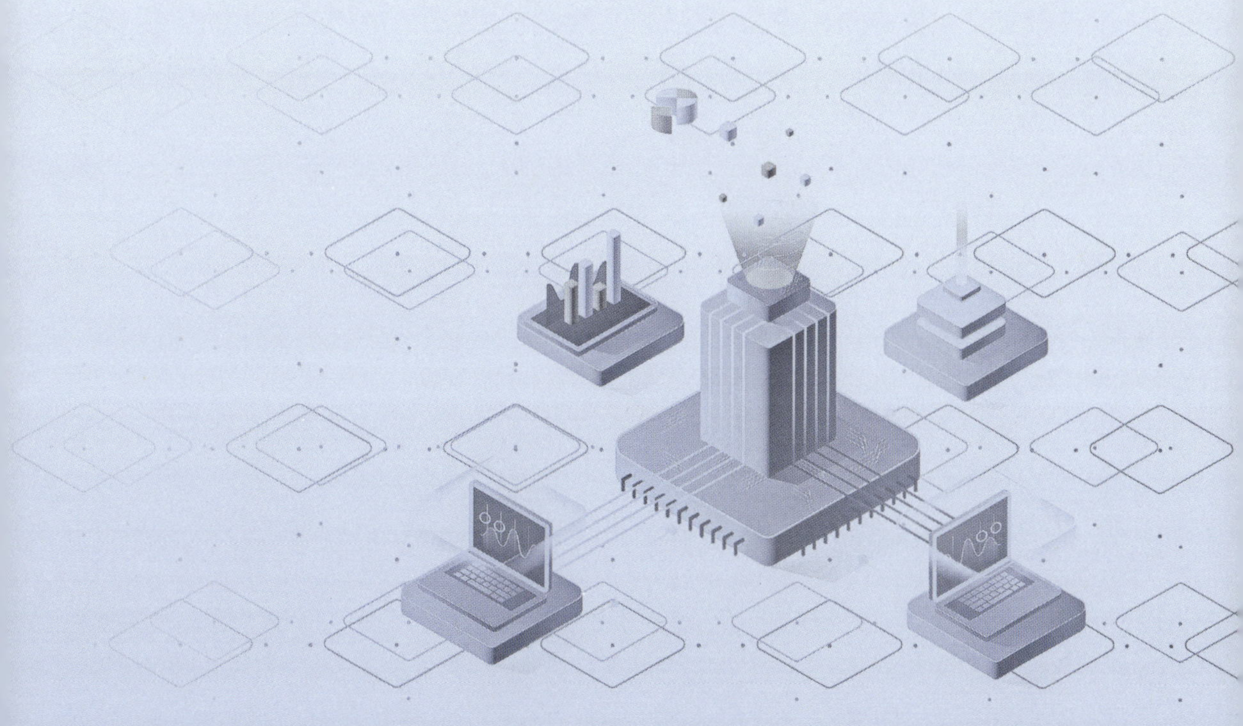

제1절 편의 표집

1. 개 요

편의 표집(convenience sampling)은 연구자가 접근의 용이성, 지리적 근접성, 기존 연락처의 유무 등 연구자의 편의성을 기준으로 조사대상을 선택하는 방법이다. 편의 표집은 정해진 표본 크기에 도달할 때까지 이용 가능한 조사대상에 의존하므로 가용표집(available sampling)이라고도 한다.[89,218]

편의 표집의 예를 들자면, 조사자가 특정 기간에 특정 쇼핑몰 출입구에서 만나는 사람들을 표본으로 활용하거나 교수가 조사를 위해 강의실 학생들을 표본으로 선정하는 것을 들 수 있다. 편의 표집은 탐색적 연구에서 예비적 자료의 수집을 목적으로 하는 경우, 자료를 얻는 것이 제한된 상황에서 자료수집의 희소한 기회를 놓치기 아까운 경우 등에서 유용하게 활용될 수 있다.[58,89]

2. 편의 표집의 장단점

편의 표집은 몇 가지 장점을 갖고 있다. 무엇보다 모집단에 대한 정보가 부족한 상황에서도 활용할 수 있다. 연구자는 사전에 모집단을 충분히 알지 못해도 접근이 쉬운 대상을 표본으로 선정할 수 있으며, 이로 인해 자료수집이 훨씬 수월해진다. 또한, 조사 준비와 절차가 간단하고 별도의 표집 설계 과정이 필요하지 않아 다른 방법에 비해 시간과 비용을 크게 절감할 수 있다. 실제 연구 현장에서는 제한된 자원이나 여건으로 인해 다른 표집 방법이 적용되기 어려울 때 편의 표집이 자주 활용된다.[218]

그러나 편의 표집에는 뚜렷한 한계가 존재한다. 연구자가 접근하기 쉬운 대상을 편향적으로 선택할 가능성이 커서, 표본이 모집단 전체를 충분히 대표하지 못할 수 있다. 이로 인해 조사 결과는 모집단 전체로 일반화하기에 적절하지 않다. 따라서 편의 표집은 엄밀한 검증 연구보다는 예비적 탐색이나 초기 자료수집에 적합한 방법이다.

제2절 판단 표집

1. 개 요

판단 표집(judgment sampling)은 연구자의 판단에 근거하여 대표성이 있다고 보이거나 특정한 연구목적에 적합한 조사대상을 의도적으로 선택하는 방법이다. 표본이 모집단을 잘 대표하는 정도는 연구자의 주관적 판단에 의존한다. 따라서 판단 표집은 연구자가 모집단에 대한 풍부한 지식을 가진 경우에 가능하다. 판단 표집은 연구자가 모집단을 구성하는 요소들을 의도적으로 추출한다는 점에서 의도적 표집(purposive sampling)이라고도 한다.[218]

2. 판단 표집의 유형

판단 표집의 유형은 연구자에 따라 다양하게 구분된다. 그중 대표적인 몇 가지 유형을 제시하면 다음과 같다.[89,195,199,200] 우선 극단적 사례 표집(extreme case sampling)은 일반적이지 않거나 특이한 사례를 선택하여 심층적인 정보를 얻는 방식이다. 주류에서 벗어난 대상을 탐구함으로써 연구주제에 대한 이해를 넓히고 새로운 관점을 얻을 수 있다. 극단적 사례의 식별은 자료수집과 분석이 어느 정도 진행된 후 이루어지는 경우가 많다.

전형적 사례 표집(typical case sampling)은 연구하고자 하는 현상을 대표한다고 할 수 있는 전형적인 사례를 선정하여 심층적으로 분석하는 방법이다. 이는 일반적인 상황을 이해하는 데 도움을 주며, 특정한 현상이 일반적으로 어떻게 나타나는지를 탐구할 수 있다.

결정적 사례 표집(critical case sampling)은 연구자가 관심 있는 현상에 관한 논리적 추론을 허용하는 가장 중요한 사례를 의도적으로 선택하는 방법이다. 결정적 사례는 연구 질문에 대한 통찰력을 극대화하거나 이론을 검증하기 위해 선택될 수 있다.

최대 변량 표집(maximum variation sampling)은 연구하고자 하는 현상의 다양한 측면을 이해하려고 의도적으로 이질적인 사례들을 선택하는 방법이다. 이는 이례적인 사례들을 포함하여 다양한 관점을 탐색하는 것을 목표로 한다.

기준 표집(criterion sampling)은 연구자가 사전에 설정한 특정 기준을 충족하는 사례들을 의도적으로 선정하는 방법이다. 이를 통해 연구목적과 밀접하게 관련된 대상을 확보하고, 해당 현상에 대한 중요한 정보를 얻을 수 있다.

이론적 표집(theoretical sampling)은 이론을 생성하기 위한 자료수집의 과정으로, 근거 이론(grounded theory) 연구에서 주로 사용된다. 연구자는 자료를 수집하고 코딩하고 분석하면서 이후에 이론을 발전시키기 위해 어떤 자료를 수집할지 결정한다. 자료수집은 출현하는 이론의 전개 과정에 의해 정해진다.[138] 이론적 표집은 확률 표집처럼 일시에 이루어지는 것이 아니라 연구가 진전됨에 따라 반복적으로 이루어지는 것이 특징이다. 즉, 이론적 표집의 과정은 일반적인 연구문제 → 이론적 표집 → 자료 수집 → 자료 분석(개념, 범주) → 이론적 포화(theoretical saturation) → 가설 도출의 과정을 겪으면서, 다시 이론적 표집에서 가설 도출까지의 과정을 반복한다.[89]

3. 판단 표집의 장단점

판단 표집의 주요 장점은 연구목적과 관련이 있는 모집단의 요소를 확실하게 표본에 포함할 수 있다는 점이다. 연구자가 연구목적과 관련하여 의도적으로 대상을 선정하므로, 연구문제에 가장 적합한 표본을 확보할 수 있다. 특히 모집단 내에서 소수이거나 특수한 특성을 가진 집단을 연구의 주요 대상으로 할 때, 무작위 표집보다 효과적으로 필요한 조사대상을 찾을 수 있다. 또한, 편의 표집과 마찬가지로 시간과 비용이 적게 든다는 장점이 있다.[58]

판단 표집의 주요 단점은 모집단에 대한 상당한 사전 지식이 필요하다는 점이다. 사전 지식의 부족으로 표본 선택 기준을 부적절하게 적용할 경우, 표본의 다양성이 감소할 수 있다. 또한, 편의 표집과 마찬가지로 연구자의 주관적 판단이 개입되어 편향 가능성이 크다는 점이다. 연구자의 선호나 사전 지식에 의해 표본이 편중될 수 있다. 따라서 모집단을 대표하지 못하는 표본이 추출되어 연구 결과의 일반화가 제한될 수 있다.[58]

제3절 할당 표집

1. 개 요

할당 표집(quota sampling)은 모집단을 특정 변수(예: 연령, 성별, 소득, 지역 등)를 기준으로 세분화한 후, 하위집단별로 미리 정해진 비율이나 할당량(quota)을 기준으로 표본 크기를 배정하는 방법이다. 이 방식은 표본이 모집단의 주요 특성을 반영하도록 설계하는 데 유용하다. 할당 표집은 모집단을 여러 칸(segment)으로 나눈다는 점에서 층화 표집과 유사하다. 그러나 두 방법은 중요한 차이가 있다. 층화 표집에서는 확률적 기준에 따라 표본이 추출되는 반면, 할당 표집에서는 하위집단별 표본 배정과 표본추출에서 연구자의 판단에 의존한다.

할당 표집을 실시할 때는 모집단의 특성을 정리한 행렬표를 작성하는 것이 일반적이다. 예를 들어 모집단을 지역별로 나눈 후, 각 지역 내에서 성별 비율을 파악하고 이를 조합하면 여러 하위 집단(칸)이 형성된다. 각 칸에 배정되는 표본 크기는 모집단에서 차지하는 실제 비율에 맞출 수도 있고, 연구자의 주관적 판단에 의존할 수도 있다. 할당 표집은 비확률 표집 중에서 가장 체계적이고 정교한 방법으로 평가되며, 특히 표본의 대표성을 중시하는 여론조사에서 널리 활용되고 있다.

2. 할당 표집의 유형

(1) 비례 할당 표집

비례 할당 표집(proportional quota sampling)은 모집단 크기와 모집단에서 차지하는 하위 집단의 비율을 알 수 있는 경우에 사용할 수 있다. 각 하위 집단의 표본 크기는 모집단 내의 비율과 정확히 맞춰서 배분한다. 비례 할당 표집은 표본의 대표성 확보에 유리하지만, 소규모 하위 집단에 대해서는 적절한 표본 크기를 확보하기 어려울 수 있다.

국내 여론조사에서는 모집단의 인구통계적 특성(지역, 성별, 연령 등)의 비율을 표본에 일치시키는 비례 할당 표집을 주로 사용한다.[17] 예를 들어, 인구조사에서 서울 거주 18~29세 남성이 전체 국민의 1.7%, 서울 거주 18~29세 여성이 1.8%

〈표 15-1〉 비례 할당 표집에 따른 하위집단별 표본 크기[72]

성별	권역	전체	연령대					
			18~29세	30~39세	40~49세	50~59세	60~69세	70세이상
전체	전국	1,000	164	149	181	195	171	141
	서울	188	35	32	32	34	30	25
	인천/경기	319	54	52	62	64	51	36
	강원	30	4	4	5	6	6	5
	대전/세종/충청	107	17	16	19	21	18	16
	광주/전라	97	15	12	16	19	17	18
	대구/경북	97	14	12	16	19	18	16
	부산/울산/경남	150	22	20	27	30	28	23
	제주	13	2	2	2	3	2	2
남성	전국	496	85	77	92	99	84	59
	서울	90	17	16	16	17	14	11
	인천/경기	160	28	27	32	32	25	15
	강원	15	2	2	2	3	3	2
	대전/세종/충청	54	9	8	10	11	9	7
	광주/전라	48	8	6	8	10	9	7
	대구/경북	48	8	7	8	10	9	7
	부산/울산/경남	74	12	11	14	15	14	9
	제주	6	1	1	1	1	1	1
여성	전국	504	78	72	89	97	87	82
	서울	98	18	16	16	17	16	14
	인천/경기	159	26	25	30	32	25	21
	강원	15	2	2	2	3	3	3
	대전/세종/충청	53	8	7	9	10	9	9
	광주/전라	49	7	6	8	9	9	11
	대구/경북	49	6	6	8	10	9	10
	부산/울산/경남	75	10	10	13	15	15	13
	제주	6	1	1	1	1	1	1

라면, 1,000명을 조사할 때 각각 17명과 18명을 표본으로 할당한다. 주민등록인구 현황에 근거하여 지역, 성별, 연령대의 변수를 기준으로 모집단 인구수(대한민국 유권자 수)에 비례하는 비례 할당 표집을 적용하여 1,000명의 표본을 할당한 실제 결과는 〈표 15-1〉에 나타난 바와 같다.

(2) 불비례 할당 표집

불비례 할당 표집(non-proportional quota sampling)은 모집단의 크기나 모집단에서 차지하는 하위 집단의 비율을 알 수 없는 경우에 사용할 수 있다. 각 하위 집단의 표본 크기는 모집단 내의 비율과 관계없이 연구자가 목적에 따라 배분한다. 불비례 할당 표집은 하위 집단이 모집단 내에서 차지하는 비율과 무관하게, 연구목적에 따라 각 하위 집단의 표본 크기를 조정할 수 있다. 특정 집단을 상세하게 조사하고 싶으면 해당 집단의 표본 크기를 늘릴 수 있다. 그러나 이 방법은 모집단의 실제 비율을 반영하지 않으므로 비례 할당 표집보다 표본의 대표성이 낮을 수 있다. 만약에 〈표 15-1〉에서 전체 표본 1,000명을 모집단 인구수에 비례하지 않는 방식으로 각 하위 집단에 표본 크기를 배정한다면, 불비례 할당 표집이 된다.

3. 할당 표집의 절차

할당 표집의 절차는 일반적으로 다음 절차를 따른다.[7] 첫째, 연구자는 모집단 정보를 바탕으로 연구주제와 관련된 변수를 기준으로 모집단을 세분화한다. 예를 들어 지역을 8개로, 연령을 5개 층으로 나누면 총 40개의 칸(cell)이 생긴다. 둘째, 각 칸의 표본 크기를 나타내는 할당량을 정하는데, 이때 방법은 두 가지다. 비례 할당 표집은 각 칸이 모집단에서 차지하는 비율에 따라 표본 크기를 배정한다. 반면 불비례 할당 표집은 모집단 비율 대신 연구자의 판단에 따라 표본 크기를 정하는데, 이 경우에 각 칸의 상대적 중요성, 칸 내 변수의 분산, 칸의 개수 등이 고려된다. 셋째, 각 칸에 대한 표집 방법은 확률 표집이나 비확률 표집이 모두 가능하고 연구자의 판단에 따라 결정한다.

4. 할당 표집의 장단점

할당 표집은 다른 비확률 표집 방법에 비해 몇 가지 장점이 있다. 첫째, 편의 표집이나 눈덩이 표집은 특정 집단에 표본이 집중되어 표본의 대표성이 크게 떨어질 위험이 있지만, 할당 표집은 모집단을 구성하는 주요 하위 집단을 골고루 반영할 수 있으므로 표본의 대표성이 상대적으로 높다. 둘째, 하위 집단별로 표본을 확보하기 때문에 연구자가 관심 있는 특정 집단을 심층적으로 분석할 수 있으며, 하위 집단 간의 차이나 관계를 규명하는 데도 유리하다. 셋째, 각 하위 집단에 대한 세밀한 사전정보가 없어도 연구자의 판단에 따라 표본 배정이 가능하므로, 실제 조사 현장에서 활용도가 높다. 이러한 이유로 할당 표집은 시장조사나 사회과학연구에서 널리 사용되고 있다.[58]

그러나 할당 표집에도 단점이 있다. 연구에 포함하는 변수가 많아질수록 칸의 수가 급격하게 증가하게 되고, 그 결과 각 칸에 할당되는 표본 크기가 줄어든다. 특정 칸의 표본 크기가 과소하면 해당 집단의 특성을 안정적으로 반영하기 어려운 문제가 생긴다. 따라서 할당 표집에서 각 칸에 적절한 표본 크기를 확보하려면 변수의 수 또는 변수별 범주의 수에 제한을 두어야 한다. 또한, 할당 표집은 연구자가 통제하지 않는 변수에서는 모집단과 표본 간 차이가 크게 발생할 수 있다. 즉, 대표성을 확보하려는 의도에도 불구하고 표본의 설계에서 고려하지 않은 변수에서 왜곡이 생길 수 있다.[58,77]

제4절 눈덩이 표집

1. 개 요

눈덩이 표집(snowball sampling)은 특정 속성을 가진 소수의 초기 조사대상에서 출발해, 이들이 알고 있는 유사한 속성을 가진 다른 인물을 소개받는 방식으로 표본을 확장해 나가는 방법이다. 초기 조사대상의 인맥, 친분 등을 통해 연쇄적으로 새로운 대상이 확보된다. 이러한 과정은 연구자가 필요한 표본 크기에 도달할 때까지 반복된다. 눈덩이 표집은 소개 표집이나 누적 표집이라고도 한다. 이 방법은 공식 명부가 존재하지 않거나 공식적으로 파악하기 어려운 집단처럼 접근하기 어려운 모집단을 대상으로 할 때 효과적이다. 특히 규모가 작은 집단이나 일반적인 무작위 표집으로는 확보하기 어려운 집단을 조사할 때 주로 사용된다. 눈덩이 표집은 연구자가 초기 참여자를 어떻게 선정하고 얼마나 다양한 네트워크를 활용하는지에 따라 표본의 다양성과 질이 결정된다.

눈덩이 표집은 여러 연구에서 실제로 활용되었다. 동남아시아의 댐 건설 반대 운동을 다룬 연구에서는 다양한 사회적 배경을 가진 조사대상을 확보하기 위해 여러 명의 초기 참여자를 선정하고, 이들이 속한 네트워크를 통해 새로운 조사대상자를 추천받았다. 이때 연구진은 면대면 면접을 통해 신뢰를 구축하고 연쇄 추천이 자연스럽게 이어지도록 했다. 이를 통해 환경운동가와 같은 소수 집단의 의견을 효과적으로 수집할 수 있었다.[170] 또한, 코로나19 발생 초기에도 눈덩이 표집이 적용된 바 있다. 감염자를 먼저 확인한 뒤 그 접촉자를 연쇄적으로 조사하는 과정에서 무증상 감염자나 다양한 임상 양상을 가진 환자를 조기에 찾아낼 수 있었다. 이때 눈덩이 표집은 무작위 표집보다 더 많은 사례를 신속하게 파악하는 데 효과적인 것으로 밝혀졌다.[167] 즉, 눈덩이 표집은 조사대상자의 네트워크 확장을 통해 표본을 점차 늘려가는 방식으로, 접근하기 어려운 집단을 연구할 때 특히 유리하며, 사회운동 참여자 연구나 감염병 초기 확산 연구 등에서 실질적으로 활용되어 그 유용성이 입증된 방법이다.

2. 눈덩이 표집의 장단점

눈덩이 표집은 일반적인 표집 방법으로는 접근이 어려운 모집단을 연구할 때 효과적이다. 소수 집단이나 비공식 네트워크에 속한 사람들, 혹은 자신의 신원을 밝히기 꺼리는 사람들을 대상으로 할 때 특히 유용하다. 연구자가 적절한 표집틀을 확보하기 힘든 상황에서도 참여자들의 네트워크와 신뢰를 활용하여 표본을 확대할 수 있으므로, 확률 표집으로 도달하기 어려운 상황에서 적절하게 활용될 수 있다. 또한, 표집 과정에서 지인을 통한 추천을 기반으로 표본을 확보하므로 조사 협조가 쉬운 편이다. 아울러 초기 참여자를 전략적으로 선정하고 다양한 네트워크를 활용할 경우 표본의 질과 다양성을 높일 수 있다는 장점도 있다.[170,218]

그러나 눈덩이 표집에는 단점이 존재한다. 참여자의 추천에 상당 부분 의존하기 때문에 연구자가 표본의 크기와 구성을 통제하기 어렵다. 이 과정에서 특정 집단이 과도하게 포함되거나 반대로 배제될 가능성이 있다. 또한, 단계적인 추천 과정을 거쳐 표본을 확보해야 하므로 표집 기간도 연구자가 원하는 대로 조정하기 어려운 단점이 있다.[58,247]

제16장

실험설계

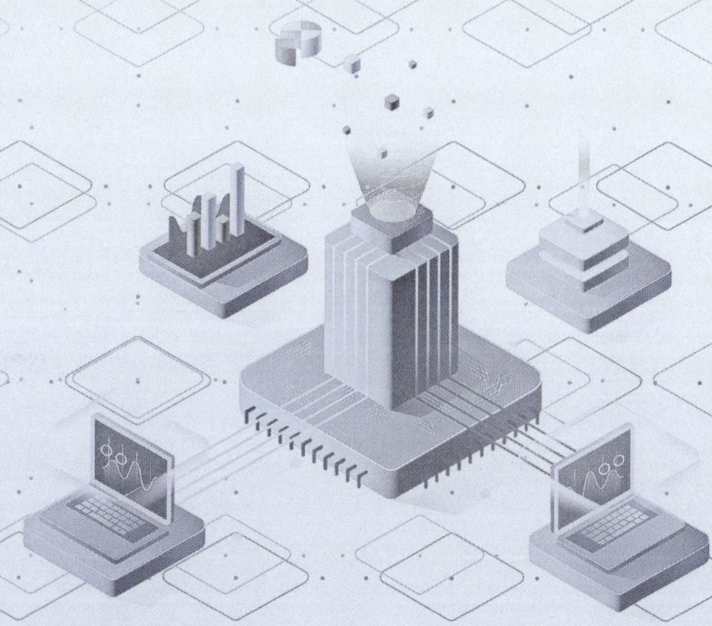

제1절 실험설계의 구성 요소

1. 실험대상의 표집

실험 결과를 일반화하기 위해서는 실험대상이 모집단을 충분히 대표할 수 있도록 표본은 무작위로 추출되어야 한다.

2. 실험집단과 통제집단

실험집단(experimental group)은 처치변수(독립변수)의 효과를 알아보기 위해 처치(treatment)가 가해지는 집단이며, 통제집단(control group)은 처치가 가해지지 않고 실험집단과 비교되는 집단이다.

3. 무작위 배치

무작위 배치(random assignment; randomization)는 실험설계에서 실험집단과 통제집단 간의 비교가 타당하도록 두 집단을 가능한 한 동질적으로 만드는 것이다. 이를 위해 실험 처치를 가하기 전에 표본에서 뽑힌 피험자들을 실험집단과 통제집단에 무작위로 배정한다. 여기서 무작위란 각 피험자가 두 집단 중 어디에든 배정될 확률이 모두 같다는 뜻이다. 난수표 등을 활용하여 무작위 배치를 할 수 있다.

무작위 표집과 무작위 배치는 시점과 역할이 다르다. 무작위 표집은 실험에 참여할 대상을 모집단에서 무작위로 뽑는 것으로, 연구 결과의 외적 타당도를 높이는 역할을 한다. 반면 무작위 배치는 이미 뽑힌 표본을 실험집단과 통제집단에 무작위로 나누는 과정으로, 연구 결과의 내적 타당도를 높이는 역할을 한다.

4. 외생변수의 통제

외생변수란 연구자가 설정한 연구모형에 속한 독립변수 이외에, 종속변수에 영향을 줄 수 있는 모든 변수를 의미한다. 실험에서 독립변수만이 종속변수에 미치는 순수한 영향을 확인하려면, 외생변수의 영향을 통제해야 한다. 만약 외생변수의 영향을 통제하지 못하면, 독립변수와 종속변수 사이의 인과관계를 정확히 밝히기 어렵다. 예를 들어, 새로운 교육 방법이 성적에 미치는 영향을 조사하는 실험에서 한 집단에는 기존 교육 방법을, 다른 집단에는 새로운 교육 방법을 적용한 뒤 성적을 비교한다고 가정하자. 이때 만약 한 집단에서 중도 탈락자가 많다면, 두 집단의 성적 차이는 교육 방법만의 영향으로 볼 수 없다. 이처럼 중도 탈락과 같은 외생변수의 영향을 통제하지 못하면, 교육 방법(독립변수)과 성적(종속변수) 사이의 인과관계를 명확히 규명할 수 없다.

5. 사전검사와 사후검사

전통적인 실험설계에서는 실험집단과 통제집단 모두에게 실험 처치(독립변수의 조작) 전에 종속변수의 사전검사(pretest)를 한다. 사전검사를 하지 않으면 실험 처치가 가해지기 전의 종속변수 값을 알 수 없으므로, 처치 이후 종속변수의 변화가 반드시 처치 때문이라고 주장할 수 없다. 실험집단과 통제집단의 종속변수 값의 차이를 비교하려면, 처치 이전의 사전검사와 처치 이후의 사후검사(posttest)가 모두 필요하다.

6. 독립변수

실험에서 인과관계가 성립하려면 독립변수의 변화에 따라 종속변수가 실제로 달라져야 한다. 이를 확인하기 위해 실험에서는 독립변수를 연구자가 인위적으로 조작하고, 그 변화에 따라 종속변수가 어떻게 달라지는지 측정한다. 처치는 실험집단에만 가하고 통제집단에는 가하지 않는다.

실험에서 독립변수의 조작 방법에는 두 가지가 있다.[255] 하나는 직접적 조작(straightforward manipulation)으로, 문서나 구두지시 등과 같은 자극을 피험자에게 직접 주는 방식이다. 다른 하나는 연출된 조작(staged manipulation)으로, 연구자가 특정 상황이나 사건을 만들어 피험자에게 자극을 주는 방식이다. 독립변수의 조작을 처치(treatment)라고 하는 것은 의사가 환자에게 치료를 가하여 상태를 변화시키는 데서 유래된 용어이다.[195] 처치, 처리, 독립변수의 조작, 개입 등은 서로 혼용되며, 처치 효과는 독립변수의 효과를 의미한다.

7. 종속변수

종속변수는 처치를 통해 변화를 확인하고자 하는 피험자의 행위, 태도, 심리적 상태 등을 말한다. 실험에서는 실험집단과 통제집단의 종속변수에 나타난 차이를 비교함으로써, 독립변수가 종속변수에 어떤 영향을 미치는지 추론한다.

제2절 인과관계의 조건과 실험설계

인과관계를 추론하려면 세 조건을 충족해야 한다. 첫째, 원인으로 추정되는 독립변수가 결과로 나타나는 종속변수보다 시간상 앞서야 한다. 둘째, 두 변수 사이에 실제적인 연관성이 존재해야 한다. 셋째, 외생변수의 영향을 통제해야 한다. 이 세 조건이 충족되어야 특정 결과가 독립변수의 변화로 인해 나타났다고 주장할 수 있다.

실험설계는 이러한 세 조건을 충족시키는 데 효과적인 방법이다. 연구자는 실험집단과 통제집단을 구분하고, 실험집단에만 처치를 가한다. 이후 종속변수를 측정하면, 독립변수가 종속변수보다 시간상 앞선다는 첫 번째 조건이 충족된다. 만약 처치 후 두 집단의 종속변수 값에 차이가 나타난다면, 이는 독립변수와 종속변수 간의 연관성을 보여주므로 두 번째 조건이 충족된다. 마지막으로, 실험 참가자를 무작위로 두 집단에 배치하면 외생변수가 실험 결과에 미치는 영향을 최소화할 수 있어, 결과가 독립변수에 의한 것으로 설명할 수 있다.[43]

제3절 실험설계의 종류

1. 실험 상황에 따른 실험설계의 종류

실험설계는 실험이 이루어지는 상황에 따라 실험실 실험(laboratory experiment)과 현지 실험(field experiment)으로 구분할 수 있다. 실험실 실험은 연구자가 통제할 수 있는 인위적 환경에서 진행되는 실험으로, 연구자가 실험 상황을 통제할 수 있어서 연구 결과의 내적 타당도가 높다. 그러나 현실과 다른 인위적인 환경에서 얻어진 결과라 외적 타당도는 낮을 수 있다.

현지 실험은 현실과 유사한 환경에서 통제 없이 실험이 이루어지는 것으로, 피험자들이 평소와 비슷한 활동을 하며 실험 자체를 인식하지 못할 수도 있으므로 실제 생활과 가까운 결과를 얻을 수 있다. 현지 실험은 현장 실험이라고도 한다. 현지 실험은 실제 환경에서 실험이 이루어지기 때문에 연구 결과의 외적 타당도가 높다. 그러나 실험 조건을 완전히 통제하기 어려우므로 내적 타당도는 낮을 수 있다.[195]

현지 실험은 다시 두 가지 세부 유형으로 구분된다.[255] 첫째는 연구자가 직접 독립변수를 조작하는 경우이다. 예를 들어, 한 집단은 일정 기간 스마트폰을 사용하지 못하게 하고, 다른 집단은 평소처럼 스마트폰을 사용하게 한 후, 스마트폰을 사용하지 않는 것이 대인 커뮤니케이션에 미치는 효과를 연구하는 경우가 이에 해당한다. 둘째는 독립변수의 변화가 환경의 변화에 따라 자연스럽게 발생하는 경우이다. 예를 들어 생성형 인공지능 서비스가 도입되기 전과 후의 포털의 검색 서비스 이용 행태를 비교하여, 생성형 인공지능 서비스의 효과를 분석하는 방식이다.

2. 피험자의 배치에 따른 실험설계의 종류

실험설계는 피험자를 어떻게 배치하는지에 따라 여러 유형으로 구분할 수 있으며, 대표적으로 진실험설계(true experimental design), 준실험설계(quasi-experimental design), 전실험설계(pre-experimental design) 등이 있다.

진실험설계는 피험자를 무작위로 배치하고 외생변수를 엄격하게 통제하는 방식이다. 이 설계에서는 실험집단과 통제집단을 구분하고, 피험자를 무작위로 배치하며, 사후검사를 하여 실험설계의 기본 요소를 충실히 갖추고 있다. 이러한 이유로 진실험설계는 전통적 실험설계 또는 순수실험설계라고도 불린다.

준실험설계는 피험자를 무작위로 배치할 수 없는 상황에서 사용된다. 진실험설계와 준실험설계를 구분하는 핵심 기준은 무작위 배치 여부다. 무작위 배치가 없으면 실험집단과 통제집단 간 동질성이 보장되지 않는다. 준실험설계는 유사실험설계라고도 한다.

전실험설계는 무작위 배치가 없고 외생변수의 통제도 없는 가장 단순한 설계이다. 이 설계는 집단 간 동질성 확보도 불가능하고 독립변수를 엄격히 조작하기 어렵고 집단 간 동질성 확보도 불가능하므로 인과관계를 추론하기가 어렵다. 전실험설계는 원시실험설계라고 불리기도 한다.

제4절 기호를 통한 실험설계의 표현

실험설계를 이해하거나 비교할 때는 기호로 표현하는 방법이 자주 활용된다. 기호를 통한 표현은 실험 과정이나 구조를 간결하게 요약하고 서로 다른 실험설계를 쉽게 비교할 수 있도록 도와준다.

실험설계에서 사용하는 기본적인 기호는 다음과 같다. 첫째, R은 피험자의 무작위 배치(randomization)를 의미한다. 둘째, X는 실험 처치(treatment), 즉 독립변수의 조작을 의미한다. 셋째, O는 피험자에 대한 종속변수 값의 측정(observation) 또는 검사를 의미한다. 측정 시점은 하첨자(subscript)로 표시된다. O에는 시간 순서에 따라 하첨자를 붙인다.

기호를 배열할 때 몇 가지 규칙을 따라야 한다. 첫째, 기호가 왼쪽에서 오른쪽으로 배열되는 순서는 시간 순서를 의미한다. 둘째, 동일 집단의 경우 기호는 같은 행에 배열된다. 셋째, 동일 시점의 경우 기호는 같은 열에 배열된다. 예를 들어, $R \ O_1 \ X \ O_2$와 같은 기호 배열은 피험자가 무작위 배치로 집단에 할당되고(R), 첫 번째 검사를 받고(O_1), 실험 처치를 받은 뒤(X), 두 번째 검사를 받는다(O_2)는 실험 과정을 나타낸다. 이처럼 기호를 활용하면 실험설계의 구조와 절차를 간결하고 체계적으로 표현할 수 있다.

제5절 진실험설계

진실험설계는 피험자를 무작위로 배치하고 실험집단과 통제집단을 함께 두는 방식이다. 이러한 구조를 통해 다양한 외생변수를 효과적으로 통제할 수 있으며, 그 결과 연구의 내적 타당성이 높아진다. 진실험설계에는 여러 세부 유형이 있는데, 대표적으로 사전사후검사 통제집단 설계(pretest-postest control group design), 사후검사 통제집단 설계(posttest-only control group design), 솔로몬 4집단 설계(Solomon four-group design), 위약 통제집단 설계(placebo control group design) 등이 있다.

1. 사전사후검사 통제집단 설계

(1) 개 요

사전사후검사 통제집단 설계는 피험자를 실험집단과 통제집단에 무작위로 배치한 뒤, 두 집단 모두에게 사전검사를 한다. 이후 실험집단에만 처치를 가하고, 두 집단 모두에게 사후검사를 하는 방식이다. 이 설계는 기호로 표현하면 〈표 16-1〉과 같다.

〈표 16-1〉 사전사후검사 통제집단 설계

실험집단:	R	O_1	X	O_2
통제집단:	R	O_3		O_4

(2) 처치 효과의 평가

실험 처치의 효과는 실험집단에서의 사전검사와 사후검사의 차이와 통제집단에서의 사전검사와 사후검사의 차이를 비교함으로써 추정한다. 즉, 처치 효과는 대략 $(O_2 - O_1) - (O_4 - O_3)$로 표현된다. 이러한 처치 효과에는 여러 외생변수의 영향이 제거되었으나 피험자의 탈락 효과, 호손 효과, 존 헨리 효과, 검사와 처치의 상호작용 효과 등은 여전히 남아 있을 수 있다.[255]

(3) 적용 사례

예를 들어 인공지능 시대의 기본소득 프로그램이 대중의 인식에 미치는 영향을 연구하는 경우를 생각해 보자. 연구자는 200명을 모집하여 무작위로 두 집단(각 100명)으로 나눈다. 두 집단 모두에게 기본소득에 대한 인식을 사전에 측정한 뒤, 실험집단에는 기본소득 관련 프로그램을 시청하게 하고, 통제집단에는 아무 처치도 가하지 않는다. 이후 두 집단 모두에게 다시 기본소득에 대한 인식을 조사한 다음, 두 집단의 사전 – 사후 변화 차이를 비교하여 프로그램의 효과를 분석한다.

(4) 장단점

사전사후검사 통제집단 설계는 사전검사를 통해 실험 처치 이전에 두 집단의 동질성을 확인할 수 있다. 또한, 실험집단과 통제집단이 동일 조건에서 실험에 참여하기 때문에, 역사 효과, 성숙 효과, 검사 효과 등 다양한 외생변수의 영향을 효과적으로 통제할 수 있다.[255]

그러나 이 설계는 몇 가지 한계도 존재한다. 첫째, 사전검사가 피험자에게 영향을 주어 실험 처치와 상호작용할 수 있다(검사와 처치의 상호작용 효과). 둘째, 피험자가 중도에 실험에서 빠져나갈 경우(탈락 효과), 두 집단의 동질성이 훼손될 수 있다. 셋째, 실험집단이 실험에 참여하고 있다는 사실만으로 행동에 변화를 보이는 호손 효과, 또는 통제집단이 비교당하고 있다는 의식 때문에 특별한 반응을 보이는 존 헨리 효과가 발생할 수 있다. 이런 요인들 때문에 실험 결과의 내적 타당성이 완전히 확보되지 않을 수 있다.

2. 사후검사 통제집단 설계

(1) 개 요

사후검사 통제집단 설계는 피험자를 실험집단과 통제집단에 무작위로 배치한 후, 두 집단 모두에 대해 사전검사를 하지 않고, 실험집단에만 처치를 가한 후, 두 집단 모두에 대해 사후검사를 하는 방식이다. 이 설계는 기호로 표현하면 〈표 16–2〉와 같다.

〈표 16-2〉 사후검사 통제집단 설계

실험집단: R X O_1
통제집단: R O_2

(2) 처치 효과의 평가

이 설계에서 처치 효과는 두 집단의 사후검사 결과 차이인 $(O_1 - O_2)$로 대략 추정할 수 있으나, 사전검사가 없으므로 처치의 효과라고 단정하기는 어렵다. 사전검사가 없으므로 두 집단이 실험 전부터 다른 특성을 갖고 있는지 확인할 수 없고, 실험 진행 과정에서 발생하는 역사 효과나 성숙 효과와 같은 외생변수의 영향을 받을 수도 있다.[255]

(3) 적용 사례

사후검사 통제집단 설계는 여러 상황에 적용될 수 있다. 예를 들어, 한 기업에서 신입사원의 업무 적응을 돕기 위한 프로그램의 효과를 검증하려는 경우를 생각해 보자. 100명의 신입사원을 무작위로 두 집단(각 50명)으로 나누고, 실험집단에는 해당 프로그램을 제공하고, 통제집단에는 아무런 프로그램을 제공하지 않는다. 프로그램 종료 후 두 집단 모두의 업무 적응도를 측정한다면, 이는 사후검사 통제집단 설계에 해당한다.

(4) 장단점

사후검사 통제집단 설계는 몇 가지 장점이 있다. 우선 사전검사를 하지 않기 때문에 시간과 비용을 줄일 수 있으며, 사전검사가 피험자에게 영향을 주어 처치 효과를 왜곡시키는 검사 효과를 피할 수 있다. 따라서 이 설계는 사전검사가 처치에 영향을 줄 우려가 있거나, 현실적으로 사전검사를 하기 어려운 상황에서 유용하다.[218]

그러나 이 설계는 사전검사가 없으므로 처치 전에 두 집단의 동질성을 확인할 수 없고 실험 전후에 종속변수가 얼마나 변했는지 확인하기 어렵다. 예를 들어 사후검사에서 피험자의 태도가 '보통'으로 나타났다면, 이 결과가 긍정적 태도에서 하락한 것인지, 아니면 부정적 태도에서 상승한 것인지 알 수 없다. 따라서 변화의 방향과 크기를 파악하는 데 한계가 있다.[47]

3. 솔로몬 4집단 설계

(1) 개 요

솔로몬(Richard L. Solomon)은 사전사후검사 통제집단 설계에서 사전검사 자체가 피험자에게 영향을 미쳐 처치의 효과를 왜곡할 수 있다는 문제를 지적하였다. 이를 개선하기 위해 사전검사의 영향을 확인하고 통제할 수 있는 설계, 즉 솔로몬 4집단 설계(Solomon four group design)를 제안하였다.[236] 이 설계는 사전사후검사 통제집단 설계와 사후검사 통제집단 설계를 결합한 형태로, 실험설계 중에서 가장 정교한 구조를 갖는다. 이 설계를 기호로 표현하면 〈표 16－3〉과 같다.

〈표 16-3〉 솔로몬 4집단 설계

실험집단 1:	R	O_1	X	O_2
통제집단 1:	R	O_3		O_4
실험집단 2:	R		X	O_5
통제집단 2:	R			O_6

솔로몬 4집단 설계는 실험 결과의 내적 타당도를 극대화하기 위해 고안된 설계로서, 무작위 배치를 통해 네 개의 집단을 구성한다. 두 집단에는 사전검사를 하고, 나머지 두 집단에는 사전검사를 하지 않는다. 그리고 각 쌍에서 하나는 처치를 받고 하나는 처치를 받지 않는다. 이후 네 집단 모두에 대해 사후검사를 한다.

(2) 처치 효과의 평가

솔로몬 4집단 설계에서는 네 집단의 종속변수 값을 비교하면서 처치효과, 검사효과, 그리고 검사와 처치의 상호작용 효과까지 구분해낼 수 있다. 〈표 16－3〉에서 O_1과 O_3를 비교하면 무작위 배치로 인한 집단 간 동질성을 확인할 수 있다. 처치 효과를 정확하게 알기 위해서는 다음과 같은 계산 과정을 거쳐야 한다.[47]

실험집단1: $E_1 = O_2 - O_1 =$ 처치효과 + 검사효과 + 검사 × 처치 효과 + 다른 외생변수의 효과

통제집단1: $E_2 = O_4 - O_3 =$ 검사효과 + 다른 외생변수의 효과

실험집단2: $E_3 = O_5 - (\frac{O_1 + O_3}{2}) =$ 처치효과 + 다른 외생변수의 효과

통제집단2: $E_4 = O_6 - (\frac{O_1 + O_3}{2}) =$ 다른 외생변수의 효과

$E_3 - E_4 =$ 순수한 처치효과

$E_2 - E_4 =$ 검사효과

$E_1 - E_3 =$ 검사와 처치의 상호작용 효과 + 검사효과

$(E_1 - E_3) - (E_2 - E_4) =$ 검사와 처치의 상호작용 효과

(3) 적용 사례

솔로몬 4집단 설계는 긍정심리자본(positive psychological capital) 훈련 프로그램의 효과를 평가하는 연구에서 활용된 실제 사례가 있다. 이 연구에서는 네 개의 집단을 사전검사 실시 여부와 프로그램 참여 여부에 따라 구성하였다. 긍정심리자본은 자기효능감, 희망, 회복탄력성, 낙관성의 4가지 하위 요인으로 구성되며, 각 하위 요소는 설문을 통해 6점 척도로 측정되었다. 솔로몬 4집단 설계의 장점을 살려 검사 효과, 처치 효과, 그리고 이 둘 간 상호작용 효과를 독립적으로 분석하였다. 그 결과, 훈련 프로그램에 참여한 집단은 그렇지 않은 집단에 비해 네 가지 하위 요소 모두에서 유의미한 점수 향상을 보였다. 반면, 사전검사 여부에 따른 점수 차이는 통계적으로 유의하지 않아 사전검사 자체가 실험 결과에 영향을 미치지 않는 것으로 나타났다. 또한, 사전검사와 프로그램 간 상호작용 효과는 없었다.[129]

(4) 장단점

솔로몬 4집단 설계는 다양한 외생변수를 통제할 수 있어 실험설계 중에서 가장 정교하게 인과관계를 규명할 수 있다. 사전검사를 받은 집단과 받지 않은 집단을 구분하여 동일 처치를 함으로써, 사후검사 결과의 차이가 처치에 의한 것인지, 아니면 사전검사 자체에 의한 것인지를 구분할 수 있다. 특히 검사와 처치의 상호작용 효과를 확인할 수 있고, 기타 외생변수의 효과도 분리하여 파악할 수 있다.

그러나 네 개의 집단을 운영해야 하므로, 시간과 비용이 크게 소요된다는 단점이 있다. 또한, 집단 수가 많아지면 피험자 관리가 복잡하게 된다. 따라서 실제 적용 시에는 연구 예산, 시간, 표본 확보 가능성 등을 충분히 고려해야 한다.

4. 위약 통제집단 설계

(1) 개 요

위약 통제집단 설계는 사전사후검사 통제집단 설계나 사후검사 통제집단 설계에 위약 효과를 측정할 수 있는 통제집단을 추가하여, 일반적으로 세 집단을 비교하는 실험설계이다. 예를 들어, 〈표 16-4〉의 설계에서는 사전사후검사 통제집단 설계에 위약 통제집단을 추가한 것이다. 이 설계에서는 피험자들을 무작위 배치로 세 집단에 나누고, 세 집단 모두 사전검사를 한다. 두 개의 통제집단 중 한 집단은 처치를 전혀 받지 않고, 위약 통제집단은 위약 처치(실제로는 처치하지 않았으나 처치를 받은 듯한 느낌을 주는 것)를 받는다. 위약 처치는 기호 P로 표기한다. 위약 통제집단 설계는 진실험설계의 핵심 조건인 무작위 배치, 독립변수의 조작, 그리고 통제집단의 존재라는 세 조건을 모두 충족한다.

〈표 16-4〉 위약 통제집단 설계

실험집단:	R	O_1	X	O_2
통제집단:	R	O_3		O_4
위약 통제집단:	R	O_5	P	O_6

(2) 처치 효과의 평가

사전검사의 결과가 집단별로 같다면, 위약 통제집단 설계에서 처치 효과는 실험집단의 사후검사 결과(평균값)와 위약 통제집단의 사후검사 결과(평균값)의 차이로 측정한다.[105]

(3) 적용 사례

가상의 예를 들자면, 온라인 자기계발 프로그램이 대학생의 자기효능감에 미치는 영향을 분석하고자 할 때 위약 통제집단 설계를 활용할 수 있다. 먼저, 참여 대학생들을 무작위로 실험집단, 통제집단, 위약 통제집단 등 세 집단에 배치한다. 실험집단에는 온라인 자기계발 프로그램(실제 콘텐츠)을 제공하고, 위약 통제집단에는 자기계발 효과가 없다고 알려진 비슷한 형식의 가짜 콘텐츠를 포함한 온라인 프로그램을 제공한다. 통제집단에는 별도의 프로그램을 제공하지 않고 평소와 같이 생활하도록 한다. 프로그램 전후에 사전검사와 사후검사를 하여 자기효능감 척도를 측정한다. 만약 이중 맹검(double-blind test)을 적용한다면, 참가자와 연구자 모두 어느 집단에 어떤 처치가 적용되었는지 알지 못하게 하여 피험자와 연구자의 주관적 편향을 줄일 수 있다. 실험 결과를 해석할 때, 프로그램 전후로 세 집단의 변화를 비교한다. 실험집단에서 자기효능감이 유의하게 증가하면 이를 프로그램의 실제 효과로 볼 수 있다. 통제집단의 경우 자기효능감에 변화가 없거나 자연스러운 변화(비처치 효과)가 나타날 수 있다. 위약 통제집단에서 자기효능감이 증가하면 이는 프로그램의 효과라기보다는 참여에 따른 기대 효과(위약 효과)임을 시사한다. 이와 같은 설계는 온라인 자기계발 프로그램이 대학생의 자기효능감에 미치는 실제 효과, 위약 효과, 그리고 자연스러운 변화를 명확히 구분할 수 있게 한다.

(4) 장단점

위약 효과는 피험자의 기대를 통해 발생할 수 있다. 예를 들어, 피험자들이 특별한 처치를 받을 것이라는 기대를 하면, 실제 처치가 아니라 단순한 제안만으로도 변화가 일어날 수 있다. 위약 통제집단 설계는 실험집단과 위약 통제집단을 모두 두어, 피험자가 처치를 받는다는 기대만으로 종속변수에 변화가 나타날 수 있는 위약 효과를 통제할 수 있다. 이를 통해 실제 처치의 효과와 심리적인 기대 효과를 분리하여 측정할 수 있다.[218]

그러나 위약 통제집단 설계는 여러 집단을 운영해야 하므로 비용과 시간이 증가하는 단점이 있다. 그리고 위약을 사용하는 경우, 피험자에게 실제 효과가 없는 처치를 제공하는 것이 윤리적으로 문제가 될 수 있다.[105]

제 6 절 준실험설계

준실험설계(quasi-experimental design)는 진실험설계와 비교했을 때 몇 가지 독특한 특성을 가진다. 첫째, 진실험설계와 달리 무작위 배치가 없다. 따라서 무작위 배치가 윤리적으로 문제가 되거나 현실적으로 불가능한 경우 기존 집단을 상대로 준실험설계를 사용하는 경우가 많다. 둘째, 통제집단 대신에 비교집단(comparison group)을 활용할 수 있다. 실험집단과 비교집단이 무작위 배치가 아닌 방식으로 구성되므로 두 집단 간의 동질성이 보장되지는 않는다. 그러나 연구자는 두 집단이 가능한 한 유사하도록 맞추려고 노력할 수 있다. 셋째, 현실적인 제약 때문에 실험실 환경이 아닌 학교, 병원, 지역사회 등의 실제 현장에서 연구가 이루어지는 경우가 많다. 예를 들어 교육 분야에서는 학생들을 임의로 학급에 배정할 수 없을 때, 이미 존재하는 학급을 활용하여 연구를 진행하는 방식이 흔히 사용된다. 넷째, 무작위 배치가 없어서 외생변수의 영향을 통제하기 어렵고, 이로 인해 인과관계 추론에 한계가 있다.[151,210]

준실험설계는 진실험설계에 비해 실험에 대한 통제가 적고 현실적 상황에서 이루어지므로 연구 결과의 외적 타당성이 높은 편이다. 그러나 실험집단과 비교집단 간의 동질성을 담보하지 못하므로 내적 타당도는 낮은 편이다. 준실험설계에는 비동질적 비교집단 설계, 단절적 시계열 설계, 복수 시계열 설계 등이 있다.

1. 비동질적 비교집단 설계

(1) 개 요

비동질적 비교집단 설계(nonequivalent comparison groups design)는 무작위 배

치가 없으므로 실험집단과 비교집단은 동질적인 특성을 갖지 못한다. 피험자를 무작위로 배치하지 않을 경우, 일반적으로 통제집단 대신 비교집단이라는 용어를 사용한다. 이 설계에서 비교집단은 실험집단과 유사한 특성을 갖도록 맞추려 하지만 한계가 있다. 〈표 16－5〉의 비동질적 비교집단 설계는 무작위 배치가 없다는 점을 제외하면, 진실험설계에 속하는 사전사후검사 통제집단 설계와 같은 구조를 가진다.[218]

〈표 16–5〉 비동질적 비교집단 설계

실험집단:	O_1	X	O_2
비교집단:	O_3		O_4

(2) 처치 효과의 평가

비동질적 비교집단 설계에서 처치 효과는 대략 $(O_2 - O_1) - (O_4 - O_3)$로 표현된다. 그러나 여기에는 처치 효과뿐만 아니라 검사와 처치의 상호작용효과 등과 같은 외생변수의 효과를 포함할 수 있다.

(3) 적용 사례

가상적인 예를 들어, 학교 급식 개선 프로그램의 효과를 평가하기 위해 실험집단은 특정 교육청에서 급식 개선 사업을 시행하는 초등학교의 학생들로, 비교집단은 인근 지역에서 급식 개선 사업을 시행하지 않는 초등학교의 학생들로 구성한다고 하자. 이 경우 두 집단은 무작위 배치에 의한 동질적 집단이 아니므로, 이 실험은 비동질적 비교집단 설계에 해당한다.

(4) 장단점

비동질적 비교집단 설계를 사용한 연구의 품질은 두 집단을 비교 가능한 집단으로 구성하는 것에 달려 있다. 따라서 연구자가 두 집단을 유사하게 맞추면, 무작위 배치가 없어도 실험 효과를 일정 부분 평가할 수 있다. 하지만 이 설계는 무작위 배치가 없으므로 실험집단과 비교집단 간에 이미 존재하는 차이가 결과에 영향을 미칠 수 있다. 이러한 선택 편향은 실험 결과의 내적 타당도를 낮추게 된다.[210]

2. 단절적 시계열 설계

(1) 개 요

단절적 시계열 설계(interrupted time-series design)는 특정 사건이나 정책의 시행 전후로 시계열 자료의 추세에 변화가 있는지 확인하여 해당 사건이나 정책의 효과를 파악하는 설계이다. 이 설계에서는 연구자가 작위적으로 선정한 집단을 대상으로, 처치(예: 정책 도입) 전후 일정 기간에 걸쳐 여러 차례 측정하여 종속변수의 변화를 비교한다. 측정 횟수가 많을수록 연구의 신뢰성이 높아지지만, 정해진 횟수는 없다.[218] 단절적 시계열설계는 단순 시계열설계 또는 단일집단 반복실험설계로도 불리며, 기호로 표현하면 〈표 16-6〉과 같다.

〈표 16-6〉 단절적 시계열 설계

실험집단: O_1 O_2 O_3 O_4 X O_5 O_6 O_7 O_8

(2) 처치 효과의 평가

시계열 추세가 계속 하락하거나 계속 증가하는 유형, 기간 내내 오르고 내리는 것을 반복하는 유형 등은 처치(개입) 효과를 파악하기 어렵다. 개입(예: 정책 도입, 교육 프로그램 시행 등) 전에 일정한 수준을 계속 유지하다가 개입 후에 계속 하락(또는 증가)하는 유형은 개입 효과(예: 정책의 효과)가 존재할 가능성이 크다.[218]

단절적 시계열 설계에서는 동일 집단에 대해 개입 전후로 여러 차례 일정한 간격으로 종속변수를 반복 측정한다. 개입 시점을 기준으로, 개입 전의 시계열 자료에서 추세를 파악하고 개입이 없었을 경우 예상되는 미래의 값을 시계열 모형으로 추정한다. 실제 개입 후의 자료와 예상되는 미래의 값을 가상적으로 비교하여, 두 추세 간 차이가 발생하는지 분석한다. 개입이 없었을 때 예상되는 값과 실제 값의 차이로 개입 효과를 추정한다.[90] 개입 효과의 추정은 실제로 복잡하고 고급 통계분석이 요구된다.

(3) 적용 사례

가상의 예를 들자면, 지방정부가 온라인 플랫폼을 통해 시민의 정책 제안을 받는 제도를 신설할 경우, 정책 제안 건수가 어떻게 변화하는지 평가할 때 단절적 시계열 실험설계를 활용할 수 있다. 이 경우에 특정 시의 시민들을 대상으로 사전 자료와 사후 자료를 수집할 수 있다. 사전 자료는 온라인 플랫폼 도입 전 24개월 자료로, 사후 자료는 도입 후 12개월 자료로 할 수 있다. 개입 시점은 플랫폼의 공식 운영이 시작된 시점으로 하고, 종속변수는 월별 시민 정책 제안 건수로 설정할 수 있다. 분석방법은 플랫폼 도입 전후의 시계열 자료를 비교하여, 플랫폼 도입이 정책 제안 건수에 미치는 수준 변화(level change)와 추세 변화(slope change)를 분석하는 것이다. 여기서 수준 변화는 플랫폼 도입 직후 월평균 정책 제안 건수가 유의하게 증가하는지 보는 것이고, 추세 변화는 도입 전후로 정책 제안 건수의 증가 추세가 변화하는지 보는 것이다.

(4) 장단점

단절적 시계열 설계는 정책이나 프로그램 등의 개입 전후로 반복적으로 측정된 자료를 활용하여 장기적인 변화 추세를 분석할 수 있다. 이 설계를 통해 연구자는 개입이 없는 경우 예상되는 결과와 실제 결과를 비교할 수 있다. 그리고 같은 집단에 대해 개입 전후를 비교하기 때문에, 집단 간 차이로 인한 오차를 줄일 수 있다. 이 설계는 개입 이후 변화가 즉각적으로 나타나는지, 또는 그 효과가 계속 유지되는지도 평가할 수 있다.

그러나 단절적 시계열 설계는 몇 가지 한계도 존재한다. 그중 하나는 역사 효과(history effect)로, 개입과 동시에 다른 사건이 발생할 때 이로 인한 효과가 개입 효과와 혼동되어 내적 타당도를 낮출 수 있다. 또한, 효과를 추정하려면 개입 전후로 충분한 수의 시점에서 자료가 확보되어야 한다. 시계열 자료 분석에서는 자기상관(autocorrelation), 계절성(seasonality) 등 다양한 통계적 문제를 고려해야 하고, 구조변화 검정(Chow test) 등 고급 통계기법에 대한 지식이 요구된다. 자기상관이란 시계열 자료에서 한 변수의 현재 값과 과거 값 간의 상관관계를 나타내는 개념이다. 계절성이란 특정 시간 주기(예: 일, 주, 월, 분기, 년 등)에 따라 반복적으로 나타나는 자료의 패턴을 의미한다. 예를 들어, 겨울철의 난방 수요 증가, 매주 금요일마다 발생하는 교통량 변화 등을 들 수 있다. 구조변화 검정은 특정 시점(예: 정책 도입 시점)을 기준으로 회귀 모형의 계수(기울기, 절편 등)가 달라지는지 검정하는 방법이다. 즉, 자료 전체를 두 개 이상의 기간으로 나누어 기간별

로 모형이 달라지는지 검정한다.[140]

3. 복수 시계열 설계

(1) 개 요

복수 시계열 설계(multiple time-series design)는 단절적 시계열 설계의 확장으로, 실험집단과 비교집단 모두에서 시계열 자료를 얻는다. 이 설계는 개입 전후로 두 집단의 변화를 비교함으로써 처치 효과와 외생변수에 의한 변화를 구분할 수 있다. 무작위 배치가 없어서 실험집단과 비교집단의 동질성이 담보되지 않으나, 비교집단 없이 평가하는 것보다는 개선된 형태이다. 복수 시계열 설계는 통제 시계열 설계(control time-series design)로도 불리며, 기호로 표현하면 〈표 16-7〉과 같다.[218]

〈표 16-7〉 복수 시계열 설계

실험집단:	O_1	O_2	O_3	O_4	O_5	X	O_6	O_7	O_8	O_9	O_{10}
비교집단:	O_{11}	O_{12}	O_{13}	O_{14}	O_{15}		O_{16}	O_{17}	O_{18}	O_{19}	O_{20}

(2) 처치 효과의 평가

이 설계에서는 처치(개입) 전후로 실험집단과 비교집단의 시계열 자료를 분석하여, 처치가 실제로 결과에 영향을 주었는지 확인한다. 만약 처치 이후 실험집단에서만 유의미한 변화가 관찰되고, 비교집단에서는 변동이 없거나 다른 패턴이 나타난다면, 그 변화는 처치 효과로 해석할 수 있다. 처치 효과를 추정하는 방법으로는, 시계열 자료를 통해 실험집단의 변화에서 비교집단의 변화를 뺀 값을 분석하는 것이 있다. 예를 들어, 선형회귀 모형에서 두 집단의 종속변수의 차이를 사용할 수 있다.[97]

(3) 적용 사례

가상적 예를 들자면, 지역에 따라 SNS 활용 교육 정책이 청소년의 미디어 리터러시 수준에 미치는 영향을 분석하는 연구에서 복수 시계열 설계를 활용할 수 있다. 지역 A에서 청소년을 대상으로 한 SNS 활용 교육 정책을 도입할 예정이라고 하자. 이 경우에 그 도시와 유사한 특성을 가지면서 SNS 활용 교육 정책을 도입하지 않는 지역 B를 선정한다. 실험집단인 지역 A의 청소년들을 대상으로 해당 정책 도입 전후에 각각 일 년 동안 매월 미디어 리터러시 수준을 측정하고, 통제집단인 지역 B의 청소년들을 대상으로 동일 시점에 매월 미디어 리터러시 수준을 측정한다. 그리고 두 도시의 시계열 자료를 비교하여, 정책 도입이 미디어 리터러시 수준에 미치는 효과를 분석한다. 지역 A만 미디어 리터러시 수준이 증가하면, 이는 SNS 활용 교육 정책의 효과로 해석할 수 있다. 만약 두 지역 모두에서 변화가 없거나, 지역 B에서도 유사한 변화가 나타나면, 정책 외 요인(예: 사회적 관심 증가, 미디어 환경 변화 등)에 의한 영향일 수 있다.

(4) 장단점

단일집단의 단절적 시계열 설계만으로는 역사 효과를 배제하기 어렵지만, 복수 시계열 설계는 실험집단과 비교집단의 변화를 비교함으로써 처치와 동시에 발생할 수 있는 다른 사건의 영향을 통제할 수 있어서 내적 타당도를 높일 수 있다.[58] 그러나 실험집단과 유사한 특성을 가진 비교집단을 찾기 어렵고, 비교집단의 특성이 다를 경우 결과 해석에 혼동이 생길 수 있다.

제7절 전실험설계

전실험설계(pre-experimental design)는 여러 특징을 지닌다. 우선, 전실험설계에서는 조사대상을 실험집단이나 비교집단에 무작위로 배치하지 않으므로 집단 간에 동질성이 보장되지 않는다. 또한, 비교집단이 없을 수도 있다. 이러한 특성 때문에 외생변수의 영향을 효과적으로 통제하기 어렵고, 결과적으로 인과관계를 명확히 추론하는 데 한계가 있다. 따서 추가적인 연구 없이 인과관계를 결론짓기에는 부족하다. 전실험설계는 전통적인 실험설계를 적용하기 어려운 상황에서 주로 사용되며, 가설 검증보다는 연구문제를 도출하거나 진실험설계를 시행하기 전 예비적으로 활용되는 경우가 많다. 따라서 전실험설계는 인과관계의 가능성을 탐색하거나 현상을 기술하는 데 초점을 둔다. 이러한 이유로 엄격한 의미에서 실험

설계라고 보기는 어렵다.[47]

전실험설계는 사전실험설계 또는 원시실험설계로 불리기도 한다. 이러한 설계에는 단일집단 사후검사 설계(one group posttest only design), 단일집단 사전사후검사 설계(one group pretest-posttest design), 정태적 집단 비교 설계(static group comparison design) 등이 있다.

1. 단일집단 사후검사 설계

(1) 개 요

단일집단 사후검사 설계는 무작위 배치가 없으며, 통제집단이나 비교집단이 없고, 실험집단에만 처치(개입)가 적용된다. 그리고 이 설계는 사전검사가 없고 개입이 이루어진 후 사후검사만 한다. 이 설계는 단일사례연구(one-shot case study)로 불리기도 하며, 기호로 표현하면 〈표 16-8〉과 같다.

〈표 16-8〉 단일집단 사후검사 설계

실험집단: X O_1

(2) 적용 사례

가상의 예를 들자면, 어떤 지역사회에서 반려식물 키우기 프로그램을 시행한 후 참여자의 정신건강 만족도를 측정하는 경우를 들 수 있다. 여기서 처치(개입)는 지역 주민을 대상으로 3개월간 반려식물 키우기 프로그램을 하는 것이다. 사후검사는 프로그램 종료 직후, 참여자들의 정신건강 만족도(우울감, 스트레스 완화 등)에 대한 설문 조사를 한다. 이 경우에 참여자들은 무작위 배치가 아니라 자발적으로 신청한 주민들로 구성된다. 그리고 사전검사나 비교집단 없이, 프로그램 참여 후 정신건강 만족도만 한 번 측정한다.

(3) 장단점

단일집단 사후검사 설계는 통제집단과 사전검사가 필요 없으므로 시간적 여유가 없는 상황에서 유용하고 비용이 적게 든다. 그러나 이 설계는 무작위 배치가 없으므로 선택 편향이 발생할 수 있다. 그리고 사전검사가 없고 비교집단도 없다.

이로 인해 외생변수의 영향을 통제할 수 없고 인과관계의 추론이 불가능하다.

2. 단일집단 사전사후검사 설계

(1) 개 요

단일집단 사전사후검사 설계는 무작위 배치가 없으며, 통제집단이나 비교집단이 없고, 실험집단에만 처치(개입)가 적용된다. 그리고 이 설계는 사전검사와 사후검사를 실시한다. 따라서 처치 효과는 사후검사를 통한 종속변수 값과 사전검사를 통한 종속변수 값의 차이인 $(O_1 - O_2)$로 추정한다.[58] 이 설계를 기호로 표현하면 〈표 16-9〉와 같다.

〈표 16-9〉 단일집단 사전사후검사 설계

실험집단: O_1 X O_2

(2) 적용 사례

단일집단 사전사후검사 설계의 예를 들자면, 어떤 지역사회의 청소년들을 위한 디지털 디톡스(digital detox) 캠프를 시행한 후 참여자의 스마트폰 의존도 변화를 측정하는 경우를 들 수 있다. 디지털 디톡스란 스마트폰, 컴퓨터, 소셜미디어 등 디지털 기기 사용에 대한 의존도를 낮추어서 신체적, 정신적 건강을 회복하는 것을 뜻한다. 여기서 사전검사는 캠프 시작 전에 참여자들의 스마트폰 사용 습관(예: 일일 사용 시간, 스마트폰 중독 척도)에 대한 설문 조사를 하는 것이다. 처치는 참여자들을 대상으로 3일간 자연 속에서 스마트폰 사용을 자제하는 캠프를 운용하는 것이다. 사후검사는 캠프 종료 직후에 설문 조사를 통해 스마트폰 사용 습관의 변화를 측정하는 것이다. 이 경우에 참여자들은 무작위 배치가 아니라 자발적으로 신청한 청소년들로 구성될 수 있다. 그리고 비교집단 없이, 캠프 참여 전후에 동일 설문으로 스마트폰 의존도 변화를 비교한다.

(3) 장단점

단일집단 사전사후검사 설계는 단일집단 사후검사 설계에 비해 사전검사를 추가하여 처치 효과의 추정에 있어서 더 나은 방법이다. 그러나 이 설계는 무작위 배치가 없으므로 선택 편향이 발생할 수 있고 통제집단도 없다. 처치 효과는 $(O_2 - O_1)$로 추정하는데, 여기에는 처치 효과 외에 역사 효과, 성숙 효과, 검사 효과, 통계적 회귀 등 다양한 외생변수의 효과가 포함되어 있다. 따라서 내적 타당도가 매우 낮아서 인과관계 추론에 한계가 있다.[103,218]

3. 정태적 집단 비교 설계

(1) 개 요

정태적 집단 비교 설계(static group comparison design)는 무작위 배치가 없으며 두 집단을 사용한다. 연구자가 자의적으로 처치가 있는 실험집단과 처치가 없는 비교집단을 사후에 구분해서 종속변수의 값을 비교한다. 이 설계에서 처치 효과는 대략 $(O_1 - O_2)$로 추정되지만, 여기에는 처치 효과와 여러 외생변수의 효과를 포함한다. 이 설계는 비동질적 집단 사후검사 설계(the posttest only design with nonequivalent group)로도 불리며, 기호로 표현하면 〈표 16－10〉과 같다.[195]

〈표 16–10〉 정태적 집단 비교 설계

실험집단:	X	O_1
비교집단:		O_2

(2) 적용 사례

정태적 집단 비교 설계의 예로, 소셜 미디어 금식 캠페인에 자발적으로 참여한 대학생과 참여하지 않은 대학생의 자기효능감을 비교할 수 있다. 자기효능감은 개인이 과업이나 목표를 달성할 수 있다는 신념을 의미한다. 실험집단은 소셜 미디어 사용을 2주 동안 중단하는 캠페인에 참여한 학생들이며, 캠페인 종료 후 자기효능감에 관한 설문 조사(사후검사)를 한다. 비교집단은 같은 대학 내에서 캠페인에 참여하지 않은 학생들로 구성되며, 이들 역시 동일한 시점에 자기효능감 관련 설문에 응답한다. 이 경우 참가자들이 무작위로 배치되지 않고 자발적 참여 여부에 따라 집단이 형성되며, 사전검사 없이 사후검사만으로 두 집단 간 차이를 비교한다.

(3) 장단점

정태적 집단 비교 설계의 장점은 처치를 받은 집단과 받지 않은 집단을 비교할 수 있어 단일집단 사후검사 설계보다 처치 효과를 측정하는 데 유리하다는 점이다. 그러나 이 설계는 무작위 배치가 없으므로 선택 편향이 발생할 위험이 크며, 비교집단이 실험집단과 동질적이라고 보장할 수 없어 다양한 외생변수의 영향을 통제하기 어렵다. 또한, 사전검사가 없어서 두 집단이 처음부터 동일한 상태였는지 알 수 없으며, 집단 간 변화를 정확히 파악하기 어려워 처치 효과를 명확하게 추론하기 힘들다.[218]

제8절 진실험설계, 준실험설계, 전실험설계의 비교

진실험설계는 연구의 내적 타당도를 가능한 한 높이기 위해 무작위 배치와 통제집단의 사용이 필수적으로 요구된다. 이 설계는 실험집단과 통제집단에 피험자를 무작위로 배정하여 실험 전후의 결과를 비교함으로써, 인과관계 추론이 명확하게 가능하다. 실험실 환경이나 현장에서 조건이 허락될 경우 적용할 수 있다. 이 설계는 다양한 외생변수의 통제가 가능하여 연구 결과의 내적 타당도가 높다는 장점이 있으나, 현실적 제약이 존재하고, 설계 및 실행이 복잡할 수 있다는 단점이 있다.

준실험설계는 무작위 배치가 불가능한 상황에서 주로 사용된다. 비교집단을 사용할 수 있지만, 무작위 배치가 이루어지지 않으므로 집단 간 동질성이 보장되지 않는다. 이 설계는 실제 현장에서 기존 집단을 활용하기 때문에 현실적, 윤리적 제약을 극복할 수 있고 외적 타당도가 높다는 장점이 있다. 그러나 실험집단과 비교집단 간의 동질성을 담보하지 못하여 내적 타당도가 낮다는 단점이 있다.

전실험설계에서 무작위 배치는 이루어지지 않는다. 그리고 비교집단이 없거나, 비교집단이 있어도 집단 간 동질성이 보장되지 않는다. 이 설계는 인과관계 추론이 거의 불가능하고, 주로 예비조사나 탐색적 연구, 현실적 제약이 큰 상황에서 사용된다. 이 설계는 간단하고 탐색적 목적에 적합하지만, 연구 결과의 내적 타당도는 매우 낮다.

〈표 16-11〉 진실험설계, 준실험설계, 전실험설계의 비교

구분	진실험설계	준실험설계	전실험설계
무작위 배치	필수	없음	없음
통제집단	통제집단 필수	비교집단이 있거나 없음	비교집단이 있어도 동질성 보장 없음
인과관계 추론	명확하게 가능	제한적	매우 어렵거나 불가능
적용 상황	실험실, 현장(일부 경우)	현장, 무작위 배치가 불가능한 상황	예비조사, 탐색적 조사
세부 유형	사전사후검사 통제집단 사후검사 통제집단 솔로몬 4집단 위약 통제집단	비동질적 비교집단 단절적 시계열 복수 시계열	단일집단 사후검사 단일집단 사전사후검사 정태적 집단 비교
장점	다양한 외생변수 통제 내적 타당도 높음	현실적 제약 극복 외적 타당도 높음	탐색적 목적에 적합 간단한 설계
단점	현실적, 윤리적 제약	내적 타당도 낮음	내적 타당도가 매우 낮음

제17장

내용분석

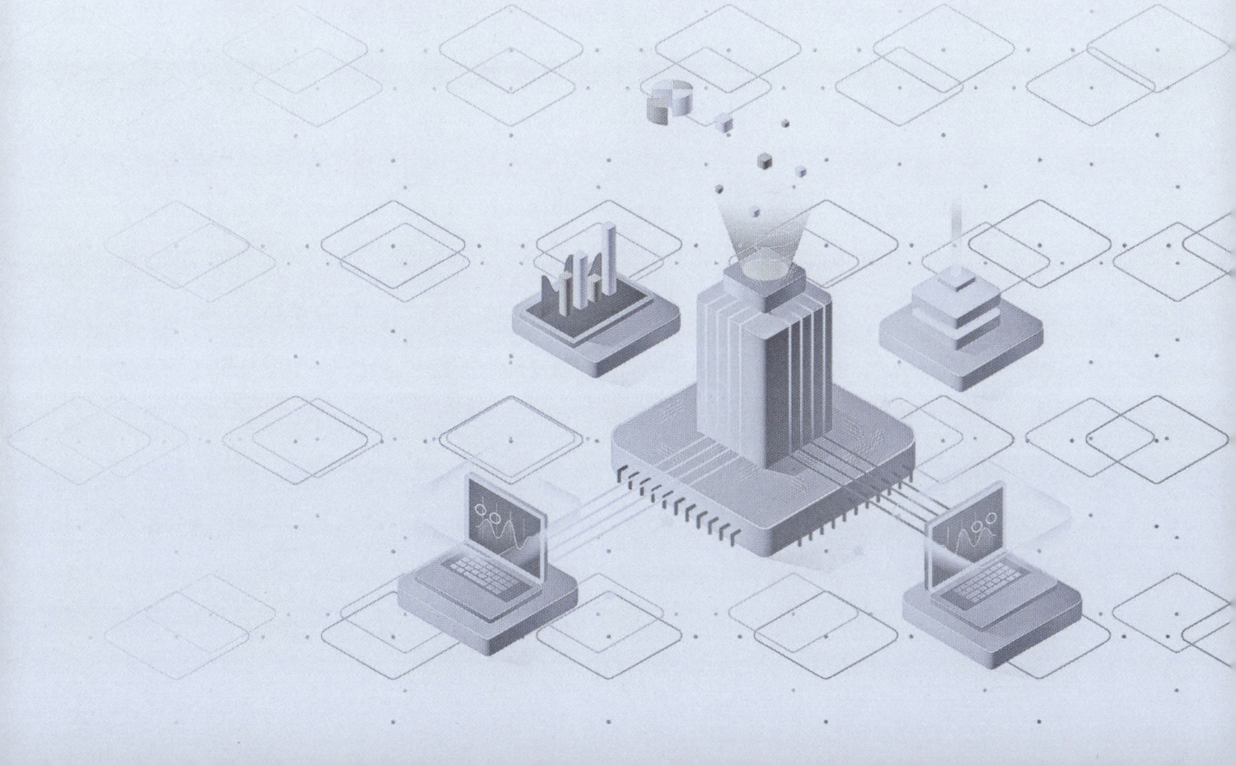

제1절 내용분석의 개요

1. 내용분석의 종류

내용분석은 질적 내용분석과 양적 내용분석으로 구분된다. 질적 내용분석은 콘텐츠 내에 내포된 의미, 주제, 맥락 등을 해석하며, 특정 현상에 대해 "왜", "어떻게", "무엇을 의미하는가" 등의 질문에 대한 답을 찾고자 한다. 인간 행동이나 사회 현상의 깊이 있는 이해에 중점을 두므로 소규모 자료에서 연구자의 주관적 해석과 맥락의 분석을 중시하는 결과를 도출하고자 한다. 질적 내용분석은 주로 비확률 표집을 사용하고, 유연한 코딩 방식을 사용하고 자료에서 주제와 패턴이 도출되는 과정을 중시한다.[214]

양적 내용분석은 콘텐츠에 나타난 특정 단어, 주제, 개념의 빈도나 수치를 측정하며, 수치로 답할 수 있는 질문의 답을 찾고자 한다. 콘텐츠에 나타난 특성이나 경향성을 통계적으로 일반화하는 데 중점을 두므로 대규모 자료에서 객관적이고 재현 가능한 결과를 도출하고자 한다. 양적 내용분석은 주로 확률 표집을 사용하고, 명확하고 일관된 기준에 따라 코딩을 하고 코딩의 신뢰도를 중시한다.[214] 이하에서는 주로 양적 내용분석에 초점을 맞추고자 한다.

2. 명시적 내용과 잠재적 내용

내용분석에서는 이해의 구체성과 이해의 깊이 중 하나를 선택해야 하는 경우가 있다. 대체로 이해의 구체성은 명시적 내용(manifest content)의 코딩과 신뢰도로 나타나고, 이해의 깊이는 잠재적 내용(latent content)의 코딩과 타당도로 나타난다.[218]

명시적 내용이란 텍스트에서 직접 관찰되고 객관적으로 코딩할 수 있는 표면적 요소(단어, 구, 이미지 등)를 의미한다. 잠재적 내용이란 텍스트에 명확히 드러나지 않은 숨겨진 의미, 동기, 감정, 맥락 등을 연구자의 해석과 맥락적 이해를 통해 분석해야 하는 요소를 의미한다. 즉, 두 종류의 내용은 자료의 표면적 관찰과 깊은 해석이라는 분석 방법의 차이를 가진다.[82]

명시적 내용의 코딩은 자료의 표면적 요소를 기준으로 하여 코딩 기준이 명확하고 객관적이다. 명시적 내용의 코딩은 측정의 신뢰도는 높으나 측정의 타당도는 낮을 수 있다. 명시적 내용만 분석하면 메시지 전달자의 진의를 파악하기 어렵고 커뮤니케이션의 인과관계에 대한 타당한 추론을 이끌기 어려워 내용분석의 영역이 좁게 된다. 반면, 잠재적 내용의 코딩은 연구자의 주관적 해석에 따라 결과가 달라질 수 있어 측정의 신뢰도가 상대적으로 낮을 수 있다. 이런 딜레마에 대한 해결책은 두 가지 방법을 모두 사용하는 것이다.[82]

3. 양적 내용분석의 정의

양적 내용분석은 콘텐츠를 서술하거나, 콘텐츠의 의미를 추론하거나, 콘텐츠의 생산이나 소비 상황을 추론하기 위한 목적으로 커뮤니케이션 상징에 대한 체계적이고 반복 가능한 조사로 정의된다. 여기서 체계적 조사란 일반화가 가능한 경험적 증거에 기반한다는 의미이고, 반복 가능한 조사란 동일한 조사 설계와 조작적 정의 등을 적용하면 다른 연구자도 동일한 결과를 도출한다는 의미이다. 커뮤니케이션의 상징은 언어, 문자, 이미지 등을 뜻하며, 상징의 의미는 사람과 문화에 따라 차이가 있다.[214]

4. 내용분석의 적합성

내용분석은 다양한 상황에서 유용하게 사용될 수 있다. 내용분석은 이미 기록된 문서나 자료만 활용할 수 있는 상황에서 필수적으로 사용된다. 특히 특정 인물의 연설이나 글에서 언어 습관이나 문체를 분석할 때 매우 유용하다. 또한, 분석할 자료가 방대하여 연구자 혼자 처리하기 어려울 때 여러 명이 코딩 작업을 나누어 진행할 수 있다. 그리고 대중매체 등에서 시간에 따른 내용의 경향이나 변화를 파악하려고 할 때도 적합한 방법이다.[214]

제2절 콘텐츠의 결정요인과 효과

1. 콘텐츠의 결정요인

콘텐츠에 영향을 미치는 결정요인은 5개 수준으로 나누어 계층적으로 구분할 수 있다.[44,232] 첫째, 콘텐츠 생산자의 특성을 들 수 있다. 콘텐츠를 생산하는 기자, 편집자, 제작자 등의 개인적 가치관, 신념, 경험, 전문성, 인구 통계적 특성 등이 콘텐츠에 영향을 미친다. 예를 들어 기자의 개인적 정치적 성향, 윤리관, 취재 경험 등은 보도 내용에 반영될 수 있다. 둘째, 일상적인 업무의 방식 및 관행을 들 수 있다. 콘텐츠 제작 과정에서 반복적으로 사용되는 업무 절차, 관행, 표준화된 작업 방식은 콘텐츠에 영향을 준다. 예를 들어 기사 제출의 마감 시간, 취재 원칙, 보도자료의 활용 방식 등은 콘텐츠에 영향을 미친다. 셋째, 미디어 조직의 특성을 들 수 있다. 미디어 기업의 소유구조, 미디어 조직의 정책, 편집 방침, 수익 모델, 조직의 문화 등은 콘텐츠에 영향을 미친다. 예를 들어 신문사의 편집 방침, 방송사의 편성 정책, 조직 내 권력 구조 등은 콘텐츠에 영향을 미친다. 넷째, 사회적 제도를 들 수 있다. 미디어 조직 외부의 사회적 제도와 미디어 조직 외부의 영향력 있는 기관은 콘텐츠에 영향을 미친다. 예를 들어, 정부의 규제, 광고주의 압력, 시민단체의 감시, 소비자 피드백 등은 콘텐츠에 영향을 미친다. 다섯째, 사회 체계를 들 수 있다. 사회 전체의 이데올로기, 문화, 정치적 체제, 경제 구조 등 거시적 환경은 콘텐츠에 영향을 미친다. 예를 들어, 자본주의, 민주주의, 권위주의 등 사회의 지배적 이데올로기와 가치관이 미디어가 전달하는 콘텐츠의 방향성과 한계를 설정한다. 또한, 사회 체계는 개인, 일상적인 업무의 방식 및 관행, 미디어 조직, 사회 제도 등 다른 모든 수준의 요인들을 포괄적으로 규정하며, 이들 간의 상호작용을 통해 콘텐츠가 사회적 현실을 구성하고 반영하는 방식의 한계를 짓는다.

2. 콘텐츠의 효과

콘텐츠는 수용자의 인지나 태도 등에 영향을 미치는 독립변수로 볼 수 있다. 이러한 콘텐츠의 효과는 기간(단기 대 장기), 분석 수준(개인, 집단, 사회), 그리고 콘텐츠 제작자의 의도(의도적 대 비의도적)에 따라 분류될 수 있다. 단기적 효과는 뉴스 기사에서 정보를 습득하는 것과 같이 미디어 노출 직후 나타나는 반응을 의미하며, 장기적 효과는 반복적 노출로 인해 시간이 지나면서 가치관이나 태도가 형성되는 등 누적적 변화를 의미한다. 콘텐츠의 개인적, 집단적, 사회적 효과는 콘텐츠가 개인, 집단, 사회 및 문화에 미치는 다양한 수준의 영향을 의미한다. 의도적 효과는 콘텐츠 제작자가 의도한 결과이고, 비의도적 효과는 의도하지 않았지만 발생하는 결과이다.[188]

기존의 내용분석 연구는 콘텐츠 자체의 특성에 초점을 두는 경향이 강했으나, 콘텐츠의 결정요인과 콘텐츠의 관계, 콘텐츠와 콘텐츠 효과의 관계, 콘텐츠의 결정요인과 콘텐츠 효과의 관계를 다루는 이론적 틀이 미흡하여 매스커뮤니케이션 이론이 정체 상태에 머물고 있다는 의견도 있다. 일부 연구에서 콘텐츠 생산에 영향을 미치는 요인들을 위계적으로 해석하고 통합적으로 접근했으나 대부분의 연구에서는 포괄적이고 이론적인 통합이 부족했다.[231]

제3절 내용분석과 이론의 결합

1. 의제설정 이론

의제설정이론(agenda-setting theory)은 미디어가 중요하게 다루는 이슈가 공중이 중요하게 인식하는 이슈에 영향을 미친다는 점에 주목한다. 내용분석은 의제설정 연구에서 핵심적인 조사방법으로, 언론이 보도하는 이슈의 빈도와 현저성 등 객관적 정보를 측정하는 데 사용된다.

이 이론의 본격적인 실증 연구는 1968년 미국 대통령 선거를 배경으로 노스캐롤라이나의 한 지역에서 실시된 연구에서 시작되었다. 이 연구에서는 언론 보도의 이슈 비중을 내용분석으로 측정하고, 동시에 유권자 설문 조사를 통해 중요한 이슈를 물었다. 두 자료를 비교한 결과, 미디어가 강조하는 의제와 유권자가 답한 중요 이슈 간에 높은 상관관계가 드러났다. 즉, 언론이 주목한 주제가 대중이 중요하게 생각하는 주제와 일치한다는 것이 확인되었다.[186]

이와 같은 초기의 의제설정 이론은 미디어 의제가 공중 의제로 의제의 현저성을 전이시킨다는 가설을 기반으로 한다. 이후에는 미디어가 정치인 등 특정 대상의 속성을 어떻게 강조하느냐에 따라 공중의 인식이 영향을 받는다는 속성 의제설정(attribute agenda-setting)으로 이론이 확장되고 있다.[28]

2. 프레이밍 이론

프레이밍 이론(framing theory)은 미디어가 사회적 이슈나 사건을 어떤 틀(frames)로 해석하여 전달하느냐에 따라, 수용자의 인식이 달라질 수 있다고 설명한다.

'프레이밍'이란 본래 사진에서 구도와 구성을 정하는 행위에 뿌리를 두고 있으며, 학문마다 정의가 다소 다르다.[66] 커뮤니케이션 분야에서 프레이밍은 현실의 특정 측면을 선택하고 강조하며, 동시에 여타 측면을 배제하는 의미체계의 구성 과정으로 정의한다.[128]

프레이밍 이론에서 내용분석은 특정 이슈가 뉴스 기사나 방송 프로그램과 같은 미디어 내용에서 어떤 프레임으로 표현되는지 확인하는 데 사용된다. 예를 들어, 같은 사건도 문제 해결이나 갈등의 프레임으로 표현될 수 있다. 그리고 내용분석은 프레임의 구성 요소를 분석하기도 한다. 예를 들면, 텍스트 내에서 어떤 문제가 강조되고 있는지, 문제의 원인은 무엇으로 제시되는지, 제시된 해결책은 무엇인지 등을 파악한다. 또한, 내용분석은 같은 이슈에 대한 프레임이 시간에 따라 어떻게 변화했는지 또는 매체에 따라 어떻게 다른지 분석할 수 있다.

3. 점화 효과 이론

점화 효과 이론(priming theory)은 심리학에서 기원한 이론으로, 이전에 접한 자극이나 정보(prime)가 나중에 접하는 정보의 해석이나 판단에 영향을 미치는 심리 현상을 설명한다. 이 이론은 뇌 속에서 관련 연상망이 활성화되어 특정 정보에 더 쉽게 접근하게 하거나, 특정 평가 기준을 더 중요하게 여기도록 만드는 원리를 설명한다. 미디어 분야에서 점화 효과는 특정 이슈를 반복적으로 강조하거나 특정 프레임을 사용함으로써 대중의 여론과 정치적 판단 기준에 영향을 미치는 과정으로 정의된다. 즉, 점화 효과 이론은 미디어 콘텐츠가 어떤 주제를 반복적으로 다루면, 그 주제가 수용자의 정치인 평가나 사회적 쟁점 평가 등과 같은 평가 기준으로 작용하게 된다고 본다.[223]

내용분석은 미디어 콘텐츠에 등장하는 주제, 단어, 이미지, 프레임 등을 체계적으로 분류하고 분석하는 과정에서 미디어가 어떤 이슈를 얼마나 자주, 어떻게 다루는지 밝혀내며, 그 결과는 점화 효과의 발생을 이해하는 근거가 된다. 즉, 내용분석은 미디어가 어떤 이슈나 주제가 강조되고 있는지를 실증적으로 보여주는 도구이며, 점화 효과 이론은 이러한 미디어의 강조가 수용자의 인지와 평가에 미치는 심리적 기제를 설명한다. 예를 들어, 정치 뉴스에서 국방 이슈가 반복적으로 다뤄진다면, 시청자들은 대통령이나 정치인 등을 평가할 때 국방 이슈를 더 중요하게 여기게 된다는 것이다.[223]

4. 계발 효과 이론

계발 효과 이론(cultivation theory)은 미디어가 표현하는 상징적 세계가 실제 세계와 다르며, 미디어를 많이 이용하는 사람일수록 미디어가 그려내는 상징적 세계와 유사한 현실 인식을 가진다는 이론이다. 이 이론은 미디어가 시청자의 현실 인식에 장기적으로 미치는 영향에 초점을 둔다. 이 이론은 배양 이론, 문화 계발 이론 등으로도 불리며, 1970년대 후반에 주로 텔레비전 매체를 중심으로 개발되기 시작했다.[137]

실증적 연구에서 텔레비전의 중시청자(heavy viewers)는 경시청자(light viewers)에 비해 미디어가 묘사한 폭력적 세계를 실제 현실로 인식하는 경향이 높다는 점이 보고되었다.[137] 폭력적 미디어에 대한 노출이 많을수록, 실제 범죄에 대한 과도한 두려움과 불안으로 이어진다는 연구도 있다.[254] 계발 효과는 폭력이나 범죄뿐만 아니라 인종, 성 역할과 같은 사회문화적 관념 형성과 강화에도 영향을 미치는 것으로 알려져 있다.

계발 효과 이론은 대중매체의 장기간 이용이 해당 매체가 전달하는 왜곡된 현실에 대중을 점차 적응시키며, 이 과정에서 시청자들의 세계관과 가치관이 형성되고 변화한다고 주장한다. 계발 효과의 실증적 분석은 내용분석과 이용자 조사를 결합하여, 미디어 콘텐츠의 특성과 이용자의 인식 변화를 함께 분석하는 방식으로 이루어진다.

제4절 내용분석 연구설계의 유형

내용분석 연구설계의 유형은 콘텐츠 위주 설계와 융합형 설계로 분류되기도 한다. 콘텐츠 위주 설계는 연구의 주요 변수에 콘텐츠 변수(예: 대통령 선거 보도 프레임)만이 포함되는 것을 의미한다. 융합형 설계는 연구의 주요 변수로 콘텐츠 변수와 비콘텐츠 변수(예: 대통령 후보 지지율)가 함께 포함되는 것을 의미한다.[44] 이하에서는 콘텐츠 위주 설계와 융합형 설계에서 자주 활용되는 세부 유형을 살펴본다.

1. 콘텐츠 위주 설계

(1) 한 시점이나 단기간에 생성된 콘텐츠의 기술

내용분석은 특정 시점이나 짧은 기간에 생성된 콘텐츠의 특성을 유형화하는 데 활용될 수 있다. 예컨대, 55일간 방영된 지역 TV 뉴스 프로그램을 분석한 연구에 따르면, 백인 용의자보다 흑인 용의자가 경찰에 의해 신체적으로 제압되는 장면이 더 자주 방송되었으며, 이들의 범죄가 폭력성과 연관되어 보도되는 비율도 높게 나타났다. 이 결과를 바탕으로 대중매체가 인종적 고정관념을 재생산하며 현대적 인종주의를 조장한다고 결론지었다.[127]

(2) 콘텐츠의 장기간 추세 분석

내용분석은 장기간에 걸쳐 콘텐츠의 묘사 방식이 변하는 추세를 살펴볼 수 있다. 예컨대, 2000년부터 2015년까지 방영된 한국의 TV 광고를 분석한 연구에서는 광고 속 등장인물과 메시지를 중심으로 성 역할의 변화를 탐색하였다. 그 결과, 한국 사회에서 성 역할에 대한 인식과 태도가 전통적 가부장제에서 점차 평등주의와 성 평등의 방향으로 전환되고 있음을 보였다.[76]

(3) 상황에 따른 콘텐츠의 비교

내용분석은 서로 다른 사회적, 문화적 상황에서 생성된 콘텐츠가 어떤 차이를 보이는지 비교하는 데에도 활용될 수 있다. 예를 들어, 한국과 일본의 인기 유튜브 채널을 분석한 연구에 따르면, 한국의 경우 주로 기업 운영자가 중심이 되어 한류 확산을 위한 홍보성 영상을 주로 제작하는 반면, 일본은 개인 운영자가 중심이 되어 실험, 토크쇼, 일상 등을 소재로 한 창의적이고 다양한 영상을 제공하는 경향을 보였다. 이러한 차이는 콘텐츠가 형성되는 사회적 맥락에 따라 콘텐츠의 성격과 내용이 다르다는 점을 시사한다.[36]

(4) 미디어 이용자에 따른 콘텐츠의 비교

내용분석은 미디어 이용자 집단에 따라 콘텐츠가 묘사되는 방식이 어떻게 다른지 비교하는 데 활용될 수 있다. 예를 들어, 여성잡지와 남성잡지의 광고를 비교한 연구에서는 성 역할 묘사 방식에 뚜렷한 차이가 드러났다. 여성잡지에서는 여성이 등장하는 광고의 배경이 '가정'에 집중되었으나, 남성잡지에서는 '실외' 배경이 상대적으로 많았다. 이는 여성잡지가 여성을 가정 영역에서 의미 있는 존재로 빈번히 묘사함을 시사한다. 또한, 남성잡지 광고보다 여성잡지 광고에서 등장하는 여성은 외모 중심주의와 유교 사상에 빗대어 표현되는 경우가 많았다.[29]

(5) 생산자에 따른 콘텐츠의 비교

내용분석은 동일한 주제를 다루더라도 생산 주체에 따라 콘텐츠가 어떻게 다른지 비교하는 데 유용하다. 예를 들어, '코로나19'라는 주제에 대해 언론사의 이념성향별 보도 프레임을 비교한 연구에 따르면, 언론사별로 프레임 선택에 차이가 드러났다. 코로나19의 위험 이슈에 대해 보수신문은 '처벌' 프레임을 강조했으나, 진보신문은 '확산 방지를 위한 치료'에 중점을 두었다. 또한, 위기대처 프레임에서 보수신문은 정책 비판에 초점을 두었으나, 진보신문은 생활 밀착형 문제와 해결방안 제시에 비중을 두었다.[30]

(6) 특정 집단에 대한 미디어의 재현 이미지의 평가

내용분석은 특정 사회집단이나 소수자에 대한 미디어의 재현 이미지를 평가하는 데에도 폭넓게 활용되고 있다. 미국에서는 특정 소수인종이나 집단을 어떻게 묘사하는지를 분석한 다수의 연구가 축적되어 있으며, 한국도 그러한 연구 전통을 이어가고 있다. 예컨대, 한국의 다문화 TV 프로그램을 대상으로 한 연구에서는 출연자들의 인종, 출신지, 다문화 구성 유형(전문인력 이주노동자, 단순인력 이주노동자, 결혼이민자 등)에 따라 재현되는 이미지가 차별적으로 구성되는 양상을 밝혀냈다.[16]

2. 융합형 설계

(1) 콘텐츠와 준거 기준의 비교

내용분석은 미디어 콘텐츠와 준거 기준을 비교하여 콘텐츠의 품질을 평가하는 데 활용될 수 있다. 예를 들어, 대통령 선거 관련 여론조사 보도가 공직선거법 제108조에 명시된 여러 항목(응답률, 질문 문구, 표본 오차, 표집 방법 등)을 얼마만큼

충실히 포함하고 있는지 밝혀낸 연구가 있다.[11]

(2) 미디어 내용과 현실 세계의 비교

미디어 내용과 현실 세계의 비교는 미디어가 전달하는 내용과 공적 자료를 비교하여 이루어진다. 이러한 비교 연구는 미디어가 묘사하는 세계와 실제 세계가 얼마나 일치하는지를 분석하며, 이를 통해 매체 왜곡(media distortion)을 드러낼 수 있다.[214] 예컨대, 미국 지상파 TV가 묘사한 직업 이미지와 인구조사 자료를 비교한 연구에서는, TV가 실제 사회보다 고임금 직업, 고위직, 모험적이고 흥미로운 직업을 과도하게 보여주는 경향을 밝혀냈다. 구체적으로, 전문직과 서비스업은 실제보다 훨씬 빈번하게 등장했지만, 제조업 분야의 노동자는 적게 등장했다. 이 결과를 바탕으로 TV에서 낮은 노동 강도와 높은 보상의 이미지로 그려진 직업의 특성은 청소년의 직업적 가치관 형성에 영향을 미치고, 이는 현실을 왜곡시키는 직업 이미지를 심어준다고 결론지었다.[233]

제 5 절 내용분석의 절차

1. 개념화

내용분석은 연구주제의 핵심을 명확히 하고, 해당 연구를 수행할 필요성을 규명하는 문제 제기로부터 출발한다. 이는 기존 연구에서 다루어지지 않은 영역을 탐색하거나, 동일한 주제를 새로운 이론적 혹은 방법론적 관점에서 재해석함으로써 가능하다. 문제 제기의 기반 위에서 연구자는 선행 문헌을 체계적으로 검토한다. 문헌 검토 과정은 개념 간의 새로운 관계를 규명하고, 학문적 기여 가능성을 확인하며, 연구의 방향성을 제시하는 역할을 한다.[44]

이후 연구자는 선행 연구 성과와 논리적 추론을 토대로 연구문제 또는 가설을 설정한다. 새로운 탐구 영역을 대상으로 하는 경우 연구문제의 제시가 적합하며, 충분한 이론적 축적과 경험적 증거가 존재하는 경우에는 이를 근거로 가설을 도출할 수 있다. 이러한 설정 과정은 연구의 범위를 구체적으로 한정하는 기능을 한다.

내용분석 연구에서 개념 정의는 필수적인 절차이다. 개념은 일반적으로 기존 문헌 검토를 통하여 도출되며, 변수는 개념으로부터 도출된다. 연구보고서를 작성할 때, 이론적 논의 단계에서는 개념을, 측정 및 분석 단계에서는 변수를 사용하는 것이 바람직하다.[232]

2. 연구설계

(1) 조작적 정의

설문 조사에서는 설문 문항이 조작적 정의에 해당하며, 각 문항이 어떻게 개념을 측정하는지 명확히 해야 한다. 반면, 내용분석에서는 코딩 과정을 상세하게 기술하는 것이 조작적 정의에 해당한다.[44]

(2) 분석 단위 선정과 더미표 준비

설문 조사에서 응답자는 분석 단위이다. 반면, 내용분석에서는 다양한 분석 단위가 사용된다. 문헌을 분석하는 경우, 단어, 주제, 전체 기사 등이 분석 단위가 된다. TV 프로그램을 분석하는 경우, 프로그램 전체, 등장인물, 등장인물의 행동 등이 분석 단위가 된다. 코더 간 일치도를 높이기 위해 분석 단위와 코딩 규칙을 명확히 설정해야 한다.[214]

내용분석에서는 코딩을 진행하기 전에 더미표(dummy table)를 만들어야 한다. 더미표는 자료를 체계적으로 분류하고 정리하기 위해 사전에 만드는 가상 표이다. 더미표는 연구자가 코딩 과정을 명확히 계획하고 코딩의 일관성을 유지하는 데 도움을 준다. 더미표를 통해 실제 코딩 전에 자료의 형식, 구조, 관계를 미리 설계하고 검증할 수 있으며, 코딩 중 발생할 수 있는 문제를 사전에 알 수 있다. 또한, 변수의 특성을 나타내는 기술통계표와 변수 간 관계를 검증하는 통계표를 자료수집 전에 만들어 연구 설계가 가설에 부합하는지 확인해야 한다.[44]

(3) 코딩 체계의 완성

① 유목 설정 및 코딩 방법

코딩 체계(coding scheme)의 핵심은 무엇을 어떻게 분류할지 결정하는 것부터 시작한다. 즉, 어떤 유목(범주)을 설정할지, 각 유목은 어떻게 정의할지, 그리고 어떻게 코딩할지에 대한 방법을 명확히 해야 한다.

유목을 설정하고 코딩하는 방법은 두 가지가 있다. 하나는 발현적 코딩(emergent coding)으로 자료에 대한 사전분석을 통해 유목을 도출하는 방법이다. 이 방법은 자료로부터 추출된 요인이나 주제를 기반으로 한다. 다른 하나는 선험적 코딩(priori coding)으로 자료를 수집하기 전에 이론이나 논리를 기반으로 유목을 미리 설정하는 방법이다.[214]

② 유목체계의 원칙

유목을 설정한 후에는 유목체계는 상호배타적이고 포괄적이어야 한다는 원칙을 따라야 한다. 상호배타성을 위해서는 분석 단위가 하나의 유목에만 속해야 한다. 포괄성을 위해서는 분석 단위가 어느 유목에든 속해야 한다. 포괄성을 보장하는 방법의 하나로 '기타'라는 유목을 만들 수 있으나, 분석 단위의 10% 이상이 '기타' 유목에 포함되는 것은 부적절하다. 이 두 가지 원칙은 유목체계의 신뢰도를 보장하는 데 필수적이다.[214]

③ 코드북과 코딩지

유목체계가 확정되면 이를 토대로 코딩에 활용할 코드북과 코딩지를 작성한다. 코드북은 코딩 규칙을 정리한 지침서로, 연구목적과 개념을 설명하는 도입부, 내

〈표 17-1〉 코드북의 예시: 등장인물 기술을 위한 코딩 지침[214]

TV 화면에 90초 이상 등장하거나 15마디 이상 말하는 인물을 코딩하시오. 등장인물당 한 장의 코딩용지만 사용하시오. A. 등장인물 번호: 두 자리 수의 프로그램 고유번호를 적으시오(코드북의 목록 참고) B. 등장인물 이름 및 묘사: 정식 이름, 별명 등을 적으시오. 이름이 나타나지 않는 경우 등장인물에 대해 묘사하시오. C. 역할: 1. 주인공: 대화를 주도하고, 극적 행위에서 가장 큰 역할을 하며, 가장 많이 등장하는 인물 2. 조연: 주인공이 아니지만 코딩할 만한 인물 3. 그 외(개인): 코딩 범주가 아니지만 코딩된 등장인물의 행위와 관련된 개인 4. 그 외(집단): 코딩 범주가 아니지만 코딩된 등장인물의 행위와 관련된 집단

용분석 절차를 제시하는 부분, 각 유목의 조작적 정의와 하위 범주 값을 명시하는 부분으로 구성된다. 예시는 〈표 17－1〉에 제시되어 있다.[214]

코딩지는 코딩 결과를 기록하는 용지로, 단일 사례 코딩지는 한 용지에 하나의 사례를, 복수 사례 코딩지는 한 용지에 두 개 이상의 사례를 코딩하도록 설계된다. 〈표 17－2〉에 제시된 코딩지는 TV 애니메이션 분석에 활용된 것으로, 각 등장인물의 특성과 역할을 체계적으로 기록할 수 있도록 구성되어 있다.[214]

〈표 17-2〉 코딩지의 예시[214]

프로그램 명 ( )					
A. 등장인물 번호 ( )					
B 등장인물 이름 및 묘사 ( )					
C. 역할 ( )	1. 주연	2. 조연	3. 그 외(개인)	4. 그 외 (집단)	
D. 종류 ( )	1. 사람	2. 동물	3. 괴물/유령	4. 로봇	
	5. 움직이는 사물		6. 불분명	7. 기타	
E. 성별 ( )	1. 남	2. 여	3. 불분명	4. 기타	
F. 인종 ( )	1. 백인	2. 흑인	3. 동물	4. 로봇	5. 인디언
	6. 불분명	7. 기타			

④ 코더의 훈련 및 유목체계의 사전 점검

실제 코딩에 앞서 유목체계, 코드북, 코딩지를 점검해야 한다. 유목체계의 신뢰성을 확보하려면 서로 다른 코더가 동일한 내용을 동일한 유목에 분류할 수 있어야 하며, 유목 수가 너무 적으면 구분이 어렵고 너무 많으면 오류가 늘어 신뢰도가 낮아질 수 있다. 코더 간 신뢰도가 낮게 나타나면 유목체계를 수정해야 한다. 코더들은 코드북을 숙지한 뒤, 연습 코딩을 하면서 이 과정에서 드러난 문제점을 보완해야 한다. 코더 간 신뢰도가 기대 수준에 이를 때까지 코더의 훈련과 보완을 계속한다. 모든 가능한 코더의 조합에 대해 두 코더 간 일치도를 비교하여, 문제가 심각한 코더는 최종 코딩 과정에서 배제한다.[214]

(4) 모집단의 정의와 표집 방법의 선택

조사 기간은 분석하고자 하는 현상이 발생할 기회를 최대한 많이 확보할 수 있도록 충분히 길게 설정하는 것이 바람직하다.[214]

표집 단위는 연구목적과 자료의 형식에 따라 다양하게 설정할 수 있다. 글로 표현된 내용에서는 단어, 문구, 문장, 문단, 책, 작가, 작품과 관련된 맥락 등 다양한 수준에서 표집 단위가 설정될 수 있다. 글이 아닌 내용은 각 형식에 맞는 개념적 수준에서 표집 단위를 설정한다.[218]

표집 방법은 조작적 정의와 코딩 체계를 만드는 과정에서 명확해진다. 내용분석에서는 다단계 군집 표집이 자주 활용된다. 예를 들어 1단계에서 특정 잡지를 선정하고, 2단계에서 특정 연도의 홀수 달 잡지, 3단계에서 특정 섹션을 선택하는 방식으로 진행된다. 또한, 내용분석은 연구 결과의 일반화보다는 현상의 추세를 파악하는 목적이 많아서 비확률표집도 널리 사용된다. 소규모 자료를 분석할 때는 전수조사를 할 수 있다.[214]

3. 자료의 수집 및 분석

(1) 코 딩

코더 훈련에서 신뢰도가 기대 수준에 도달하면 실제 코딩을 한다. 보통 2~6명의 코더가 독립적으로 코딩하며, 코딩 완료 후 코딩지 기록은 통계프로그램에 입력된다.[214]

(2) 통계분석

내용분석에서는 내용 타당도가 중요하다. 이는 유목체계나 코드북이 연구 개념을 정확하고 포괄적으로 반영하는지를 평가하는 것으로, 전문가 검토, 이론적 근거 제시, 내용 타당도 지수 산출 등을 통해 확인한다.[214] 전문가 검토는 관련 분야 전문가가 유목체계나 코드북을 검토하여, 분석 항목이 연구목적과 개념을 충분히 반영하는지 확인하는 것이다. 이 과정은 본격적인 연구에 앞서 이루어진다. 이론적 근거의 제시는 분석 틀이나 유목 분류의 기준이 기존 이론이나 선행 연구에 근거하고 있는지 설명하는 것이다. 내용 타당도 지수는 전문가들이 각 항목의 관련성에 대해 합의한 정도를 수치로 산출한 것이다. 예를 들어, 내용 타당도 비율(content validity ratio: CVR)은 전문가가 각 항목이 측정 개념과 얼마나 관련 있는지 3점 척도로 평가하도록 한 후 계산한다.[178] 내용 타당도 지수(content validity index: CVI)는 전문가가 4점 척도로 관련성을 평가한 결과를 바탕으로 산출한다.[183]

(3) 분석 결과의 해석

분석 결과의 해석 단계에서 연구문제에 대한 답이 도출된다. 내용분석을 통해 기술적 연구를 하는 경우, 결과를 해석할 때 비교 기준을 제시해야 한다. 예를 들어, 특정 유형의 광고 비율이 20%로 나타났다면, 이 수치가 높은지 판단할 수 있는 기준을 제시해야 한다.[214]

내용분석에서 통계적 유의성뿐만 아니라 결과의 학문적 가치, 사회적 의미, 실용적 가치, 정책적 함의 등 다양한 관점에서 결과를 해석하는 것이 바람직하다. 연구 결과의 중요성은 통계적 유의성에 그치지 않고, 이론의 발전이나 실질적 문제 해결에 대한 기여에 따라 평가된다.[214]

변수 간 관계의 강도나 효과의 크기에 대한 통계적 추정은 기존 이론의 맥락에서 의미를 평가해야 한다. 통계적으로 유의한 결과의 도출만으로는 충분하지 않으며, 강도나 효과의 크기가 상식적 기준이나 기존 연구와 비교해 어떻게 다르며, 어떤 의미를 지니는지 설명해야 한다.

제6절 내용분석의 신뢰도

1. 코더 내 신뢰도

내용분석에서 코딩 결과가 신뢰할 수 있는지 평가하는 수단으로는 코더 내 신뢰도와 코더 간 신뢰도가 있다. 두 종류의 신뢰도는 코드북에 있는 코딩 기준이 명확해야 높아진다는 점에서 공통점을 가진다.

코더 내 신뢰도는 한 명의 코더가 같은 자료를 여러 번 반복적으로 코딩할 때, 얼마나 일관적으로 같은 결과를 도출하는지를 측정하는 것이다. 즉, 코더 내 신뢰도는 시간이 지난 후 같은 사람이 같은 자료를 다시 코딩할 때, 일관된 결과가 나오는 정도를 말한다. 코더 내 신뢰도 계수는 코더 간 신뢰도에 속하는 여러 계수를 활용하여 측정할 수 있다.

2. 코더 간 신뢰도

(1) 홀스티의 코더 간 신뢰도

홀스티의 코더 간 신뢰도는 여러 코더가 동일한 내용의 범주형 자료를 코딩했을 때, 그 결과가 일치하는 정도를 나타낸다. 이는 코딩 결과가 특정 코더의 주관에 치우치지 않고 체계적으로 도출되었는지 보여준다.[155]

$$\text{홀스티의 코더간 신뢰도} = \frac{2M}{(N_1 + N_2)} \tag{17.1}$$

식 (17.1)에서 M은 두 코더가 일치한 코딩 횟수이고, N_1과 N_2는 각 코더가 부여한 전체 코딩 횟수이다. 이 공식은 두 코더가 코딩한 결과가 일치하는 비율로 나타내며, 그 값이 1에 가까울수록 신뢰도가 높음을 의미하고 일반적으로 0.9 이상이 요구된다.[214]

홀스티의 코더 간 신뢰도는 코더 간 일치에 우연히 일치한 경우까지 포함하여 실제 신뢰도보다 과대평가된다는 단점이 있다. 또한, 우연의 일치가 분석에서 사용하는 유목의 수에 따라 달라진다는 것도 고려하지 않고 있다.[214]

(2) 스콧의 파이

스콧의 파이(Scott's pi)는 우연에 의한 일치 가능성을 고려하는 신뢰도 계수로, 식 (17.2)로 측정된다.[227]

$$\pi = \frac{P_0 - P_e}{1 - P_e} \tag{17.2}$$

식 (17.2)에서 P_0는 실제 관찰된 일치율(observed percent agreement)이고, P_e는 우연에 의해 기대되는 일치율(expected percent agreement)이다. P_e는 두 코더가 동일한 범주의 분포를 따른다고 가정할 때, 범주별로 코더가 부여한 비율의 산술평균을 제곱해 모두 더한 값으로 계산한다. 예를 들어, 하나의 문항에서 네 가지 범주(a, b, c, d) 중 하나를 선택해야 하는 경우, 두 코더가 각각 10개의 문항을 조사하여 모두 20개의 문항에 대한 코딩이 이루어진다고 가정하자. 코딩의 결과, 두 코더 간의 관찰된 일치율은 90%라고 하자. 그리고 a로 코딩한 비율이 0.4(20개 중 8개), b는 0.3, c와 d는 각각 0.15라고 하자. 이러한 가정하에 P_e는 0.295[$=(0.4)^2+(0.3)^2+(0.15)^2+(0.15)^2$]이고, 스콧의 파이는 0.852($=\frac{0.9-0.295}{1-0.295}$)이다.[214]

스콧의 파이는 우연히 일치할 가능성을 고려하여 실제 신뢰도를 측정하며, 두 명의 코더가 있는 경우에 적합하다. 그러나 세 명 이상의 코더가 있는 경우, 이론적으로 가능한 조합(두 명의 코더로 구성된 조합의 모든 경우) 각각에서 스콧의 파이를 계산한 후에 전체 평균을 구한다. 이 평균값이 최종적인 스콧의 파이가 된다. 일반적으로 스콧의 파이는 0.75 이상이 요구된다.[214]

(3) 코헨의 카파

스콧의 파이와 마찬가지로 코헨의 카파(Cohen's kappa)도 두 코더 간의 범주형 자료의 일치도를 평가할 때 우연적 일치를 고려한 신뢰도 계수이다. 두 신뢰도는 같은 공식을 사용하지만 P_e의 계산 방법이 다르다.

만약 두 코더 모두 각 범주를 동일한 비율로 선택했다면 코헨의 카파(κ)와 스콧의 파이(π)에서 P_e와 코더 간 신뢰도는 같은 값으로 계산된다. 그러나 코더 1과 코더 2가 각 범주를 선택한 비율이 다르면 서로 다른 값이 계산된다. 예를 들어 코더 1의 경우 각 범주를 코딩한 비율이 a는 0.4, b는 0.3, c는 0.15, d는 0.15이고, 코더 2의 경우 a는 0.3, b는 0.4, c는 0.15, d는 0.15라고 하자. 이 경우 코헨의 카파에서 P_e는 다음과 같이 계산된다.

$$P_e = (0.4 \times 0.3) + (0.3 \times 0.4) + (0.15 \times 0.15) + (0.15 \times 0.15) = 0.285$$

스콧의 파이는 두 코더가 각 범주를 코딩할 확률이 같다는 가정하에 범주별로 두 코더가 코딩한 비율의 산술평균을 구하고, 이를 제곱하여 모두 더해 P_e를 계산한다. 이를 수식으로 표현하면 다음과 같다.

$$P_e = \sum_{k=1}^{C} \left(\frac{p_{k1} + p_{k2}}{2}\right)^2 \tag{17.3}$$

식 (17.3)에서 p_{k1}과 p_{k2}는 각 코더가 범주 k에 코딩한 비율이다. 그리고 C는 범주의 개수이다. 즉, 각 범주별로 두 코더의 비율에 대해 평균을 낸 후에 제곱한 값을 모든 범주에 대해 합산한다. 반면에 코헨의 카파는 두 코더가 서로 다른 범주 분포를 가질 수 있다는 가정하에 범주별로 두 코더가 코딩한 비율을 곱한 값을 모두 더해 P_e를 계산한다. 이를 수식으로 표현하면 식 (17.4)와 같다.[108]

$$P_e = \sum_{k=1}^{C} (p_{k1} \times p_{k2}) \tag{17.4}$$

스콧의 파이는 두 코더가 동일한 범주 분포를 따른다고 가정해 범주별 비율의 평균을 제곱해 합산하여 P_e를 계산하는 반면, 코헨의 카파는 두 코더가 서로 다른 분포를 따를 수 있다고 가정해 범주별 비율을 곱해 합산하여 P_e를 계산한다. 즉, 코헨의 카파는 스콧의 파이보다 제약 조건이 완화되어 적용 가능 범위가 넓다.

(4) 피어슨 상관계수

스콧의 파이와 코헨의 카파는 명목 자료에 적합한 코더 간 신뢰도이지만, 피어슨 상관계수(Pearson's correlation coefficient)는 등간 또는 비율 자료의 코더 간 신뢰도를 측정할 때 사용된다. 예를 들어, 두 코더가 TV 뉴스에서 국제사건 방송 시간을 측정하는 경우, 방송 시간은 비율 자료이므로 피어슨 상관계수를 사용해 두 코더가 방송 시간을 얼마나 유사하게 측정했는지 평가할 수 있다. 피어슨 상관계수를 적용할 때, 코더들은 서로 다른 변수로 취급되고, 각 사례(예: 방송 시간)는 분석의 기록단위가 된다.[214]

그러나 피어슨 상관계수는 선형적 관계만 보기 때문에, 두 코더가 항상 일정한 차이로 평가해도(예: 한 코더가 항상 5점 더 높게 평가해도) 상관계수는 1이 될 수 있다. 즉, 절대적 일치를 반영하지 않고, 상대적 일치만을 반영한다. 실제로 두 코더가 완전히 동일한 값을 부여하지 않아도, 두 코더의 평가가 직선 관계를 유지하면 피어슨 상관계수는 매우 높게 나올 수 있다. 따라서 코더 간 신뢰도를 평가할 때 피어슨 상관계수는 한계가 있다.

(5) 크리펜도르프의 알파

크리펜도르프의 알파(Krippendorf's alpha)는 코더 수에 제한이 없고, 결측치가 있어도 계산 가능하며, 다양한 자료 유형(명목, 서열, 등간, 비율)에 적용할 수 있어서 범용성이 뛰어나다. 크리펜도르프의 알파의 공식은 다음과 같다.[173]

$$\alpha = 1 - \frac{D_0}{D_e} \tag{17.5}$$

식 (17.5)에서 D_0은 실제로 관찰된 불일치이고, D_e는 우연에 의해 예상되는 불일치이다. 따라서 크리펜도르프의 알파는 1에 가까울수록 코더 간 신뢰도가 높음을 의미하고, .80 이상이면 적절하다고 받아들인다. 불일치의 구체적인 계산은 자료 유형에 따라 달라지며, 각 분석 단위에서 모든 코더 쌍의 불일치를 가중평균하는 방식으로 구한다. 크리펜도르프의 알파를 계산해 주는 사이트를 이용하면 복잡한 공식 계산에 소비되는 시간을 줄일 수 있다. 코딩 값을 입력하면 신뢰도를 계산해 주는 사이트(http://dfreelon.org/utils/recalfront/)에서 크리펜도르프의 알파, 세 명 이상의 코더 간 신뢰도 계수 등을 얻을 수 있다. 일반적으로 코더 간 신뢰도는 변수별로 보고해야 한다.[44]

3. 내용분석의 신뢰도 제고 방안

내용분석에서 신뢰도의 제고 방안은 다음과 같다.[214] 첫째, 코딩 시작 전에 분석의 유목과 각 범주의 정의, 예시를 상세하게 설명하여 명확한 코딩 체계를 정립해야 한다. 이는 개인적 해석의 편차를 줄이다. 둘째, 코더에게 코딩 체계와 절차에 대해 교육하고, 실제 예시를 통해 반복 훈련을 한다. 이 과정에서 피드백을 주고받으며 코딩의 일관성을 높인다. 셋째, 소규모의 예비조사를 한다. 실제 자료의 일부를 미리 코딩하여 코딩 체계의 적합성과 명확성을 점검하고, 필요하다면 코딩 체계를 수정한다. 이때 코더 간 신뢰도를 평가하고, 코더 간 신뢰도가 낮다면 코딩 체계를 재검토하거나 코더 교육을 강화한다. 넷째, 코딩 과정에서 주기적으로 코더들이 모여서 결과를 비교하고, 불일치가 발생한 부분에 대해 논의한다. 이러한 과정에서 나타난 중요한 사항은 문서로 기록한다.

제7절 내용분석의 장단점

내용분석의 장점은 다음과 같다. 첫째, 기존 자료를 활용하므로 연구자가 직접 개입할 필요가 없고, 조사 반응성이 발생하지 않는다. 둘째, 보존된 자료를 통해 장기적 변화와 추세를 분석할 수 있다. 예컨대 수십 년간 언론 보도의 변화를 연구하는 데 적합하다. 셋째, 방대한 정보를 수치화하여 복잡한 자료를 체계적으로 정리하고 통계적 분석을 가능하게 한다. 넷째, 연구 과정 중에도 일부 자료만 다시 코딩하면 되므로 연구설계를 유연하게 수정할 수 있다.[214,218]

내용분석의 한계는 다음과 같다. 분석대상이 기록된 자료로 한정되며, 연구주제 관련 내용이 미디어에 자주 나타나지 않으면 분석이 어렵다. 또한, 결과는 분석 유목이나 개념 정의에 크게 좌우되어 동일한 자료라도 다른 결과가 도출될 수 있다. 마지막으로, 내용분석 자체로는 인과관계를 규명하기 어렵다. 예를 들어, 내용분석 결과는 이용자 설문 조사와 결합해야 미디어 효과를 규명할 수 있다.[89,214,218]

참고문헌

1. 강상진 (2014). <사회과학 연구를 위한 실험설계와 분산분석>, 교육과학사.
2. 강현철 (2013). 구성타당도 평가에 있어서 요인분석의 활용. <Journal of Korean Academy of Nursing>, 43권 5호, 587-594.
3. 고영화 · 김진화. (2007). 참여관찰 연구방법을 통한 프로그램개발 현상의 특성 분석. <평생교육학연구>, 13권 1호, 103-132.
4. 김경호 (2014). <설문조사>. 한국학술정보.
5. 김경수 (2002). 임상시험 설계와 윤리. <가정의학회지>, 23권 5호, 573-581.
6. 김규성 (2005). 표본의 대표성과 추정의 효율성, <조사연구>, 6권 1호, 39-62.
7. 김규성 (2017). 표본조사에서 비확률표집 방법론 고찰. <조사연구>, 18권 1호, 1-29.
8. 김명소 (1992). <척도화 방법>. 한국심리학회 세미나 자료.
9. 김민환 · 박희창. (2007). 연관성 규칙을 이용한 왜곡변수 발견에 관한 연구. <Journal of The Korean Data Analysis Society>, 9권 2호, 711-719.
10. 김병희 · 한상필 (2006). 광고 창의성 측정을 위한 척도개발과 타당성 검증, <광고학연구>, 17권 2호, 7-41.
11. 김연수 · 김지현 · 정일권 (2007). 2007 대선 여론조사 보도의 문제점과 특성: 신문과 방송 보도의 내용분석과 응답자 서베이 조사를 중심으로. <정치커뮤니케이션 연구>, 7호, 83-120.
12. 김영종 (2023). <사회복지조사론>, (제2판). 학지사.
13. 김용석 · 이정희 · 전종설 · 정익중 · 김기덕 (2022). 사회조사론 (제3판). 박영스토리.
14. 김정섭 · 임경은 (2010). <총오차 축소를 위한 paradata 수집방안> (2010년 상반기 연구보고서). 통계청.
15. 김지범 · 김솔이 · 김춘석 · 김영원 · 강정한 (2019). 응답 범주 순서가 원자력 발전 정책 방향 및 국가 자긍심 문항에 미치는 영향: 신고리 5 6호기 공론화 조사 및 2016, 2018 한국종합사회조사. <조사연구>, 20권 3호, 65-82.
16. 김초희 · 김도연 (2019). 한국 텔레비전 다문화 프로그램 속 다문화 구성원 및 외국인의 이미지: 인종, 출신지, 다문화 구성 유형별 차이를 중심으로. <한국방송학보>, 33권 4호, 66-109.
17. 김헌태 (2023). <여론조사, 모르면 말하지 마세요>. 미다스북스.
18. 김호일 (2022). <설문지 작성과 통계분석>. 경문사.
19. 김호일 (2023). <표본추출방법론> (개정판). 경문사.
20. 김홍기 · 문상일 (2020). <민간소비자 설문조사 방식을 활용한 이메일 기반의 중소기업 지원사업 만족도 조사 고도화 방안연구>. 중소벤처기업부 정책연구보고서.
21. 김희진 (2018). 북한이탈주민에 대한 남한청소년의 사회적 거리감에 미치는 영향요인. <유라시아연구>, 15권 2호, 17-42.
22. 노성호 · 구정화 · 김상원 · 안종만 · 안상준 (2020). <사회과학 연구방법론>. 박영사.
23. 문성신 · 류승완 · 김다은. (2024). 클래식 음악공연 관객의 가치추구체계 분석: 수단-목적 사슬 이론(MEC)을 중심으로. <문화예술경영학연구>, 17권 1호, 63-84.

24 박원우 · 마성혁 · 배수현 · 지선영 · 이유우 · 김자영 (2020). 설문조사에서 불성실 응답의 탐지방법과 제거의 효과. <경영학연구>, 49권 2호, 331-364.

25. 박원우 · 오민주 · 유민준 (2023). 통제변수의 활용: 변수의 선택과 투입 절차에 관한 제언. <경영학연구>, 52권 6호, 1293-1324.
26. 박은숙 (2020). 대학생의 일본에 대한 태도 척도 개발 연구: Thurstone 척도 개발 원리 적용. <교육문화연구>, 26권 5호, 247-267.
27. 박현주 · 이승희 (2017). <오차를 중심으로 본 세상을 바꾸는 과학적 설문 조사 방법>, 창지사.

28. 반현, McCombs, M. E, & Jones, J. E. (2007). 의제설정 이론의 재고찰. <커뮤니케이션 이론>, 3권 2호, 7-53.
29. 박종민 · 박경희 · 최서경 (2013). 여성 성역할에 관한 환상주제의 시대적 변천. <광고연구>, 99호, 67-104.
30. 박주현 (2020). 언론의 이념성향에 따른 '코로나19' 보도 프레임 비교 연구. <한국언론학보>, 64권 4호, 40-85.
31. 백순근 · 박현정 · 이다경 · 양현경 · 김서진 (2024). 시나리오 기반 척도의 응답 편향성 개선 효과 분석: 리커트형 척도와의 비교를 중심으로. <아시아교육연구>, 25권 3호, 343-373.
32. 백중열 (2016). 학교부적응아 동적가족화(KFD) 그림 해석 및 시사점 연구. <기초조형학연구>, 17권 2호, 159-170.
33. 서베이리서치센터 (2023). <한국종합사회조사(KGSS) 조사원 지침서>. 성균관대학교 동아시아학술원.
34. 서영표 (2022). 존재론적 깊이의 인식과 인식론적 상대주의의 실천: 포스트-혼종성 시대 지식생산과 교육 패러다임의 전환. <탐라문화>, 69호, 105-146.
35. 서울대병원 (2023, 7, 5). 서울대병원, 녹내장 플라시보 효과로 실제 안압 10% 낮춰. <병원뉴스>.
36. 성윤아 (2020). 한일 인기 유튜브 콘텐츠의 특징: 운영 주체와 콘텐츠 분야별 데이터 비교분석. <한국융합학회논문지>, 11권 2호, 167-174.
37. 손영석 · 채서일 (2008). <체계적 설문 디자인>. 비앤엠북스.
38. 손지호 · 손기형 (2024). 최신효과, 전문가 평가와 일반인 평가: 복면가왕 사례를 중심으로. <대한경영학회지>, 37권 2호, 193-223.
39. 송기인 (2017). 페이스북에 대한 대학생의 가치 및 가치 단계도(HVM). <광고연구>, 115호, 332-365.
40. 신현구 · 이혜정 (2006). 컴퓨터를 이용한 대인면접이 조사 자료의 질 개선에 미치는 영향: 고령화연구패널조사의 Blaise 활용 사례를 중심으로. <조사연구>, 7권 2호, 71-95.
41. 염주영 · 안미리 (2021). Malone의 내재적 동기이론에 근거한 교육용 게임 가치체계 분석. <교육정보미디어연구>, 27권 2호, 675-698.
42. 오정호 (2010). 포털에 대한 충성도. <미디어 경제와 문화>, 8권 4호, 7-55.
43. 유진은 (2022). <양적연구방법과 통계분석> (제2판). 학지사.
44. 윤영민 (2019). <미디어 내용분석 입문>. 커뮤니케이션북스.
45. 이갑윤 · 이지호 · 이현우 (2023). <한국의 여론 조사, 실태와 한계 그리고 미래>. 푸른길.
46. 이계오 · 이기재 (2023). <여론조사의 이해. 서울>. 방송통신대학교출판문화원.
47. 이군희 (2007) <사회과학 연구방법론> (수정판). 법문사.
48. 이군희 (2014). <연구방법론의 이해>. 북넷.
49. 이기홍 (2008). 사회연구에서 가추와 역행추론의 방법. <사회와 역사>, 80호, 287-322.
50. 이기홍 (2021). 비판적 실재론이 상기시키는 사회과학의 가능성. <담론201>, 24권 1호, 73-121.
51. 이도희 · 주정아 (2021). 장애인, 당신은 어떻게 생각하십니까?: Q방법론을 활용하여. <한국콘텐츠학회논문지>, 21권 9호, 493-501.
52. 이명진 · 최유정 · 최샛별(2010). 다문화사회와 외국인에 대한 사회적 거리. <조사연구>, 11권 1호, 63-85.
53. 이봉재 (2023). <사회복지조사론> (제2판). 신정.
54. 이슬기 · 금현섭. (2019). 면접원이 설문조사 질에 미치는 영향: 응답자의 응답시간과 응답행태를 중심으로. <조사연구>, 20권 3호, 33-63.
55. 이승희 (2010). 총조사 오차(Total Survey Error)의 패러다임으로 이해하는 표본조사. <통계연구>, 15권 1호, 44-74.
56. 이은현 (2021a). 측정도구의 심리계량적 속성 1: 내용타당도. <여성건강간호학회지>, 27권 1호,

10-13.

57. 이은현 (2021b). 측정도구의 심리계량적 속성 3: 수렴, 판별, 집합 및 준거타당도. <여성건강간호학회지>, 27권 3호, 176-179.
58. 이정환·이주열·신승배 (2023). <조사방법론>, (제2판). 계측문화사.
59. 이주현 (2011). <설문조사시 질문순서가 응답결과에 미치는 영향>. 한국조사연구학회 2011년도 추계학술대회 발표논문.
60. 이지연 (2006). 총조사 범위오차(Coverage Error)의 평가와 원인분석. <통계연구>, 11권 1호, 24-56.
61. 이혜정·신지영·박승환·지희정·오미애 (2021). <조사 자료의 품질 검증 연구: 측정 오차를 중심으로> (연구보고서 2021-22). 한국보건사회연구원.
62. 장덕현·이계오·홍영택 (2014). RDD 전화여론조사의 무응답 편향 보정방법: 2014년 지방선거 여론조사 사례연구. <조사연구>, 15권 4호, 33-60.
63. 장덕현·조성겸 (2017). 리커트형 척도의 중간점은 필요한가?: 중간점 있는 척도와 없는 척도간 측정 결과 비교. <조사연구>, 18권 4호, 1-24.
64. 전미양·문현경 (2017). 사회과학연구에서 존재론과 인식론의 중요성: 주관적 웰빙 연구 사례를 중심으로. <정부학연구>, 23권 2호, 31-57.
65. 조동기 (2000). 사이버공간과 사회조사: 온라인 사회조사의 쟁점과 과제. <조사연구>, 1권 1호, 73-108.
66. 차현주·권상희 (2020). 프레이밍(Framing) 이론 메타분석: 2010-2019 주요 학술지에 게재된 연구를 중심으로. <한국소통학보>, 19권 4호, 119-148.
67. 채서일 (2003) <사회과학조사방법론>, (제3판). 학현사.
68. 최효미·성재민·이상호·배기준 (2012). 한국노동패널조사(KLIPS)의 CAPI 이행효과: 실험설계 및 차수간 정합성을 중심으로. <조사연구>, 13권 3호, 105-135.
69. 통계청 (2019). <통계작성 단계별 가이드라인>, 통계청.
70. 하봉준 (2013). <광고 조사 방법. 서울>, 커뮤니케이션북스.
71. 하창현·박상희 (2024). 리커트 척도에서 각 척도점(anchor)에 사용하기 적합한 표현들의 탐색 및 제안. <한국심리학회지: 사회 및 성격>, 38권 3호, 235-251.
72. 한국갤럽 (2023, 7, 11). 데일리 오피니언 전화조사 표본설계: 무선전화 가상번호. https://www.gallup.co.kr/gallupdb/columnContents.asp?p_menu=data&p_submenu=data03&seqNo=139
73 한국언론진흥재단 (2024a). <2023 언론수용자 조사>. 한국언론진흥재단.
74. 한국언론진흥재단 (2024b). <2023 한국의 언론인: 제16회 언론인 조사>. 한국언론진흥재단.
75. 한선민 (2009). 초점집단 면접. <마케팅>, 43권 7호, 53-58.
76. 한은경·유종숙 (2019). 2000~2015년 성역할 태도 변화 연구: 한국의 TV광고 내용 분석. <광고연구>, 120호, 49-79.
77. 허명회 (2010). <SPSS 설문지 조사 방법: 기본과 활용>. 한나래출판사.
78. 허순영·이수철 (2016). 전화 선거여론조사에서 무응답률 증가로 인한 편의와 응답률 제고 방안. <한국데이터정보과학회지>, 27권 2호, 315-325.
79. 홍창희·박진희 (2017). 한국대학생의 주제통각검사(TAT) 반응. <한국심리학회지: 임상심리 연구와 실제>, 3권 2호, 277-301.
80. 황보연·김승인 (2019). 온라인 설문조사 사용자 경험 연구; 구글과 네이버 폼을 중심으로. <디지털융복합연구>, 17권 8호, 379-384.
81. Abdi, H. (2010). Guttman scaling. In N. Salkind (Ed.), *Encyclopedia of research design*. (pp. 559-561). Sage.
82. Ahuvia, A. (2001). Traditional, interpretive, and reception based content analysis: Improving the ability of content analysis to address issues of programatic and theoretical concern. *Social Indicators Research*, *54*, 139-172.

83. Akers, R. L. (1994). *Criminological theories: Introduction, evaluation, and application.* Roxbury Publishing.

84. Anguera, M. T., Portell, M., Chacón-Moscoso, S., & Sanduvete-Chaves, S. (2018). Indirect observation in everyday contexts: Concepts and methodological guidelines within a mixed methods framework. *Frontiers in Psychology, 9,* 1-20.

85. Babbie, E. (2001) *The Practice of social research* (9th ed.). Wadsworth.

86. Babbie, E. (2021). *The practice of social research* (15th ed.). Cengage Learning.

87. Baveja, D. (2018). Application of projective techniques: A current status. *International Journal of Research in Engineering, IT and Social Sciences, 8*(7), 9-16.

88. Becker, T. E. (2005). Potential problems in the statistical control of variables in organizational research: A qualitative analysis with recommendations. *Organizational Research Methods, 8*(3), 274-289.

89. Bell, E., Bryman, A., & Karley, B. (2019). *Business research methods* (2nd ed.). Oxford University Press.

90. Bernal, J. L., Cummins, S., Gasparrini, A. (2017). Interrupted time series regression for the evaluation of public health interventions: A tutorial. *International Journal of Epidemiology, 46*(1), 348-355

91. Blair, E., & Burton, S. (1987). Cognitive processes used by survey respondents to answer behavioral frequency questions. *Journal of Consumer Research, 14,* 280-288.

92. Bogardus, E. S. (1925). Measuring social distance. *Journal of Applied Sociology, 9*(2), 299-308.

93. Bogardus, E. S. (1933). A social distance scale. *Sociology & Social Research, 17,* 265-271.

94. Bond, D., Ramsey, E., & Boddy, C. R. (2011). *Projective techniques: Are they a victim of clashing paradigms?*. MPRA Paper No. 33331

95. Borg, W. (1984). Dealing with threats to internal validity that randomization does not rule out. *Educational Researcher, 13*(10), 11 - 14.

96. Bosnjak, M., Neubarth, W., Couper, M. P., Bandilla, W., & Kaczmirek, L. (2008). Prenotification in Web-base access panel surveys: The influence of mobile text messaging versus e-mail on response rates and sample composition. *Social Science Computer Review, 26,* 213-223.

97. Bottomley, C., Scott, J. A. G., & Isham, V. (2019). Analysing interrupted time series with a control. *Epidemiologic Methods, 8*(1), 1-10.

98. Brook, D. & Upton, G. J. G. (1974). Biases in local government elections due to position on the ballot paper. *Journal of the Royal Statistical Society Series C: Applied Statistics, 23*(3), 414-419.

99. Brown, A., & Maydeu-Olivares, A. (2011). Item response modeling of forced-choice questionnaires. *Educational and Psychological Measurement, 71*(3), 460-502.

100. Brown, R. V. (1967). Evaluation of total survey error. *Statistician, 17*(4), 335-356.

101. Brown, W. (1910). Some experimental results in the correlation of mental abilities. *British Journal of Psychology, 3,* 296-322.

102. Burton, S., & Blair, E. (1991). Task conditions, response formulation processes, and response accuracy for behavioral frequency questions in surveys. *Public Opinion Quarterly, 55*(1), 50-79.

103. Campbell, D. T., & Stanley, J. C. (1963). *Experimental and quasi-experimental designs for research.* Rand McNally & Company.

104. Casper, W. C., Edwards, B. D., Wallace, J. C., Landis, R. S., & Fife, D. A. (2020). Selecting response anchors with equal intervals for summated rating scales. *Journal of*

Applied Psychology, 105(4), 390-409.

105. Castro, M. (2007). Placebo versus best-available-therapy control group in clinical trials for pharmacologic therapies: Which is better?. *Proceedings of the American Thoracic Society, 4*(7), 570 - 573.
106. Chyung, S. Y., Swanson, I., Roberts, K., & Hankinson, A. (2018). Evidence-based survey design: The use of continuous rating scales in surveys. *Performance Improvement, 57*(5), 38-48.
107. Cialdini, R. (1984). *Influence: The psychology of persuasion*. William Morrow e Company.
108. Cohen, J. (1960). A coefficient of agreement for nominal scales. *Educational and Psychological Measurement, 20*(1), 37-46.
109. Cohen, L., Manion, L., & Morrison, K. (2011). *Research Methods in Education* (7th ed.). Routledge.
110. Collis, J., & Hussey, R. (2003). *Business research: A practical guide for undergraduate and postgraduate students* (2nd ed.). Palgrave Macmillan.
111. Cook, T. D., &; Campbell, D. T. (1979). *Quasi-experimentation: Design and analysis issues for field settings*. Houghton Mifflin.
112. Corbin, J. M., & Strauss, A. L. (2015). *Basics of qualitative research: Techniques and procedures for developing grounded theory*. Sage.
113. Cortina, J. M. (1993). What is coefficient alpha?: An examination of theory and applications. *Journal of Applied Psychology, 78*(1), 98 - 104.
114. Couper, M., Kenyon, K., & Tourangeau, R. (2004). Picture this!: An analysis of visual effects in web surveys. *Public Opinion Quarterly, 68*(2), 255-266.
115. Couper, M., & Nicholls Ⅱ, W. L. (1998). The history and development of computer assisted survey information collection methods. In M. P. Couper, R. P. Baker, J. Bethlehem, C. Z. Clark, J. Martin, W. L. Nicholls II, & J. M. O'Reilly (eds.), *Computer assisted survey information collection*. John Wiley & Sons.
116. Couper, M., Traugott, M., & Lamias, M. (2001). Web survey design and administration. *Public Opinion Quarterly, 65*, 230-253.
117. Creswell, J. (2014). *Research design: Qualitative, quantitative, and mixed methods approaches* (4th ed.). Sage.
118. Creswell, J., & Plano Clark, V. I. (2011). *Designing and conducting mixed research methods research* (2nd ed.). Sage.
119. Croasmun, J. T., & Ostrom, L. (2011). Using Likert-type scales in the social sciences. *Journal of Adult Education, 40*(1), 19-22.
120. Das, G. (2018). A review on projective techniques applied on social science research. *International Journal of Research in Business Studies and Management, 5*(3), 10-14.
121. Davis, R. E., Couper, M. P., Janz, N. K., Caldwell, C. H., & Resnicow, K. (2010). Interviewer effects in public health surveys. *Health Education Research, 25*(1), 14 - 26.
122. De Vet, H. C. W., Terwee, C. B., Mokkink, L. B., & Knol, D. L. (2011). *Measurement in medicine: A practical guide*. Cambridge University Press.
123. Dillman, D. A. (2007). *Mail and Internet surveys: The tailored design method* (2nd ed.). John Wiley & Sons.
124. Durgee, J. F. (1986). Richer findings from qualitative research. *Journal of Advertising Research, 26*(4), 36-44.
125. Durrant, G. B., D'Arrigo, J., & Steele, F. (2011). Using field process data to predict best times of contact conditioning on household and interviewer influences. *Journal of the Royal Statistical Society: Series A, 174*(4), 1029-1049.

126. Egami, N., & Hartman, E. (2023). Elements of external validity: Framework, design, and analysis. *American Political Science Review, 117*(3), 1070 - 1088.
127. Entman, R. M. (1992). Blacks in the news: Television, modern racism and cultural change. *Journalism Quarterly, 69*(2), 341 - 361.
128. Entman, R. M. (1993). Framing: Toward clarification of a fractured paradigm. *Journal of Communication, 43*(4), 51 - 58.
129. Ertosun, Ö., Erdil, O., Deniz, N., Alpkan, L. (2015). Positive psychological capital development: A field study by the Solomon four group design. *International Business Research, 8*(10). 102 - 111.
130. Eyvindson, K., Kangas, A., Hujala, T. and Leskinen, P. (2015). Likert versus Q-approaches in survey methodologies: Discrepancies in results with same respondents. *Quality & Quantity, 49*(2), 509-522.
131. Falk, C. F., & Savalei, V. (2011). The relationship between unstandardized and standardized alpha, true reliability, and the underlying measurement model. *Journal of Personality Assessment, 93*(5), 445 - 453.
132. Fix, G. M., Kim, B., Ruben, M., & McCullough, M. B. (2022). Direct observation methods: A practical guide for health researchers. *PEC Innovation, 1*, 1-7.
133. Fowler, F. J., & Mangione, T. W. (1990). *Standardized survey interviewing: Minimizing interviewer-related error.* Sage.
134. Frankfort-Nachmias, C., & Nachmias, D. (2000). *Research methods in the social sciences* (6th ed.). Worth Publishers.
135. Freedman, D. A. (2001). Ecological inference and the ecological fallacy. *International Encyclopedia of the Social and Behavioral Sciences, 6*, 4027-4030.
136. Gauch, Jr., H. G. (2003). Scientific method in practice. Cambridge University Press.
137. Gerbner, G., Gross, L., Signorielli, N., Morgan, M. and Jackson-Beeck, M. (1979), The demonstration of power: Violence profile no. 10. *Journal of Communication, 29*(3), 177-196.
138. Glaser, B. G., & Strauss, A. L. (1967). *The discovery of grounded theory: Strategies for qualitative research*. Aldine.
139. Glenn, N. D. (1977). *Cohort analysis*. Sage.
140. Greene, W. H. (2018). *Econometric analysis* (8th ed.). Pearson Education.
141. Grix, J. (2002). Introducing students to the general terminology of social research. *Politics, 22(*3), 175-186.
142. Groves, R. M. (1989). *Survey errors and survey costs.* John Wiley & Sons.
143. Groves, R. M., & Couper, M. P. (1998). *Nonresponse in household interview surveys.* John Wiley & Sons.
144. Groves, R. M., Fowler, F. J,, Couper, M. P., Leepkowski, J. M., Singer, E., & Tourangeua, R. (2004). *Survey methodology*. John Wiley & Sons.
145. Groves R. M., & Lyberg, L. (2010). Total survey error: Past, present, and future. *Public Opinion Quarterly, 74*(5), 849-879.
146. Grunert, K. G., Beckmann, S. C., & Sørensen, E. (2000). Means-end chains and laddering: An inventory of problems and an agenda for research. In T. J. Reynolds & J. C. Olson (Eds.), *Understanding consumer decision making* (pp. 63-90). Erlbaum.
147. Guest, G. (2000). Using Guttman scaling to rank wealth: Integrating quantitative and qualitative data. *Field Methods, 12*(4), 346-357.
148. Guilford, J. P. (1954). *Psychometric methods* (2nd ed.). McGraw-Hill.
149. Gujarati, D. N. (2004). *Basic econometrics* (4th ed.). McGraw Hill.

150. Guttman, L. (1944). A basis for scaling qualitative data. *American Sociological Review, 9*(2), 139-150.
151. Harris, A. D., McGregor, J. C., Perencevich, E. N., Furuno, J. P., Zhu, J., Peterson, D. E., & Finkelstein, J. (2006). The use and interpretation of quasi-experimental studies in medical informatics. *Journal of the American Medical Informatics Association, 13*(1), 16 - 23.
152. Hatchett, S., & Schuman, H. (1975). White respondents and race-of-interviewer effects. *Public Opinion Quarterly, 39*(4), 523 - 528.
153. Hawkins, D. I., Albaum, G., & Best, R. (1974). Stapel scale or semantic differential in marketing research?. *Journal of Marketing Research, 11*(3), 318 - 322.
154. Hjortskov, M. (2017). Priming and context effects in citizen satisfaction surveys. *Public Administration, 95*(4), 912-926.
155. Holsti, O. R. (1969). *Content analysis for the social science and humanities.* Addison-Wesley Publishing.
156. Hovland, C. I., & Weiss, W. (1951). The influence of source credibility on communication effectiveness. *Public Opinion Quarterly, 15*, 635-650.
157. Hung, H. L., Altschuld, J. W., & Lee, Y. F. (2008). Methodological and conceptual issues confronting a cross-country Delphi study of educational program evaluation. *Evaluation and Program Planning, 31*(2), 191 - 198.
158. Jabareen, Y. (2009). Building a conceptual framework: Philosophy, definitions, and procedure. *International Journal of Qualitative Methods, 8*(4), 49-62.
159. Jamieson, S. (2004). Likert scales: How to (ab)use them. *Medical Education, 38*(12), 1217-1218.
160. Jenkins, C. R., & Dillman, D. A. (1997). Towards a theory of self-administered questionnaire design. In L. Lyberg, P. Biemer, M. Collins, E. de Leeuw, C. Dippo, N. Schwartz, & D. Trewin (Eds.), *Survey measurement and process quality* (pp. 165-196). Wiley.
161. Jones, T., & Taylor, S. F. (2007). The conceptual domain of service loyalty: How many dimensions? *Journal of Services Marketing, 21*(1), 36-51.
162. Kamalu, I. O., Niyomwungere, F., & İlker, E. (2024). A comprehensive analysis of cluster sampling versus multi-stage sampling techniques: Methodologies, applications, and comparative insights. *Pioneer Journal of Biostatistics and Medical Research, 2*(1), 21-30.
163. Kane, E. W., & Macaulay, L. J. (1993). Interviewer gender and gender attitudes. *Public Opinion Quarterly, 57*(1), 1 - 28.
164. Kasprzyk, D. (2005). *Measurement error in household surveys: Sources and measurement.* Mathematica Policy Research Reports.
165. Kaya, C. (2015). Internal validity: A must in research designs. *Eduational Research and Reviews, 10*(2), 111-118.
166. Keeney, S., Hasson, F., & McKenna, H. (2006). Consulting the oracle: Ten lessons from using the Delphi technique in nursing research. *Journal of Advanced Nursing, 53*(2), 205-212.
167. Kennedy-Shaffer, L., Qiu, X., & Hanage, W. P. (2021). Snowball sampling study design for serosurveys early in disease outbreaks. *American Journal of Epidemiology, 190*(9), 1918 - 1927.
168. Kerlinger, F. N., & Lee, H. B. (2000). *Foundations of behavioral research* (4th ed.). Holt, Rinehart & Winston.

169. Kim, S. & Jung, Y. (2023) Development of semantic differential scales for artificial intelligence agents. *International Journal of Social Robotics, 15*, 1155 - 1167.
170. Kirchherr, J., & Charles, K. (2018). Enhancing the sample diversity of snowball samples: Recommendations from a research project on anti-dam movements in Southeast Asia. *PLoS ONE, 13*(8), 1-17.
171. Kuder, G. F., & Richardson, M. W. (1937). The theory of the estimation of test reliability. *Psychometrika, 2*(3), 151 - 160
172. Kuhn, T. S. (1962). The structure of scientific revolutions. University of Chicago Press.
173. Krippendorff, K. (2013). Content analysis: An introduction to its methodology (3rd ed.). Thousand Oaks, CA: Sage.
174. Krueger, R. A., & Casey, M. A. (2009). *Focus groups: A practical guide for applied research* (4th ed.). Sage. [민병오 · 조대현 (역) (2014). <포커스그룹: 응용조사 실행방법>. 명인문화사.]
175. Krosnick, J. A. (1991). Response strategies for coping with the cognitive demands of attitude measures in surveys. *Applied Cognitive Psychology, 5*(3), 213-236.
176. Krosnick, J. A., & Alwin. D. F. (1987). An evaluation of a cognitive theory of response-order effects in survey measurement. *Public Opinion Quarterly, 51*(2), 201-219.
177. Krosnick J. A., & Presser S. (2009). Question and questionnaire design. In P. V. Marsden & J. D. Wright (Eds.), *Handbook of survey research* (pp. 263 - 313). Emerald Group.
178. Lawshe, C. H. (1975). A quantitative approach to content validity. *Personnel Psychology, 28*(4), 563-575.
179. Lee, E. (2021). Psychometric property of an instrument 4: Reliability and responsiveness. *Korean Journal of Women Health Nursing, 27*(4), 275-277
180. Levitt, S. D., & List, J. A. (2011). Was there really a Hawthorne effect at the Hawthorne plant?: An analysis of the original illumination experiments. *American Economic Journal: Applied Economics, 3*(1), 224 - 238.
181. Lewis, T., Gorsak, M., & Yount, N. (2018). *An automated refusal conversion strategy for web surveys*. Proceedings of the 2018 Federal Committee on Statistical Methodology research conference.
182. Likert, R. (1932). *A technique for the measurement of attitudes*. Columbia University Press.
183. Lynn, M. R. (1986). Determination and quantification of content validity. *Nursing Research, 35*(6), 382-385.
184. Malhotra, N. K. (2010). *Marketing research: An applied orientation* (6th ed.). Pearson Prentice Hall.
185. Mayer, T. S., O'Brien, E., & Mayer, T. (2001). *Interviewer refusal aversion training to increase survey participation*. Proceedings of the Annual Meeting of the American Statistical Association.
186. McCombs, M. E. & Shaw, D. L. (1972). The agenda-setting function of the mass media. *Public Opinion Quarterly, 36*(2), 176-187.
187. McLeod, S. (2024). *Observation method in psychology: Naturalistic, participant and controlled*. https://www.simplypsychology.org/observation.html
188. McQuail, D. (2010). McQuail's mass communication theory (6th ed.). Sage.
189. Mercer, A., Caporaso, A., Cantor, D., & Townsend, R. (2015). How much gets you how much?: Monetary incentives and response rates in household surveys. *Public*

Opinion Quarterly, 79(1), 105-129.

190. Morgan, D. L. (1998a). *Planning focus groups.* Sage.
191. Morgan, D. L. (1998b). Practical strategies for combining qualitative and quantitative methods: Applications for health research. *Qualitative Health Research, 8*(3), 362-376.
192. Moors, G., Kieruj, N. D., & Vermunt, J. K. (2014). The effect of labeling and numbering of response scales on the likelihood of response bias. *Sociological Methodology, 44*(1), 369-399.
193. Mullen, P. M. (2003). Delphi: Myths and reality. *Journal of Health Organization and Management, 17*(1), 37-52.
194. Needham, R. D., & de Loë, R. C. (1990) The policy Delphi: Purpose, structure and application. *Canadian Geographer, 34*(2), 133-42.
195. Neuman, W. L. (2014). *Social research methods: Qualitative and quantitative approaches.* (7th ed.) Pearson. [박기우 · 이정우 · 유희숙 · 문성균 · 박혜상 (역) (2013). <사회 연구 조사 방법론: 질적 연구와 양적 연구 방법>. 이앤비플러스.]
196. Nunnally, J. C., & Bernstein, I. H. (1994). *Psychometric theory* (3rd ed.). McGraw-Hill.
197. Oliver, R. L. (1999). Whence consumer loyalty? *Journal of Marketing, 63*(4), 33-44.
198. Osgood, C., Suci, G., & Tannenbaum, P. (1957). *The measurement of meaning.* University of Illinois Press.
199. Palys, T. (2008). Purposive sampling. In L. M. Given (ed.), *The Sage encyclopedia of qualitative research methods* (Vol. 2) (pp. 697-698). Sage.
200. Patton, M. (1990). *Qualitative evaluation and research methods.* Sage.
201. Parrillo, V. N., & Donoghue, C. (2005). Updating the Bogardus social distance studies: A new national survey. *Social Science Journal, 42*, 257-271.
202. Perry, D. K (2002). *Theory and research in mass communication: Contexts and consequences* (2nd ed.). Lawrence Erlbaum.
203. Phillips, D. L., & Clancy, K. J. (1972). Some effects of 'social desirability' in survey studies. *American Journal of Sociology, 77*(5), 921-940.
204. Piotrowski, C. (2015). Projective techniques usage worldwide: A review of applied settings 1995-2015. *Journal of the Indian Academy of Applied Psychology, 41*(3), 9-19.
205. Polit, D. F., & Beck, C. T. (2006). The content validity index: Are you sure you know what's being reported?: Critique and recommendations. *Research in Nursing & Health, 29*(5), 489-497.
206. Polit, D. F., & Yang, F. M. (2015). *Measurement and the measurement of change.* Wolters Kluwer.
207. Popper, K. R. (1959). The logic of scientific discovery. Basic Books.
208. Powell, C. (2003) The Delphi technique: Myths and realities. *Journal of Advanced Nursing, 41*(4), 376-382.
209. Presser, S., & Stinson, L. (1998). Data collection mode and social desirability bias in self-reported religious attendance. *American Sociological Review, 63*(1), 137 - 145.
210. Price, P., Jhangiani, R., & Chiang, I. (2015). *Research methods of psychology* (2nd ed.). BCcampus.
211. Redline, C., & Dillman D. A. (2002). The influence of alternative visual designs on respondents' performance with branching instructions in self-administered questionnaires. In R. M. Groves, D. A. Dillman, J. L. Eltinge, & R. J. A. Little (Eds.), *Survey nonresponse* (pp. 179-196). Wiley.
212. Reips, U-D., & Funke, F. (2008). Interval-level measurement with visual analogue scales in Internet-based research: VAS generator. *Behavior Research Methods, 40*(3),

699-704.

213. Reynolds, T. J., & Gutman, J. (1988). Laddering theory, method, analysis, and interpretation. *Journal of Advertising Research, 28*(1), 11-31.

214. Riffe, D., Lacy, S., & Fico, F. G. (1998). *Analyzing media messages: Using quantitative content analysis in research*. Lawrence Erlbaum. [배현석 (역) (2001). <미디어 내용분석 방법론>. 커뮤니케이션북스]

215. Ríos, V. R., & del Campo, E. P. (2013). *Business research methods: Theory and practice*. ESIC.

216. Robinson, W. S. (1950). Ecological correlations and the behavior of individuals. *American Sociological Review, 15*(3), 351 - 357.

217. Rojas-Rivas, E., Espinoza-Ortega, A., Thomé-Ortiz, H., & Cuffia, F. (2022). More than words! A narrative review of the use of the projective technique of word association in the studies of food consumer behavior: Methodological and theoretical implications. *Food Research International, 156*, 111-124.

218. Rubin, A., & Babbie, E. (2016). *Essential research methods for social work* (4th ed.). Cengage Learning.

219. Saldaña, J. (2024). *Developing theory through qualitative inquiry*. Sage.

220. Salganik, M. J. (2018). *Bit by bit: Social research in the digital age*. Princeton University Press.

221. Salkind, N. J. (2010). *Encyclopedia of research design*. Sage.

222. Saretsky, G. (1972). The OEO P.C. experiment and the John Henry effect. *Phi Delta Kappan, 53*(9), 579 - 581.

223. Scheufele, D. A., & Tewksbury, D. (2007). Framing, agenda setting, and priming: The evolution of three media effects models. *Journal of Communication, 57*(1), 9-20.

224. Scheaffer, R. L., Mendenhall III, W. Ott, R. L. Gerow, K. G. (2012). *Survey sampling* (7th ed.). Cengage Learning.

225. Schuman, H., & Presser, S. (1988). Question-order effects on the determinants of subjective well-being. *Public Opinion Quarterly, 52*(3), 351-364.

225. Schwarz, N., Strack, F., & Mai, H. (1991). Assimilation and contrast effects in part-whole question sequences: A conversational logic analysis. *Public Opinion Quarterly, 55*(1), 3 - 23.

226. Schwarz, N., Knäuper, B., Hippler, H., Noelle-Neumann, E., & Clark, L. (1991). Rating scales: Numeric values may change the meaning of scale labels. *Public Opinion Quarterly, 55*(4), 570 - 582.

227. Scott, W. A. (1955). Reliability of content analysis: The case of nominal scale coding. *Public Opinion Quarterly, 19*(3), 321-325.

228. Selb, P., & Munzert, S. (2013). Voter overrepresentation, vote misreporting, and turnout bias in postelection surveys. *Electoral Studies, 32*(1), 186-196.

229. Shadish, W. R., Cook, T. D., & Campbell, D. T. (2002). *Experimental and quasi-experimental designs for generalized causal inference*. Houghton Mifflin.

230. Shariff, N. (2015). Utilizing the Delphi survey approach: A review. *Journal of Nursing Care, 4*(3), 246-251.

231. Shoemaker, P., & Reese, S. D. (1990). Exposure to what? Integrating media content and effects studies. *Journalism Quarterly, 67*(4), 649-652.

232. Shoemaker, P., & Reese, S. D. (2014). *Mediating the message in the 21st Century* (3rd ed.). Routledge.

233. Signorielli, N. (1993). Television and adolescents' perceptions about work. *Youth &*

Society, 24(3), 314-341.
234. Singleton, R. A., & Straits, B. C. (2018). *Approaches to social research* (6th ed.). Oxford University Press.
235. Smith H. L. (1979). Ethical considerations in research involving human subjects. *Ethics in Science & Medicine, 6*(3), 167 - 175.
236. Solomon, R. L. (1949). An extension of control group design. *Psychological Bulletin, 46*, 137-150.
237. Spearman, C. (1910). Correlation calculated from faulty data. *British Journal of Psychology, 3*, 271-295.
238. Stark, T. H., Silber, H., Krosnick, J. A., Blom, A. G., Aoyagi, M., Belchior, A., Bosnjak, M., Clement, S. L., John, M., Jónsdóttir, G. A., Lawson, K., Lynn, P., Martinsson, J., Shamshiri-Petersen, D., Tvinnereim, E., & Yu, R. (2018). Generalization of classic question order effects across cultures. *Sociological Methods & Research, 49*(3), 567-602.
239. Stenner, P., & Capdevila, R. (2020). *Q methodology*. Sage.
240. Stevens, S. S. (1946). On the theory of scales of measurement. *Science, 103*(2684), 677 - 680.
241. Stewart, C. J., & Cash, W. B. (2018). *Interviewing principles and practices* (15th ed.). McGraw Hill Education
242. Strack, F., Martin, L., & Schwarz, N. (1988). Priming and communication: Social determinants of information use in judgments of life satisfaction. *European Journal of Social Psychology, 18*(5), 429 - 442.
243. Sudman, S., & Bradburn, N. (1973). Effects of time and memory factors on response in surveys. *Journal of American Statistical Association, 68*(344), 805-815
244. Taber, K. S. (2018). The use of Cronbach's alpha when developing and reporting research instruments in science education. *Research in Science Education, 48*, 1273 - 1296.
245. Thangaratinam, S., & Redman, C. (2005). The Delphi technique. *Obstetrician & Gynaecologist, 7*, 120-125.
246. Thurstone, L. L. (1928). Attitudes can be measured. *American Journal of Sociology, 33*(4), 529-554.
247. Ting, H., Memon, M. A., Ramayah, T., & Cheah, J. (2025). Snowball sampling: A review and guidelines for survey research. *Asian Journal of Business Research, 15*(1), 1-15.
248. Torgerson, W. S. (1958). *Theory and methods of scaling*. Wiley.
249. Tourangeau, R., Rips, L. J., & Rasinski, K. (2000). *The psychology of survey response*. Cambridge University Press.
250. Tourangeau, R., & Yan, T. (2007). Sensitive questions in surveys. *Psychological Bulletin, 133*(5), 859 - 883.
251. Traugott, M. W., Groves, M. G., & Lepkowski, J. M. (1987). Using dual frame designs to reduce nonresponse in telephone surveys. *Public Opinion Quarterly, 51*(4), 522 - 539.
252. Wallace, W. L. (1971). *The logic of science in sociology*. Aldine Publishing
253. Wark, C., & Galliher, J. F. (2007). Emory Bogardus and the origins of the social distance scale. *American Sociologist, 38*(4), 383-395.
254. Weitzer, R., & Kubrin, C. (2004). Breaking news: How local TV news and real-world conditions affect fear of crime. *Justice Quarterly, 21*(3), 497-520.
255. Wimmer, R. D. & Dominick, J. R (2009). *Mass media research: An introduction* (8th ed.). Wadsworth Publishing. [유재천 · 김동규 (역) (2009). <매스미디어 연구방법론>.

Cengage Learning Korea]

256. Yang, M., & Yu. R. (2008). The interviewer effect when there is an education gap with the respondent: Evidence from a survey on biotechnology in Taiwan. *Social Science Research*, *37*(4), 1321-1331.
257. Zavgren, C. V., & Lambert, S. J. (1980). The applicability of Torgerson's concept of fiat measurement in developmental stages of the social sciences. *Transactions of the Nebraska Academy of Sciences*, *8*, 237 - 241.

[부록 1] 논문 작성규정

이 규정은 미국심리학회의 <출판지침>(Publication Manual of the American Psychological Association, 7th ed.)에 근거한 한국언론학보 논문 작성규정을 축약한 것이다.

1. 논문의 구성요소와 내용

논문은 제목, 저자명과 소속, 영문 초록, 국문 초록, 본문, 참고 문헌, 부록 순으로 구성한다.

1) 제 목

논문 제목과 부제목은 진한 글씨로 가운데 정렬한다.

2) 본 문

(1) 본문의 소제목들은 수준별로 구분하고 '1. → 1)→ (1)' 식 표기를 사용한다(예).
　　예: 3. 연구방법
　　　1) 조사 참여자와 조사 절차
　　　2) 독립 변인의 측정
　　　3) 종속 변인의 측정
　　　　(1) 행동 변인의 측정

(2) 본문에 한자나 외국어가 등장하면, 먼저 우리말 음독을 쓰고 괄호 안에 한자나 외국어를 병기한다. 이미 사용한 외국어는 이후 한글로만 표기한다. 괄호 안의 영문은 고유명사와 축약어를 제외하고 모두 소문자로 표기한다.

(3) 축약어는 처음 사용시 정의를 대괄호([ ]) 안에 제시한다. 국문 다음에는 괄호를 붙여 쓰고, 영문 다음에는 띄어 쓴다(예).
　　예, 교류망 서비스(social network service [SNS])는 …

3) 참고문헌, 부록

(1) 참고문헌은 본문의 끝에서 두 줄을 띈 후, 가운데 정렬로 진하게 References라고 제목을 붙인다.

(2) 분량이나 내용 전개 등의 문제로 본문 내에서 포함하기는 어려우나 연구내용을 이해하는 데 도움이 될 수 있는 자료들은 부록에 제시한다(예, 설문 문항 등). 부록이 여러 개일 경우 로마숫자로 번호를 부여한다(예, 부록Ⅰ－1, 부록Ⅰ－2, 부록Ⅱ－1, 부록 Ⅱ－2).

2. 문헌 인용 표기법

1) 일반적 인용 규정

(1) 저자명이 본문 중에 나올시, 국내 저자의 연구를 인용할 경우에는 저자명을 쓰고 출판연도를 괄호로 묶어서 쓴다(예 1). 외국 저자명은 우리말식 음독을 쓰고 괄호 안에 원어 이름과 출판 연도를 적는다. 동양 저자명은 모두 쓰지만(예 2), 서양 저자명은 성(姓)만 표기한다(예 3). 외국 저자명을 본문 중에 재차 인용할 경우, 우리말식 음독만 쓰고 원어 이름은 표기하지 않는다(예 2, 예 3).

예 1, 홍길동(1996)은 …주장했다. 홍길동은 또한 …주장했다.

예 2, 마오쩌둥(毛澤東, 1977)은 … 주장했다. 마오쩌뚱은 또한 … 주장했다.

예 3, 윌리엄스(Williams, 1990)는 … 주장했다. 윌리엄스는 또한 … 주장했다.

(2) 저자명이 본문 중에 나오지 않을 경우, 인용할 내용의 문장 뒤에 저자명(서양 저자는 姓만)과 출판연도를 쓴다(예).

예, …를 제시하였다(홍길동, 1986) …을 주장하였다(Williams, 1990).

(3) 재인용 시, 원전의 저자명과 출판연도를 제시하고 쌍점(:) 뒤에 재인용한 자료의 저자명과 출판연도를 제시한다(예 1, 예 2).

예 1, 홍길동(2000: 장길산, 2005 재인용)은 ….

예 2, …를 주장하였다(Williams, 1979: 홍길동, 1991 재인용).

(4) 약 40 단어 미만의 글을 직접 인용할 경우, 직접 인용하는 단어, 어구, 문장을 따옴표로 표시하고 괄호 안에 저자명, 출판연도 그리고 쪽수를 쓴다(예). 국내 문헌을 직접 인용할 경우, "(25쪽)" 식으로 표기한다. 외국 문헌 직접 인용의 경우는 "(p. 25)" 또는 "(pp. 25－26)" 식으로 표시한다.

예, 홍길동(1996)은 "정치는 문화"(25쪽)라고 주장했다.

(5) 다른 저자가 쓴 약 40단어 이상의 글을 직접 인용할 경우, 별도의 블록을 만들어서 따옴표 없이 제시하고 블록 전체를 들여쓰기한다. 최종 마침표 뒤에 괄호를 열고 저자명, 연도 그리고 쪽수 혹은 필요한 내용을 표기한다.

2) 여러 저자의 단일 연구 인용

(1) 저자 두 명이 함께 수행한 연구를 본문 중에 인용할 경우, 두 저자명을 '와(과)'로 연결하여 그 연구를 인용할 때마다 두 저자명을 모두 기재한다(예 1, 예 2). 서양 저자 두 명을 괄호를 사용하여 제시할 경우, 앤드 기호(&)를 사용하여 구분한다(예 2). 문장 끝에 괄호를 사용하여 인용할 경우, 한국과 동양 저자 두 명은 반각 가운뎃점(·)을 사용하여 구분하며(예 3), 서양 저자 두 명은 앤드 기호(&)를 사용하여 구분한다(예 4).

예 1, 홍길동과 장길산(2010)은 …

예 2, 윌리엄스와 워싱턴(Williams & Washington, 1990)은 …

예 3, …을 발견했다(홍길동 · 장길산, 2010).

예 4, …이 발견했다(Williams & Washington, 1990).

(2) 셋 이상 저자가 참여한 연구를 본문에 인용할 때, 처음 인용할 때부터 첫 번째 저자명 뒤에 '등' 또는 '외'를 사용한다(예 1, 예 2). 영문 문헌의 경우, 첫 번째 저자명 뒤에 'et al.'을 사용한다(예 3).

예 1, 홍길동 등(2010)은 … 주장했다. 홍길동 등은 또한 …

예 2, … 발견했다(홍길동 등, 2010).

예 3, 윌리엄스 등(Williams et al., 1990)은 … 주장했다. 윌리엄스 등은 또한 … 주장했다.

3) 두 편 이상 연구를 인용했을 경우 표기 순서

(1) 한 괄호 안에 두 개 이상의 연구를 인용 표기할 때에는 먼저 국내 문헌, 동양 문헌(국가명의 가나다순), 서양 문헌 순으로 배열하고, 저자명의 가나다순(영문은 알파벳순)으로 배열한다. 연구와 연구 사이에는 쌍반점(;)을 기입한다.

예, 여러 연구들(장길산, 1994; 홍길동, 2000; 毛澤東,1977; Washington, 1990)에서…

(2) 동일 저자(들)의 연구를 두 편 이상 인용할 경우, 출판 연도순으로 오래된 것부터 배열한다(예 1). 이때 저자명은 한 번만 기입하고 출판 연도만 쓴다. 출판 연도까지 동일할 경우, 제목의 가나다 순서로(영문은 알파벳 순서) 출판 연도 뒤에 알파벳 소문자를 사용하여 다르게 제시한다(예 2).

예 1, 선행 연구들(홍길동 · 장길산, 1992, 2011, 2016)에서…

예 2, 최근 연구(홍길동, 2010a, 2010b)에서는…

3. 참고 문헌 목록의 작성

1) 일반적 규정

(1) 참고문헌은 본문 다음에 'References'라는 제목(가운데 정렬, 진하게) 아래 나열하되, 본문에서 인용하거나 언급한 문헌만을 제시한다.

(2) 같은 저자의 문헌은 출판연도가 오래된 순서대로 배열하되, 같은 연도의 것이 두 편 이상일 때에는 연도 다음에 'a, b, c' 등을 넣어 구별한다.

(3) 참고문헌은 저자의 성(last name)을 적고, 이름(first name)과 가운데 이름(middle name)의 첫 글자를 대문자로 표기하고 생략 표시로 마침표를 찍는다. 서양 문헌의 경우는 맨 마지막 저자 이름 앞에 '&'를 사용하여 이름들을 구분한다(예, Smith, A. B., Johnson, C. D., Williams, E. F., & Brown, G. H.)

(4) 부록으로 제시되는 국내문헌과 동양문헌의 저자명은 완전한 성명을 표기한다. 저자가 여러 명일 경우 반각 가운뎃점(·)을 사용하여 구분한다(예, 홍길동 · 장길산 · 임꺽정)

2) 일반적 문헌의 종류별 표기

(1) 학술 논문

– 학술 논문은 연구자명, 출판 연도, 논문 제목, 정기 간행물명, 권수(volume

number), 호수(issue number), 쪽 순으로 표기한다.

- 서양 학술지 논문의 경우, 주제목과 부제목의 첫 번째 단어의 첫 글자만 대문자로 표기한다.
- 국내 정기 간행물명은 꺽쇠(< >)를 사용하여 표기한다(예, <한국언론학보>). 서양 정기 간행물명은 이탤릭체로 표기하되 주요 단어의 첫 글자를 대문자로 표기한다(예, *Journal of Communication*).
- 국내 학술지 논문의 경우, 권수와 호수를 '몇권 몇호'라고 표기하고 쪽수를 기입한다. 쪽수는 붙임표(-)를 사용한다(예 1). 서양 학술지 논문의 경우, 학술지명 뒤에 권수를 이탤릭체로 표기하고, 호수는 괄호 안에 표기하되 이탤릭체를 사용하지 않는다(예 2).

  예 1, 홍길동 (2018). 포털과 지역혐오. <한국언론학보>, 62권 6호, 7-36.

  예 2, Yang, H. (2018). Hate speech. *Journal of Journalism, 62*(6), 7-36.

(2) 저서 또는 보고서

- 저서 또는 보고서는 저자명, 편집서 여부, 출판 연도, 저작물 제목, 출판사 순으로 표기한다(예 1).
- 국내 저작물 제목은 꺽쇠(< >)를 사용한다. 서양 저작물 제목은 이탤릭체로 표기하고, 주제목과 부제목의 첫 번째 단어의 첫 글자만 대문자로 표기한다.
- 판 횟수(edition)는 제목 뒤에 '(제2판)'식으로 표기하고, 영문일 경우에는 '(2nd ed.)'식으로 표기한다.
- 국내 편집서는 저자명 뒤에 '(편)', 서양 편집서는 '(Ed.)' 또는 '(Eds.)'를 표기한다(예 2, 예 3).

  예 1, 홍길동 (1990). <언론산업>. 책나라.

  예 2, 장길산(편) (2014). <외국언론>. 책동네.

  예 3, Burgoon, J. K., & Woodall, W. G. (1986). *Nonverbal communication* (Eds.). Harper &Row.

(3) 편집서나 저서에 포함된 단일 논문

- 단행본으로 발간된 서적에 포함된 문헌을 인용했을 경우, 인용한 장(章,chapter)의 저자명, 출판 연도, 장의 제목, 편집자명, (편), 편집서명, 해당 쪽수, 출판사명 순으로 표기한다(예 1).
- 장(章)의 제목은 학술지명 표기에 따르고 편집서명은 저서 표기에 따른다. 영문으로 표기하는 경우, 편집자명 앞에 'In'을 쓰고 이름(first name)과 가운데 이름(middle name)의 첫 글자를 쓰고 성(last name)을 기재한다(예 2). 마지막 편집자의 성 뒤에 바로 '(Ed.)' 또는'(Eds.)'를 쓴다.

  예 1, 홍길동 (1990). 한국 언론의 전망. 장길산(편), <한국 언론학의 조망> (45-66쪽). 새나라.

  예 2, Berger, C. R. (1987). Communicating under uncertainty. In M. E. Roloff & G. R. Miller (Eds.), *Interpersonal processes* (pp. 39-62). Sage.

(4) 번역서와 편역서

- 번역서 또는 편역서는 원저자, 원저의 출판 연도, 원저의 제목과 출판본, 역자, (역), 번역서의 출판 연도, 번역서의 제목, 출판사 순으로 표기한다.
- 역자명 뒤에 '(역)' 또는 '(편역)'을 표기하여 역서임을 표시한다(예 1).

예 1, Seidman, S. (1998). *Contested knowledge: Social theory in the postmodern era* (2nd ed.). Blackwell. [박창호 (역) (1999). <지식 논쟁: 포스트모던 시대의 사회이론>. 문예출판사.]

(5) 학술대회 발표논문

- 학술대회에서 발표된 논문은 발표자명, 발표 연도 및 월, 발표 논문 제목, 학술발표회명, 발표 도시 순으로 표기한다(예).

예, 홍길동 (2014, 5월). <한국 방송정책 연구의 동향>. 한국언론학회 봄철 정기학술대회 언론정책 분과. 서울: 한국대학교.

(6) 학위 논문

- 국내 대학의 학위 논문은 저자명, 학위 수여 연도, 학위 논문 제목, 학위 수여 대학, 학위명 순으로 적는다(예 1).
- 서양 대학의 경우, 먼저 학위명을 표기한 후 쉼표를 하고 학위 수여 대학 그리고 국가명(미국은 주명)을 표기한다. 학위 논문 제목은 저서 제목 표기 방식을 따른다(예 2).

예 1, 홍길동 (1994). <한국 방송정책 연구의 동향>. 한국대학교 대학원 박사학위 논문.

예 2, Ryerson, J. F. (1983). *Effective management training*. Unpublished master's thesis, Clarke College of Technology, Potsdam, NY.

(7) 신문 잡지 뉴스레터 기사

- 신문, 잡지, 뉴스레터 등은 출판 일자가 분명할 경우, 저자명 뒤의 괄호 안에 출판년, 월, 일을 표기하고, 그렇지 않은 경우, 출판 연도와 월만 표기하거나 또는 출판 연도와 계절을 표기한다. 신문기사의 경우, 기사 게재 면을 표기한다(예 1).
- 기사가 여러 면에 걸쳐 나뉘어 실린 경우는 기사가 실린 해당 면 모두를 기입한다(예 2).

예 1, 장길산 (1997, 7, 29). 심장 발작에 의한 사망률을 낮추는 신약개발. <한국신문>, 4면.

예 2, Schwarz, J. (1993, September 30). Social status. *Washington Post*, pp. A1, A4.

3) 온라인 자료 표기

(1) 정기 간행물

- 통합된 데이터베이스에서 얻은 정기 간행물 문서일 경우 그 데이터베이스의 이름을 표기하고 게시 주소는 기재하지 않는다.
- 인쇄본 없이 온라인상에서만 발행되는 정기 간행물의 경우처럼 권 및 호수 기입이

불필요한 경우에는 정기간행물명과 URL만을 제시한다.

– 간행물의 온라인주소가 길어 앞의 간행물 정보와 분리되어 다음 줄에 제시될 경우, '/', '.' 등과 같은 구분점에 스페이스 바를 눌러 한 칸을 입력하여 앞의 간행물 정보와 분리되지 않도록 편집한다.

(2) 부정기 간행물

– 작성자나 작성 날짜를 확인할 수 없는 문서는 제목을 저자명으로 간주하여 참고문헌 목록 란에 제시한다. 자료를 다운로드 받은 날짜와 함께 "Retrieved 다운로드 날짜(연도/월/일) from 실제 URL" 형식으로 표기한다(예 1).

예 1, GVU's 8th WWW user survey. (*n.d.*). Retrieved 2024/9/9 from http://www.cc. gatech.edu/ gvu/user–surveys–1997–10

4. 숫자와 통계치의 표기

– 모집단과 관련된 수치(parameters)를 가리킬 때 사용하는 그리스 문자는 기울여 쓰지 않는다. 그러나 표본과 관련된 통계치(statistics)를 위해 사용하는 기호들은 모두 기울여 쓰기를 한다.

– 수치가 1보다 클 가능성이 있는 통계치에 대해서는 소수점 앞에 영(0)을 덧붙인다(예, 0.23 cm; M=0.89; SD=0.29). 그러나 수치가 1 이하 또는 −1 이상으로 한정되어 있을 경우(예, 상관계수, 확률), 소수점 앞에 영(0)을 붙이지 않는다(r= −.43; p=.028)

– 통계 기호와 수학 기호들은 띄어쓰기를 한다(예, a + b = c). a+b=c 식으로 표기하지 않는다.

[부록 2] 난수표

11164 36318 75061 37674 26320 75100 10431 20418 19228 91792
21215 91791 76831 58678 87054 31687 93205 43685 19732 08468
10438 44482 66558 37649 08882 90870 12462 41810 01806 02977
36792 26236 33266 66583 60881 97395 20461 36742 02852 50564
73944 04773 12032 51414 82384 38370 00249 80709 72605 67497

49563 12872 14063 93104 78483 72717 68714 18048 25005 04151
64208 48237 41701 73117 33242 42314 83049 21933 92813 04763
51486 72875 38605 29341 80749 80151 33835 52602 79147 08868
99756 26360 64516 17971 48478 09610 04638 17141 09227 10606
71325 55217 13015 72907 00431 45117 33827 92873 02953 85474

65285 97198 12138 53010 94601 15838 16805 61004 43516 17020
17264 57327 38224 29301 31381 38109 34976 65692 98566 29550
95639 99754 31199 92558 68368 04985 51092 37780 40261 14479
61555 76404 86210 11808 12841 45147 97438 60022 12645 62000
78137 98768 04689 87130 79225 08153 84967 64539 79493 74917

62490 99215 84987 28759 19177 14733 24550 28067 68894 38490
24216 63444 21283 07044 92729 37284 13211 37485 10415 36457
16975 95428 33226 55903 31605 43817 22250 03918 46999 98501
59138 39542 71168 57609 91510 77904 74244 50940 31553 62562
29478 59652 50414 31966 87912 87154 12944 49862 96566 48825

96155 95009 27429 72918 08457 78134 48407 26061 58754 05326
29621 66583 62966 12468 20245 14015 04014 35713 03980 03024
12639 75291 71020 17265 41598 64074 64629 63293 53307 48766
14544 37134 54714 02401 63228 26831 19386 15457 17999 18306
83403 88827 09834 11333 68431 31706 26652 04711 34593 22561

67642 05204 30697 44806 96989 68403 85621 45556 35434 09532
64041 99011 14610 40273 09482 62864 01573 82274 81446 32477
17048 94523 97444 59904 16936 39384 97551 09620 63932 03091
93039 89416 52795 10631 09728 68202 20963 02477 55494 39563
82244 34392 96607 17220 51984 10753 76272 50985 97593 34320

96990 55244 70693 25255 40029 23289 48819 07159 60172 81697
09119 74803 97303 88701 51380 73143 98251 78635 27556 20712
57666 41204 47589 78364 38266 94393 70713 53388 79865 92069
46492 61594 26729 58272 81754 14648 77210 12923 53712 87771
08433 19172 08320 20839 13715 10597 17234 39355 74816 03363

10011 75004 86054 41190 10061 19660 03500 68412 57812 57929
92420 65431 16530 05547 10683 88102 30176 84750 10115 69220
35542 55865 07304 47010 43233 57022 52161 82976 47981 46588
86595 26247 18552 29491 33712 32285 64844 69395 41387 87195
72115 34985 58036 99137 47482 06204 24138 24272 16196 04393

07428 58863 96023 88936 51343 70958 96768 74317 27176 29600
35379 27922 28906 55013 26937 48174 04197 36074 65315 12537
10982 22807 10920 26299 23593 64629 57801 10437 43965 15344
90127 33341 77806 12446 15444 49244 47277 11346 15884 28131
63002 12990 23510 68774 48983 20481 59815 67248 17076 78910

40779 86382 48454 65269 91239 45989 45389 54847 77919 41105
43216 12608 18167 84631 94058 82458 15139 76856 86019 47928
96167 64375 74108 93643 09204 98855 59051 56492 11933 64958
70975 62693 35684 72607 23026 37004 32989 24843 01128 74658
85812 61875 23570 75754 29090 40264 80399 47254 40135 69916

40603 16152 83235 37361 98783 24838 39793 80954 76865 32713
40941 53585 69958 60916 71018 90561 84505 53980 64735 85140
73505 83472 55953 17957 11446 22618 34771 25777 27064 13526
39412 16013 11442 89320 11307 49396 39805 12249 57656 88686
57994 76748 54627 48511 78646 33287 35524 54522 08795 56273

61834 59199 15469 82285 84164 91333 90954 87186 31598 25942
91402 77227 79516 21007 58602 81418 87838 18443 76162 51146
58299 83880 20125 10794 37780 61705 18276 99041 78135 99661
40684 99948 33880 76413 63839 71371 32392 51812 48248 96419
75978 64298 08074 62055 73864 01926 78374 15741 74452 49954

34556 39861 88267 76068 62445 64361 78685 24246 27027 48239
65990 57048 25067 77571 77974 37634 81564 98608 37224 49848
16381 15069 25416 87875 90374 86203 29677 82543 37554 89179
52458 88880 78352 67913 09245 47773 51272 06976 99571 33365
33007 85607 92008 44897 24964 50559 79549 85658 96865 24186

38712 31512 08588 61490 72294 42862 87334 05866 66269 43158
58722 03678 19186 69602 34625 75958 56869 17907 81867 11535
26188 69497 51351 47799 20477 71786 52560 66827 79419 70886
12893 54048 07255 86149 99090 70958 50775 31768 52903 27645
33186 81346 85095 37282 85536 72661 32180 40229 19209 74939

79893 29448 88392 54211 61708 83452 61227 81690 42265 20310
48449 15102 44126 19438 23382 14985 37538 30120 82443 11152
94205 04259 68983 50561 06902 10269 22216 70210 60736 58772
38648 09278 81313 77400 41126 52614 93613 27263 99381 49500
04292 46028 75666 26954 34979 68381 45154 09314 81009 05114

17026	49737	85875	12139	59391	81830	30185	83095	78752	40899
48070	76848	02531	97737	10151	18169	31709	74842	85522	74092
30159	95450	83778	46115	99178	97718	98440	15076	21199	20492
12148	92231	31361	60650	54695	30035	22765	91386	70399	79270
73838	77067	24863	97576	01139	54219	02959	45696	98103	78867
73547	43759	95632	39555	74391	07579	69491	02647	17050	49869
07277	93217	79421	21769	83572	48019	17327	99638	87035	89300
65128	48334	07493	28098	52087	55519	83718	60904	48721	17522
38716	61380	60212	05099	21210	22052	01780	36813	19528	07727
31921	76458	73720	08657	74922	61335	41690	41967	50691	30508
57238	27464	61487	52329	26150	79991	64398	91273	26824	94827
24219	41090	08531	61578	08236	41140	76335	91189	66312	44000
31309	49387	02330	02476	96074	33256	48554	95401	02642	29119
20750	97024	72619	66628	66509	31206	55293	24249	02266	39010
28537	84395	26654	37851	80590	53446	34385	86893	87713	26842
97929	41220	86431	94485	28778	44997	38802	56594	61363	04206
40568	33222	40486	91122	43294	94541	40988	02929	83190	74247
41483	92935	17061	78252	40498	43164	68646	33023	64333	64083
93040	66476	24990	41099	65135	37641	97613	87282	63693	55299
76869	39300	84978	07504	36835	72748	47644	48542	25076	68626
02982	57991	50765	91930	21375	35604	29963	13738	03155	59914
94479	76500	39170	06629	10031	48724	49822	44021	44335	26474
52291	75822	95966	90947	65031	75913	52654	63377	70664	60082
03684	03600	52831	55381	97013	19993	41295	29118	18710	64851
58939	28366	86765	67465	45421	74228	01095	50987	83833	37216

찾아보기

국 문

ㄱ

ㄹ

ㅁ

ㅂ

ㅅ

ㅊ

ㅋ

영 문

A

B

C

D

E

T

U

V

W

Y

저자 약력

■ **오정호**

서울대학교 경제학과 학사
Michigan State University 경제학과 석사, 통계학과 석사,
텔레커뮤니케이션학과 석사
Northwestern University 커뮤니케이션학과 박사
한림대학교 언론정보학부 전임강사
현, 세종대학교 미디어커뮤니케이션학과 교수

[주요 저서 및 논문]
SPSS 통계분석의 원리와 활용(법문사, 2024)
미디어경제론(청목출판사, 2020)
International Trade in Film and the Self–Sufficiency Ratio

사회조사방법론

2026년 2월 5일 초판 인쇄
2026년 2월 10일 초판 1쇄 발행

저 자 오 정 호
발행인 배 효 선
도서출판 法 文 社
주 소 10881 경기도 파주시 회동길 37-29
등 록 1957년 12월 12일/제2-76호(윤)
전 화 (031)955-6500~6 FAX (031)955-6525
E-mail (영업) bms@bobmunsa.co.kr
(편집) edit66@bobmunsa.co.kr
홈페이지 http://www.bobmunsa.co.kr
조 판 법 문 사 전 산 실

정가 30,000원 ISBN 978-89-18-91659-0